U0567681

権威・前沿・原创

皮书系列为
"十二五""十三五"国家重点图书出版规划项目

中国社会科学院创新工程学术出版项目

湖南蓝皮书

BLUE BOOK OF HUNAN

2019 年湖南两型社会与生态文明建设报告

ANNUAL REPORT ON HUNAN TWO-ORIENTED SOCIETY
AND ECOLOGICAL CIVILIZATION CONSTRUCTION (2019)

湖南省人民政府发展研究中心
两型社会与生态文明协同创新中心
主 编／谈文胜
副主编／唐宇文

社会科学文献出版社
SOCIAL SCIENCES ACADEMIC PRESS (CHINA)

图书在版编目（CIP）数据

2019 年湖南两型社会与生态文明建设报告／谈文胜
主编. -- 北京：社会科学文献出版社，2019.5
（湖南蓝皮书）
ISBN 978 - 7 - 5201 - 4687 - 6

Ⅰ.①2… Ⅱ.①谈… Ⅲ.①区域经济发展 - 研究报
告 - 湖南 - 2019 ②生态文明 - 建设 - 研究报告 - 湖南 -
2019 Ⅳ.①F127.64 ②X321.264

中国版本图书馆 CIP 数据核字（2019）第 068828 号

湖南蓝皮书
2019 年湖南两型社会与生态文明建设报告

主　　编／谈文胜
副 主 编／唐宇文

出 版 人／谢寿光
责任编辑／薛铭洁
文稿编辑／王丽丽

出　　版／社会科学文献出版社·皮书出版分社（010）59367127
　　　　　地址：北京市北三环中路甲 29 号院华龙大厦　邮编：100029
　　　　　网址：www. ssap. com. cn
发　　行／市场营销中心（010）59367081　59367083
印　　装／天津千鹤文化传播有限公司

规　　格／开本：787mm × 1092mm　1/16
　　　　　印 张：27.5　字 数：414 千字
版　　次／2019 年 5 月第 1 版　2019 年 5 月第 1 次印刷
书　　号／ISBN 978 - 7 - 5201 - 4687 - 6
定　　价／158.00 元

本书如有印装质量问题，请与读者服务中心（010 - 59367028）联系

主要编撰者简介

谈文胜　湖南省人民政府发展研究中心党组书记、主任。研究生学历，管理学博士。历任长沙市中级人民法院研究室主任，长沙市房地局党组成员、副局长，长沙市政府研究室党组书记、主任，长沙市芙蓉区委副书记，湘潭市人民政府副市长，湘潭市委常委、秘书长，湘潭市委常委、常务副市长，湘潭市委副书记、市长。主要研究领域为城市群发展、产业经济等，先后主持"义务教育财政公共投入体制现状分析与研究""长沙经济发展结构分析及保持持续增长推动力研究""长株潭半小时经济圈调研报告"等多项课题研究。

唐宇文　湖南省人民政府发展研究中心副主任，研究员。1984 年毕业于武汉大学数学系，获理学学士学位，1987 年毕业于武汉大学经济管理系，获经济学硕士学位。2001~2002 年在美国加州州立大学学习，2010 年在中共中央党校一年制中青班学习。主要研究领域为区域发展战略与产业经济，先后主持国家社科基金项目及省部级课题多项，近年出版著作主要有《创新引领开放崛起》《打造经济强省》《区域经济互动发展论》《开启湖南全面建设社会主义现代化新征程》等。

摘　要

　　本书是由湖南省人民政府发展研究中心组织编写的年度性报告。围绕湖南省两型社会与生态文明建设，全面分析总结了 2018 年的进展情况，深入探讨了 2019 年改革建设的方向、重点及难点问题，有针对性地提出了措施建议。本书包括主题报告、总报告、部门篇、区域篇、园区篇和专题篇六个部分。主题报告是湖南省领导关于两型社会与生态文明建设的重要论述，总报告是湖南省人民政府发展研究中心课题组对 2018～2019 年湖南两型社会与生态文明建设情况的分析与展望。部门篇是湖南省相关职能部门围绕自然资源和国土空间开发保护、生态环境保护、污染治理、资源节约循环利用、水生态文明建设、绿色发展、两型社会建设等开展的深度研究。区域篇是湖南省各市州对两型社会与生态文明建设的分析和谋划。园区篇展示了部分试点示范区两型社会与生态文明建设的探索实践。专题篇是专家学者对生态文明相关焦点、难点问题的深入探讨。

Abstract

The book was the annual report compiled by the Development Research Center of Hunan Provincial People's Government. Focusing on "Two-oriented Society" and Ecological Civilization Construction of Hunan province, the book overall analyzed and summarized the progress in 2018, and discussed the orientations, important issues, difficulties, problems and countermeasures in 2019. The book consisted of six sections, including Keynote Reports, General Report, Department Reports, Regional Reports, Park Reports and Special Topics. The Keynote Reports were about the important exposition of "Two-oriented Society" and Ecological Civilization Construction by the leader of Hunan Province. The General Report was about the situation analysis and prospect of Hunan "Two-oriented Society" and Ecological Civilization Construction in 2018 – 2019 by the Development Research Center of Hunan Provincial People's Government. The Department Reports were about the thorough research of Hunan Province's nature resources management, development and protection of territorial space, ecological and environmental protection, pollution control, resources saving and recycling, water ecological civilization construction, green development, "Two-oriented Society" construction, etc. The Regional Reports were about the analysis and plan of "Two-oriented Society" and Ecological Civilization Construction of some cities and autonomous prefecture in Hunan. The Park Reports demonstrated the exploration and practices about "Two-oriented Society" and Ecological Civilization Construction of some Demonstration Zones and Pilot Areas in Hunan. The Special Topics were about the thorough study on hot issues and difficulties of Hunan "Two-oriented Society" and Ecological Civilization Construction by experts and scholars.

目　录

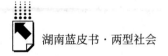
Ⅲ 部门篇

Ⅳ 区域篇

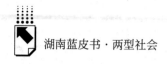
V　园区篇

VI　专题篇

皮书数据库阅读**使用指南**

CONTENTS

I   Keynote Reports

II   General Report

III　Department Reports

IV   Regional Reports

V Park Reports

VI   Special Topics

主题报告

Keynote Reports

B.1

深入践行习近平生态文明思想
全面筑牢高质量发展绿色根基

胡衡华[*]

党的十八大以来，以习近平同志为核心的党中央深刻回答了为什么建设生态文明、建设什么样的生态文明、怎样建设生态文明的重大理论和实践问题，提出了一系列新理念新思想新战略，形成了习近平生态文明思想，成为习近平新时代中国特色社会主义思想的重要组成部分。作为全国两型社会建设综合配套改革试验区和湖南省会，长沙深入学习贯彻习近平生态文明思想和全国、全省生态环境保护大会精神，认真贯彻落实党中央、国务院及省委、省政府决策部署，以打好污染防治攻坚战为引领，全方位、全领域、全过程加强生态文明建设，推动生态环境质量持续改善、生态文明建设走在前列，进一步筑牢了高质量发展的绿色根基。

---

* 胡衡华，中共湖南省委常委、长沙市委书记。

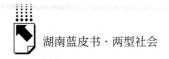

一 不断提升政治站位，强化高质量发展的思想自觉行动自觉

切实增强"四个意识"、坚定"两个维护"，全面系统深入学习领会习近平生态文明思想和关于长江经济带发展重要战略思想的丰富内涵，进一步学深、悟透、做实，以高度的政治自觉抓好生态环境保护、推动高质量发展。

践行发展新理念。始终坚持"生态优先、绿色发展"的战略定位，牢牢把握"共抓大保护、不搞大开发"的总体要求，正确处理"破除旧动能、培育新动能"的辩证关系，自觉践行"生态惠民、生态利民、生态为民"的价值取向，切实树牢"功成不必在我、功成必定有我"的正确政绩观，把创新、协调、绿色、开放、共享新发展理念贯穿长沙经济社会发展全过程，在全市上下形成推动高质量发展的高度共识。

落实生态责任制。把党政同责、一岗双责与源头严防、过程严管、后果严惩有机结合起来，以严格的考核、严肃的追责推动各级各部门把生态环境保护职责扛在肩上、抓在手上、落实在行动上。坚持为担当者担当、为负责者负责，对生态环境保护工作抓得好、实绩突出的，给予褒奖、重用。对损害生态环境的领导干部，实行真追责、敢追责、严追责、终身追责。

打好改革组合拳。召开全市大会，出台《关于坚持生态优先绿色发展在深入实施长江经济带发展战略中推动长沙高质量发展的三年行动计划（2018～2020年）》，实施打造生态文明建设高地、绿色发展高地、新旧动能转换高地、科技创新高地、内陆开放高地五大专项行动。巩固和提升两型社会建设成果，完成43项两型改革年度目标任务，形成了一系列有探索、有成效、有影响的改革经验。两型认证改革获国家发改委充分肯定，在《改革内参》、《中国改革网》、国家发改委微信公众号上向全国推介。

二　坚决抓好环保督察整改，开辟高质量发展的广阔空间

坚持即知即改、立行立改、全面整改，强力推进中央和省环保督察整改，确保每一个问题都整改到位、每一项任务都落实到位，为加快新旧动能转换、推动经济高质量发展打扫战场、开辟空间。

扎实抓好中央环保督察反馈问题整改。把中央环保督察反馈问题整改作为重大政治任务来抓，强化责任落实，严格责任追究，集中解决了一批群众关心的突出环境问题。1503 件中央环保督察交办信访件全部销号。12 项中央环保督察反馈问题中，"抓环境保护工作紧一阵松一阵""重显绩，轻潜绩""黏土砖整治""环保责任考核机制不健全""医废中心无法正常运行""危废超期贮存""危废处置中心违规填埋""绿心地区采矿权清理"等 8 项全面完成，剩余 4 项持续推进。

扎实抓好中央环保督察"回头看"交办问题整改。坚持问题不查清不放过、整改不到位不放过、责任不落实不放过、群众不满意不放过"四个不放过"，市领导带头，边督边改、立行立改，有力推动了中央环保督察"回头看"交办信访件办理工作。责令整改企事业单位 327 家，立案处罚 72 家，立案侦查 9 件，约谈 63 人，问责 36 人。办结信访件 1005 件，办结率为 88.4%。长株潭绿心保护问题完成年度整改任务，516 个工业项目全部关停退出，107 宗违法违规建设用地全部整改到位。

扎实抓好省环保督察反馈问题整改。坚持一个问题、一套方案、一名责任人、一抓到底，对照省环保督察组反馈意见，一项一项抓整改、抓攻坚、抓销号。办结省环保督察转办件 1013 件，办结率为 99.8%。责令整改企事业单位 383 家，立案处罚 91 家，移送行政拘留 1 人，组织处理 55 人，党纪政纪处分 20 人。

三　深入推进污染防治攻坚，构筑高质量发展的坚实屏障

认真贯彻落实习近平总书记提出的"坚决打好污染防治攻坚战"和

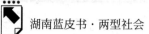

"守护好一江碧水"的重要指示精神，以蓝天保卫战开局，全面实施环境大治理，让天更蓝、水更清、空气更清新、城乡更秀美。

切实打好蓝天保卫战。成立市蓝天保卫战工作领导小组，出台《强力推进环境大治理坚决打赢蓝天保卫战三年行动计划（2018～2020年）》及12个配套专项工作方案，聚焦"六控""十个严禁"，实施22个专项行动，以空前力度抓铁腕治霾、科学治霾、协同治霾，解决了一系列影响空气质量的突出问题，取得了重要的阶段性成果。2018年，长沙空气优良天数比上年增加16天，空气质量优良率比上年提升5.04个百分点，主要污染物浓度大幅下降，群众蓝天幸福感明显增强。

切实打好碧水保卫战。以"一江六河"系统治理为重点，"一河一策"落实河长制，湘江长沙段及干流水质达到Ⅲ类以上，浏阳河等湘江主要支流水质稳步改善。整改问题排污口21个，24处黑臭水体治理通过国家验收，新改建乡镇、工业园区污水处理厂15座。完成12个千吨万人及千人以上饮用水水源保护区划分、20个县级以上集中式饮用水水源保护区规范化建设与问题排查整治，县级以上集中式饮用水水源地水质达标率为100%，城市供水水质合格率为100%，长沙饮用水水源地环境问题整治工作受到生态环境部通报表扬。

切实打好净土保卫战。严格城市空间管控，编制"三线一单"，划定生态保护红线741.3平方公里。编制《土壤污染治理与修复规划（2018～2020年）》，建立土壤污染治理与修复项目库，推进原长沙铬盐厂土壤修复工程，完成宁乡横市镇望北峰和黄材镇月山村石煤开采点、龙田镇矾矿等土壤污染风险管控项目治理以及坪塘蜂巢颜料化工、七宝山锰污染、黄材水库周边等污染土壤修复。

切实抓好农村人居环境整治。把农村人居环境整治作为乡村振兴的重要内容，制定《长沙市"五治"工作三年行动计划（2018~2020年）》，计划用三年时间基本实现农村人居环境"洁、净、美"的整治目标。围绕"治厕"打响农村旱厕歼灭战，推行"厕所革命"，完成改厕2.8万座，望城区、浏阳市率先于全省实现旱厕清零。围绕"治垃圾"推进分类减量全覆盖，全面建设垃圾分类设施，推行"农户源头分类减量—保洁人员上门回收—村镇集中二次细分—区（县、市）统筹分类处理"的农村生活垃圾分类减量模式，农村生活垃圾减量 50% 以上。围绕"治房"整治农民建房乱象，出台乡村振兴规划管理导则、农村建房管理办法，启动 322 个村庄规划修编提升，清理整治"一户多宅""空心房"1.92 万户、306 万平方米。围绕"治水"守护农村碧水，将 16 万处小微水体纳入河长制责任体系，建成乡镇污水处理厂 88 座、配套管网 680 公里，出水水质排放标准均为一级 B，服务 113 万人。

四　大力推行绿色生产生活，营造高质量发展的良好环境

贯彻新发展理念，像保护眼睛一样保护生态环境，像对待生命一样对待生态环境，推动形成绿色发展方式和生活方式，让良好的生态环境增添城市品质形象的"底色"、市民幸福生活的"成色"。

大力推进节能减排工作。制定"十三五"能耗总量和强度"双控"目标责任评价考核体系实施方案、重点用能工业企业能效"领跑者"制度实施方案，6 家企业成为 2018 年重点用能工业企业能效"领跑者"，树立了节能标杆。出台公共机构合同能源管理暂行办法，加快推进公共机构合同能源管理节能改造。制定"一江六河""一河一策"工业节水专项方案，开展工业企业节水技术改造、工业废水处理回用技术应用。大力推广天然气、太阳能等清洁能源，积极鼓励购买和使用新能源汽车。深入开展绿色制造试点示范，中联重科等 3 家企业获批国家级绿色制造系统集成项目，远大空调等 7 家企业获批国家级绿色工厂，湖南红太阳光电获批国家级绿色供应链管理示范企业，长沙紫荆花涂料被认定为国家级绿色设计产品。

大力推动新旧动能转换。将新旧动能转换作为高质量发展必须打赢的一场硬仗，以智能制造为统领，以"产业项目建设年"和 22 条产业链建设为抓手，加快培育新兴产业、改造传统产业，全力建设现代化经济体系。大力培育新动能、发展新经济，聚焦数字经济、智能经济、绿色经济、创意经

济、共享经济"五大新经济业态",培育发展人工智能、大数据、云计算、智能网联汽车、区块链等新技术、新业态、新模式。加快传统产业数字化、网络化、智能化发展,推动传统产业与信息技术深度融合,引导企业打造更多自动化生产线、数字化车间和智能化工厂。

大力推行绿色生活方式。积极倡导绿色出行,持续深化公交都市建设,地铁4号线试运行,新改建自行车道488.46公里,新建和提质改造人行道436.3公里,新建历史文化步道32.8公里,公交分担率提升至54.2%,成功创建国家公交都市建设示范城市。积极倡导绿色居住,加强建筑节能,大力推广应用绿色建筑、可再生能源建筑,新建建筑设计和施工阶段建筑节能标准执行率达100%,新建绿色建筑1151万平方米、可再生能源建筑141万平方米。积极倡导绿色消费,推行绿色办公,反对奢侈浪费和不合理消费,推动绿色消费理念成为社会共识,奢侈浪费行为得到有效遏制,简约适度、绿色低碳的生活方式加快形成。持续推进社区、村庄、学校、机关、企业、家庭等6类两型示范创建,获评湖南省级两型示范单位6家,认定长沙市级两型示范单位15家、两型创建单位100家,形成一批走在前列、可看易学的两型示范样本。

B.2
全面加强生态环境保护
坚决打好污染防治攻坚战

陈文浩[*]

2018 年，湖南省各级各部门坚决贯彻习近平新时代中国特色社会主义思想及习近平生态文明思想，认真落实党中央、国务院和省委、省政府决策部署，坚持问题导向，强化责任担当，勠力同心、砥砺奋进，有效推动了生态环境质量明显改善，生态环境保护取得新的重大进展。2018 年，全省 14 个市州环境空气质量优良天数比例为 85.4%，同比上升 3.7 个百分点；张家界、郴州、益阳、吉首、娄底等 5 个城市环境空气质量首次达到国家二级标准，实现零的突破；全省地表水水质总体为优，国家"水十条"60 个考核断面优于Ⅲ类水质比例为 90%，同比提升 1.7 个百分点。

一 2018年所做的主要工作

2018 年，湖南省在生态环境保护方面主要做了如下几项工作：

（一）深学笃用习近平生态文明思想，树牢生态优先、绿色发展理念

湖南省委、省政府从践行"四个意识"、落实"两个维护"的政治高度，先后召开全省生态环境保护大会、全省领导干部大会、省委常委会、省委中心组专题学习会，认真传达学习贯彻习近平生态文明思想和习近平总书

---

* 陈文浩，湖南省人民政府副省长。

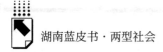

记对湖南"守护一江碧水"指示精神，将学习习近平生态文明思想纳入各级党委、政府中心组学习和党校、行政学院培训重要内容。

全省上下深刻领会习近平总书记关于生态文明建设处于"三期叠加"（压力叠加、负重前行的关键期，提供更多优质生态产品以满足人民日益增长的优美生态环境需要的攻坚期，有条件有能力解决生态环境突出问题的窗口期）的重大战略判断，牢牢把握"人与自然和谐共生""绿水青山就是金山银山""良好生态环境是最普惠的民生福祉""山水林田湖草是生命共同体""用最严格制度最严密法治保护生态环境""共谋全球生态文明建设"等六个原则，加快构建以生态价值观念为准则的生态文化体系、以产业生态化和生态产业化为主体的生态经济体系、以改善生态环境质量为核心的目标责任体系、以治理体系和治理能力现代化为保障的生态文明制度体系、以生态系统良性循环和环境风险有效防控为重点的生态安全体系等五个新体系。

省委、省政府及时出台《关于坚持生态优先绿色发展　深入实施长江经济带发展战略　大力推动湖南高质量发展的决议》《关于全面加强生态环境保护　坚决打好污染防治攻坚战实施意见》，切实加强对生态环境保护和污染防治的思想组织领导。

（二）全面打好污染防治攻坚战，着力提升改善生态环境质量

湖南省委、省政府坚决贯彻中央打好污染防治攻坚战决策部署，制定《湖南省污染防治攻坚战三年行动计划（2018～2020年）》及三大保卫战、黑臭水体整治、农业农村污染治理、柴油货车污染治理等攻坚战实施方案，召开污染防治攻坚战暨"夏季攻势"动员会，全面打响蓝天、碧水、净土保卫战，重点区域、流域、领域污染治理取得重大突破和进展。

实施大气治理项目735个，关闭"散乱污"企业3747家，完成2582台高排放公交车淘汰和7台30万千瓦以上燃煤发电机组超低排放改造。

全面落实河（湖）长制，省委常委、省政府领导共18人担任省级河（湖）长；全面完成湘江保护与治理第二个三年行动计划，株洲清水塘261家工业企业全面关停退出；洞庭湖生态专项整治取得新的进展，总磷浓度持

续下降到 0.069 毫克/升；170 个地级城市建城区黑臭水体整治完成 163 个，完成率达到 95% 以上；在全国率先完成 254 个县级以上饮用水水源地重点问题整改，饮用水水源整治工作走在全国前列。

完成 4.2 万个农用地土壤样点的污染状况详查成果集成，累计完成 71.4 万吨超期贮存危险废物处置，完成 3000 个行政村的综合环境整治。推进生态修复、矿山复绿，森林覆盖率达 59.8%，湿地保护率达 75.7%，湘江保护和洞庭湖生态保护修复工程获批国家试点。

"夏季攻势"取得明显成效，完成规模畜禽养殖场标准化改造，饮用水水源地环境问题整治，城镇黑臭水体整治，尾矿库、采选、冶炼企业环境问题整治等 1140 个。

（三）着力抓好中央环保督察整改，推动解决突出环境问题

湖南省委、省政府坚持高位推动，省委书记杜家毫、省长许达哲先后 25 次主持会议调度部署、10 余次深入一线督办，分管省领导 75 次组织专题会议和开展调研、暗访，采取定期调度、督查及通报、约谈、挂牌督办等形式强力推进，76 项整改任务完成和基本完成 61 项；中央环保督察交办的 4583 件信访件，上报完成整改、办结 4579 件；洞庭湖非法采砂、欧美黑杨清理、东江饮用水水源保护区违规建设项目退出、南岳衡山采矿权清理等一批过去长期想解决而没有解决的难点问题得到有效解决。迅速抓好中央生态环保督察"回头看"整改，交办的 4226 件信访件已办结 84.40%，长株潭"绿心"问题、云溪绿色化工产业园环境问题、衡阳大义山自然保护区问题、永州东安县饮用水水源问题、益阳宏安矿业环境污染问题等，第一时间组织赴现场调查督导，整改取得有效进展。

坚决抓好中央巡视、中办督查和中央领导批示问题整改，中办督查的 12 个生态环境问题全部整改到位，长江岸线 42 个不符合环保要求的泊位全部拆除，8 个规模排污口实现达标排放，43 个排渍口完成整治销号 42 个；下塞湖矮围 13 天内全部拆除，62 名责任人受到严肃问责，花垣县尾矿问题已制定省级整治规划、整治方案。

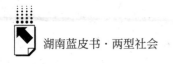

（四）融入经济社会发展全局，服务高质量发展

各级党委政府深入践行生态优先、绿色发展理念，牢固树立"绿水青山就是金山银山"意识。

划定并公布全省生态保护红线，结合长江经济带战略规划环评，推进编制"三线一单"（生态保护红线、环境质量底线、资源利用上线、环境准入清单），发布实施 3 个生态环境保护地方标准和环境保护"十个严禁"（严禁在饮用水水源保护区设排污口、严禁工业和城镇污水直排、严禁非法采砂采石、严禁非法占用河湖水域、严禁非法侵占河湖岸线、严禁非法侵占湿地、严禁非法开发和利用污染地块、严禁在自然保护区非法作业、严禁违规堆放和露天焚烧垃圾、严禁违规燃放烟花爆竹）。

完善排污税征收、生态保护补偿、生态环境损害赔偿等政策制度。

有力推动产业结构优化，全年淘汰煤炭产能 600 万吨，关停"散乱污"企业 3747 家。

加强环保基础设施建设，新建扩建县以上城镇污水处理厂 22 座、提标改造 38 座，基本完成 99 个乡镇污水处理设施建设。

强化生态环境监管执法，开展"蓝天、碧水、净土"利剑行动、打击"洋垃圾"走私和长江经济带化工污染整治等 10 大类专项行动，全省立案查处环境违法案件 4378 起，罚款 3.24 亿元，同比增加 70%。出台《关于禁止"一刀切"的意见》，严禁环保督察整改、环境执法"一刀切"。

（五）坚持加强综合协调，全面构建大环保格局

适应新的形势任务，立足现有条件，积极加强综合协调，充分发挥省生态环境保护委员会统筹领导作用，指导市州、县市区建立各级生态环境保护委员会，健全省生态环境保护委员会、省突出环境问题整改工作领导小组、省环境保护督察工作领导小组及办公室工作规则，统筹协调突出问题整改、污染防治攻坚、环境保护督察等重点工作。出台《湖南省环境保护工作责任规定》和《湖南省重大环境问题（事件）责任追究办法》，首次公布各市

州绿色发展指数，组织开展县市区党政主要领导干部自然资源资产离任（任中）审计；制定《湖南省污染防治攻坚战考核暂行办法》及 2018 年考核细则，将污染防治攻坚战考核纳入绩效考核和省政府激励措施重要内容；实现对 14 个市州省级环境保护督察全覆盖，全省生态环境保护的"党政同责，一岗双责"和"三个必须"原则得到有效强化。

（六）立足事业长远发展，推进国家治理体系和治理能力现代化

统筹推进生态环境机构改革、环保"垂改"与综合执法改革，制定《省以下环境监测监察执法垂直管理制度改革实施方案》。推进生态文明体制改革，2018 年完成 8 项省委重点改革事项和 37 项一般改革事项及试点任务，185 项生态文明体制改革总体任务累计完成超过 70%，主体框架基本成形。适应"互联网＋"和大数据新时代，不断加强生态环境监测体系和制度体系数据库建设，提高大数据运用能力，充分简政放权、落实"最多跑一次"改革要求，抓住历史机遇。2018 年，出台监测能力建设实施方案，完成县级空气质量监测事权上收，新增 36 个重金属监测断面、453 家污染源监测，开展固定污染源废气挥发性有机物监测；基本完成核与辐射实验室改造，辐射监测能力建设通过国家实地评估；生态环境大数据建设进程加快。全面加强生态环境机构队伍建设，努力打造一支政治强、本领高、作风硬、敢担当的湖南生态环保铁军。

在看到成绩的同时，我们必须清醒认识到，湖南生态环境保护仍存在许多问题和不足，离党和国家的要求、离人民群众的期盼还有一定差距，形势依然十分严峻，任务依然十分繁重。生态环境质量全面改善的压力依然很大，2018 年，全省 60 个国家"水十条"考核断面有 4 个未达到国家年度考核目标，湘江部分支流还存在重金属超标现象，长株潭及周边城市秋冬季大气环境质量形势依然严峻。人民群众的获得感仍然不够强，由工业企业排放、矿山开采冶炼、畜禽水产养殖、生活油烟噪声、生活废水垃圾、交通道路穿越、建筑施工噪声扬尘、采砂采石噪声振动等造成的污染问题不同程度存在，未得到根本、彻底解决，人民群众反映强烈。治理体系和治理能力现

代化任重道远，各级生态环境保护综合协调机制还不健全，环境监测、监管执法、应急能力不能适应任务需要，生态环境信息化水平不高，等等。我们要高度重视这些问题，下大力气解决。

二 2019年工作重点

2019年是打好污染防治攻坚战、决胜全面建成小康社会的关键一年。我们要以习近平新时代中国特色社会主义思想和党的十九大精神为指导，深入贯彻落实习近平生态文明思想，强力推进中央生态环境保护督察及"回头看"反馈问题整改，力争全省污染防治攻坚战三年行动计划确定的目标任务取得决定性成果，助推经济社会高质量发展，为全国生态文明建设贡献湖南力量。

（一）深学笃用习近平生态文明思想

一是始终坚持人民中心、民生为重。进入新时代，我国社会主要矛盾已经转化为人民日益增长的美好生活需要和不平衡不充分的发展之间的矛盾，人民群众对优美生态环境需要是这一矛盾的重要方面。全省各级各部门一定要牢固树立以人民为中心的生态文明观，高度重视人民群众反映强烈的问题，抓好突出信访问题处理，及时回应老百姓的合理诉求，加快改善生态环境质量，提供更多优质生态产品，不断满足人民日益增长的优美生态环境需要。

二是始终坚持生态优先、绿色发展。生态环境问题归根到底是发展理念和发展方式问题。解决生态环境问题，必须牢固树立和贯彻落实生态优先、绿色发展理念，实现发展方式转型。要加强源头防控，严守生态保护红线。要结合供给侧结构性改革调整优化产业、能源、交通、用地结构，大力发展新兴产业，降低污染排放负荷。要培养绿色发展新动能，深化"放管服"改革，培育壮大节能环保产业、清洁生产产业、清洁能源产业，发展高效农业、先进制造业、现代服务业，鼓励、引导、激发更多绿色生产的优质企业脱颖而出。

三是始终坚持统筹推进、系统治理。要对山上山下、地上地下、城市农村、工业农业，以及流域上下游、左右岸进行整体保护、系统修复、综合治理，尤其要认真落实"土十条"、"水十条"和《打赢蓝天保卫战三年行动计划》各项要求，综合运用农村土地综合整治、农田复耕复种、矿山地质环境恢复治理等政策，深入实施山水林田湖草一体化生态保护和修复，打好治山、治水、治湖、护田的整体战。

四是始终坚持严格制度、严密法治。无规矩，不成方圆；无法治，不成秩序。严格的制度和严密的法治是生态环境保护的最可靠保障。我们既要加快生态环境保护的法制创新、制度供给，立规矩、明要求、下禁令，更要强化法律制度执行，让制度成为刚性约束和不可触碰的高压线。

（二）重点抓好以下几个方面工作

一要进一步强化源头严控。湖南生态环境保护既要投入大量的人力、物力、财力治理历史遗留下来的污染，更要投入精力防控新的污染、杜绝新的欠账，才能化被动为主动。要采取切实举措优化产业结构、能源结构、交通运输结构和产业空间布局；大力推动传统产业智能化、清洁化改造，加快发展节能环保产业，提升产业绿色化水平；积极引导公众绿色居住、绿色出行和绿色消费，全面节约能源资源。要认真编制全省生态环境"三线一单"，加强成果运用，让经济社会发展在生态环境保护领域有章可循，避免重蹈先污染后治理的老路。

二要进一步强化过程严管。各级各部门齐抓共管，让生态环境监管不留死角、不留空白。充分发挥省生态环境保护委员会及其办公室作用，统筹协调全省生态环境保护重点工作，统筹推进全省污染防治攻坚战及"2019年夏季攻势"，进一步细化明确各成员单位生态环境保护工作责任，加强考核评比、督察问责和综合协调，使全省各级生态环境保护"党政同责，一岗双责"得到进一步落实，污染防治合力进一步增强。建立健全严格的制度体系，让工作有章可循、有标准可参照。加快实施排污许可制"一证式"

管理，建好排污许可管理平台，强化证后监管。建立科学全面的环境排放标准体系，在重点地区严格执行污染物特别排放限值，充分发挥环境标准的引领和导向性作用。加强监督检查，坚决打击偷排、乱排行为。通过优化执法方案、加强执法队伍建设、充分利用在线监控设备等多种方式方法，坚决遏制和杜绝"白天守法、晚上偷排""表面守法、暗中偷排""执法时守法、执法人员走后偷排"等乱象。

三要进一步强化后果严惩。落实"党政同责、一岗双责、尽职免责、失职追责"责任体系，严格督企，严肃督政。2月20日，最高人民法院、最高人民检察院、公安部、司法部、生态环境部联合发布《关于办理环境污染刑事案件有关问题座谈会纪要》，要求进一步加大对环境污染犯罪的惩治力度，其中特别明确长江经济带11个省份环境污染犯罪从重处罚情形。2019年，继续加强环境执法力度、惩治环境污染违法犯罪，湖南作为长江经济带的重要省份，要领悟在先、冲锋在前，敢于出重拳、敢于亮利剑，为长江经济带的环境质量改善做出突出贡献。充分发动人民群众，总结工作经验，持续开展"蓝天利剑""碧水利剑""净土利剑"执法行动；要加强"两法衔接"，依法从严、从快、从重惩治环境污染违法犯罪活动。"动员千遍，不如问责一次"。要继续强化督政问责，以铁的决心、铁的手腕抓好中央生态环保督察反馈问题整改落实，以铁的决心、铁的手腕全面开展省级环保督察，压实各级党委、政府生态环境保护责任。对推进不力、工作严重滞后的，视情进行约谈、追责；对不担当不作为，甚至弄虚作假、敷衍塞责的，要彻查严处，形成震慑；对重大环境违法案件，要坚持"一案三查"，一抓到底，绝不姑息。

四要进一步强化基础保障。加大财政对生态环境保护的投入，逐步建立常态化、稳定的投入机制，同时积极引导社会资金进入生态环保领域。大力夯实环保基础设施，加快污水处理厂提标改造、污水管网建设和畜禽水产养殖污染治理设施建设，加强生态环保基础设施维护管理。要以信息化、大数据为主要抓手，推进生态环境监管能力建设，提升环境监测、执法、应急、辐射监管、宣传能力和水平，推进生态环境领域"互联网＋政务"建设。

完成生态环境机构改革和综合执法改革，抓紧制定和实施具体方案。

全省生态环境保护工作正处于爬坡过坎、攻城拔寨的艰难困苦阶段，也正处于需要各级各方面继续展现责任担当、齐抓共管的阶段，更是处于有机会、有能力、有信心解决突出生态环境问题、满足人民群众期盼、促进高质量发展的阶段。我们必须化压力为动力、视挑战为机遇，知难而进、迎难而上、克难而胜，打好打赢污染防治攻坚这场战役，全力推动湖南生态文明建设和生态环境保护工作迈上新的台阶。

B.3
建设水资源可持续利用与绿色发展
郴州样板

易鹏飞 *

建设国家可持续发展议程创新示范区，是中国作为一个负责任大国，落实 2030 年可持续发展议程的积极行动和具体举措，更是郴州实现高质量发展的内在需求和现实选择。2016 年国家可持续发展议程创新示范区建设工作启动后，郴州积极响应并提起申报，组建专班历时一年多编制了《郴州市可持续发展规划》和《郴州市国家可持续发展议程创新示范区建设方案》，得到了国家科技部和湖南省委、省政府的大力支持和精心指导。目前，郴州建设国家可持续发展议程创新示范区已通过部际联席会答辩，现正按程序报批，各项工作正在有条不紊推进。

一 郴州建设可持续发展创新示范区的主题和实践

（一）主题

郴州建设可持续发展创新示范区的主题是"水资源可持续利用与绿色发展"。作为全国典型的资源型城市、国家生态功能区、湖南战略水源地，郴州探索水资源可持续利用与绿色发展之路，不仅有迫切的现实需要，也有坚实的基础条件，完全可以走出一条水需求有力保障、水环境综合治理、水生态系统修复、水资源高效利用的路子，为长江经济带推动生态优先、绿色

---

* 易鹏飞，湖南省政协副主席，郴州市委书记、市人大常委会主任。

发展先行探路。一是水的极端重要性。水是生命之源、生态之魂、生产之基、生活之要，水是全球可持续发展所关注的重点，水的可持续利用是全球面临的共同挑战。二是贯彻落实习近平新时代中国特色社会主义思想，特别是新发展理念、习近平生态文明思想的具体行动；重点是贯彻落实好"绿水青山就是金山银山""生态优先、绿色发展"等理念，以及习近平总书记对湖南做出的"一带一部"新定位和"三个着力"、"守护好一江碧水"新要求。三是郴州高质量、可持续发展的现实需要。

水情是郴州最大的市情，长期面临"水多与水少""水净与水脏""水节约与水浪费"三大矛盾。水多是指郴州水资源总量丰沛，资源优势突出，被誉为"华南水塔"，人均水资源量高出全国平均水平900立方米，特别是境内的东江湖水域面积达160多平方公里，正常蓄水量达81.2亿立方米，相当于半个洞庭湖。水少是指降水时空分布不均，夏季暴雨集中，洪旱交错；秋季干旱少雨。水净是指郴州的水好，郴州是全国63个重要生态功能区之一，是长江中下游重要的水源涵养、土壤保持区，东江湖出湖水质长期保持国家Ⅰ类标准，是湖南省唯一、全国少有的大型优质水源。水脏是指郴州不仅是重点生态功能区，同时还是一个资源富集地，是"中国有色金属之乡"、全国19个重点产煤地市之一，历史上掠夺式开采遗留大量冶炼重金属废渣及尾砂，导致矿区及下游生态环境受到严重污染和破坏，自然水体受到污染；同时，郴州又位于湘江、珠江和赣江的上游，对湖南、广东、江西三省水资源水环境有重要的影响。水节约是指郴州长期以来致力于水的有效利用、循环利用，成功创建了全国节水型城市，绿色节水机制正在形成。水浪费是指在生产生活当中，不珍惜水、浪费水的现象仍然存在。生产方式和生活方式粗放，水资源可持续利用技术创新支撑能力不足，水生态型产业发展不足，产业结构、经济结构与水资源可持续利用还存在不协调；目前有色等资源型产业占比仍然较大，产业还停留在开采、提炼和粗加工阶段，对水资源的需求较大，水环境保护压力大。

"水多与水少""水净与水脏""水节约与水浪费"三对矛盾交织在一起，水源地保护、水污染治理、水资源高效利用三大问题集中在一起，极具普遍性、典型性和代表性，也是郴州未来实现高质量、可持续发展的最大瓶颈所在。如果系统解决这些问题，就能一举多得，也为其他城市解决类似问题做出示范。郴州建设国家可持续发展议程创新示范区，就是要致力于直面突出问题，解决突出问题；致力于构建与水资源、水环境、水生态、水的可持续利用相适应、相协调的生产、生活方式和经济、产业结构，围绕水的可持续利用与绿色发展，推进经济结构调整优化，推进资源型产业转型升级；致力于提升全民的水生态、水环境、水资源保护、水的可持续利用的意识，把水资源、水生态、水环境的保护和水的可持续利用变为全民的思想自觉和行动自觉。

（二）实践

围绕解决好这些问题，郴州全市上下一直在努力探索，开展先行先试，也取得了一些成效。

比如，我们积极探索水资源利用与保护的新途径。围绕水环境保护，实施水源地保护、东江湖保护、城乡绿化等工程，县级以上集中式饮用水水源地水质一直保持100%达标，境内湘江流域3个出境断面连续多年保持Ⅱ类水质，特别是全市森林覆盖率在2008年遭受冰冻灾害重创的情况下，恢复并超出灾前水平，2018年达到67.9%。围绕水生态修复，实施三十六湾区域治理、"一湖两河三江"治理、矿山复绿等重大工程，完成重金属污染治理项目118个，地表水水质达标率由2013年的89.4%提升到2018年的97.4%。围绕提高水资源利用率，发展特色渔业，引导工业企业开展水循环利用，先后获得国家节水型城市、全国首批水生态文明城市等称号。

我们率先立法保护水资源。早在2001年，湖南省人大常委会通过《湖南省东江湖水环境保护条例》，东江湖成为全国最早单独立法保护的湖泊。东江湖被列为五个国家重点流域和水资源生态补偿试点之一，被纳入国家良好湖泊生态环境保护试点和国家重点支持保护湖泊。

我们还积极推动可持续发展先行先试。郴州是全国开展可持续发展较早的城市。1996年资兴市成为国家可持续发展实验区，2008年成为全国13个国家可持续发展先进示范区之一。现有资兴市、永兴县两个国家可持续发展实验区和苏仙、宜章两个省级可持续发展实验区。其中资兴市围绕水资源保护和利用主题，利用东江湖冷水资源，建设东江湖大数据中心。永兴县围绕"稀贵金属再生资源利用"主题，把工业危废资源"吃干榨尽"、终极无害化处理，成为独具特色的"无矿开采"模式，列入全国循环经济试点单位和全国"城市矿产"示范基地。

二 郴州建设可持续发展创新示范区的愿景和行动

（一）愿景

围绕"水资源可持续利用与绿色发展"这一主题，从当前到2030年，郴州市提出了一个中长期愿景。主要是以"水"为切入点，立足"湘江、珠江和赣江的源头，湖南的战略水源地和资源型城市"等三大市情，聚焦"水环境保护现实压力大、矿山修复治理难度大、资源型产业可持续发展任重道远、创新驱动能力不强"等四个方面的问题，确立"绿水青山样板区、绿色转型示范区、普惠发展先行区"战略定位，从"护水、治水和用水"三个维度展开，并结合"五个郴州"建设部署了五大重点任务：

一是建设山水秀美、宜居宜业的生态郴州。重点是优化自然资源空间布局，探索流域系统治理新模式，打造和谐自然的特色城镇，建设山环水绕的美丽乡村。

二是建设产业兴旺、质效俱高的实力郴州。重点是发展低碳的新型工业，发展优质高效的生态农业，发展智慧便捷的现代服务业。

三是建设共建共享、幸福和谐的人本郴州。重点是聚力实现如期脱贫逐步致富，着力保障和改善民生，大力发展教育文化健康事业，全力推进社会治理现代化。

四是建设科技引领、活力迸发的创新郴州。重点是汇聚创新型人才智力资源，加快关键共性技术研发及产业化，打造可持续发展创新平台。

五是建设便利包容、合作共赢的开放郴州。重点是提升对外开放便利化水平，深化国际和区域交流合作。郴州建设可持续发展创新示范区，最终的目标就是实现可持续发展，让其成果惠及广大民众。

（二）行动

"一个行动胜过一打纲领"。美好愿景要变成现实，必须一件接着一件抓，一年接着一年干，压茬推进，扎扎实实走好每一步。2019～2020年，我们将主要针对当前郴州发展面临的"水环境保护压力大，历史欠账多""水资源高效利用水平不足，绿色转型任务重"两大瓶颈问题，以市县区联动、点线面结合的推进方式，探索发展水环境保护、水生态修复和生态产业发展的新模式、新动能和新业态，重点实施"水源地生态环境保护行动、重金属污染及源头综合治理行动、生态产业和节水型社会建设行动、科技创新支撑行动"等四大行动和15项重点工程。

其中，水源地生态环境保护行动方面，重点落实习近平总书记"切实守护好一江碧水"指示精神，针对东江湖、湘江珠江赣江源头和集中式饮用水水源地保护现实压力大等问题，实施"东江湖水环境保护、湘江珠江赣江水源涵养保护、集中式饮用水水源地保护"等三大工程，优化水资源保护功能区布局，构筑生态、防洪、灌溉、供水、信息"水利五网"，不断提高水环境保护能力，形成人水协调的现代水资源生态体系。

重金属污染及源头综合治理行动方面，重点针对历史上矿产资源粗放开采带来的地表水和土壤重金属污染、矿山尾砂淤积，以及有色金属冶炼加工生产方式落后造成超标排放等问题，坚持水气土综合治理，生态环境修复与恢复同时推进，自然为主、人工为辅，重点实施"流域重金属污染治理、矿山（尾矿库）治理修复、大气污染防治、土壤污染防治、工业园区污染综合防治"等五大工程，加快推进流域重金属污染治理、水体污染治理、大气污染综合防治、工业危险废物综合处置、矿山复绿复垦和金属废渣无害化处理与循环利用，优化流域生态环境，实现生态环境治理体系和治理能力现代化。

生态产业和节水型社会建设行动方面，重点立足水环境资源保护和水生态保护倒逼机制，以创新驱动产业可持续发展为核心，把水资源可持续利用与绿色发展相结合，针对优质水资源利用率不高、水环境友好型产业占比低等问题，实施"资源型产业转型升级、传统产业绿色化改造、生态型产业综合开发、公众可持续发展素养提升"等四大工程，促进有色金属等传统产业创新升级，培育大数据产业、生态旅游、生态农业等新产业和新业态，巩固提升水生态文明城市和节水型城市创建成果，建设工业资源综合利用示范基地、水资源高值利用示范基地，努力实现"创新共山水一色，生态与产业齐飞"的人与自然和谐发展新格局。

科技创新支撑行动方面，重点针对郴州创新人才不足、创新平台不优、研发能力不强等问题，重点实施"创新企业培育、创新成果转化、创新平台引进和建设"等三大工程，积极对接国家、省级技术创新中心，构建以创新需求为导向、以企业为主体、以政产学研结合为支撑的可持续发展创新体系，增强可持续发展关键共性技术应用与转化能力，促进产业发展提质增效，有效支撑和引领水资源可持续利用与产业绿色发展。

三 郴州建设可持续发展创新示范区的创新和保障

（一）大力推进政策与体制机制创新

为确保规划实施落地，尤其是四大行动和15项重点工程顺利推进，到2020年可持续发展议程创新示范区取得明显成效，探索形成水资源可持续利用与绿色发展的系统解决方案，基本构建水环境保护与生态产业、绿色发展的协同体系，初步形成水资源可持续利用与绿色发展的模式。我们将把创新驱动发展作为示范区建设的基本路径，大力推进政策与体制机制创新。

一是健全生态保护体制机制。重点是建立东江湖生态补偿机制，建立水资源保护跨界联动机制，建立生态环境保护激励机制。

二是强化运用市场机制。重点是构建生态环境保护的多方参与模式，完

善水资源价格形成机制，积极推进新型要素市场建设，营造良好的市场环境和营商环境。

三是优化人才服务体制机制。重点是创新人才引进机制，创新人才服务体制机制，创新人才扶持激励体制机制，发挥企业家与乡土人才和高技能人才的作用。

四是创新投融资体制机制。重点是创新可持续发展投融资政策，支持建设可持续发展投融资平台，集聚资本参与支持示范区建设；创新绿色金融服务体系和机制；创新绿色金融产品和服务；优化科技金融环境。

五是完善公众参与体制机制。重点是建立可持续发展多元推进机制，完善可持续发展信息公开制度，搭建全民参与平台，支持健全可持续发展社会组织，加强全民生态文明教育，建立全社会参与的激励机制。让全体市民参与进来，真正使建设可持续发展创新示范区成为全民的思想自觉和行动自觉。

（二）保障措施

为确保示范区建设有力有序推进，我们还将实施一系列保障措施。

一是加强组织领导和专家决策咨询。重点是在省级统筹下，强化市、县推进实施，强化专家决策咨询。在省长任组长的示范区建设工作协调领导小组领导下，成立了市委书记任组长的市推进领导小组。建立专家智库，开展咨询指导。

二是加大政策保障力度。重点是健全法规保障，深化体制机制改革，健全生态环境保护管理制度体系，加强绿色发展产业制度体系建设。湖南省将出台《郴州市可持续发展促进条例》及系列配套政策，修订《湖南省东江湖水环境保护条例》。

三是增强资金投入能力。重点是加大财政投入和引导力度，加大资金争取力度，加大金融创新力度，支持绿色企业融资发展。探索在郴州市产业基金下引导设立可持续发展子基金、科技创新子基金和绿色发展子基金，按照市场化方式进行运营管理，撬动更多的社会资本投资生态环境保护和绿色产业发展；积极推进可持续发展融资政策的先行先试，探索试点可持续发展目标债券、社会和发展债券、普惠金融、金融技术等多种可持续发展融资手段，多渠道全方位筹集资金建设示范区。

四是完善监督评估考核。重点是建立健全多主体参与的监督考核体系，探索绿色 GDP 核算制度，完善监测评估制度，严格明责追责问责。

建设国家可持续发展议程创新示范区，推进水资源可持续利用与绿色发展，是郴州着眼长远发展、高质量发展的不二选择，更是郴州加快创新驱动、转型发展的重大历史机遇。无论是过去、现在还是未来，郴州都始终将这项工作视作事关百姓千秋福祉的大事，强化使命担当，积极主动作为，勇于攻坚克难，全力破解制约高质量、可持续发展的瓶颈，努力为郴州人民开创更美好的明天。

总 报 告

General Report

B.4

2018～2019年湖南两型社会与生态文明建设研究报告

湖南省人民政府发展研究中心课题组*

　　2018年，湖南坚持以习近平新时代中国特色社会主义思想及习近平生态文明思想为指导，全力推进污染防治攻坚，有力加强生态环境保护修复，大力推动绿色转型发展，两型社会和生态文明建设取得显著成效。中央环保督察反馈问题得到有力整改，生态环境治理保护取得重大突破和进展，生态环境质量明显提高，节能减排和资源综合利用水平提升，体制机制不断完善。2019年，湖南应在树牢生态优先绿色发展理念、全力打好污染防治攻坚战、加强生态保护修复、推进绿色低碳循环发展、倡导绿色生活消费、完善生态文明制度等方面下功夫。

---

　*　课题组组长：谈文胜，湖南省人民政府发展研究中心党组书记、主任；副组长：唐宇文，湖南省人民政府发展研究中心副主任，研究员；成员：彭蔓玲、戴丹。

一 2018年湖南两型社会与生态文明建设总体情况

2018 年，全省万元 GDP 能耗完成下降 3% 以上的目标，主要污染物中，化学需氧量排放量比上年削减 4.17%、二氧化硫削减 9.83%、氨氮削减 3.43%、氮氧化物削减 10.22%；14 个市州城市环境空气质量优良天数比例达到 85.4%，提高 3.7 个百分点，PM2.5 均值下降 10.9%，张家界、郴州、益阳、吉首、娄底 5 个城市环境空气质量首次达到国家二级标准，实现零的突破；全省地表水水质全年为优，国家"水十条"60 个考核断面优于 III 类水质比例达 90%，提升 1.7 个百分点；森林覆盖率达 59.8%，湿地保护率达 75.7%。湘江流域和洞庭湖山水林田湖草生态保护修复工程获批国家试点，常德获评全球首批国际湿地城市，长株潭试验区一批绿色发展经验由国家发改委和中央深改委向全国推介。主要有以下特点。

（一）以生态文明改革为总揽，制度不断优化

2018 年是全面深化生态文明体制改革之年，全省共安排 9 个方面、47 项具体任务，目前除 2 项受政策影响暂缓外，其余任务全部完成，也全面完成了长株潭两型社会建设综合配套改革试验区第二阶段改革任务。

1. 自然资源产权制度方面

推进浏阳、澧县、芷江和南山国家公园自然资源统一确权登记试点，顺利通过国家评估验收。截至 2018 年底，基本摸清了试点区域内自然资源家底，划清了全民所有和集体所有的边界、全民所有不同层级政府行使所有权的边界、不同集体所有的边界，形成了自然资源状况"一张图"、登记"一个库"、管理"一张网"。

2. 资源节约和高效利用制度方面

积极推广节能低碳技术产品，发布了《湖南省节能低碳技术产品推广目录（2018 年）》。推进低碳城市试点，株洲市政府印发《株洲市低碳城市试点工作实施方案》，推动构建以促进清水塘老工业基地低碳转型、城市智

慧低碳交通体系为特色的株洲低碳发展模式。推进公共机构合同能源管理，长沙市出台《公共机构合同能源管理暂行办法》，在全市公共机构开展合同能源管理工作。推动循环经济发展，工信部、科技部等七部委联合发文，确定湖南为新能源汽车动力电池回收利用试点地区之一；长沙市出台《建设国家循环经济示范城市三年行动计划》《长沙市循环经济专项资金管理办法》，加强循环经济制度建设。

3. 生态补偿机制方面

2018 年 3 月，在南山国家公园启动集体林地和林木使用权流转及生态补偿试点，筹集 2.45 亿元财政资金专项用于生态补偿，预计 2 万余人受益。完成《重点生态功能区转移支付办法》修订。与重庆市签订了省际《酉水流域横向生态保护补偿协议》，明确 2019～2021 年，以酉水河在两地交界的里耶断面水质为依据，按月核算酉水流域横向生态保护补偿资金，达标由湖南补偿重庆，超标由重庆补偿湖南。拟定《湖南省流域生态补偿暂行办法（试行）》（待发布），考核补偿对象基本覆盖全省所有县市区。

4. 绿色金融方面

发布《湖南省 2017 年度企业环境信用评价结果公告》，评定 30 家环境诚信企业、929 家环境合格企业、169 家环境风险企业、62 家环境不良企业。公布 2018 年湖南省环境保护"黑名单"，16 家企业被认定为环境保护"黑名单"企业。株洲市在全省率先出台《关于加快株洲绿色金融发展的实施意见》，筹备设立 30 亿元绿色产业发展基金，利用征信管理推行"绿色信贷"；益阳市绿色金融"财银保"贷款保证保险管理创新被评为全省生态文明创新案例。

5. 环境治理市场化机制方面

推行碳排放权交易制度，全省 166 家企业完成了 2016～2017 年度碳排放报告核查及复查。推动排污权交易，截至 2018 年 10 月，全省完成火电、造纸等 15 个行业的排污许可核发，8370 家企业缴纳排污权有偿使用费，已累计缴纳有偿使用费 5.47 亿元，累计实施市场交易 4872 次，交易金额 5.31 亿元，2018 年以来排污权交易呈现爆发式增长，已成为湖南省公共资源交易中心组建以来进场的第六大类项目。推进第三方治理,完成清水塘清水湖区域西湖片区、竹埠港易家坪片区重大工程项目建设,并通过国家终期验收、评估。

6. 生态环境保护责任体系方面

正式出台《湖南省环境保护工作责任规定》和《湖南省重大环境问题(事件)责任追究办法》,首次将纪检监察机关的职责列入文件,并增加了县级以上党委、乡镇(街道)党委和省委工作机构和省级(纪检)监察机关环保工作责任,实现了党委、政府及(纪检)监察、审判、检察机关共38个省直相关单位环保责任的全覆盖。推进领导干部自然资源资产离任审计,统筹实施株洲县等15个县区党委、政府主要领导干部自然资源资产离任(任中)审计。

7. 生态环境损害赔偿制度方面

湖南省环境保护科学研究院生态环境损害司法鉴定中心于2018年12月揭牌成立,这是湖南省首家环境损害司法鉴定机构,标志着全省环境损害司法鉴定工作正式拉开序幕。建立了生态环境损害赔偿专家库,涵盖污染物性质鉴别、环境经济、土壤与地下水、地表水与沉积物、环境大气、生态系统、其他类等7个专业领域,为全省生态环境损害鉴定评估工作提供技术支撑,对规范环境损害司法鉴定机构准入门槛有十分重要的意义。推动多起生态环境公益诉讼、鉴定评估,2017年7月至2018年11月,湖南省检察机关有关生态环境和资源保护领域立案2329件,提起公益诉讼76件,共督促恢复、保护被毁坏林地等4030亩、湿地27861亩、基本农田214亩,治理恢复被污染水源地15038亩、土壤1463亩、水域8321亩。

8. 机构改革方面

2018年10月,湖南省生态环境厅、自然资源厅先后挂牌成立。组建的自然资源厅,整合了过去分散在发改、住建、水利、农业、林业等部门的自然资源的调查和确权登记,统一行使用途管制和生态修复的职责,有利于对山水林田湖进行整体保护、系统修复和综合治理。组建的生态环境厅,统一负责生态环境监测和执法工作,监督管理污染防治、核与辐射安全。不仅切实改变长期以来自然资源、生态环保领域职责交叉、"九龙治水"、不能形成治理合力等问题，还实现了管理权和执法权的有效分离：自然资源厅统一行使全民所有自然资源资产管理者的职责，而生态环境厅统一行使生态环境监测和执法职能，明确了两者的分工，标志着湖南生态文明建设迈入新的阶段。

（二）以污染防治攻坚为重点，生态环境明显改善

2018年，湖南省政府出台《污染防治攻坚战三年行动计划（2018～2020年)》，明确了污染防治攻坚的任务书、路线图、时间表。5月初正式打响"2018年夏季攻势"，高位推动污染防治攻坚，取得了较好的成效。

1. 打赢"蓝天保卫战"

出台《湖南省大气污染防治特护期实施方案（2018～2020年》和《长株潭及传输通道城市大气污染联防联控工作方案》，加强工业、燃煤和机动车治理，强化特护期大气污染防治，完成火电、钢铁、水泥、有色等重污染行业大气污染物治理项目735个。2018年全省14个市州城市空气质量优良天数比例为85.4%，较2017年上升3.8个百分点，张家界、郴州、益阳、吉首、娄底等5个城市环境空气质量首次达到国家二级标准，实现零的突破。

2. 打好"碧水保卫战"

完成湘江保护和治理"一号工程"第二个三年行动计划，湘江流域水功能区水质达标率达97.2%。全面落实五级河（湖）长制，实施洞庭湖生态环境专项整治三年行动计划，加强不达标水体治理，洞庭湖11个湖体断面总磷浓度持续降低至0.069毫克/升，较2015年下降39.3%。完成154条城镇黑臭水体整治，地级城市黑臭水体消除比率达95%；完成322个县级饮用水水源地环境问题整治和49个县级及以上饮用水水源保护区内的入河排污口整治。水生态环境持续改善，2018年底，全省地表水水质总体为优，345个监测评价断面中Ⅰ～Ⅲ类水质断面占94.5%。

3. 打好"净土保卫战"

出台《湖南省全面落实〈禁止洋垃圾入境推进固体废物进口管理制度改革实施方案〉2018～2020年行动方案》，累计完成71.4万吨超期贮存危

险废物处置。完成4.2万个农用地土壤样点的污染状况详查成果集成，启动重点行业企业用地调查，完成426家在产重金属企业全口径清查。在"2018夏季攻势"中，12家企业17项超期贮存危险废物完成整治，全省131个尾矿库及其采选、冶炼企业环境污染问题得到全面整治，完成160个进度滞后重金属污染防治项目建设。

4. 推动农业面源污染防治

优化畜禽养殖业布局，完成禁养、限养、适养"三区"划定工作，2018年，全省共划定禁养区4178个、面积为3.8万平方公里；推动禁养区畜禽规模养殖场退养，全省共退出禁养区年出栏50头以上畜禽养殖场（户）12847个、489.8万平方米；强力推进重点区域退养，湘江干流两岸500米、湘江综合枢纽库区两岸1000米范围内、洞庭湖内湖沿岸1000米以内规模养殖全部退出。推进化肥、农药零增长行动，主要农作物测土配方施肥率达90.2%，实现全年农作物病虫害全程绿色防控应用面积1800万亩、农药减量4%的预期目标。推动畜禽养殖废弃物资源化利用，全省畜禽粪污综合利用率达67.8%，基本建成覆盖全省养殖大县的病死动物无害化处理体系。

5. 全面开启生态修复

森林禁伐减伐三年行动圆满收官，2016~2018年，全省禁伐区面积达到7986万亩，减伐幅度达44.7%，森林资源总量持续增加，2018年底全省森林覆盖率为59.82%，森林蓄积量为5.72亿立方米，森林生态效益价值超过1.1万亿元。洞庭湖流域生态保护修复成效显著，2018年，共清理杨树10.38万亩，拆除矮围网围124.46万亩，修复自然保护区杨树清理迹地和洲滩面积共17.67万亩、退耕还林还湿试点面积2.643万亩，湿地生态修复区域植被覆盖度从30%提高到了95%，湿生植物多样性和鸟类多样性均显著提高，生态保护恢复成效显著。2018年10月，常德市被授予全球首批"国际湿地城市"，全球仅18个城市获此殊荣。

（三）以环保督查为抓手，环境突出问题得到有效解决

推进中央环保督察反馈问题整改，截至2018年底，76项整改任务完成

和基本完成 61 项，交办的 4583 件信访件整改办结 99.91% 以上，有效解决了洞庭湖非法采砂、南岳衡山采矿权清理、欧美黑杨清理、东江饮用水水源保护区违规建设项目退出等一批难点问题。对中央环保督察"回头看"交办的 4226 件信访件，截至 2018 年底已整改办结 77.73%，其中宜章小造纸问题已完成整改，长株潭绿心问题完成 2018 年度整改退出任务，云溪绿色化工产业园环境、衡阳大义山自然保护区等问题整改有序推进。中央领导批示和专项督察指出的下塞湖矮围问题得到坚决迅速整改，花垣县尾矿整改有效推进。2018 年 6~8 月，湖南分 2 批对全省 14 个市州开展了省级环保督察，共受理群众来电、来信举报投诉 6797 件，向地方交办 5715 件，截至 2018 年底，办结率达 90.3%，责令整改企业 3524 家，立案处罚 667 家，处罚金额达 3832 万元，有效解决了一批群众反映强烈的突出问题。

（四）以绿色产业为支撑，转型升级逐步加快

2018 年，全省供给侧结构性改革加快推进，有力推动了产业结构优化，三次产业结构调整为 8.5∶39.7∶51.8，产业绿色化转型趋势显现。

1. 加快传统产业转型升级

一方面淘汰落后产能，2018 年，全省原煤、十种有色金属同比分别减产 3.2% 和 12.5%，钢材产量增幅同比回落 6.5 个百分点；六大高耗能行业增长 5.5%，低于规模以上工业增速 1.9 个百分点，增加值占规模以上工业的比重下降 0.4 个百分点。另一方面抓传统优势产业转型，通过加大技术改造投入，促进产品创新，2018 年，全省工业技术改造投资同比增长 38.1%，高出工业投资增速 5.7 个百分点，推动全省工业由产能扩张向内涵式增长转型。

2. 加快绿色制造体系建设

大力开展绿色制造工程专项行动，在全国率先启动两型工业企业认证工作，组织实施百家工业企业节能节水工程，培育壮大绿色制造产业等，评估认定华菱湘钢等 46 家企业为省级绿色工厂，威胜集团、远大空调等 26 家企业获批国家绿色工厂。积极争取国家绿色制造政策支持，中联重科、长沙格

力等 6 个项目获得国家绿色制造系统集成项目支持，项目数和资金额度均居全国前列。工业绿色发展水平不断提升，2018 年，全省规模工业综合能源消费量为 6157 万吨标准煤，以 3% 的能耗增长支撑了 7.4% 的规模工业增长。

3. 推动绿色建筑产业发展

2018 年 9 月，《湖南省绿色装配式建筑评价标准》正式发布，是全国第一个省级装配式建筑地方评价标准；12 月出台《关于大力推进建筑领域向高质量高品质绿色发展的若干意见》，明确到 2020 年，实现市州中心城市新建民用建筑 100% 达到绿色建筑标准，市州中心城市绿色装配式建筑占新建建筑比例达到 30% 以上。长沙市出台《装配式建筑产业链三年发展规划》，推动以远大住工为代表的"持续发展型"、以中民筑友和三一集团为代表的"跨越发展型"、以三能房屋和东方红集团为代表的"转型升级型"装配式企业形成集聚效应。截至 2018 年底，全省有国家装配式建筑示范城市 1 个（长沙）、国家装配式建筑产业基地 9 家、省级装配式建筑产业基地 24 家，年生产能力达 2500 万平方米，产业总产值近 500 亿元，装配式建筑综合实力全国排名第一。

4. 推动循环经济发展

一是推动园区循环化改造。截至 2018 年底，全省约 20% 的园区实施了循环化改造，其中长沙（浏阳、宁乡）再制造示范基地和松木经开区已通过国家验收，国家级试点布局的 51 个重点支撑项目已有 30 个建成投产。二是推动城乡垃圾资源化利用。在长沙市试点垃圾分类，大力推广"互联网＋垃圾"智能分类模式，在 57 个社区按餐厨垃圾（湿垃圾）、其他垃圾（干垃圾）、可回收物、有害垃圾四大类进行分类，着力提高生活垃圾回收利用率；在全省 20 多个县市开展了农村垃圾分类减量和资源化利用，垃圾减量率达 70% 左右，望城区、攸县、津市市、永兴县、宁远县被评为全国第一批农村生活垃圾分类和资源化利用示范县，宁远县获评全国"生活垃圾分类示范案例"；推进生活垃圾焚烧发电，2018 年新开工、建成生活垃圾焚烧处理设施各 3 座，全国最大垃圾焚烧处理单体项目在长沙正式运营，全省垃圾焚烧处理占比达 37%。

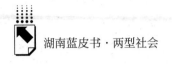

（五）以法规和宣传教育为引导，生态文明建设合力不断增加

2018年，全省强化两型与生态文明建设的法规标准体系建设，加大宣传教育和示范创建力度，收到了明显成效。

1. 健全法规标准体系

施行《环境保护税法》《湖南省饮用水水源保护条例》和《湖南省落实〈固体废物污染防治法〉办法》等，修订了《湖南省湘江保护条例》，启动制定《湖南省洞庭湖保护条例》《湖南省土壤污染防治条例》，启动修订《湖南省环境保护条例》，发布生态环境保护地方标准3个，法规标准进一步健全。2018年11月批准的《湖南省第十三届人大常委会立法规划》中将12项生态绿色领域的地方性法规列入其中，为生态强省建设提供了坚强的法治保障。

2. 加强宣传教育和示范创建

深入推进两型示范创建活动，遴选2018年省级两型示范单位（项目）29个，涵盖村庄、社区、学校、景区、小城镇等领域，并发文通报表彰。截至目前，累计评选示范创建单位和项目1100多个，基本覆盖全省14个市州。长沙市积极承办2018年生态环境部挂牌后的首个六五环境日活动，发布了《公民生态环境行为规范（试行）》。株洲市组织开展绿色骑行、绿色科技、地球熄灯一小时、世界地球日等两型主题活动15场次，受众达3000人。

二　当前湖南两型社会与生态文明建设存在的主要问题和困难

（一）环境质量改善不足

1. 洞庭湖水质不乐观

2018年，洞庭湖水质为轻度污染，污染物为总磷；12月，除西洞庭湖外，全湖及南洞庭湖湖区水质均为轻度污染，东洞庭湖湖区水质为中度污染，全湖 11 个监测考核断面中，Ⅳ类和Ⅴ类水质断面有各 3 个，占比为 54.6%，污染指标为总磷。洞庭湖 8 个内湖考核断面中，Ⅳ类水质断面有 4 个，占 50.0%；Ⅴ类水质断面有 1 个，占 12.5%。南湖、芭蕉湖、皇家湖和后江湖 4 个断面水质均为Ⅳ类，大通湖水质为Ⅴ类，主要污染指标为总磷、五日生化需氧量。8 个内湖考核断面的营养状态评价结果为，6 个断面为中营养，占 75.0%；南湖与芭蕉湖断面均为轻度富营养。

2. 土壤污染问题较严重

湖南作为有色金属之乡，由矿山开采冶炼等带来的重金属污染问题和隐患较多，一些重点区域采矿裸露作业面的地表水、矿井水、选矿废渣、尾砂库污染点多面广、持续时间长，湘江部分支流重金属超标、资江流域锑超标、沅水流域总磷超标等问题依然存在。同时湖南作为传统农业大省，畜禽水产养殖污染问题较重，特别是前些年较长时期的高强度投肥投饵，使一些水库、湖泊水质遭到严重破坏，尤其是洞庭湖总磷超标问题突出。

3. 长株潭大气污染治理需继续发力

受北方输入性污染和本地机动车排放、扬尘、餐饮油烟等污染共同影响，长株潭及传输通道城市在"特护期"内环境空气质量形势严峻，长株潭平均优良天数比例低于全国平均水平。尤其是在冬季，大气污染形势尤为严峻，2018 年 12 月，全省城市环境空气质量平均优良天数比例为 71.0%、轻度污染天数比例为 17.7%、中度污染天数比例为 7.6%、重度污染天数比例为 3.0%、严重污染天数比例为 0.7%。影响城市环境空气质量的主要污染物是细颗粒物。

（二）环保基础设施建设不足

1. 污水、垃圾等处理设施不完善

截至 2018 年底，全省县以上城镇共有 109 座生活垃圾无害化处理场，绝大多数采取填埋方式，仅有 8 座垃圾焚烧发电厂，垃圾填埋规模远达不到发展需求。污水处理方面，整体处理能力不足，即使是长株潭地区，地下管网配套也明显滞后于地上污水处理设施建设；雨污分流排水管网改造也刚开

始推进，步履维艰。城乡环保基础设施建设不平衡，绝大部分农村生活垃圾、污水处理设施建设刚刚起步，生活污水普遍直排。

2. 监测能力待提升

环境监测能力薄弱，目前还没有完备的土壤环境监测体系。目前取水许可能够实现取用水实时监控的比例不足 5%，农业用水、地下水取水等监测才刚刚起步，入河排污口也只开展了监督性监测。大气污染防治联防联控的机制尚未真正形成，在线监测推进缓慢、监测网络不健全，信息化水平不高，难以满足环境管理精细化需求。

（三）保障措施不到位

1. 治污技术水平不高

湖南现有的不少治污技术缺乏经济可行性，现有垃圾处理技术十分低下，真正符合国家环境控制标准和建设标准的垃圾无害化处理率仅有 25% 左右；重金属废气治理效果不够理想，如对无组织排放废气缺乏有效的控制技术措施；重金属污染土壤治理修复基础研究比较薄弱，工程应用与装备严重不足；在重金属固体废物处理和技术上，现有的磁选、浮选、湿法浸提和高温焙烧等技术，经济效益低且存在二次污染。

2. 治理资金严重短缺

资金短缺是全省环保工作的"共性问题"。重金属污染治理，中央财政预算内投资比例太小，地方财政很难承担项目资金缺口。以湘江流域重金属污染治理为例，根据国务院批复的重金属污染治理方案，预算投资是 595 亿元，但依据湖南相关部门测算，要保证治理效果，全部投入需在 4000 亿元以上。此外对企业来说，企业污染治理工程补助资金不到 15%，相比实际支出，根本无法调动积极性。

3. 基层执法力量和能力建设不足

污染环境行为主要发生在市、县级以下基层，而基层执法能力严重不足、执法人员业务水平和综合监管能力不强，一线执法力量建设长期跟不上实际工作要求，使得污染防治执法的有效性受到严重影响。

三 2019年推进湖南两型社会与生态文明建设的政策建议

2019年，湖南两型社会和生态文明建设的预期目标是：万元GDP能耗下降2.5%，单位GDP二氧化碳排放下降3.89%；化学需氧量、氨氮、二氧化硫和氮氧化物排放量分别下降2%、1.5%、2%和2%；城市环境空气质量优良率达到82.5%以上，PM2.5年均浓度力争下降到42微克/立方米以下；地表水国家考核断面水质优良率达到88.3%以上，消除劣V类水体；受污染耕地安全利用新增150万亩，污染地块安全利用率达到90%以上。实现上述目标，需在以下方面下功夫。

（一）树牢生态优先绿色发展理念

2019年3月5日，习近平总书记在参加十三届全国人大二次会议内蒙古代表团审议时强调，"要探索以生态优先、绿色发展为导向的高质量发展新路子"，并深入阐述了我们党关于生态文明建设的思想内涵，并指出，"在'五位一体'总体布局中生态文明建设是其中一位，在新时代坚持和发展中国特色社会主义基本方略中坚持人与自然和谐共生是其中一条基本方略，在新发展理念中绿色是其中一大理念，在三大攻坚战中污染防治是其中一大攻坚战。"习近平总书记强调，这"四个一"体现了我们党对生态文明建设规律的把握，体现了生态文明建设在新时代党和国家事业发展中的地位，体现了党对建设生态文明的部署和要求。为我国推动生态文明建设迈上新台阶指明了方向。

近年来，湖南生态文明和两型社会建设取得明显成效，绿色发展水平不断提高，生态环境质量持续好转，但同时也要看到生态文明建设正处于压力叠加、负重前行的关键期，已进入提供更多优质生态产品以满足人民日益增长的优美生态环境需要的攻坚期，也到了有条件有能力解决生态环境突出问题的窗口期。我们要爬过这个坡，迈过这道坎，就必须坚持和贯彻新发展理念，深刻把握生态文明建设规律，正确处理经济发展和生态环境保护的辩证关系，牢固树立保护生态环境就是保护生产力、改善生态环境就是发展生产力的思想，坚持"绿水青山就是金山银山"的理念不动摇，坚持加强生态文明建设的战略定力不松劲，以生态优先、绿色发展为导向，加快转变经济发展方式，加快新旧动能转换，加快形成节约资源和保护环境的空间格局、产业结构、生产方式、生活方式。树牢底线思维，严守生态保护红线、环境质量底线和资源利用上线，不动摇、不松劲、不开口子，用制度红线守住绿色底线。将生态环境保护内生于经济发展，切实推动生态环境保护与发展经济有机统一，协同推动经济高质量发展和生态环境高水平保护，持续用力，驰而不息，建设生态文明，建设富饶美丽幸福新湖南。

（二）全力打好污染防治攻坚战

1. 以联防联治为重点，坚决打赢蓝天保卫战

一是深化工业大气污染治理，建立工业炉窑和燃煤锅炉、"散乱污"企业、挥发性有机物污染重点企业清单，分类施治，完成燃煤小火电机组超低排放改造，推进钢铁行业超低排放改造。

二是加快老旧车辆淘汰，完善汽车尾气遥感监测网络，开展柴油货车污染专项治理。

三是强化大气面源污染防治，积极应对重污染天气，加强长株潭及常德、岳阳、益阳传输通道城市大气污染联防联治，建立省际重污染天气预警与联防机制，稳步提升城市空气环境质量。

2. 以"一湖四水"和长江沿岸为主攻方向，重点打好碧水保卫战

一是完善长效管护机制。构建流域控制单元管理体系和流域监管体制。建立河（湖）长履职标准化考核评价体系，推动河湖长制全面见效。

二是强化"一湖四水"综合治理。深入推进洞庭湖生态环境专项整治，通过实施一批减排重点项目切实削减总磷浓度。启动实施湘江保护与治理第三个"三年行动计划"，重点深化城乡污染治理，加快完成株洲清水塘、湘潭竹埠港、衡阳水口山、郴州三十六湾、娄底锡矿山五大重点区域综合整治。

三是加强长江沿岸专项整治。全面清理和整治长江沿岸排污口，严格入河（湖）排污口监管，做好"四水"流域和洞庭湖排污口排查和超标排污

口整治；加快推进沿江化工污染整治，重点整治存在问题的企业和园区，建议参照湖北标准逐步退出沿江一公里内的化工企业。

四是实施城市黑臭水体攻坚战。重点推进地级城市黑臭水体整治，新开工一批城镇黑臭水体整治项目。继续对省级工业园区污染进行专项排查和整治，对县以上城镇生活污水处理厂进行提标改造。开展农村黑臭水体治理试点。

五是加强饮用水安全保障。加强地下水污染防治，加大不达标和水质下降断面整治力度。加强农村饮用水水源保护，推进乡镇级饮用水水源地保护区划分并开展整治，继续实施农村安全饮水工程。

六是加强污水治理设施建设。着力加强城镇生活污水系统治理能力建设，系统高效推进污水收集管网建设、污水处理厂新建和改造、排水防涝设施建设等。重点加强乡镇污水处理设施建设和改造，优先在沿河沿湖等重点区域集中新建一批污水处理设施，逐步实现全省乡镇污水处理设施全覆盖。制定乡镇污水处理设施建设专项行动方案，开征乡镇污水处理费，切实解决乡镇污水处理设施严重不足、已建成污水处理设施运行效果不理想的问题。

3. 以环境风险安全可控为目标，着力打好净土保卫战

一是完善法规及标准规范。加快制定"湖南省实施《中华人民共和国土壤污染防治法》办法"，制定"农用地土壤环境质量地方性标准"等标准规范。

二是实施土壤分区分类管理。将全省土壤分为清洁区、风险区、污染区，分区开展土壤管控或治理修复。加快推进农用地分类管理，开展耕地土壤环境质量类别划定。加强未利用地环境管理，规范污染地块再开发利用。加强重点行业企业用地调查。

三是加强土壤治理和修复。推进耕地土壤重金属污染加密调查，继续推进长株潭地区种植结构调整和修复治理。进一步完善重金属污染修复治理技术模式，扩大修复治理范围，加快解决重金属监测断面超标问题。推进常德土壤污染综合防治先行区建设。大力整治矿山滥采等突出问题，实施矿山地质环境恢复治理工程，确保问题突出区域和在产企业环境风险得到基本管控。

四是加强固体废物安全处置。继续开展重点流域、区域固体废物大排查，提升危险废物规范化管理水平，加强中小企业危险废物监管，着力解决企业反映较多的危废处置能力不足问题。大力提升城镇生活垃圾处理水平，重点推进生活垃圾焚烧发电设施建设，完善垃圾收运体系，加快垃圾转运站建设，加大餐厨垃圾资源化利用设施建设力度，进一步增强终端处理能力。加快乡镇垃圾中转设施建设和改造。加大工业固体废物违法违规转移监管和打击力度，防控工业污染"上山下乡"。

4.以面源污染和人居环境为重点，打好农业农村污染治理攻坚战

一是加快制定出台"湖南省农业农村污染治理攻坚战实施方案"。

二是加强农业面源污染治理。建立健全农业面源污染防治监督体系，提升农业面源污染监管与防治能力。实施一批农业面源污染综合治理示范项目。实施有机肥替代化肥、低毒农药替代高毒农药行动，推动农药化肥使用量负增长，切实减少农业投入品对生态环境的源头影响。强化畜禽水产养殖污染治理，严格执行畜禽禁养区禁养制度和新建畜禽养殖场准入制度，全力打好畜禽禁养区退养收官战，稳妥推进禁养区规模养殖全部退出，加强规模养殖场粪污处理设施配套建设。进一步规范天然水域养殖行为。

三是深入推进农村人居环境综合整治。开展"一拆二改三清四化"行动，落实农村"空心房"整治，改厕、改圈，清理生活垃圾、沟渠塘坝、畜禽粪污等废弃物，推动农村净化、绿化、美化、亮化。启动实施"千村美丽、万村整治"工程，开展"一市十县百镇"全域推进美丽乡村创建。推进农村生活垃圾治理，按照"五有"[①]标准实施农村双改"垃圾治理工程"，建立完善农村垃圾收集转运体系，加强对非正规垃圾堆放点的清理整治。梯次推进农村生活污水治理，研发推广低成本、低能耗、易维护、高效率的农村生活污水处理技术和生态处理工艺，建议将农村水环境治理纳入河（湖）长制管理。

---

① "五有"：有齐全的设施设备、有成熟的治理技术、有稳定的保洁队伍、有长效的资金保障、有完善的管理制度。

（三）加强生态系统保护修复

1. 夯实系统治理基础

完善山水林田湖草系统治理规划和工作机制，全面启动湖南省生态文明建设示范区创建，实施湘江流域和洞庭湖生态保护修复试点工程，开展重点区域生态状况调查评估。

2. 加大森林、湿地生态保护修复力度

逐步扩大天然林补助范围，加大对生态林补贴力度，提高补偿标准，建立多元化森林、湿地生态补偿机制。启动"四水"全流域生态补偿。推进洞庭湖平原、澧阳平原农田林网建设，建立健全湿地分级保护机制。推广退耕还林还湿试点。加强对森林、湿地资源的动态监测。

3. 加快生态廊道、生态涵养带建设

长株潭生态绿心地区开展高标准、多渠道的生态提质行动，编制林相改造规划，努力建成"东方维也纳森林"。长江岸线湖南段建设高质量生态廊道，着力推进造林绿化，逐步改善林分质量，打造兼具生态功能和景观效应的"最美长江岸线"。"一湖四水"构建全流域生态涵养带，加快修复杨树砍伐迹地、岸线、码头堆场侵占洲滩湿地，逐步恢复洞庭湖湿地功能，"四水"实施森林质量精准提升试点工程。

4. 严格保护、科学监管各类自然保护地

加快推进现有矿业权退出自然保护区、国家公园、森林公园、湿地公园、水源地等各类自然保护地，开展自然保护区突出生态问题专项整治，推进南山国家公园体制试点，强化各类自然保护地生态复绿。

5. 深入实施国土绿化行动

实施生态脆弱区复绿和人口聚集地增绿，协同推进石漠化区、矿区等区域的生态修复，实施"矿山复绿"行动。实施乡村绿化美化行动，大力推进乡土树种、珍贵树种造林，建设乡村小微湿地，着力建设一批秀美村庄。积极开展国家、省森林城市创建。

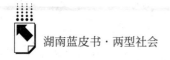

（四）推进资源节约集约利用

1. 推进土地节约集约利用

开展县级以上城市建设用地节约集约利用评价，推广一批节地模式、节地技术。落实"增存挂钩"政策，强化供地率考核，清理处置闲置土地，盘活利用空闲土地。

2. 大力推动节能降耗

一是突出能耗"双控"考核，强化能耗"双控"在湖南省产业转型升级、新旧动能转化、经济高质量发展中的倒逼导向作用。

二是加强重点领域节能。对重点耗能企业实施专项监察，进一步规范企业用能行为。积极运用能耗标准，推动能耗达不到标准的落后产能退出。对火电、钢铁、有色、水泥等高耗能领域的百家重点用能单位实施综合能效提升工程，推广应用一批节能、低碳、节水、清洁生产、资源综合利用、再制造等领域先进适用的工艺、技术及装备，切实提高工业能源资源利用效率。灵活运用市场模式推进长株潭区域公共照明、高校、机场、车站等公共领域实施节能改造。扎实开展公共建筑节能改造，强化建筑节能监管。

三是着力应对第三产业、居民生活领域能耗过快增长，加大推广应用高效节能产品力度。

3. 推动资源综合利用、循环利用

一是积极引导汨罗、永兴"城市矿产"示范基地健康发展，依托中联仁和、省建工集团、万容科技、邦普循环等龙头企业，推进餐厨废弃物、建筑废弃物、快递包装物、废旧汽车、动力电池等无害化处理和资源化利用，开展新能源汽车动力蓄电池回收利用试点，加大餐厨垃圾资源化利用设施建设力度，探索实施生产者责任延伸制度。

二是努力创建国家大宗固废综合利用基地，引入专业投资主体和运营服务商，提升处置技术，统筹连通上游回收网络、中游转运分拣网络、下游资源化利用设施。加大建筑垃圾资源化利用力度。

三是推进园区循环化改造。积极推广长沙（浏阳、宁乡）再制造示范基地、衡阳松木工业园等园区循环化改造试点经验，推动省级以上园区调整优化产业布局和定位，引导规模化企业入园发展，重点实施一批园区集中供热供气、能源梯级利用、能量系统优化项目。

四是推进农业废弃物资源化利用。推进秸秆综合利用，积极开展农作物秸秆综合利用补贴试点，培育壮大秸秆产业化利用主体，集成推广一批秸秆收、储、运、用县域典型模式。创新地膜回收与再利用机制，鼓励各地探索标准地膜推广应用与回收补贴挂钩机制。全面推进畜禽粪污资源化利用，推进34个国家畜禽养殖废弃物资源化利用整县推进试点。

（五）着力发展壮大绿色产业

1. 大力推动工业绿色转型升级

一是着力打造"3＋2"工业新兴优势产业集群。"3"即工程机械、先进轨道交通装备、航空航天三大世界级产业集群；"2"即安全可靠计算机和集成电路、新材料两大国家级产业集群。突破一批核心关键技术，培育一批具有国际竞争力的创新型企业。

二是加大绿色制造体系创建力度。以重点园区、重点企业引领工业绿色制造，支持企业推行绿色设计，开发绿色产品，建设绿色工厂，打造绿色供应链，打造一批国家级和省级绿色工厂、绿色园区、绿色设计产品、绿色供应链管理企业和国家绿色制造示范单位等。推进工业产品生态设计，支持建立绿色技术中试基地，推动智能制造、绿色制造和服务型制造加速融合，全面推进绿色制造体系建设，提升工业绿色制造水平。

三是加快传统产业绿色改造提升。综合运用市场化、法治化手段推动水泥、煤炭、烟花、造纸等领域过剩产能退出和落后产能淘汰，加快钢铁、有色、化工、建材、轻工等传统制造业绿色化改造，推广应用一批节能、低碳、清洁生产领域先进适用的工艺、技术及装备，加快形成绿色集约化生产方式。全面提升工业园区清洁生产水平。打造一批绿色矿山、绿色矿区，推进矿业发展绿色转型。

2.培育壮大节能环保产业

出台加快推进湖南省环保装备制造业发展的政策措施，推动环保装备制造业发展。推进长沙、湘潭、衡阳等地区节能产业补链强链。实施空气治理技术及应用产业链行动计划，鼓励支持航天凯天环保等龙头企业牵头建立省级制造业创新中心。

3.加快发展绿色建筑

大力发展装配式建筑，有条件的地区积极创建绿色装配式建筑产业园区，打造装配式建筑产业集群。设区城市新建民用建筑严格按绿色建筑标准规划、设计、建设，县级及以下城镇逐步推广绿色建筑。开展既有建筑绿色改造，开展高能耗建筑和老旧城区绿色化改造试点。实施绿色建材生产和应用行动计划。

4.大力发展生态农业

加强绿色生产技术应用，开展种养循环农业试点示范。积极发展设施蔬菜、水果、花卉苗木等产业。大力发展稻田综合种养，积极推广种植再生稻。实施农业绿色品牌战略，建设一批国家和省级农产品质量安全县，扩大无公害农产品、绿色食品和有机食品生产基地规模。做大做强绿色原料生产基地，加强标准化养殖场（小区）、水产健康养殖场建设。建立健全涵盖农业全产业链的农业技术标准体系、农产品质量安全追溯和监管体系、绿色农产品市场准入标准。

5.积极发展生态旅游业

一是打造十大生态旅游景区。重点打造南岳衡山、城步南山、张家界环天门山、张家界大峡谷、宁远九嶷山、株洲神农谷、浏阳大围山、郴州莽山、通道万佛山、绥宁黄桑等十大生态旅游景区，通过"旅游＋生态"，培育一批观光、度假、研学、康养等生态旅游产品。

二是积极发展生态休闲农业。推行"科技农业＋生态农庄＋养生度假＋体验文化"模式，发展特色生态旅游观光农业，建设一批绿色农业体验农场，培育一批以农特产品精深加工为依托的休闲农庄，发展一批主题鲜明的观光体验园和农家乐片区。

（六）倡导绿色生活促进绿色消费

1. 培育绿色低碳生活和消费理念

加强生态文明宣传教育，将简约适度和绿色低碳的理念融入家庭教育、学校教育、干部培训和思想道德建设等教学体系。开展两型家庭、两型社区、两型学校、两型机关、两型景区、两型餐饮企业等创建活动。深入开展节能宣传周、低碳日、环境日等主题宣传活动，在全社会厚植崇尚勤俭节约、反对奢侈浪费的社会风尚，大力推动生活和消费理念绿色化。

2. 倡导绿色生活方式和消费模式

合理控制室内空调温度。推广绿色居住，减少无效照明，减少电器设备待机能耗，提倡家庭节约用水用电。鼓励步行、自行车和公共交通等绿色低碳出行。提倡重拎布袋子、重提菜篮子、重复使用环保购物袋，减少使用一次性日用品。抵制过度消费。鼓励个人闲置资源有效利用、旧物交换利用等。完善居民社区再生资源回收体系。大力推进生活垃圾分类收集处理和焚烧发电。

3. 鼓励绿色产品消费

推广节能、节水用品和环保家具、建材等。继续推广高效节能电机、节能环保汽车、高效照明产品等节能产品，提高节能家电市场占有率。加大新能源汽车推广力度，加快电动汽车充电基础设施建设。推广使用建筑垃圾再生产品等绿色建材和环保装修材料。鼓励选购节水龙头、节水马桶、节水洗衣机等节水产品。推广环境标志产品、有机农产品。组织企业开展"绿色兑换"活动，鼓励引导消费者购买节能环保再生产品。

4. 扩大绿色消费市场

加快畅通绿色产品流通渠道，鼓励建立绿色批发市场等绿色流通主体，创建一批国家级和省级绿色商场（购物中心、超市）。支持市场、商场、超市开设绿色产品销售专区。组织流通企业与绿色产品提供商开展对接。推广绿色餐饮，培育一批绿色餐厅、绿色餐饮企业（单位）、绿色餐饮街区。鼓励大中城市开设跳蚤市场，方便居民交换闲置旧物。完善农村消费基础设施和销售网络，丰富农村电商平台，拓展绿色产品农村消费市场。大力推广利用"互联网＋"促进绿色消费，推动电商企业直销或与实体企业合作经营绿色产品和服务，鼓励利用网络销售绿色产品，推动开展二手产品在线交易。

5. 推进绿色采购和绿色包装

推进绿色采购。完善绿色采购制度，扩大政府绿色采购范围，提高政府绿色采购规模。推动企业开展绿色采购，鼓励企业优先采购绿色产品，提高全行业绿色产品采购比例。

推行绿色包装。加快绿色包装产品的推广和应用，鼓励使用环保包装制品。加强对商场、超市，特别是集贸市场等商品零售场所执行"限塑令"的监管，推动塑料购物袋减量。鼓励电商企业对网购商品包装物减量化和再利用，出台政策鼓励企业进行快递包装物的回收。

（七）深化生态文明体制改革

1. 优化自然资源和国土空间管控

一是统筹推进自然资源资产产权制度改革。做好第三次国土调查，摸清全省自然资源家底。重点推进各类自然保护地、重点国有林区、湿地等重要生态空间确权登记，逐步实现自然资源确权登记全覆盖，划清各类自然资源资产所有权、使用权的边界，建立健全登记信息管理基础平台。开展自然资源资产核算，逐步建立各类全民所有自然资源资产的有偿使用制度。完成自然保护区矿业权整改。

二是优化国土空间管控。严格国土空间用途管制，完善主体功能区配套政策和绩效考核体系。将土地用途管制拓展到所有国土空间，严防建设活动破坏和扰动自然保护地等特殊生态空间。探索在长江岸线湖南段一定区域设定空间准入条件。制定"湖南省国土空间规划条例"，制定"关于建立以国家公园为主体的自然保护地体系指导意见"。建立生态保护红线、永久基本农田和城镇开发边界三条控制线数据库，纳入国土空间基础信息平台，实行"一张图"管理。牢牢守住耕地保护红线，积极开展永久基本农田储备区建设，有序推进耕地后备资源、耕地等别调查评价、耕作层剥离再利用。以国土空间规划为依据，把城镇、农业、生态空间和生态保护红线、永久基本农田保护红线、城镇开发边界作为调整经济结构、规划产业发展、推进城镇化不可逾越的红线。

2. 完善环境保护治理机制

制定一批污染排放标准。制定"湖南省城镇污水处理厂主要水污染物排放标准""畜禽养殖业污染物排放标准""池塘养殖尾水污染物排放标准""餐饮业大气污染物排放标准""农村污水处理设施主要水污染物排放标准"等。完善生态补偿机制。完善生态保护成效与资金分配挂钩的激励约束机制；建立涵盖"一湖四水"的全流域横向生态补偿机制，制定湖南省流域生态补偿办法，探索与相邻省份开展跨省流域生态补偿机制合作；完善长株潭绿心生态补偿机制，出台长株潭绿心地区生态补偿办法。建立用能权、用水权、碳排放权初始分配制度，深化排污权交易试点，开展节能量交易、碳排放权交易、可再生能源交易等多样化试点。

3. 完善促进绿色发展机制

研究制定加快建立绿色生产和消费的法律制度和政策导向的实施办法。制定湖南省关于构建市场导向的绿色技术创新体系的实施方案，支持省内企业、高校、科研院所等积极开展绿色技术创新。落实统一的绿色债券标准，支持有条件的金融机构、企业发行绿色债券募集资金，结合湖南实际贯彻绿色发展基金方案。完善绿色金融制度，鼓励金融机构建立健全绿色信贷政策，开展特许经营权、知识产权、排污权抵押贷款等业务创新。完善市场开放机制，积极推行清洁生产、合同能源管理、环境绩效合同等绿色服务。

4. 优化资源环境监管体制机制

一是建立高效协调的自然资源、生态环境管理机制。机构改革中进一步理顺自然资源、生态环境相关部门的职能职责划分，加快完成生态环境机构监测监察执法垂直管理制度改革。调整生态环境监测管理体制，生态环境质量监测、调查评价和考核由省级统一负责。强化省级"督政"职能，省级统一行使环保督察职能。生态环境执法重心下移，整合组建生态环境保护综合执法队伍，规范设置生态环境综合执法机构。

二是完善环境质量目标责任制和绩效评价考核机制。实施自然资源资产管理考核评价制度，落实领导干部自然资源资产离任审计制度。市、县逐级制定生态环境保护责任清单，将履职尽责情况纳入绩效考核，开展长江经济带生态环境保护审计。强化企业环境信用记录和环境违法黑名单制度，健全环境信息公开制度，及时准确披露各类环境信息，扩大公开范围。完善社会公众参与机制，健全公众环境权益保护机制，形成多渠道对话机制。依法实施环境公益诉讼制度，对污染环境、破坏生态的行为可依法提起公益诉讼。健全环境损害赔偿相关法律制度、评估方法和实施机制，提高生态环境损害赔偿制度改革试点的工作效率，严格实行生态环境损害责任终身追究制度。

三是提高资源环境监管的信息化水平。建立健全资源环境承载能力监测预警机制。加快建设湖南自然资源和地理空间信息库、生态环境监测大数据、标准政策法规库，加快完善自然资源资产管理平台和生态环境监管平台，融合监测、监管、督察、执法、服务等功能，健全信息共享机制。提高环境治理的效能化、智能化水平，提高环境执法的精准性和环境决策的科学性。

（八）完善保障机制

1. 完善统筹协调机制

建立跨区域协调合作机制，主动加强与长江经济带沿线城市特别是长江中游城市群的联动，共同推进环境治理、基础设施对接、市场统一等。强化生态环境保护委员会职能，增设若干工作领导小组，如防范化解环境风险工作领导小组，健全联席会议制度，协调解决跨区域、跨部门事项。建立健全市县生态环境保护议事协调机制，形成生态环境治理和监管合力。

2. 增强资金保障能力

积极争取国家资金支持，加强政策研究和超前谋划，在长江大保护、乡村振兴、新型城镇化等重大战略中争取机会。提高省市县各级政府投入生态文明建设资金的比例，保证增速高于财政收入的增速，充分发挥财政资金的引导和杠杆作用。推动生态环保领域公共产品服务的投资主体多元化，构建绿色债券、绿色产业基金、绿色信贷、绿色保险等绿色金融链。加大绿色金融创新力度，通过机制创新，降低生态环保行业和企业融资成本，让高污染高排放企业融资难融资贵。通过创新绿色金融产品，精准匹配生态文明建设需求。探索绿色金融衍生品的开发。完善利益风险分担机制，提高社会资本参与 PPP 项目积极性，优化政府资金支持方式，探索更加符合生态环保领域公益性和建设周期长等特点的 PPP 模式，拓宽应用范围。

3. 加强绿色技术创新

构建市场导向的绿色技术创新体系，组建绿色技术创新战略联盟及技术研发基地，攻克一批湖南生态文明建设急需的关键共性技术，如重金属污染、水污染治理技术等，形成一批具有自主知识产权的核心技术成果。加快构建绿色技术信息服务平台，搭建绿色技术信息智能共享云平台。培育壮大一批资源生态环境领域知识产权优势企业。建立健全绿色技术高端人才培养和引进的优惠政策、激励机制和评价体系，完善人才、智力、项目相结合的柔性引进机制，引进一批绿色技术相关人才。加快制定湖南急需的绿色技术相关地方标准，鼓励省内企业、科研机构积极参与国家绿色技术标准制定，推动湖南两型地方标准上升为国家标准。

部 门 篇

Department Reports

B.5

加强能源资源节约　促进绿色循环发展

——湖南省资源节约循环利用 2018 年情况及 2019 年发展思路

湖南省发展和改革委员会

能源资源节约和循环经济发展，是生态文明建设的基础内容，是走绿色发展之路的重要动能，也是两型社会改革试验的题中应有之意。湖南作为长江经济带沿线重要省份、资源节约型和环境友好型社会建设综合配套改革试验高地，湖南省委、省政府历来重视能源资源节约和循环经济发展，2018年继续高水平高规格统筹推进，以深刻认识、科学谋划、有力举措、扎实执行，推动全省能源资源节约和循环经济发展取得显著成效。

一　2018年湖南资源节约循环利用工作情况

2018 年，在湖南省委、省政府的正确领导下，全省上下齐心协力，狠抓落实，坚持把绿色循环低碳发展作为基本途径，坚持把经济社会发展建立在资源高效循环利用的基础上，与生态文明建设相协调，不断推动形成有利于能源资源节约和循环经济发展的空间格局、产业结构、生产方式。初步统计，2018年，全省万元GDP能耗同比降低3%以上，能源消耗增量控制在500万吨标准煤以内，圆满完成既定的年度能耗"双控"目标任务和"十三五"进度任务。同时，以各类示范试点为依托，推动循环经济和资源再生利用产业集聚发展，助力全省资源综合利用能力水平稳步提升。回顾总结，主要开展了以下工作。

（一）突出宏观研究，完善政策制度，健全绿色循环发展的政策体系

一是加强形势研判。组织完成了《湖南省"十三五"节能规划》中期评估，对全省"十三五"能耗"双控"形势进行统筹研判，对重点行业能耗、居民生活用能等领域宏观数据开展监测调度分析，及时掌握能耗总量和强度的变化趋势。结合分析研判结果，组织"双控"形势紧张的市州座谈研究，提出具体解决方案向省政府做专门汇报，为后续工作提供重要参考。

二是推进立法进程。积极推进《湖南省实施〈中华人民共和国循环经济促进法〉办法》立法调研，赴娄底、岳阳等地开展实地调研座谈，编印了《湖南省循环经济促进法资料选编》，组织召开了立法座谈会，对立法文本进行了集中修改，并征求了省直20多个厅局和14个市州意见建议，形成了《湖南省实施〈中华人民共和国循环经济促进法〉办法》送省政府法制办审定，为湖南省循环经济立法奠定了坚实基础。

三是规范审核程序。出台《湖南省固定资产投资项目节能审查实施办法》，明确了节能审查的对象范围、行政程序、内容重点、管理措施，为市、县部门和项目单位提供了规范指引。对长沙市地铁1号线北延一期工程等35个项目开展节能审查，共计核减能源消费量4.33万吨标准煤，占项目总能耗的4.8%，有效把握了能源消耗源头管控和节能措施落实执行。

（二）完善激励约束，强化宣传引导，凝聚绿色循环发展的理念意识

一是严格考核约束。省政府考核组对 14 个市州政府开展了 2017 年度能耗"双控"目标责任考核，考核结果向全社会公布，对超额完成的湘西州进行了通报表扬，对未完成能耗增量年度控制目标任务的市州实行责令限期整改和高耗能项目缓批限批，有效激发了市州政府抓能耗"双控"工作的积极性和责任感。按照考核要求，未完成任务的长沙、郴州、怀化 3 市向省政府书面报告整改工作，达哲省长、时任向群常务副省长对此做出重要批示。

二是开展监察执法。组织对电力、化工、建材、高校等领域 150 家重点用能单位进行了现场监察，开展了大型建筑冬夏两季室内空调温控和重点柴油客货车运营企业运行能耗专项监察，下达限期整改通知书、节能监察建议书 37 份。对 12 个节能审查违规未批先建项目开展集中约谈，督促整改落实到位。强化监察结果应用，通过公开监察结果、项目缓批、约谈等方式，着力提升节能监察执法效能，有效督促用能单位自觉落实各项节能举措。

三是加强宣传引导。湖南省发改委、省经信委、省机关事务管理局和郴州市人民政府合作，举办了 2018 年湖南省节能宣传周暨首届湖南（郴州）节能减排和新能源产业博览会，发布了 2018 年湖南省节能新技术新产品推广目录、湖南省节能改造和循环经济典型案例，编印了"节能就是随手的事""我是节能小专家"等宣传手册，湖南卫视、红网等媒体广泛报道，取得良好的社会反响。

（三）加大资金投入，实施重大工程，强化绿色循环发展的产业支撑

一是落实资金支持。2018 年争取生态文明建设专项中央预算内投资 7600 万元，一批中央预算内、中央财政专项资金支持的节能、循环经济和资源综合利用项目陆续建成投产，形成示范效应。各市州也加大政策资金支

持，长沙市 2017~2019 年每年安排 1 亿元循环经济专项资金，娄底市"十三五"以来拨付循环经济引导资金 994 万元，带动循环经济类项目总投资约 5 亿元。

二是建设示范试点。加快推进国家循环经济示范城市（县）、园区循环化改造试点、"城市矿产"示范基地、餐厨废弃物资源化利用和无害化处理试点城市等 21 个国家级循环经济和资源综合利用试点示范建设，其中，衡阳松木工业园、长沙再制造示范基地等 2 个国家园区循环化改造试点以及永兴"城市矿产"示范基地于 2018 年达到建设目标，顺利通过国家验收，获得中央财政专项资金 1.5 亿元。

三是强化技术支撑。高度重视技术研发的动力支撑作用，围绕"创新引领、开放崛起"战略，大力支持企业开拓创新。通过加大科研投入，强化自主创新，加强产学研合作，形成了一批具有自主知识产权的技术和产品。如远大科技集团清洁能源使用和环保技术，娄底冷水江砷碱渣综合回收利用和锑锌冶炼废渣新工艺技术，万容科技的垃圾热解技术，湖南邦普的动力电池回收等。

（四）突出重点领域，集中力量推进，凸显绿色循环发展的特色亮点

一是园区循环化改造。截至 2018 年底，全省已有近 30 家园区不同程度地实施了循环化改造，占比达到 20%，其中长沙（浏阳、宁乡）再制造示范基地和松木经开区已通过国家验收，国家级试点布局的 51 个重点支撑项目已有 30 个建成投产。通过实施园区循环化改造，一方面合理延伸产业链条并实现循环链接，形成了长沙再制造、松木盐卤化工、岳阳石油化工、水口山有色金属等特色循环经济产业链条；另一方面推进园区公共基础设施建设运营，实现资源高效循环利用和废物"零排放"，显著提升了园区可持续发展能力和综合竞争力。

二是生活垃圾分类。长沙市作为省会城市，先行推进生活垃圾强制分类。实行生活垃圾阶梯计费管理，分区县对低于减控量基数的垃圾量进行奖补，对高出部分按阶梯价格计费，通过经济杠杆有效"撬动"了垃圾分类

减量。生活垃圾焚烧发电厂投入运行，餐厨垃圾、大件垃圾、园林绿化垃圾、建筑装修垃圾等资源化利用项目也已建成，形成了较为完善的生活垃圾终端分类处置体系。2018年长沙市进入市属终端的生活垃圾量同比减少13.6%，生活垃圾减量化效果明显。

三是智慧能源系统。一批投资过亿元的新兴智慧能源项目在长株潭地区陆续启动，如黄花机场建立智慧能源管理平台，实施机场内部空调、配电、照明等能源利用系统改造；长沙黄花综合保税区智慧能源项目（一期）建成投运，打造分布式光伏发电、冷热电三联供、地源热泵等多种能源形式耦合的智慧能源系统；洋湖生态新城智慧能源工程，采用水源热泵技术，建设区域供冷（热）能源站工程。

二 2019年发展思路

2019年是实现"十三五"规划目标的关键一年，全省能源资源节约和循环经济发展工作既面临良好机遇，也面临新的挑战。从中期数据看，湖南省"十三五"能耗"双控"总体进度良好，但考虑城镇化进程加速、产业项目建设需求等，后期仍面临较大压力。国家级循环经济和资源综合利用各类示范试点取得较好进展，但试点经验的提炼普及推广还任重道远。全省上下要深入贯彻习近平生态文明思想，牢固树立"生态优先、绿色发展"理念，创新推广绿色生产方式和生活方式，扎实推进能耗"双控"行动、循环发展引领计划，推动实现人与自然和谐共生、经济发展与生态环保协同推进，努力探索具有湖南特色的绿色循环低碳发展之路。

（一）继续开展能耗"双控"行动

突出能耗"双控"考核目标指向性，统筹市州和行业节能的"两个指标体系"，严格落实项目节能审查，推进能耗"双控"预警监测能力建设，强化能耗"双控"在湖南省产业转型升级、新旧动能转化、经济高质量发展中的倒逼导向作用。对火电、钢铁、有色、水泥等高耗能领域重点用能单位实施综合能效提升工程，推进长沙、湘潭、衡阳等地区节能产业补链强链，灵活运用市场模式推进长株潭区域公共照明、高校、机场、车站等公共领域实施节能改造，着力应对第三产业、居民生活领域能耗过快增长。

（二）实施循环发展引领行动

积极推广长沙（浏阳、宁乡）再制造示范基地、衡阳松木工业园等园区循环化改造试点经验，推动省级以上园区调整优化产业布局和定位，引导规模化企业入园发展，重点实施一批园区集中供热供气、能源梯级利用、能量系统优化项目。通过龙头企业引领、重点项目支撑和上下游产业链接，促进园区错位发展和配套互补，助推企业和产业优质高效、集聚发展。

（三）推动资源综合利用

积极引导汨罗、永兴"城市矿产"示范基地健康发展，依托中联仁和、省建工集团、万容科技、邦普循环等龙头企业，推进餐厨废弃物、建筑废弃物、快递包装物、废旧汽车、动力电池等无害化处理和资源化利用，探索实施生产者责任延伸制度。努力创建国家大宗固废综合利用基地，引入专业投资主体和运营服务商，提升处置技术，加强信息互联，统筹连通上游回收网络、中游转运分拣网络、下游资源化利用设施，采取有效措施防范"二次污染"。

（四）积极培育壮大绿色产业

完善市场开放机制，积极推行清洁生产、合同能源管理、环境绩效合同等绿色服务。拓宽资金来源渠道，推动生态环保领域公共产品服务的投资主体多元化，构建绿色债券、绿色产业基金、绿色信贷、绿色保险等绿色金融链。加强绿色技术创新，研发生态环保领域基础技术、前沿技术和关键共性技术。构建市场导向的绿色技术创新体系，推进工业产品生态设计，支持建立绿色技术中试基地，推动智能制造、绿色制造和服务型制造加速融合。

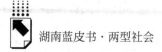

（五）加强宣传示范引导

着力扩大绿色消费，建立完善绿色消费的政策导向，继续发布绿色产品推广目录，实施两型产品政府采购制度，妥善引导共享经济、旧物交换等模式健康发展。开展节约型机关、绿色家庭、绿色学校、绿色社区和绿色出行等示范创建，结合节能宣传周、世界环境日、低碳日等活动进行宣传，树立理性、积极的社会舆论导向，增强全社会绿色消费意识。

B.6
全面履行两个统一职责
奋力推进新时代湖南自然资源事业改革发展

湖南省自然资源厅

这一轮机构改革，中央和湖南省委赋予了自然资源部门"两统一"职责：统一行使全民所有自然资源资产所有者职责，统一行使所有国土空间用途管制和生态保护修复职责。根据《三定方案》，湖南省自然资源厅承担了16项主要职责，概括来讲：一是"大调查"。对各类自然资源实行统一调查、确权、登记、评价，实现"一家出数据、大家用数据"。二是"大权益"。统筹推进自然资源资产产权制度改革，全面落实所有者职责。三是"大规划"。将主体功能区规划、土地利用规划、城乡规划等空间类规划融合为统一的国土空间规划，实现"多规合一"。四是"大管制"。将土地用途管制扩大到所有国土空间，加快建立安全、适度、有序的国土空间开发保护格局。五是"大修复"。强化规划引领和工作统筹，实现山水林田湖草整体保护、系统修复和综合治理。六是"大督察"。根据省委授权，对省以下各级政府及相关部门落实省委、省政府关于自然资源和国土空间规划的重大政策、决策部署及法律法规执行情况进行督察。

为了全面履行两个统一职责，全省自然资源系统坚持以习近平新时代中国特色社会主义思想为指导，认真贯彻省委、省政府和自然资源部决策部署，紧紧围绕生态文明建设和高质量发展大局，认真履行新职责，担当新使命，守正创新，主动作为，矢志推进新时代自然资源事业持续改革发展。

一 自然资源管理工作探索

2018年是自然资源改革元年。对照两个统一职责要求，湖南省自然资源厅紧紧围绕"三个转变"（从土地用途管制向所有国土空间用途管制转变，从国土资源保护利用向生态系统保护修复转变，从自然资源管理者向自然资源所有者转变），全面梳理和系统重构各方面工作，为下一步改革深化奠定了基础。

（一）坚决落实党对自然资源工作集中统一领导

坚持以党的政治建设为统领，推进全面从严治党向纵深发展。

强化理论武装。推进"两学一做"常态化制度化，将传达学习习近平总书记重要讲话指示及中央和省重大会议精神作为自然资源厅党组会固定议程、第一议题。尤其是深入学习了习近平生态文明思想、习近平总书记关于自然资源管理重要论述以及习近平总书记关于"一带一部""三个着力""守护好一江碧水"等重要指示精神，进一步增强了思想自觉、行动自觉。

建强班子队伍。严守政治规矩和政治纪律，树牢"四个意识"，坚定"四个自信"，坚决做到"两个维护"。把党组自身建设放在突出位置，切实增强厅领导班子总揽全局协调各方能力。坚持正确用人导向，加强干部选任，推进轮岗交流，形成良好工作格局。加强干部教育，厅直系统及市州局主要负责人赴浙江考察学习，参加复旦大学年轻干部、中山大学空间规划、日本地质灾害防治等专题培训取得积极成效。

落实党建责任。建立厅领导班子成员联系市州局和基层党组织"一把手"定期报告党建工作制度，狠抓巡视反馈问题整改，认真开好民主生活会，组织专题巡察，推进"双述双评"，推动党的政治建设在全省系统落地。

推进正风肃纪。坚决落实家毫书记"亡羊补牢"重要指示和傅奎同志批示，在省纪委监委指导下，组织全省自然资源系统开展"以案明纪，警钟长鸣"专题警示教育活动。扶贫领域工作作风、违反中央八项规定精神突出问题、公职人员参与涉矿经营、雁过拔毛式腐败、纠四风除陋习树新风、利用名贵特产类特殊资源谋取私利等专项整治行动取得较好成效。

（二）贯彻节约优先、保护优先、自然恢复为主方针，推进生态文明建设

组建厅生态文明建设工作领导小组，统筹推进山水林田湖草整体保护、系统修复和综合治理。

空间规划迈出新步伐。《湖南省国土空间规划提升完善方案》印发实施，《长江经济带国土空间规划湖南建议》通过厅局联审。土地利用总体规划数据库率先通过国家验收并全面启用。有序协调三条控制线，进一步优化国土空间开发保护格局。

耕地保护取得新成效。建设占用耕地 6.78 万亩，同比下降 47%。补充耕地 12.8 万亩，连续 19 年实现占补平衡。严格控制耕地开发占用连片未利用地，统筹推进土地整治与环境治理。

节约集约再上新台阶。消化批而未供土地 26.9 万亩，盘活空闲土地 29.7 万亩。严格单位 GDP 建设用地消耗量考核，完成"十三五"目标任务 62.97%。国务院将湖南纳入土地计划奖励范围（全国共 10 个），并通报表扬株洲市节约集约用地工作。

矿业转型实现新突破。落实家毫书记重要批示指示，会同省委政研室就推动矿业绿色发展、开展砂石土矿开采专项整治开展专题研究。指导花垣铅锌矿区等重点矿区整顿整合。注销省级发证矿业权 196 宗，关闭煤矿 88 个。新增财政地勘资金全部投向绿色资源领域。

生态修复取得新进展。将湘江流域及洞庭湖生态保护修复工程纳入国家试点，争取中央资金 20 亿元。第二轮矿山地质环境调查评价有序推进。3 个资源枯竭型城市及湘潭锰矿、郴州苏仙等地矿山地质环境恢复治理取得阶段性成果。张家界世界地质公园通过联合国教科文组织再评估。

（三）以提升自然资源治理能力为目标推进重大改革

农村土地制度改革进展较好。浏阳市加大探索力度，在宅基地管理、集体建设用地入市、农村土地征收等方面积累较多实践经验，形成配套政策措

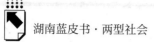

施。自然资源统一确权登记试点通过国家验收。浏阳、澧县、芷江和南山国家公园等地构建形成自然资源状况"一张图"、登记"一个库"、管理"一张网",被省生态文明体制改革领导小组评为全省改革示范项目。

"放管服"改革初见成效。制定审批权限下放配套政策。推进土地集中审批,提速近50%。精简矿业权登记资料与程序,取消储量动态管理、建设项目压覆矿产审批报告编制资质要求。建立测绘综合监管"一张网""一张图",业务办理时限压缩1/3。

基层基础工作不断夯实。按照"内外业结合、全野外核查、全系统参与"要求,稳步推进第三次国土调查。完成全省农垦土地确权登记。自然资源调查与监测工程技术研究中心、卫星应用技术中心获批省级科技创新平台。11项技术规程上升为省级地方标准。"大深度高精度广域电磁勘探技术"获国家科学技术发明一等奖。聚焦矿产资源权益金制度改革,以及地质环境保护、国土整治、测绘地理信息等专项资金监管,会同省财政厅出台一系列制度文件。

(四)围绕高质量发展强化要素保障

保障发展用地。采取系列措施服务产业项目建设年活动,优化土地规划52个,执行计划16.8万亩,批准用地20.49万亩,供应土地32.7万亩,重大基础设施、重点民生工程以及"五个100"项目及时落地。推行工业用地弹性供应,降低企业用地成本。

助推乡村振兴。制定《关于全面服务促进乡村振兴的若干意见》。省政府在湘阴召开农村"空心房"整治现场会,探索了土地政策服务乡村振兴新途径。初步完成全省宅基地调查。配合开展了农村两权抵押试点。

服务特色产业。强化农业地质工作,为富硒富锶等特色农业发展奠定基础。加强矿泉水、宝玉石等绿色资源勘查,初步形成产业集聚态势。近年累计创建地质公园、矿山公园35个,带动旅游收入近106亿元。

提升测绘地理信息服务。推进地理信息示范县建设,14个市州、24个县市数字城市投入运行,HNCORS北斗扩容升级全面完成。强化地理信息共建共享，对外提供成果 123.6 万幅，地理信息产业产值突破 257 亿元。做好测绘地理信息援藏援疆工作。

协同打好攻坚战。建立不动产抵押融资分析制度，基本摸清地方政府以地融资底数。实现自然资源资产收益 1926 亿元，有力支撑地方债务化解。提请省政府出台《关于进一步用好用活增减挂钩政策的若干意见》，批准项目面积为 14.2 万亩，同比增长 3 倍多。贫困地区累计流转节余指标 3.18 万亩、84 亿元。继续实行特殊支持政策，向贫困地区投放项目资金（含中央）17.24 亿元、用地计划 2.6 万亩。自然保护区内 75 宗省级矿业权、绿心范围内 11 宗采矿权清退到位。

（五）全面践行以人民为中心的发展思想

抓好地质灾害防治。省人大修订《湖南省地质环境保护条例》。省政府印发《关于进一步加强地质灾害防治工作的意见》。全省综防体系建设考核排名全国第一，因灾死亡、失踪人数为近 20 年最低。

提升不动产登记服务。深入实施窗口作风问题专项整治，推进登记、交易、税费征缴窗口重构、流程再造和系统对接，基本实现"最多跑一次"，登记办结时限整体压缩至 10 个工作日。株洲市首推"交房即交证"创新举措。

推进依法行政。完善行政应复应诉工作机制，全省自然资源系统接办案件 2900 余个，省级复议决定纠错率为 40%，维护良好法治环境。落实普法责任，厅主要领导走进红网畅谈法治建设。省政府发布实施新征地补偿标准，整体提高 30% 以上。

狠抓执法督察。省政府印发《2018 年土地督察整改工作方案》，组织开展土地违法违规专项整治行动。督察反馈的政府耕地保护责任落实、存量土地盘活、违法用地、征地补偿安置、违法违规出让土地、土地出让收支管理、违规办理不动产登记等方面问题整改形成阶段性成果。推进扫黑除恶专项斗争。

通过一年的工作探索，我们深刻体会到，做好自然资源工作。

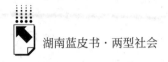

必须坚决贯彻习近平新时代中国特色社会主义思想。全省系统深入学习贯彻习近平生态文明思想、习近平总书记关于自然资源工作重要论述以及习近平总书记关于湖南工作重要讲话指示精神，准确把握了全省自然资源工作前进方向和根本遵循，保障了机构改革有序实施，推动了自然资源事业发展。

必须紧紧围绕全省经济社会发展大局。只有将各项工作深度融入创新引领开放崛起战略，积极服务全省高质量发展，才能充分、精准地发挥自然资源基础性、保障性、战略性作用。

必须始终坚持以人民为中心的发展思想。只有把服务保障民生作为首要任务，用心用情做好脱贫攻坚、地灾防治、征地拆迁、不动产登记等各方面工作，才能不断增强群众的获得感、幸福感、安全感。

必须努力打造一支忠诚干净担当的干部队伍。人才强才能事业兴。厅党组抢抓机构改革机遇，坚决落实新时代党的组织路线，营造了风清气正良好氛围，激活了干部职工干事创业、担当作为积极性，为自然资源事业发展提供了组织保证。

二　当前面临的新形势新任务新挑战

当前自然资源部门正处于机构改革和职能转换关键时期，责任重大，使命光荣，机遇与挑战并存。

（一）自然资源管理面临重大机遇

中央和省委指出，尽管国内外环境发生了深刻变化，但当前仍处于重要战略机遇期，要坚定信心、保持定力。

全面行使"两个统一"职责带来的新机遇。"两个统一"是中央赋予自然资源部门的光荣职责。统一行使全民所有自然资源资产所有者职责，有利于较好解决所有者不到位问题，进一步显化资产效益。全面整合森林、水、湿地等自然资源调查和确权登记职责，将有效解决调查标准不一、基础数据冲突问题，有力推进不动产及自然资源统一确权登记。履行所有国土空间用途管制和生态保护修复职责，有利于推进整体保护、系统修复、综合治理。将土地利用总体规划、城乡规划、主体功能区规划整合为空间规划，特别是将市、县两级国土资源和规划部门彻底融合，将有力推动"多规合一""一张蓝图干到底"。

国家和省重大战略实施带来的新机遇。"一带一路"倡议为充分利用两个市场、两种资源开辟了渠道。长江经济带建设、中部崛起战略为全省国土空间格局优化确立了方向。乡村振兴战略为农村土地制度改革等工作指明了道路。创新引领开放崛起战略为自然资源领域科技创新、地理信息产业发展提供了新动能。

自然资源和规划系统机构改革带来的新机遇。土地、矿产、测绘、规划等领域历史悠久，数十年改革发展，既积淀了丰富实践经验，又造就了一支高素质干部队伍和技术支撑队伍，为职能有机整合，形成更强执行力、战斗力提供了有力支撑。

（二）中央和省提出了更高要求

在自然资源资产产权制度建设方面，中央指出，要明确产权主体，开展统一调查监测评价，加快统一确权登记，强化整体保护，落实监管责任，促进自然资源节约集约开发利用和生态保护修复。

在空间规划编制与监管方面，中央强调，要科学布局生产、生活、生态空间，体现战略性、提高科学性、加强协调性，强化规划权威，改进规划审批，健全用途管制，监督规划实施，强化国土空间规划对各专项规划的指导约束作用。自然资源部、农业农村部等五部委对村庄规划编制提出了明确要求。

在耕地保护方面，自然资源部、农业农村部联合印发《关于加强和改进永久基本农田保护工作的通知》，提出了解决永久基本农田划定不实、保护不严、建设不力的政策举措。

在要素保障方面，省委、省政府明确，继续开展产业项目建设年活动，

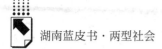

推进基础设施补短板，全力打好三大攻坚战，对保障建设用地、实施增减挂钩、显化资源收益提出了更高要求。

在矿产资源方面，家毫书记批示强调，要彻底放下"有色金属之乡非金属之乡"包袱，实现"脱胎换骨"转变。

在"放管服"改革方面，中央和省委反复强调，要深入推进"互联网＋政务服务"，全面实行"马上办、网上办、就近办、一次办"，对土地、矿产、测绘、规划审批制度改革及不动产登记提出了明确要求。

在基础能力建设方面，省政府工作报告指出，要认真开展第三次国土调查，加强全省自然资源和地理空间数据库建设，统筹推进山水林田湖草生态保护修复。

（三）当前仍面临许多矛盾困难

一是职责履行任重道远。一方面，"两个统一行使"为解决长期困扰的所有者不到位、资源调查口径不一、规划交叉重叠等问题提供了组织保障，自然资源事业开启新篇章。另一方面，担负好"两统一"职责，需要对以往不同部门行使的职责进行整合，新老问题交织存在。比如：在自然资源调查过程中，将面临大量历史遗留问题，有的是以往不同部门调查数据相互冲突问题，有的是空间类规划、各类保护区落地时与实际冲突问题等；在"多规合一"过程中，单把现有的空间类规划做成"大拼盘"不难，难的是"多规合一"后规划的科学性、权威性、操行性问题。

二是适合自然资源管理要求的法律政策体系亟待建立健全。一方面，现行的法律政策中，很大部分是由不同部门、分不同要素制定的，很多内容不符合"山水林田湖草生命共同体"的内在要求。另一方面，与"两统一"相适应的调查、登记、规划、修复等法律法规还存在许多空白，"立、改、废"任务紧迫而艰巨。

三是保护资源与保障发展压力较大。保护资源与保障发展始终是自然资源部门两大主要任务。这几年，各级政府保护生态红线、保护永久基本农田的意识大幅增强，但在操作层面仍存在地方主义、粗放发展问题。另外，这两年是产业项目建设年，新增建设用地和建设占用耕地压力较大。

三　在新起点上更好推进自然资源管理工作

2019 年是自然资源部门展现新形象、履行新使命的第一年，全省自然资源系统将坚持以党的政治建设为统领，紧紧围绕"两个统一"职责和全省高质量发展大局，求真务实，奋发进取，开好局起好步。重点抓好 8 个方面工作：

（一）旗帜鲜明加强政治建设，落实党对自然资源工作集中统一领导

坚决贯彻落实《中共中央关于加强党的政治建设的意见》，牢固树立"四个意识"，不断增强"四个自信"，坚决做到"两个维护"。深学笃用习近平新时代中国特色社会主义思想，深入开展"不忘初心、牢记使命"主题教育，切实增强厅党组及各级党组（委）统筹全局、协调各方能力。进一步净化政治生态，严明政治纪律和政治规矩，突出政治标准选人用人，激励新时代干部担当作为，推动全面从严治党向纵深发展。

（二）履行全民所有自然资源资产所有者职责

一是扎实推进第三次国土调查。这是一项重大国情调查工作，已列入中央政治局议事日程，事关全面行使所有者职责和"多规合一"底盘底数，是当前最紧要、最复杂、最基础的工作。根据中央和部省统一部署，12 月底前将基本完成调查工作并启动统一时点更新，建立覆盖全省各类自然资源的"一张底板、一套数据、一个平台"。

二是进一步提升不动产登记工作水平。按照"统一、规范、安全、稳定"要求，加快完善自然资源和不动产登记信息管理基础平台，深化"最多跑一次"改革，纵深推进"互联网＋登记服务"，实行高水平的"一窗受理、一站办结"，年底前所有市、县一般登记、抵押登记办理时间压缩至 5 个工作日内。

三是加快建立自然资源资产管理体制机制。贯彻落实中央《关于统筹推进自然资源资产产权制度改革的指导意见》，启动全民所有自然资源资产清查和负债表编制试点；探索建立省、市、县分级行使所有权的自然资源资产建议清单和管理制度；加快城乡统一建设用地市场建设，争取年内基本形成一体化地价体系、交易平台、监管网络。

四是切实强化自然资源要素保障。落实产业项目建设年活动配套服务政策，确保"5个100""135工程升级版"项目及时落地。调整地质工作布局，工作重心由传统地质找矿向清洁能源勘查、民生地质工作转变。

（三）优化国土空间开发保护格局

一是加快国土空间规划体系建设。贯彻落实《中共中央国务院关于建立国土空间规划体系并监督实施的若干意见》，研究出台配套政策，启动省级国土空间规划编制，有序推进市、县、乡国土空间规划体系建设，在国土空间规划编制中落实三条控制线。建立专项规划合规性审查制度，探索完善规划实施监测、评估、预警机制。

二是严格国土空间用途管制。完善主体功能区配套政策和绩效考核体系。将土地用途管制拓展到所有国土空间，严防建设活动破坏和扰动自然保护地等特殊生态空间。根据国家部署，在长江岸线湖南段选择一定区域，按照负面清单管理思路，探索设定空间准入条件。

三是推进国土空间生态保护修复。加快完善山水林田湖草系统治理工作机制。编制《湖南省国土空间生态保护修复总体规划》。争取一批重大项目纳入《全国重要生态系统保护和修复重大工程规划》。有序实施湘江流域和洞庭湖生态保护修复试点工程。

四是助力实施乡村振兴战略。大力推进村庄规划编制，逐步实现规划全覆盖。深入推进农村土地制度改革，深化"城乡合作建房"探索，完善土地征收和集体经营建设用地入市配套政策。完善乡村振兴用地保障政策。学习借鉴浙江"千村示范万村整治"经验，统筹推进土地综合整治。

（四）持续转变自然资源利用方式

一是牢牢守住耕地保护红线。按照党政同责要求，进一步强化耕地保护责任目标考核。积极开展永久基本农田储备区建设。有序推进耕地后备资源、耕地等别调查评价、耕作层剥离再利用。站在讲政治的高度，按时保质完成"大棚房"问题专项清理整治任务，牢牢守住"农地姓农"底线。

二是全面推进资源节约集约利用。开展县级以上城市建设用地节约集约利用评价，推广一批节地模式、节地技术。落实"增存挂钩"政策，强化供地率考核，年内争取清理处置闲置土地5万亩以上，盘活利用空闲土地15万亩以上。进一步完善矿产资源开发利用水平调查评价制度及"三率"指标体系。

三是以"脱胎换骨"的决心坚决推进矿业发展绿色转型。落实杜家毫书记批示精神，提请省委、省政府印发《关于全面推动矿业绿色发展的若干意见》。除改善民生所需、环境保护所用、国家战略和新兴产业发展所急矿种外，继续暂停省级采矿权新立。发布建设标准，加快打造一批绿色矿山、绿色矿区。

（五）深入参与和服务三大攻坚战

一是积极防范化解重大风险。坚决落实"房子是用来住的，不是用来炒的"定位，综合运用土地计划、供地政策、综合监管等多方面措施，努力控地价、稳预期。进一步强化和规范土地储备管理，严格控制以地融资风险。

二是积极服务脱贫攻坚。继续实行计划安排、资金倾斜、项目扶持、土地整治、审批优先、装备保障等一揽子脱贫攻坚支持政策。进一步优化增减挂钩政策，积极争取跨省交易指标规模，为贫困地区筹集脱贫资金、拓展用地空间提供良好条件。继续聚焦深度贫困地区精准发力，加快落实涉及永久基本农田项目用地预审操作办法。

三是积极打好污染防治攻坚战。加快长江经济带生态环境问题排查整改,大力整治矿山滥采等突出问题。强化工作举措,加快推进现有矿业权退出自然保护区、国家公园、森林公园、湿地公园、水源地等各类自然保护地。动态监控各类自然保护区新增建设活动。

(六)大力推进测绘地理信息工作

一是加快全省自然资源和地理空间数据库建设。按照"全面精准、一数一源、三级联动"原则,加快现有资源数据和空间数据整理提升,彻底重构数据汇交、管理、应用、共享平台,加快打造高效、快捷、便利、通用的"互联网+审批+服务+监管"系统,为领导决策、行政审批、机关运行、执法监管提供坚实支撑。

二是推进基础测绘转型升级。全面完成1:2000基础数据建设。推进基础地理信息数据年度更新。加强HNCORS运维管理,进一步提升导航定位基准信息公共服务能力。推进长沙、衡阳、常德、益阳等地智慧城市时空大数据与云平台建设试点。

三是促进地理信息产业发展。出台发展规划,着力构建以湖南地理信息产业园为核心,国省两级开发园区为依托,遥感监测、位置导航、高新装备等数字经济为重点的产业格局。制定服务军民融合政策措施。

(七)认真抓好地质灾害防治

全面落实《湖南省地质环境保护条例》《湖南省人民政府关于进一步加强地质灾害防治工作的意见》。严格控制地质灾害高易发区人类活动,从源头降低灾害风险。以"地质灾害防治三年行动计划"为主线,继续抓好综合防治,层层落实防灾减灾责任。抓好地灾隐患消除率监测评价。积极争取国家支持,组织实施一批重大治理工程。

(八)严格依法行政,强化执法督察

一是持续深化"放管服"改革。推动出台1+4系列文件,向长沙等地试点下放一批审批事项。重塑省、市、县三级电子政务信息平台。全面清理矿业权审批登记文件，进一步优化审查流程及申报资料。全面推行"三测合一"，力争工程领域新建项目综合测绘服务再提速一倍以上。深入推进全方位、全流程信息公开，切实维护群众知情权、监督权。

二是充分发挥督察利剑作用。以守护耕地和生态两条红线为核心开展常态督察，有序推进"大棚房"问题整治、耕地保护、城乡建设用地增减挂钩、闲置土地清理、国土空间规划监管、"放管服"改革、矿业绿色转型等督察行动，挂牌督办一批重大案件，公开通报一批典型案例，约谈问责一批责任主体，确保中央和省重大决策部署落实到位。

三是强化执法监管。用好动态巡查、卫片执法、12336违法举报、无人机航拍、网格化管理等平台和手段，构建"早发现、早制止、早处理"工作机制，综合采取挂牌督办、提级办理、联合办案等方式，查办一批重大案件。

B.7
2018~2019年湖南省生态环境
保护情况及展望

湖南省生态环境厅

一 2018年湖南生态环境保护工作及主要成效

2018年，是我国改革开放40周年，是生态文明建设和生态环境保护事业发展史上具有重要里程碑意义的一年，也是湖南学习贯彻习近平生态文明思想、加快转变发展理念、全力推进污染防治攻坚、实现生态环境保护工作重大转型的一年。一年来，湖南生态环境保护工作以蓝天、碧水、净土三大保卫战和中央环保督察、中央巡视整改为主线，重点区域、流域、领域污染治理取得重大突破和进展，全省生态环境质量明显提高。2018年，全省14个市州城市空气环境质量优良天数比例达到85.4%，比全国平均优良率高6.1个百分点，同比上升3.7百分点，张家界等五市城市空气环境质量首次达到国家二级标准，实现零的突破；全省345个地表水考核断面Ⅰ~Ⅲ类水质断面比例达到94.5%，同比上升0.9百分点，其中国考断面优良率比全国高19个百分点，洞庭湖总磷浓度持续降低至0.069毫克/升，已接近Ⅲ类水质标准；全省土壤环境质量安全可控。

（一）坚持高位推动

湖南省委、省政府深入学习贯彻习近平生态文明思想和全国生态环境保护大会精神，落实习近平总书记关于长江经济带"共抓大保护、不搞大开发"和"守护好一江碧水"的指示，迅速做出系列重大决策部署，引领和带领全省各级始终致力于深学笃用习近平生态文明思想，坚决扛起生态环境保护政治责任，始终致力于牢固树立生态优先、绿色发展理念；始终致力于推进高质量发展，改善生态环境质量；始终致力于以人民为中心，回应人民群众重大环境关切。先后召开湖南省委十一届五次全会、全省生态环境保护大会，出台《中共湖南省委关于坚持生态优先绿色发展　深入实施长江经济带发展战略　大力推动湖南高质量发展的决议》《关于全面加强生态环境保护　坚决打好污染防治攻坚战的实施意见》等重要文件，颁布实施《污染防治攻坚战三年行动计划（2018～2020 年)》，并把中央生态环境保护督察及"回头看"整改和交办的群众信访件办理作为政治任务，全面压实压紧办理责任，要求做到"四个不放过"，做到即知即改、立行立改，群众获得感、满意度进一步提高。

（二）加强政治建设

湖南省生态环境厅聚焦主责主业，在全国率先出台《关于进一步加强党的建设　打造湖南生态环境保护铁军的意见》，要求树牢政治规矩等六种意识、强化综合协调等六种能力、培育求真务实等六种作风、提倡依法办事等六种担当。以此为主线，开展了一系列思想作风、党风廉政建设活动。厅党组带头召开专题民主生活会，深刻吸取教训，切实加强党的领导，先后组织八次党组中心组理论学习和四次警示教育大会，组织副处级以上干部到湖南长沙监狱参观，从思想上筑牢防线；组织党组织书记述职述评，召开纪念建党 97 周年表彰大会，坚持领导干部带头上党课，举行红色大讲堂活动，在党性上淬火重炼；开展违反八项规定专项治理自查自纠，完善《全面从严治党巡察工作办法》，在纪律上抓紧从严，机关工作作风有效改进和加强。

（三）压实环保责任

适应新的形势任务，立足现有条件，积极加强综合协调、科学整合队伍，向外部要力量、向科技要力量、向整合要力量，健全湖南省生态环境保护委员会办公室、省突出环境问题整改工作领导小组办公室、省环境保护督察工作领导小组办公室工作规则，充分发挥三个"平台"作用，统筹协调突出问题整改、污染防治攻坚、环境保护督察等重点工作；正式出台《湖南省环境保护工作责任规定》和《湖南省重大环境问题（事件）责任追究办法》，进一步明晰各级党委政府及有关部门的工作责任；制定《湖南省污染防治攻坚战考核暂行办法》及 2018 年考核细则，将污染防治攻坚战考核纳入绩效考核和省政府激励措施重要内容，实现对 14 个市州省级环境保护督察全覆盖，全省生态环境保护的"党政同责、一岗双责"和"三个必须"原则得到有效强化。

（四）实施污染防治攻坚

全面打响蓝天、碧水、净土三大保卫战，重点流域、区域、领域污染治理取得新的成效。实施大气治理项目 735 个，淘汰高排放公交车 2582 台，完成 7 台 30 万千瓦以上燃煤发电机组超低排放改造。湘江保护和治理第二个三年行动计划全面完成，洞庭湖生态专项整治取得新的进展，170 个地级城市建成区黑臭水体整治完成 163 个，完成 95% 以上；在全国率先完成 254 个县级以上饮用水水源地重点问题整改，饮用水水源整治工作走在全国前列。完成 4.2 万个农用地土壤样点的污染状况详查成果集成，累计完成 71.4 万吨超期贮存危险废物处置，完成 3000 个行政村的综合环境整治。"夏季攻势"取得明显成效，完成规模畜禽养殖场标准化改造、饮用水水源地环境问题整治、城镇黑臭水体整治、尾矿库及其采选、冶炼企业环境问题整治等 1140 个。

（五）抓好督察整改

强力推进中央环保督察整改，建立 14 位湖南省级领导分片包干 14 个市州、4 位省政府领导专项负责 9 个重点领域整改的高位推动机制，采取定期调度、督查及通报、约谈、挂牌督办等形式，中央环保督察 76 项整改任务完成或基本完成 61 项，交办的 4583 件信访件，上报完成整改、办结 4579 件，洞庭湖非法采砂、欧美黑杨清理、东江饮用水水源保护区违规建设项目退出、南岳衡山采矿权清理等一批过去长期想解决而没有解决的难点问题得到有效解决；迅速抓好中央生态环保督察"回头看"整改，交办的4226件信访件已办结84.40%，对长株潭绿心问题、云溪绿色化工产业园环境问题、衡阳大义山自然保护区问题、永州东安县饮用水水源问题、益阳宏安矿业环境污染问题等，第一时间组织赴现场调查督导，整改取得有效进展；坚决抓好中央巡视、中办督查和中央领导批示问题整改，中办督查的12个生态环境问题全部整改到位，长江岸线8个规模排污口实现达标排放，43个排渍口完成整治销号42个；下塞湖矮围13天内全部拆除，62名责任人受到严肃问责，花垣县尾矿问题已制定省级整治规划、整治方案。

（六）助推高质量发展

带头践行生态优先、绿色发展理念，制定生态环境系统服务高质量发展十条措施；划定并公布湖南省生态保护红线，结合长江经济带战略规划环评，推进编制"三线一单"。健全法规标准，施行《湖南省落实〈固体废物污染防治法〉办法》和《湖南省饮用水水源保护条例》，修订《湖南省环境保护条例》《湘江保护条例》，发布实施3个生态环境保护地方标准和环境保护"十个严禁"。完善排污税征收政策制度，制定实施《湖南省环境空气质量奖惩暂行办法》，建立国控和省控地表水环境监测评价断面生态补偿机制，推进生态环境损害赔偿制度改革试点；严格环境准入，强化规划环评，提前对接、主动服务"五个100"产业建设项目，缩短审批时限，进一步下放9项行政许可事项，与省"互联网＋政务服务"一体化平台完成对接；出台《关于禁止"一刀切"的意见》，严禁环保督察整改、环境执法"一刀切"。推动排污权交易纳入省公共资源交易平台，达成交易1718笔、金额1.9亿元，核发排污许可证673张，发布62家环境保护黑名单企业。

（七）强化监管执法

抓好七大标志性战役和四大专项行动，持续开展"蓝天利剑""碧水利剑""净土利剑"执法行动，坚持联合执法、重拳执法、规范执法，迎接国家"清废行动"、"绿盾"、黑臭水体整治、水源地环境整治等专项督查，对

188 家核技术利用单位、7 家垃圾焚烧发电、14 家固体废物进口企业和长株潭地区落实大气污染防治"一法一条例"情况进行检查。2018 年,全省立案处罚环境违法案件4378 起,罚款3.24 亿元,同比上年增长70%,移送行政拘留357 起、移送涉嫌环境污染犯罪55 起。

(八)统筹推进改革

推进生态环境机构改革,强化监管力量,建立督政体系,推动职能转变,统筹推进生态环境保护垂直管理改革和综合执法改革,制定《省以下环境监测监察执法垂直管理制度改革实施方案》。推进生态文明体制改革,2018 年完成 8 项省委重点改革事项和 37 项一般改革事项及试点任务,185 项生态文明体制改革总体任务累计完成超过 70%,主体框架基本成形。

(九)加强能力建设

建立监管能力建设稳定增长投入机制,环境监测、应急、科技、信息能力建设全面提速,出台监测能力建设实施方案并稳步实施,全省县级空气自动站数据有效率平均达到90% 以上,辐射监测能力建设通过国家实地评估,洞庭湖区域外源污染阻控、总磷污染成因、水生生物监测技术研究均取得较大突破,生态环境大数据建设编制初步设计方案,综合办公平台进一步升级改造。第二次全国污染源普查取得阶段性成果,建立 33 万家基本单位名录库。召开全省生态环境保护宣传工作会议,承办六五环境日国家主场活动,开设"守护好一江碧水"专栏,省级主流媒体发布新闻报道 5000 余篇(条),中央主流媒体刊发涉湘生态环境保护相关新闻报道 240 余篇(条)。畅通公众参与渠道,依法依规积极受理公众环境诉求,实时公布空气环境质量数据。

二 湖南生态环境保护工作面临形势和存在问题

当前国际国内环境正在发生深刻变化,不稳定、不确定因素增多,湖南在打好污染防治攻坚战上，同样面临思想认识上的摇摆性、污染治理任务的艰巨性、工作进展的不平衡性、工作基础的不适应性、自然因素影响的不确定性以及国际形势的复杂性等诸多挑战。同时又面临重大机遇，一是中央及省委、省政府高度重视生态环境保护，二是推动经济高质量发展有利于生态环境保护，三是宏观经济和财政政策支持生态环境保护，四是体制机制改革红利惠及生态环境保护。具体来看，湖南生态环境保护工作有五个突出问题。

（一）环境质量还有短板

2018年全省地表水虽然整体水质为优，但全省60个国考监控断面还有4个未达到国家考核目标，60个重金属监测断面仍有18个超标，湘江部分支流还存在重金属超标现象，受上游输入性影响和中、下游污染叠加，资江流域锑超标、沅水流域总磷超标问题长期存在；2018年虽然有5个城市空气环境质量首次达到二级标准，但受北方输入性污染和本地机动车排放、扬尘、餐饮油烟等面源污染，长株潭等通道城市特护期大气环境质量形势严峻。

（二）突出环境问题依然存在

湖南是有色金属之乡和传统农业大省，重金属污染和农业面源污染相对严重，而且历史遗留的问题众多。比如，全省31个国家级、23个省级自然保护区均不同程度存在违规开发建设造成的生态破坏和环境污染问题；近期，中央生态环保督察"回头看"、长江经济带生态环境警示片又指出了湖南的诸多突出环境问题，大多积症已久，解决起来比较困难。

（三）群众身边环境问题仍然较多

由工业企业排放、矿山开采冶炼、畜禽水产养殖、生活油烟噪声、生活废水垃圾、交通道路穿越、建筑施工噪声扬尘、采砂采石噪声振动等造成的污染问题普遍存在，群众对此意见很大、反映强烈。同时，部分反映问题解

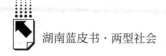

决不彻底，中央生态环境保护督察"回头看"受理问题与第一轮中央环境保护督察，以及省级环保督察重复件较多，说明一些问题整改不到位，群众还不满意。

（四）机制体制还不完善

在湖南省委、省政府的高位推动下，全省各级生态优先的发展理念得到逐步加强，齐抓共管的大环保工作格局得以初步构建，生态环境保护相关制度得到不断完善。但按照习近平总书记提出的构建五大体系的要求还有较大差距，生态环境保护责任体系还不完善，生态环境保护的"党政同责、一岗双责"还未真正压紧压实，特别是针对中央生态环保督察指出问题上，部分地区没有以铁的决心、铁的手腕抓好问题整改，对标中央要求有差距。

（五）基础能力还有弱项

近年来，在基础能力建设方面，湖南虽然加大了力度，但在思想观念、工作重点、工作方式、工作方法和资金投入、科技攻关、信息化手段、监测能力、执法能力、市场机制等方面的基础能力支撑还不能适应新的形势任务需要。

三 2019年生态环境保护工作基本思路和主要任务

2019 年，湖南生态环境保护工作坚持以习近平新时代中国特色社会主义思想和习近平生态文明思想为指导，坚决贯彻党中央、国务院和湖南省委、省政府决策部署，按照"稳中求进、统筹兼顾、综合施策、两手发力、点面结合、求真务实"的基本方针，以"三突出、五加强"为主线（突出环境风险防范、污染重点治理、环境质量改善，加强综合协调、督察问责、监管执法、宣传教育、基础工作），着力推进中央生态环保督察及"回头看"反馈问题整改，坚决打好蓝天、碧水、净土三大保卫战及 2019 年"夏季攻势"和重大标志性战役，有效改善生态环境质量，助力经济高质量发展，为全面实现污染防治攻坚战目标打下坚实基础，加快建设富饶美丽幸福新湖南。

（一）认真学习贯彻习近平生态文明思想，牢固树立新发展理念

推动各级党委政府举办领导干部培训班，组织中心组学习，宣传贯彻习近平生态文明思想，举办习近平生态文明思想专题研讨班，深入开展大培训、大讨论、大宣传活动。推动《关于坚持生态优先绿色发展 深入实施长江经济带发展战略 大力推动湖南高质量发展的决议》《关于全面加强生态环境保护 坚决打好污染防治攻坚战的实施意见》落地落实，坚定不移走生态优先、绿色发展之路，推动经济高质量发展。

（二）建立健全生态环境保护责任体系，落实生态环境保护"党政同责、一岗双责"

修订《湖南省生态环境保护责任规定》《湖南省生态环境问题（事件）责任追究办法》，制定部门生态环境保护工作责任清单。健全省、市、县三级生态环境保护委员会工作机制，建立县级生态环境部门与县党委政府的协作配合机制。制定实施《湖南省污染防治攻坚战成效考核办法》《湖南省突出环境问题（事件）问责调查办法》。

（三）坚决打赢"蓝天保卫战"，稳步提升城市空气环境质量

组织市州编制城市空气质量达标规划，并向县级城市延伸。深化工业大气污染治理，建立工业炉窑和燃煤锅炉、"散乱污"企业、挥发性有机物污染重点企业清单，分类实施治理，完成燃煤小火电机组超低排放改造，推进钢铁行业超低排放改造。制定实施《湖南省柴油货车污染治理攻坚战实施方案》，加快老旧车辆淘汰，完成重点城市遥感监测建设，完善汽车尾气遥感监测网络。积极应对重污染天气，开展长株潭及常德、岳阳、益阳传输通道城市大气污染联防联治，探索建立省际预警与联防机制。

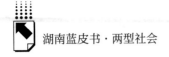

（四）重点打好"碧水保卫战"，推进"一湖四水"综合治理

推进洞庭湖生态环境专项整治三年行动计划，以总磷削减为重点，组织实施一批减排重点项目。启动湘江保护和治理第三个"三年行动计划"，深化城乡污染治理，基本完成五大重点区域综合整治。落实《湖南省城市黑臭水体攻坚战实施方案》，新开工100个城镇黑臭水体整治项目。继续开展省级工业园区污染专项排查整治，启动28座县以上城镇生活污水处理厂提标改造。按照"一个断面一套方案"的要求，加大不达标和水质下降断面分析与整治力度。加强农村饮用水水源保护，推进乡镇级饮用水水源地保护区划分并开展整治。

（五）着力打好"净土保卫战"，确保土壤环境风险安全可控

完成农用地污染状况详查成果集成，组织实施耕地土壤与农产品重金属污染加密调查。基本完成重点行业企业用地调查，掌握污染地块分布及环境风险底数。推进农用地分类管理，开展耕地土壤环境质量类别划定。加强未利用地环境管理，规范污染地块再开发利用。加强土壤治理和修复，推进土壤污染综合防治先行区建设，完成79个土壤污染防治中央专项资金项目。实施"矿山复绿"行动，加强废弃矿山和尾矿库污染防治，加强地下水污染防治。加强固体废物安全处置，提升危险废物规范化管理水平，继续开展重点流域、区域固体废物大排查行动。加强重金属行业污染防控与整治，加快解决重金属监测断面超标问题。

（六）打好农业农村污染治理攻坚战，努力打造美丽乡村

制定实施《湖南省农业农村污染治理攻坚战实施方案》，制定《农业农村污染治理攻坚战考核验收标准》。建立健全农业面源污染防治监督体系，提升农业面源污染监管与防治能力，实施一批农业面源污染综合治理示范项目。推进农村生活污水治理，继续开展非正规垃圾堆放点整治，完成2000个行政村综合整治任务，开展农村黑臭水体治理试点工作。加强畜禽养殖污

染治理，全面完成大型规模养殖场污染治理设施建设，进一步规范天然水域养殖行为。

（七）推进长江经济带专项整治行动，努力打造长江"最美岸线"

制定实施《湖南省长江保护修复攻坚战实施方案》，全面清理和整治长江沿岸排污口，严格入河（湖）排污口监管，抓好四水流域和洞庭湖排污口排查和超标排污口整治。加快推进沿江化工污染整治，加快整治存在问题的企业、园区。狠抓长江经济带生态环境警示片涉及湖南省突出环境问题整改，加快推进生态环境共性问题排查和整改。制定实施《湖南省尾矿库污染防治工作方案（2019～2020年）》，重点尾矿库污染防治实行"一矿一策"。加快解决小水电生态环境突出问题。

（八）持续发起"2019年夏季攻势"，集中解决一批环境突出问题

以中央环保督察及"回头看"反馈问题、省级环保督察发现问题、国家审计指出的问题为重点，围绕群众反映强烈，又能够在短时期内解决的突出问题，部署实施"2019年夏季攻势"，建立完善"一日一宣传、半月一调度、一月一通报、两月一督办、三月一评议"工作机制，进一步健全情况调度、联合督查、考核问责等工作机制，完善通报、预警、约谈、挂牌督办等推进措施，集中力量打好歼灭战。

（九）积极践行"绿水青山就是金山银山"发展理念，加强生态系统保护修复

加大森林、湿地生态保护修复力度，实施湘江流域和洞庭湖生态保护修复试点工程，推广退耕还林还湿试点。积极开展国土绿化行动，推进南山国家公园体制试点，启动"四水"全流域生态补偿。开展重点区域生态状况调查评估和自然保护区突出生态环境问题专项整治，加大自然保护地的整治和保护力度。指导有条件的地区创建国家级生态文明建设示范区，全面启动湖南省生态文明建设示范区创建。

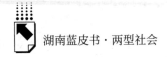

（十）推进中央环保督察"回头看"反馈问题整改，建立健全省级环保督察机制

持续推进中央生态环境保护督察及"回头看"问题和交办信访件整改，制定中央生态环境保护督察"回头看"反馈意见整改方案，加大对洞庭湖区、长株潭生态绿心、张家界大鲵自然保护区、危险废物超期贮存等重点地区、重点问题整改推进力度。制定出台省级生态环境保护督察工作规定，建立日常驻点监察和定期巡视制度，完善督查、交办、巡查、约谈和专项督察机制。指导督促各市州落实省级环保督察整改方案和要求，适时开展"回头看"，做好迎接第二轮中央生态环境保护督察准备。

（十一）积极服务经济社会发展大局，推动实现高质量发展

开展生态保护红线勘界定标，推进生态保护红线监管平台建设。推进"三线一单"编制和落地，深化重点区域、重点流域、重点行业产业园区规划环评。加快推进《湖南省环境保护条例（修订）》《湖南省土壤污染防治条例》立法出台，制定《湖南省农村生活污水处理设施主要水污染物排放标准》等地方标准。落实排污许可证制度，完善排污权交易政策，加强环境信用体系建设。防止生态环境保护执法"一刀切"。建立健全生态环保扶贫长效机制。大力发展生态环保产业。

（十二）统筹推进生态环境领域改革，建立完善生态文明制度

完成生态环境机构改革和综合执法改革，指导市、县完成生态环境机构改革，研究制定"湖南省生态环境保护综合行政执法改革落实意见"并抓好组织实施。制定实施《湖南省生态环境机构监测监察执法垂直管理制度改革实施方案》及其工作方案，全面完成省本级环保垂直管理制度改革工作。加快推进生态文明体制改革，基本完成全省生态文明体制改革总体方案明确的各项任务。

（十三）大力加强环境监管执法，切实防范生态环境风险

严格落实环保"十个严禁"，组织开展专项排查和整治。统筹开展大气污染防治、集中式饮用水水源地环境保护、长江入河排污口排查整治、打击固体废物及危险废物严重违法行为和"绿盾"自然保护区监督检查，持续开展"长株潭蓝天利剑""环湖利剑"专项执法行动。严密防控工业废水处理等重点领域生态环境风险。推进垃圾焚烧、污水处理项目"邻避"问题防范化解。着力提升突发环境事件应急处置能力。

B.8
践行绿色发展理念　促进工业绿色发展

湖南省工业和信息化厅

2018 年，湖南省工信厅认真落实制造强省建设和生态文明建设的有关部署，积极推进绿色制造、节能降耗、清洁生产和资源综合利用各项工作，取得了积极的成效。全年全省规模工业综合能源消费 6157 万吨标准煤，同比增长 3%，以较低的能源消耗支撑了较高的工业经济增长（全年全省规模工业增加值同比增长 7.4%）。

一　2018年湖南工业节能与综合利用情况

（一）绿色制造工作实现了新进展

一是绿色制造体系创建工作进展顺利。组织开展第二批省级绿色工厂、绿色园区创建，发布 2018 年度省级绿色工厂、绿色园区创建计划，评估认定湖南华菱湘潭钢铁有限公司等 46 家企业为省级绿色工厂，将浏阳经济技术开发区评估认定为省级绿色园区。推荐湖南华菱湘潭钢铁有限公司等 14 家企业获批第三批国家绿色工厂，湖南红太阳光电科技有限公司获批国家绿色供应链管理企业，长沙市紫荆花涂料有限公司生产的水性外墙漆获批国家绿色设计产品。

二是搭建绿色制造对接合作平台。2018 年 6 月，湖南省工信厅在郴州举办了"湖南省工业绿色制造工作经验交流会暨高级研修班"，工信部节能司副司长毕俊生参加并讲话，中国工程院侯立安院士和工信部赛迪研究院专家进行授课，为获得第一批、第二批国家绿色制造示范单位及获得第一批湖南省绿色工厂、绿色园区的单位授牌。此次活动为推动湖南省工业绿色发展、传播绿色发展理念具有积极的示范作用，工业绿色制造影响力不断扩大。

三是积极争取国家绿色制造政策支持。积极组织企业申报国家绿色制造系统集成项目，中联重科、长沙格力等 6 个项目获得支持，项目数和资金额度均居全国前列。同时按照国家绿色制造系统集成项目管理的要求，组织对 2018 年获批的国家绿色制造系统集成项目牵头单位编制项目实施方案，组织对 2016 年获批的国家绿色制造系统集成项目进行中期检查。

（二）节能降耗工作实现了新提升

一是会同郴州市政府、省发改委共同举办湖南（郴州）节能减排和新能源产业博览会以及 2018 年湖南省节能宣传周、低碳日启动仪式，邀请工信部节能司副司长毕俊生出席启动仪式并巡馆，组织市州经信委和有关企业代表等 200 余人参加了启动仪式、展览、湖南（郴州）节能减排研讨会、湖南·中东欧绿色经济合作交流商务对接会等活动。

二是组织制定一批工业节能标准。组织制定《锂电池正极材料单位产品能源消耗限额及计算方法》等 3 项节能地方标准，弥补了国家节能标准在湖南省优势特色行业的不足。推荐《锂电池正极材料单位产品能源消耗限额及计算方法》和《绿色设计产品评价技术规范　混凝土泵车》列入工信部 2018 年度工业节能与绿色标准研究项目。

三是扎实做好工业节能监察工作。会同省发改委印发《2018 年利用能耗标准依法依规推动落实产能退出工作实施方案》，以钢铁、水泥、造纸行业为重点，通过工业节能监察，依法依规推动能耗达不到标准的落后产能退出。印发《2018 年湖南省工业节能监察工作计划》，会同省发改委印发《2018 年湖南省重点行业强制性节能标准执行情况专项监察实施方案》，组织省、市节能监察工作人员对工信部下达的钢铁、水泥、焦化、造纸等行业 294 家企业开展专项节能监察。

四是开展节能服务活动。创新工业节能监察模式，将节能服务与节能监察相结合，会同省工业通信业节能监察中心在华菱湘钢启动了2018年"节能服务进企业"活动，组织节能专家和第三方节能服务机构，为华菱湘钢等10家重点用能企业提供节能服务。

（三）清洁生产工作取得了新成效

一是持续开展自愿性清洁生产审核。紧密结合湘江保护和治理"一号重点工程"，以长株潭试验区、湘江流域和环洞庭湖经济区为重点区域，发布了《2018年度自愿性清洁生产审核计划》，组织176家工业企业开展自愿性清洁生产审核并推进清洁生产技术改造，从源头上减少或避免污染物的产生。

二是制定了《湖南省工业企业自愿性清洁生产审核工作规程》。对工业企业自愿性清洁生产审核及评估验收程序进行规范，组织各市州及省直管试点县经信部门参加工信部清洁生产网络培训平台的课程学习。

三是积极配合相关部门参与生态文明建设、两型社会建设、大气污染防治、水污染防治、湘江保护治理、环境保护督查、洞庭湖生态经济区环境专项整治、2018年长株潭特护期大气污染防治、最严格水资源管理、政府采购两型产品等多项工作。

（四）综合利用工作取得了新突破

一是组织编制《湖南省新能源汽车动力蓄电池回收利用试点实施方案》，会同省科技厅、环保厅、交通运输厅、商务厅、质监局、能源局等部门联合上报工信部等七部委。通过努力争取，2018年7月25日，工信部、科技部等七部委联合发文确定湖南省为国家新能源汽车动力电池回收利用试点地区之一。

二是做好再生资源行业准入申报工作。将葛洲坝环嘉（大连）再生资源有限公司娄底分公司和冷水江金弘再生资源有限公司列入废钢铁加工行业准入条件企业名单，湖南安福环保科技股份有限公司列入废塑料综合利用行业规范条件企业名单，湖南宏旺环保科技有限公司列入废矿物油综合利用行业规范条件企业名单。组织对已公告企业进行现场检查，加强对已公告企业的事中、事后监管。

三是推进机电产品再制造产业发展。推荐湖南法泽尔动力再制造有限公司柴油机产品列入国家再制造产品目录（第八批）。

四是指导和支持郴州市申报国家工业固体废物综合利用基地。

（五）工业绿色发展获得了新动能

一是组织实施百家节能环保企业培育工程。筛选确定 100 家重点调度协调的节能环保企业名单，积极支持一批在行业具有核心竞争力的龙头企业发展壮大。推荐航天凯天环保科技股份有限公司列入环保装备制造行业（大气治理）规范条件企业名单。

二是支持了一批绿色发展项目。充分发挥省工业转型升级专项资金的引导作用，支持和鼓励一批工业企业实施绿色发展项目，带动全省工业企业加快绿色发展的步伐。

三是启动两型工业企业认证工作。会同省两型委、省质监局通过政府购买服务的形式，组织对纳入 2018 年湖南省两型工业企业认证计划的企业进行认证，泰嘉新材料等 32 家企业顺利通过两型认证。

二　2019年湖南工业节能与综合利用工作思路

主要目标：全省单位规模工业增加值能耗下降4%左右。

（一）加大绿色制造体系创建工作力度

支持企业推行绿色设计，开发绿色产品，建设绿色工厂，打造绿色供应链，全面推进绿色制造体系建设。以重点园区、重点企业引领工业绿色制造，形成强大的示范效应。组织开展第三批省级绿色工厂、绿色园区创建工作，积极推荐申报国家绿色工厂、绿色园区、绿色设计产品和绿色供应链管理企业，力争 2019 年评估认定 50 家左右省级绿色工厂、获批 20 家以上国家绿色工厂。组织召开绿色制造体系专题培训班，邀请工信部节能司领导授课，力争在国家绿色设计产品、绿色供应链管理企业申报方面取得突破性进展。

（二）加快传统产业绿色改造提升

加快钢铁、有色金属、化工、建材、轻工等传统制造业绿色化改造，组织实施百家重点企业节能改造示范工程，推广应用一批节能、低碳、节水、清洁生产、资源综合利用、再制造等领域先进适用的工艺、技术及装备，引导企业开展绿色化技术改造，切实提高工业能源资源利用效率，促进企业降本增效，加快形成绿色集约化生产方式。积极组织企业申报国家高耗能行业能效领跑者、国家工业节能技术装备推荐目录和"能效之星"产品目录，加快高效节能技术产品推广应用。争取工信部节能司来湖南开展"节能服务进企业"活动，帮助钢铁、有色金属等重点用能企业提升能源管理水平。加强对2016年、2017年和2018年已获批国家绿色制造系统集成项目的跟踪管理，督促项目按时保质实施。

（三）继续开展"两型工业企业"认证

会同省两型委、省质监局对照《两型工业企业》地方标准，以降低资源能源消耗、减少污染物排放、提高资源产出效率为主要着力点，继续组织开展省两型工业企业认证工作，计划2019年认证40家左右省两型工业企业，引导全省工业企业逐步走两型发展道路，实现经济效益、社会效益和生态效益最大化。

（四）加快推进节能环保产业发展

实施空气治理技术及应用产业链行动计划，鼓励支持航天凯天环保等龙头企业牵头建立省级制造业创新中心。在前期调研的基础上，借鉴外省好经验好做法，结合湖南省实际情况，研究提出加快推进湖南省环保装备制造业发展的政策措施，加快推进湖南省环保装备制造业发展。

（五）深入开展工业节能监察专项行动

制定发布 2019 年全省工业节能监察重点工作计划，计划对 300 家左右重点耗能企业实施专项监察，进一步规范企业用能行为，提升企业守法贯标意识和节能自觉性。会同省发改委印发《2019 年利用能耗标准依法依规推动落实产能退出工作实施方案》，积极运用能耗标准，依法依规推动能耗达不到标准的落后产能退出。

（六）制定一批工业节能标准

继续组织开展强制性单位产品能耗限额地方标准的制定工作，计划 2019 年组织制定《汽车整车制造能源消耗限额及计算方法》等 5 个节能地方标准，弥补国家节能标准在湖南省优势特色行业的不足。

（七）继续推进资源综合利用

根据《湖南省工业固体废物资源综合利用评价实施细则》，征集一批评价机构，协助资源综合利用企业完成环境保护税、增值税以及所得税的退税工作。会同相关部门，组织开展新能源汽车动力蓄电池回收利用试点工作。按照国家再生资源行业管理暂行办法，积极组织企业申报再生资源行业准入，加强对废钢铁加工等已公告再生资源利用企业的监督管理。

（八）持续推进工业清洁生产工作

指导市（州）、县（市、区）落实《湖南省自愿性清洁生产审核工作规程》，积极发挥市州县经信部门作用，推动自愿性清洁生产审核工作向纵深开展。创新清洁生产审核模式，会同省生态环境厅等相关部门，指导和推动工业园区开展整体审核，提升工业园区清洁生产水平。

B.9

污染防治攻坚急，四水清流会有时

——2018~2019年湖南省城乡污水垃圾治理情况及展望

湖南省住房和城乡建设厅

城乡生活污水垃圾治理是提高新型城镇化质量和生态文明建设水平的内在要求，是改善人居环境、转变发展方式的重要内容。近年来，在湖南省委、省政府的正确领导下，全省各级政府和有关部门深入学习贯彻习近平新时代中国特色社会主义思想，紧紧围绕打赢污染防治攻坚战，把推进污水垃圾处理设施建设管理作为提高政府治理体系和治理能力现代化建设水平的一项重要内容，加强领导，落实责任，多策并举，克难攻坚，系统推进了全省城乡生活污水垃圾治理工作，"三湘四水"生态环境持续改善。

一　湖南城乡污水垃圾处理设施建设整体情况

全省现有县级以上城镇污水处理厂156座，设计日处理能力为847.2万吨，污水处理率达94.88%，71%以上执行一级A排放标准；已建成乡镇污水处理设施268个，日处理规模达75.9万吨，乡镇污水集中处理率超过36%，主要执行一级B排放标准，污水处理能力较"十二五"末有显著提高。全省现有县级以上城镇生活垃圾无害化处理场109座（其中，卫生填埋场95座，建成投运生活垃圾焚烧发电厂8座，其他处理工艺6座），设计日处理能力为4.84万吨，生活垃圾焚烧发电设施日处理量占全省的37%；已建成乡镇生活垃圾收转运设施1287座，全省对垃圾进行处理的行政村比例达到90.2%。

二　2018年湖南城乡污水垃圾治理推进情况

（一）高位推动城镇黑臭水体整治

湖南省委、省政府高度重视黑臭水体整治工作。2018 年 1 月，许达哲省长召开专题会议，研究明确了 2018 年全省黑臭水体整治任务，并将黑臭水体整治工作纳入重点民生实事考核。2018 年 3 月，陈文浩副省长专题听取了全省黑臭水体整治情况汇报，并就"源头化、流域化、系统化"推进全省城乡黑臭水体整治工作进行了研究部署。为科学指导全省黑臭水体整治工作，制定印发了《湖南省城镇黑臭水体整治专项行动方案》《湖南省城市黑臭水体治理攻坚战实施方案》，分解了任务项目，明确了部门分工，划分了工作责任，强化了保障措施，制度机制更加完善，地方政府主体责任进一步压实。2018 年，积极争取国家资金支持，获批中央预算内专项资金 8000万元。省财政安排 1.5 亿元用于城镇黑臭水体整治奖补，资金难题得到有效缓解。全省各地结合海绵城市建设，创新黑臭水体整治模式，涌现出了长沙市圭塘河、后湖，常德市穿紫河等一批经验典型案例。编制了《湖南省村镇黑臭水体整治技术导则》《农村黑臭水体整治工作指南》等技术标准，完成全省村镇黑臭水体摸底，乡镇黑臭水体整治项目累计完成投资 2.62 亿元。2018 年，全省完成 154 条城镇黑臭水体整治，地级城市黑臭水体消除比率达 95%。

（二）城乡生活污水处理能力明显提升

一是大力推进城市污水处理设施提标改造。2018 年，印发了《关于加快"一湖四水"区域城镇生活污水处理厂提标改造的通知》，明确了全省城镇污水处理厂新建改造工作目标任务，提出了工作要求。制定《湖南省城镇污水处理厂主要水污染物排放标准》，行业标准得到进一步完善规范。印发《关于对 2018 年城镇生活污水、垃圾治理有关工作任务实施月调度的通知》《关于进一步加强城镇污水处理厂污泥处理处置工作的通知》，召开全省污水处理设施建设调度会，对建设进度滞后的市州下发督办函，定期通报全省生活污水设施建设完成情况，督促各地提高思想认识，压实工作责任，加快工作进度，积极推进城镇生活污水处理设施提质改造和水平升级。全年，全省新建（扩建）县以上城镇污水处理厂22座，完成率为122%；提标改造38座，完成率为112%，另有6座在建，污水处理厂提标改造完成规模位列中部六省第一。

二是扎实推进农村污水处理设施建设。2018年，《湖南省农村人居环境整治三年行动实施方案》出台实施，省财政安排17.67亿元资金用于村镇污水垃圾治理、黑臭水体整治等农村人居环境整治重点工作，农村污水治理迎来重要政策窗口期。编制完成了农村生活污水治理、农村厕所改造、黑臭水体治理等技术导则，创建了7个农村人居环境整治示范市县和9个全国农村污水垃圾治理示范县，启动了《湖南省农村污水处理技术研究》《乡镇污水处理收费政策研究》等课题研究，60多个乡镇开征了污水处理费，洞庭湖和湘江流域农村污水垃圾治理纳入山水林田湖草试点工程范围。将乡镇污水处理设施建设纳入河长制考核范围，印发《关于加快推进2017年河长制考核整改工作的通知》《关于明确2018年农村生活污水垃圾治理、黑臭水体整治等工作任务的函》，扎实推进农村污水处理设施建设工作。为破解资金难题，鼓励和推进PPP模式运用，农村污水处理设施建设资金短缺问题引来"源头活水"。郴州市苏仙区、衡阳市衡阳县、张家界市慈利县、岳阳市华容县等县市率先采取PPP模式推进县域农村污水治理，项目设施建设和运行状况良好。2018年，新建完成乡镇污水处理设施99个，完成率达110%。

（三）城乡垃圾治理成效显著

一是重点推进生活垃圾焚烧发电设施建设。为进一步推动全省城镇生活垃圾焚烧处理设施建设，促进垃圾无害化、减量化、资源化利用，制定印发了《关于进一步加强城镇生活垃圾焚烧处理设施建设的通知》，为全省项目建设提供指导意见。深化"放管服"改革，取消了垃圾焚烧项目有关评估论证，精简审批事项，提高了项目推进效率。组织市州完善了区域统筹方案，拟定了"十三五"生活垃圾焚烧发电项目库，争取国家可再生能源基金支持，加大扶持力度。建立了垃圾焚烧项目建设进展情况月调度工作机制，在永州召开了全省生活垃圾焚烧处理设施建设推进会，持续加强项目建设推进力度。出台了《关于防范和化解生活垃圾焚烧发电项目建设社会风险的意见》，组织制作了垃圾焚烧公益宣传片在主流媒体滚动播放，加强正面宣传引导。2018年新开工、建成生活垃圾焚烧处理设施各3座，完成投资16亿元，全国最大垃圾焚烧处理单体项目在长沙正式运营，全省垃圾焚烧处理占比达37%。

二是扎实推进垃圾填埋场提质改造。为全面提升城镇生活垃圾填埋场运营管理水平，制定印发了《关于对2018年城镇生活污水、垃圾治理有关工作任务实施月调度的通知》《关于加强城镇生活垃圾填埋场（处理场）运营管理的通知》，要求各地按照城镇生活垃圾填埋场运营管理要求全面自查，确保生活垃圾填埋场渗滤液处理稳定达标。争取湘江流域存量垃圾场综合治理亚行贷款1.5亿美元、11座存量垃圾场治理纳入亚行贷款项目，占全省亚行贷款总额的43%。2018年，启动了38座存量垃圾场治理，完成14座。

三是着力推进生活垃圾分类工作。严格落实《住房城乡建设部关于加快推进部分重点城市生活垃圾分类工作的通知》，积极推动湖南省重点城市开展垃圾分类工作，配合完成住建部赴长沙开展城市生活垃圾分类调研督导工作。加强餐厨垃圾处理能力建设，积极推进餐厨垃圾处理试点，长沙市、衡阳市餐厨垃圾处理厂已投产运行。长沙市作为湖南省垃圾分类试点城市，印发《长沙市生活垃圾分类制度实施方案》，着力构建生活垃圾分类试点工作四级管理体制，大力推广"互联网＋垃圾"智能分类模式，在57个社区按餐厨垃圾（湿垃圾）、其他垃圾（干垃圾）、可回收物、有害垃圾四大类进行分类，着力提高生活垃圾回收利用率。

四是有序推进农村垃圾治理。湖南省按照以"分类减量"为基础的"户分类、村收集、镇转运、县市处理"模式，逐步建立起城乡一体的垃圾收运处理体系。永兴县、汉寿县、石门县等多个县市采取 PPP 模式引入市场机制，城乡一体的专业化垃圾收运处理系统有效建立。全省 20 多个县市开展了农村垃圾分类减量和资源化利用，垃圾减量率达 70% 左右。望城区、攸县、津市市、永兴县、宁远县被评为全国第一批农村生活垃圾分类和资源化利用示范县，宁远县获评全国"生活垃圾分类示范案例"。组织制定了农村非正规垃圾堆放点、公共空间整治等技术导则，全省 40 多个县市完成农村垃圾治理专项规划编制。有序推进农村非正规垃圾堆放点整治，全省建成 220 个乡镇垃圾中转站，90.2% 的村庄实现了生活垃圾治理。建立了 12.3 万人农村保洁员队伍，全省农村保洁机制初步建立。

三 2019年湖南城乡污水垃圾治理工作展望

（一）全面推进"两供两治"建设

深入贯彻习近平新时代中国特色社会主义思想，把"两供两治"建设作为创新、协调、绿色、开放、共享发展的重要载体，召开全省全面推进"两供两治"工作现场会，实施一批供水供气和污水垃圾处理设施新建改造项目，提高污水垃圾处理能力特别是加强乡镇污水垃圾处理设施建设，加强污水管网改造，全面对接城市双修农村双改、农村人居环境整治、洞庭湖生态环境专项整治等行动计划，建立高效的工作推进机制，探索多元化筹资机制，完善群众参与机制，健全运营管理长效机制，加快形成政府主导、社会投入、群众参与的建设管理模式，确保各项工作有力有序有效推进，让死水变活水、污泥变净泥、垃圾变废为宝，为全省生态文明建设和经济平稳健康发展做出贡献。

（二）着力加强城镇生活污水系统治理能力建设

以改善城市水生态环境为核心，组织全省开展城市排水规划编制和实施情况评估，14 个区域中心城市评估工作由省级组织技术团队具体实施，86 个县级城市评估工作在省级技术团队具体指导下由各市州组织实施，从根本上探索建立城市黑臭水体治理长效机制。通过全面摸排排水管网，剖析全省各城市排水规划编制和实施环节存在的问题，提出对新一轮城市排水和污水处理专项规划编制和实施的意见建议，指导全省建立完善系统的纳污体系，准确编制全省排水设施补短板问题清单和项目清单，系统高效推进污水收集管网建设、污水处理厂新建改造、排水防涝设施建设、黑臭水体治理等各项工作。

（三）大力提升城镇生活垃圾处理水平

重点推进生活垃圾焚烧发电设施建设，加强指导督促力度，2019 年计划新开工项目 5 个、建成 4 个，完成投资 10 亿元。同时，指导各地根据垃圾分布情况，按照"城乡统筹、区域统筹"的原则，科学制定生活垃圾处理设施建设规划，完善垃圾收运体系，积极推进湘江流域存量垃圾场综合治理亚行贷款项目，加快垃圾转运站建设，加大餐厨垃圾资源化利用设施建设力度，进一步增强终端处理能力。

（四）重点抓好乡镇污水处理设施建设专项行动

开展集镇排水和污水处理专项规划编制工作，指导各地开征乡镇污水处理费，探索建立垃圾污水处理付费制度，推广应用低成本、低能耗、易维护的农村污水处理技术和模式，完善长效管护机制。针对湖南省乡镇污水处理设施严重不足、已建成污水处理设施运行效果不理想的现状，深入开展调查研究，按照"统一规划、分步实施、厂网并举、建管并重"的原则，研究出台全省乡镇污水处理设施建设专项行动方案及相关政策文件，做好资金筹措、技术标准、市场模式等方面的政策制定，通过集中攻关，优先在沿河沿湖等重点区域集中新建一批污水处理设施，逐步实现全省乡镇污水处理设施全覆盖。2019 年，计划开工乡镇污水处理设施项目 205 个，开工乡镇黑臭水体整治项目 50 个。

（五）扎实开展农村垃圾治理工作

按照"五有"标准实施农村双改"垃圾治理工程"，统筹农村生活垃圾收运处理设施布局，完善农村垃圾收集转运体系建设，完成 100 个乡镇垃圾中转设施建设（改造），完成 4057 个行政村垃圾治理提升任务，指导各地提升农村垃圾治理水平。探索农村垃圾分散式治理技术模式，开展农村塑料垃圾清理为主要内容的"三清一改"村庄清洁行动。指导建立村庄日常保洁长效机制，设立保洁员岗位，优先安排贫困家庭的劳动力从事村庄保洁工作。总结和推广农村垃圾治理示范经验，推动农村生活垃圾分类减量和资源化利用，打造一批农村垃圾分类示范县。开展农村垃圾治理技术调研和设施研发推广，加强对非正规垃圾堆放点的清理整治。

四　有效推进污水垃圾治理的思考建议

（一）建立坚强有力的组织领导体系

城乡污水垃圾治理是一项系统性工作，涵盖住建、国土、生态、农业等多个部门，须加强组织领导和统筹，成立项目推进办公室，统一部署、统一规划、统一调度和统一协调，建立市、县、乡、村四级责任体系，明确责任分工，形成工作合力。

（二）加大宣传教育力度，统一思想认识

城乡生活污水垃圾治理是推动社会经济发展的工程，更是关系千家万户的民生工程。要紧紧依靠各级组织，充分发挥人民群众的积极性、主动性和创造性，进村、进组、进户开展宣传教育，广泛争取群众的认同、支持和配合。在工艺选择、项目选址、线路走向等方面，要充分听取群众意见，修改完善方案，既要有效防范"邻避效应"，又要有力保障项目实施。要充分利用现代化宣传媒介，广泛宣传推广好典型、好经验、好做法，努力营造全社会关心支持城乡生活污水垃圾治理的良好氛围。

（三）有先进专业技术作支撑

城乡污水垃圾治理是一项技术性很强的工作，尽管现有技术已基本成

熟，但许多关键环节还需要先进技术支撑。要对标国际国内先进技术和行业标准，加强与专业技术公司和人员合作，引进市场化运管机制，高标准启动项目建设，高质量实现可持续运营。

不尽狂澜走沧海，一拳天与压潮头。2019年，全省上下将紧密团结在以习近平同志为核心的党中央周围，深入学习贯彻习近平新时代中国特色社会主义思想，落实"守护好一江碧水"等重要批示要求，围绕打赢污染防治攻坚战，以"两供两治"工作为主抓手，真抓实干，攻坚克难，全力推进城乡污水垃圾治理，为建设美丽幸福新湖南做出贡献，以优异成绩庆祝中华人民共和国成立70周年！

B.10

加强水生态文明建设　全力守护好
"一江碧水"

湖南省水利厅

生态文明建设是关系中华民族永续发展的根本大计。水是生态环境中最活跃、最重要的控制性要素，水利是生态环境改善不可分割的保障系统。湖南省水利厅坚决贯彻习近平生态文明思想和新时代水利工作方针，牢记习近平总书记视察湖南时的殷殷嘱托，坚持共抓大保护、不搞大开发，大力推进水生态文明建设，全力守护好"一江碧水"，为建设富饶美丽幸福新湖南提供有力支撑。

一　2018年湖南水生态文明建设成效

2018年，湖南省水利厅认真落实中央和省委、省政府关于生态文明建设的决策部署，出台了《关于贯彻落实省委十一届五次全会精神　加快推进水生态文明建设的意见》，坚持以"一湖四水"为主战场，以河长制湖长制为统领，以水资源节约和保护为重点，全面强化水污染治理、水生态修复、水资源保护、水安全保障，努力实现"一湖四水"清流入江。

（一）全力推进河湖长制

在全面建立河长制的基础上，全面建立湖长制，统筹推进"一湖四水"系统治理，河湖生态面貌明显改善。

一是健全责任体系。落实党政同责要求，省委书记、省长分别担任省第一总河长、省总河长，15位省领导担任省内重要河湖的河湖长，分管副省长担任省河长办主任。省、市、县、乡、村五级共明确河湖长4.3万余人，其中湖长898名，实现了河湖管理保护责任全覆盖。全年各级河湖长累计巡河巡湖近200万人次，交办解决问题15000余个。

二是攻坚重点难点。省委书记、省长共签发了3个总河长令聚焦河湖管理突出问题整治，省河长办推动落实了年度22项重点任务，解决了一大批河湖管护的历史性、系统性、体制性难题。洞庭湖下塞湖矮围整治和长江岸线码头整治得到中央充分肯定，"僵尸船"清理、排污口整治、畜禽退养、采砂整治、河湖"四乱"整治、洞庭湖沟渠清淤等成效明显。

三是夯实基础工作。建立全省河流湖泊名录、"一河（湖）一档"，完成省级"一河（湖）一策"编制，开发河长制综合管理信息系统及监督电话，实现巡河巡湖电子打卡与信息在线报送。

四是严格督导考核。省政府将河湖长制工作列入真抓实干激励事项并实行年度考核。省河长办建立了"一月一晒、一季一督、一年一评"的工作机制，开展常态化督查暗访，对省总河长令落实情况进行了专项督查，对发现的问题实行"一单四制"管理。2018年底，全省地表水水质总体为优，345个监测评价断面中Ⅰ～Ⅲ类水质断面占94.5%，河湖水生态环境持续改善。

（二）大力推进水资源节约和保护

积极落实节水优先方针，有效保护水资源水环境，提高水资源利用效率。

一是完善节水制度体系。省政府颁布了《湖南省节约用水管理办法》，印发实施《湖南省主要流域水量分配方案》，完成《湖南省用水定额》评估，初步研究制定了湘资沅澧四水及洞庭湖区主要断面最小流量方案及调度方案，完成了县域水资源承载能力评价和全省非常规水资源开发利用现状调查评估，健全了节水制度体系建设。

二是积极推进节水载体建设。联合省工信厅向国家推荐了2018年10项重大工业节水工艺、技术，完成了第一批5个县域节水型社会建设评估验收，启动了第二批7个县域节水型社会建设，编制了《湖南省节水型公共机构 2018～2020 年创建方案》，全年共有 45 家省级机关完成公共机构节水型单位创建。

三是突出饮用水水源地保护。实施《湖南省饮用水水源保护条例》，推进 124 个省级重要水源地安全保障达标建设，完成 43 个国家级水源地安全保障达标建设评估，配合省生态环境厅部署开展全省县级集中式饮用水水源地环境保护专项行动，全面完成 322 个突出环境问题整治。

（三）严格水资源管理

加强日常监管，强化水资源水环境刚性约束。

一是全面实行最严格水资源制度。建立了省、市、县三级水资源管理"三条红线"控制指标体系，对市州实行最严格水资源管理制度考核，湖南省连续 5 年以良好等级通过国务院对省政府实行最严格水资源管理制度考核，深入推进规划水资源论证工作。

二是规范取用水过程管理。严格取水许可审批，开展取水许可专项清理整治，117 家省管取水户基本清理规范到位。稳步推进灌区和农村安全饮水工程取水许可管理，全面完成 22 个大型灌区取用水评估，全省 988 处千吨万人农村饮水安全工程有 657 处完成取水许可相关手续，各行业取用水进一步规范。2018 年省本级收缴水资源费 2.14 亿元，水资源有偿使用制度得到进一步贯彻落实。

三是加强水功能区监管。完成《湖南省水功能区纳污能力核定和分阶段限排总量控制方案》，按月对省级重要水源地、水功能区、省界和市州界断面等开展水质监测评价，全省 334 个省级水功能区水质达标率为 96.7%。

四是强化入河排污口整治。印发《长江入河排污口专项检查行动整改提升工作湖南省整改方案》《湖南省入河排污口设置审批工作指引》等文件，累计核查出各类入河排污口 4146 个，共关闭取缔 940 个，全省饮用水水源地内所有入河排污口、自然保护区核心区缓冲区内所有规模以上排污口全部整改销号到位。同时，对全省规模以上入河排污口按季度开展了监督性监测，推进了湘江流域重点入河排污口在线监控体系建设。

（四）统筹实施流域水生态治理

坚持山水林田湖草系统治理，以湘江和洞庭湖为重点，将治理经验延伸到"一湖四水"。

湘江保护和治理方面，修订《湖南省湘江保护条例》，突出抓好水资源管理、工业污染防治、重金属污染治理等 12 项年度重点任务，落实省级财政奖补资金 6.8 亿元，累计关闭或拆除饮用水水源保护区内入河排污口 85 个，完成黑臭水体整治 119 条，新增污水处理厂 13 座、污水日处理能力 105 万吨，流域县以上城镇生活污水和垃圾无害化收集处理率分别达到 93.3% 和 99.2%，140 个省级工业聚集区全部建成工业污水集中处理设施，湘江保护和治理第二个"三年行动计划"任务全面完成，流域水功能区水质达标率达 97.2%。

洞庭湖生态治理方面，统筹推进洞庭湖生态环境专项整治三年行动计划，全面禁止自然保护区采砂，洞庭湖所有采砂船只实现集中停靠，关停 84 处非法砂石码头，严厉打击查处非法采砂。启动洞庭湖区沟渠塘坝清淤疏浚三年行动，全年疏浚沟渠 2.3 万公里、清淤塘坝 3.8 万口，有效改善垸内外水生态环境。加快实施洞庭湖北部地区分片补水工程，8 个应急项目中有 6 个正在实施，力争 2019 年底全部建成。

（五）加强河道湖泊管理

落实"共抓大保护、不搞大开发"要求，严格管理河道湖泊。

一是加强河道采砂管理。开展河道采砂专项整治，巩固自然保护区禁采成果，全面清理整顿涉砂船只码头，严厉打击涉砂违法行为，全省清理"三无"船只 709 艘，抓获盗采船只 184 艘，清理非法砂石码头（堆场）1067 个，查获、收缴非法砂石 7.5 万吨。完善河道采砂管理法规体系，修订《湖南省河道采砂管理办法》，制定《湖南省河道采砂许可证发放管理办法》《湖南省河道砂石资源开采权出让收入管理办法》，强化河湖砂采、运、销监管闭环管理。抓紧编制新一轮全省河道采砂规划，严格划定河道禁采区，合理确定可采区和规划采量。

二是强化河湖水域岸线管理。全力推进河湖管理范围划界工作，基本完成长江干流河道划界实施方案编制、基本完成资水干流岸线保护与开发利用规划编制，明确岸线分区管理要求。开展四水干流及洞庭湖管理信息平台及数据库建设，实施四水干流及洞庭湖水域岸线遥感动态监测，及时掌握水域岸线空间变化信息。

三是开展专项整治行动。统筹推进长江干流岸线利用、长江经济带固体废物、水库垃圾围坝以及河湖"清四乱"专项行动，均取得积极进展。特别是全省共摸排河湖"四乱"问题 4136 个，目前已完成清理整治 2393 个，占总数的 57.9%。

（六）稳步推进生态工程建设

坚持工程措施与非工程措施相结合，加快水生态文明建设。

一是加强水土流失综合治理。全年完成国家水土保持重点工程投资 1.91 亿元，治理水土流失面积 300 平方公里，出台了《湖南省生产建设项目水土保持监督管理办法》，推动了"天地一体化"监管工作，有效防止人为水土流失。

二是实施河湖连通工程。完成了 2018 年河湖水系连通项目的遴选和申报，争取中央资金 1.66 亿元，将岳阳市君山区华洪运河等 5 个河湖连通项目纳入补助范围。同时，积极推进水生态文明城市建设，株洲、芷江、凤凰等第二批水生态文明城市建设试点顺利通过水利部行政验收。

三是突出水电生态建设。出台《自然保护区水电环保整治指导意见》，自然保护区内水电站已经拆除 40 座，限期退出 75 座，完成生态改造措施 125 座，积极推进小水电绿色创建工作。

二 存在的问题

近年来，全省水生态文明建设虽然取得了显著成绩，但与经济社会发展和人民群众美好生活的要求相比，还存在许多问题和不足。

（一）思想认识还不到位

传统治水理念还未完全向现代治理理念转变，生态文明理念仍未深刻融入水资源开发、利用、治理、配置、节约、保护的各个方面和水利规划、建设、管理的各个环节，重建设、轻管理，重开发、轻保护，重治理、轻预防的现象仍较为突出；节水护水意识不强，水生态文明理念仍未被广泛接受，保护优先和尊重自然的理念有待进一步提升。

（二）河湖管理问题仍然突出

部分河道乱占乱建、垃圾乱倒等问题突出，河湖生态问题历史欠账比较多，短期内全面解决各类问题难度很大。现有河道采砂管理监管能力建设滞后，采砂管理法规制度缺乏强有力的惩处手段，及时发现、打击各类涉砂违法行为难度大。

（三）河湖长制仍有薄弱环节

基层河湖长履职意识不强，部分河湖长巡河巡湖被动应付。河长制工作存在部门化倾向，信息共享与统筹调度不畅，部门协调配合缺少硬约束。河长办队伍建设薄弱，多为临时机构，人员抽调混用普遍，工作经费缺乏，尤其是县、乡工作保障严重不足。

（四）政策法规体系还不健全

国家层面法律建设滞后，部分法律法规不满足现行工作需要。《水法》部分条款与《水污染防治法》存在矛盾，国家层面在节水、地下水管理等方面尚没有出台相应的法律法规。湖南省目前在地下水管理、水域岸线管理、水生态文明建设等方面也还存在政策法规体系缺位等问题，影响制约了水生态文明建设效果。

（五）资金投入不足

各级政府对生态文明建设愈来愈重视，积极探索 PPP 等融资模式，投

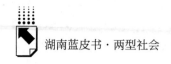

入力度也在不断加大，但受经济下行压力影响，水生态文明项目面临资金缺口较大，对环境及生态保护与修复等建设投入不足。

三　2019年发展思路

2019年，湖南省水利厅将坚持以习近平新时代中国特色社会主义思想为指导，认真贯彻习近平总书记对湖南工作的重要指示精神和新时代水利工作方针，牢固树立绿水青山就是金山银山的理念，按照湖南省委、省政府和水利部的部署，突出水利工程补短板、水利行业强监管，加快水生态文明建设，守护好一江碧水，推动经济社会发展与水资源水环境承载能力相协调。

（一）积极推动河湖长制全面见效

紧紧围绕管好盛水的"盆"、护好"盆"中的水，部门联动，综合施策，推动河湖长制由"有名"向"有实"、由全面建立向全面见效转变，有效改善河湖水生态环境。

一要强基础。完成市、县级领导担任河湖长相应河湖的一河（湖）一策方案编制，加强省级河湖的一河（湖）一策的成果运用；统筹国控断面、水功能区等重要水域的水量、水质、水环境监测体系建设，建立统一的大数据平台；运用卫星遥感、无人机等技术手段对河湖进行动态监管。

二要抓履责。以落实河湖长责任为核心，建立河湖长履职标准化考核评价体系，细化实化河湖长工作职责，明确履职的工作内容、标准和要求。

三要破难点。以落实总河长令为抓手，切实抓好影响水质达标河段的黑臭水体治理、不达标水体治理、畜禽与网箱养殖退养、污水与垃圾处理设施建设、农业面源污染治理、河道采砂整治等重点任务，针对重点难点问题下发新的总河长令，强力推动河湖突出问题解决。

四要严考核。建立以河湖水质为重点内容、河湖长为重点对象的考核评价体系，科学、合理设置考核指标，加强对市州交界断面水质的考核，完善激励措施，将河湖长制考核结果作为地方党政领导干部综合考核评价的依据。

（二）着力落实"节水优先"方针

持续落实最严格水资源管理制度，强化用水需求管理，增强水资源约束性导向性，推动经济社会发展与水资源水环境承载能力相协调。

一要完善节水管理体系。进一步推进规划水资源论证，抓好《湖南省主要流域水量分配方案》落实，明确全省主要江河流域控制断面最小流量方案，加强生态流量（水位）监测预警，落实水资源有偿使用制度改革，推进水资源费改税工作，集中整治无证取水和取水许可审批不规范等问题，全面完成大型和重点中型灌区取水许可工作。

二要推进节水型社会建设。抓好《节约用水管理办法》落实，制定《国家节水行动湖南省实施方案》，完善用水大户及高耗水、高污染企业等用水单位重点监控名录。加强节水载体建设，完成长沙县等7个县（市、区）县域节水型社会达标建设，继续推进省级公共机构节水型单位创建，启动高校合同节水工作，开展水利行业节水机关建设。

三要狠抓水资源保护。加强用水计量监控，全面完成国家水资源监控能力建设二期项目建设，启动实施省级水资源监控能力项目建设，推进饮用水水源地安全保障达标建设和评估。推进湘江保护和治理"一号重点工程"，按照"优化、巩固、提高"的思路，实施第三个"三年行动计划"，加强郴州三十六湾区域重金属污染整治督导，加快陶家河流域河道尾砂治理，确保区域和下游水环境质量改善。

四要加强节水护水宣传。采取节水宣传进机关、进校园、进机关等多种措施加强节水宣传，促使广大群众树立节约用水就是保护生态、保护水源就是保护家园的意识，营造清水、惜水、节水的良好氛围。

（三）切实打好河湖保护攻坚战

集中攻坚河湖管理顽症，着力解决群众身边的突出水问题，推动水生态文明建设。

一要强化水域岸线管理。全面开展全省河湖管理范围划界，完成流域面积在50平方公里以上河流及常年水面面积在1平方公里以上湖泊的管理范围划定工作。编制沅、澧干流及洞庭湖岸线保护利用与开发规划，推进省内全流域河湖监控体系建设，及时掌握并有效查处非法围垦、非法采砂、违规建筑等破坏河湖行为。

二要扎实推进河道采砂整治。严格执行《河道采砂管理办法》和河湖采砂规划，落实属地管理责任，加强采砂现场监管，推进采、运、销闭环管理；进一步严厉打击非法偷采盗采，开展联合执法集中行动，从严查处打击涉砂违法行为，确保采砂秩序总体可控。

三要全面清理河湖"四乱"。对前期调查摸底发现的河湖"四乱"问题开展集中整治，整治一处销号一处，确保2019年7月底前基本完成专项行动任务，再用半年的时间开展"回头看"，重点核查漏查漏报、清理整治不到位、整治后出现反弹等问题，确保专项整治按期保质完成。

四要稳步推进水电站生态问题整治。按照国家小水电清理整改要求，抓紧编制出台全省小水电清理整改工作方案，进一步全面排查自然保护区内水电站基本情况，提出分类整治的措施要求，集中力量加快整改，确保不折不扣完成任务。加强对电站生态环保问题的监督检查，落实生态基流、增殖放流等生态保护措施，将水电站对生态的影响降到最低。

五要强化水土保持监管。严格落实水土保持"三同时"制度，以铁路、公路、水利、水电、风电等大中型生产建设项目水土保持未批先建、未验先投，随意倾倒废弃土石渣等不依法履行水土流失治理责任义务为重点，扎实推进生产建设项目水土保持监督执法专项行动，坚决遏制人为水土流失。围绕乡村振兴、美丽乡村建设、精准扶贫等战略，以水土流失严重区域为重点，加快推进贫困地区水土流失治理、生态清洁小流域建设、坡耕地综合整治，守护好青山绿水。

B.11

推动绿色发展　助推乡村振兴

—— 2018～2019 年湖南省农业面源污染防治、农村人居环境
综合整治情况及展望

湖南省农业农村厅

农业面源污染防治、农村人居环境综合整治是打好污染防治攻坚战、提升生态环境质量的重要举措，是实现乡村振兴战略宏伟目标、决胜全面建成小康社会的重要内容，是推动农业转型升级，农业高质量发展的重要动力。近年来，在湖南省委、省政府的正确领导下，全省农业农村系统紧紧围绕统筹推进"五位一体"总体布局和协调推进"四个全面"战略布局，牢固树立和贯彻落实新发展理念，强化污染治理和生态保护，补齐农业农村生态环境保护短板，深入推进农村人居环境整治，以高度的历史使命感和责任感，推动农业面源污染防治工作不断深入、农业绿色生产不断发展、农村人居环境持续改善。

一　2018年湖南农业农村环境治理概况

2018 年，湖南以打好农业面源污染防治攻坚战、开展农村人居环境整治三年行动为主线，突出农业面源污染防治、农业生产废弃物资源化利用、农村生活垃圾和污水治理、厕所革命和粪污治理、村容村貌提升等重点整治任务，湖南大力发展绿色生产、生活方式。全年全省推进化肥、农药零增长行动，推广测土配方施肥技术面积 9600 万亩次，主要农作物测土配方施肥率达 90.2%。推广秸秆还田面积 6892 万亩，直接还田率为 57.4%，建成

300 个标准化区域服务站，实现全年农作物病虫害全程绿色防控应用面积
1800 万亩、农药减量 4% 的预期目标。出台《湖南省畜禽养殖废弃物资源化
利用工作考核》，在 26 个生猪调出大县实施国家畜禽粪污资源化利用整县
推进试点，长沙市启动畜禽粪污资源化利用整市推进。全省畜禽粪污综合利
用率达 67.8%，规模养殖场粪污处理设施装备配套率达 78.1%，大型规模
养殖场配套率达 86%。新建成运营区域或县级病死动物无害化处理中心 18
个，基本建成覆盖全省养殖大县的病死动物无害化处理体系。新建 200 个乡
镇垃圾中转设施，在洞庭湖区已实现乡村垃圾收集中转设施"全覆盖"，新
建 9 座乡镇污水处理设施，56 座在建，110 多座正在开展前期工作，目前全
省建成乡镇污水处理设施 240 座，日处理能力达到 76 万吨，对污水进行处
理的行政村达到 4000 多个。组织开展了全省农村厕所专项调查，大部分市、
县出台了该地区农村"厕所革命"行动方案，其中长沙、郴州两市计划到
2020 年底消除所有旱厕。将 25 户以及 100 人以上的自然村通水泥（沥青）
路作为重点，下大力气抓农村公路建设。积极推进农村"空心房"整治，
岳阳市、江华县等市县农村"空心房"治理成效突出。

二 2018年湖南农业面源污染防治、农村
人居环境综合整治工作推进情况

（一）以"高"促绿，高位推动农村绿色生产、生活方式不断发展

2018 年初召开了高规格省委农村工作会议，省委书记、省长出席会议
并做动员部署，将农业面源污染防治、农村人居环境整治工作列为重要工作
内容进行了部署，6 月，省委书记和省长率领由相关省领导、市州委书记、
市州长、省直相关单位主要负责人组成的党政代表团前往浙江，考察学习改
善农村人居环境等方面的经验，7 月，省委、省政府召开全省改善农村人居
环境工作会议，省委、省政府主要领导在会上再次进行专题部署，并要求
市、县两级党政"一把手"必须靠前抓落实，打好实施乡村振兴战略"第

一仗"，制定了《湖南省农村人居环境整治三年行动实施方案（2018～2020年)》，起草了《湖南省农业农村污染防治攻坚战实施意见》，明确了工作目标，分解了工作任务，压实了工作责任，建立了工作机制，强化了保障措施，为实现稳健的开局奠定了坚实的基础。

（二）以"退"促绿，切实解决养殖污染突出问题

湖南省养殖业体量大，生猪年出栏量为6000万头左右，居全国第二位。养殖业的发展在为保供给、促增收做出贡献的同时，也对生态环境造成一定压力。对此，湖南省农业农村厅坚持养殖业发展与生态环保一起抓，切实担负保供给与保生态的双重责任。

一是依法科学划定"三区"。优化畜禽养殖业布局，推动规模养殖由水网区向资源环境承载能力较强的山丘区转移，完成禁养、限养、适养"三区"划定工作，全省共划定禁养区4178个、面积3.8万平方公里，做到应划尽划。

二是强力推进重点区域退养。以省政府实施湘江保护与治理"一号重点工程"为契机，连续开展畜禽养殖退养三个"三年行动计划"，湘江干流两岸500米、湘江综合枢纽库区两岸1000米范围内规模养殖场（户）全部退出。落实省政府关于开展洞庭湖区水环境治理"五大专项行动"部署，全面完成"畜禽养殖污染防治专项行动"，洞庭湖内湖沿岸1000米以内规模养殖全部退出。持续推进"一湖四水"流域禁养区规模养殖退出，形成了水岸联动治理格局。

三是强化责任落实和工作保障。将"禁养区畜禽规模养殖场退养"纳入各级政府绩效考核内容，结合环保督察开展专项督查考核，2018年省级督办地方整改退养759家。近4年省财政安排奖补资金12.3亿元，为退养工作提供了有力保障。全省共退出禁养区年出栏50头以上畜禽养殖场（户）12847个、489.8万平方米，基本做到了应退尽退。

（三）以"拆"促绿，彻底拆除洞庭湖矮围网围

形成于20世纪七八十年代的矮围网围，严重影响洞庭湖区生态环境。

2018 年以来，湖南省下定决心，省委书记、省长亲自部署、亲自抓，攻坚克难，2018 年，全面拆除洞庭湖矮围网围。

一是完善工作机制。成立洞庭湖矮围网围清理整治工作领导小组，建立农业农村、水利、生态环境等 8 个部门参与的联动机制，湖区三市各级分别设立相应领导小组，层层压实工作责任。

二是开展全面排查。以省政府名义印发通知，对岳阳、常德、益阳三市洞庭湖区开展全覆盖、拉网式大排查，确定整治任务 472 处。建立《洞庭湖区矮围网围整治清单》，实行"一围一策"，建立"一围一档"。

三是实行铁腕整治。省、市、县三级实行"一单四制"（问题清单、调度制度、报送制度、销号制度、问责制度）和"两报"（简报、通报）制度，克服机械转运难、施工作业难、环境恶劣等困难，倒排工期，昼夜作战，在 6 个月时间里共拆除矮围 472 处、124.46 万亩，拆除围堤 2818 千米、网围 376 千米，彻底铲除了洞庭湖上一大痼疾，打赢了矮围网围清理整治攻坚战。

（四）以"减"促绿，着力减少农业生产污染源

按照"一控两减三基本"要求，狠抓农业投入品减量控害，为农业生态环境正本清源。

一是深入实施化肥农药零增长行动。推动测土配方施肥由粮食向果菜茶及设施农业普及，主要农作物测土配方施肥率达到 90.2%。恢复发展绿肥生产，绿肥面积由 3 年前的 700 万亩增加到 1000 万亩左右。大力推进农作物病虫害绿色防控，绿色防控技术应用面积达 1800 万亩，专业化统防统治全程服务面积达 2150 万亩。全省化肥、农药使用量连续三年实现负增长。

二是狠抓病死动物无害化处理。省委书记杜家毫对这项工作高度重视，要求将其作为一项"潜绩"工程办好办实。省政府出台专门实施意见，省财政安排专项资金 1.96 亿元，采取以奖代投方式给予支持。目前已建成 27 个无害化处理中心、65 个收集储存转运中心，基本实现养殖大县病死畜禽无害化处理全覆盖。

三是推进农机"三减量"行动。通过推广植保无人机减施农药、推广化肥深施机减施化肥、推广生物质制肥机减少化肥、农药和养殖粪污。2018年，全省推广农机"三减量行动"相关机具1334台，全年减施化肥4300吨以上、农药660吨以上，减少养殖粪污30万吨以上。

（五）以"治"促绿，狠抓农村人居环境整治

协同推进农业与农村绿色发展，全面改善农村人居环境。省委、省政府召开高规格改善农村人居环境现场推进会，省委书记、省长出席会议并讲话，形成五级书记抓农村人居环境整治的工作格局。以"一拆二改三清四化"为抓手，即拆除"空心房"，推进改厕、改圈，清理农村生活垃圾、村内沟渠塘坝、畜禽粪污等农业生产废弃物，统筹做好农村净化、绿化、美化、亮化工作，2018年全省共拆除"空心房"41.8万间，新增耕地面积3.35万亩；全省对垃圾进行处理的行政村比例达到90.2%，洞庭湖区实现乡村垃圾收集中转设施全覆盖；建成乡镇污水处理设施240座，对污水集中处理的行政村达4000多个；完成卫生厕所改造96.1万户，2019年湖南省将农村改厕纳入省委省政府12项重点民生实事项目之一，计划改（新）建农村户用厕所100万户以上。分层次开展整市、整县、整乡推进美丽乡村示范创建行动，省、市、县三级共创建美丽乡村示范村1715个。扎实开展村庄清洁行动，常德市开展了农村人居环境"十佳乡镇""十差乡镇"评选，形成了奖先策后、比学赶超的良好局面。2019年，湖南省启动实施"千村美丽、万村整治"工程，拟在全省1个市（州）、10个县、100乡镇整体推进美丽乡村建设。

（六）以"转"促绿，加快农业转型升级

在抓好农业农村污染治理的同时，大力推动农业转型发展，增强绿色发展内生动力。

一是调优种植结构。积极推进种植结构调整，在长株潭重金属重度污染区调整种植结构79万亩；推广水旱轮作1500余万亩、再生稻400万亩，养

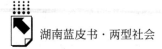

地减肥降害作用明显。澧县创新粮油绿色高效发展模式，探索发展"稻+"多种经营 50 多万亩，农民亩平增收近 200 元。

二是发展稻田综合种养。全省创建稻田综合种养示范县 10 个，带动发展综合种养面积 392 万亩，3 年增加近 200 万亩。位于洞庭湖区的南县，因地制宜大力发展稻虾综合种养，近 2 年发展到 50 万亩，年产值达 100 亿元，"南洲稻虾米"成为湖南省首个进军香港市场的湘米品牌。

三是加快畜禽粪污治理与资源化利用。对 3.2 万个规模养殖场治污设施进行升级改造，全省规模养殖场粪污处理设施配套率达 87.6%。针对大中型规模养殖场实行沼气、有机肥的工厂化生产模式，全省新建有机肥加工厂 73 家，年资源化利用粪污 2400 万吨；4000 多家规模养殖场配套建有沼气工程，可年产沼气 52 亿立方、发电 11 亿千瓦时。全省畜禽粪污资源化利用率达 77.4%。2017 年全国畜禽养殖废弃物资源化利用会议在湖南召开，推介了湖南省经验做法。

四是推进秸秆综合利用。全面严禁秸秆焚烧，秸秆综合利用率达 83.01%。屈原管理区引进凯迪电力项目，实施生物质发电工程，年消纳水稻秸秆、稻壳等生物质 23 万吨，实现了"变废为宝"。

三 2019年湖南农业面源污染防治、农村人居环境整治展望

2019 年湖南将以全面落实《湖南省农业农村污染防治攻坚战实施意见》和《湖南省农村人居环境整治三年行动实施方案（2018~2020 年)》为契机，重点紧抓农业农村污染治理和农村人居环境整工作，发展绿色生产，彰显乡村生态优势，建设生态宜居的美丽乡村。

（一）推进农业面源污染治理

一是进一步加强种养业投入品管控，减少农业投入品对生态环境的源头影响。继续扎实推进化肥、农药零增长行动，实施有机肥替代化肥、低毒农

药替代高毒农药行动，开展果菜茶病虫全程绿色防控示范，创建200个标准化区域服务站，促进农业投入品减量增效。推进耕地土壤重金属污染加密调查和环境质量类别划分工作，认真总结推广长株潭重金属污染治理经验，进一步完善修复治理技术模式，扩大修复治理范围。鼓励各地探索标准地膜推广应用与回收补贴挂钩机制，试点"谁生产、谁回收"的生产者责任延伸制。力争2019年主要农作物化肥利用率达到39%，农药利用率达到38.6%以上，秸秆综合利用率、农膜回收率达80%以上，耕地土壤环境质量达标率提高10%。

二是全力打好畜禽禁养区退养收官战。巩固洞庭湖等水产养殖矮围网围拆除成果，强化畜禽水产养殖污染治理，加快禁养区生猪规模养殖退出工作，加强规模养殖场粪污处理设施配套建设，推进34个国家畜禽养殖废弃物资源化利用整县推进试点，巩固下塞湖矮围网围治理成果，积极应对自然灾害等农业生产风险，继续抓好动植物疫病综合防控，增强农业抗灾保收能力。到2020年，力争55个生猪调出大县全部整县推进畜禽废弃物资源化利用，全省畜禽粪污资源化利用率达到75%以上、规模养殖场粪污处理配套设施配套率达到95%以上、病死畜禽无害化处理全覆盖。

（二）推进农村人居环境整治工作

一是推进农村"厕所革命"。编制出台农村"厕所革命"专项方案或规划，召开全省农村改厕工作推进会。将农村户厕改厕纳入2019年度省政府为民办实事内容，2019年全省计划改造或新建农村卫生厕所100万户以上，2020年确保全省85%的农户用上卫生厕所。结合乡村旅游和村级活动场所建设，新建农村公共卫生厕所。

二是推进农村生活垃圾治理。按照"全面推进、扩面提质"的思路，加大农村垃圾中转设施建设，到2020年，所有县市区建立"村收集、镇转运、县处理"的收运处置体系，90%以上的村庄生活垃圾得到治理并基本建立日常保洁机制。2019年基本完成较大规模的生活垃圾非正规堆放点、垃圾围坝整治和农业生产废弃物非正规堆放点的整治，加强工业固体废物违

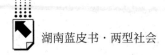

法违规转移监管和打击力度，防控工业污染"上山下乡"。

三是推进农村生活污水治理。研发推广低成本、低能耗、易维护、高效率的农村生活污水处理技术和生态处理工艺，到2020年全省50%左右的行政村对生活污水进行治理。将农村水环境治理纳入河长制、湖长制管理，完成"一湖四水"干支流沿岸沿线、饮用水水源保护区等重点区域农村生活污水治理、黑臭水体治理任务。

四是整治提升村容村貌。加快推进村庄规划编制工作，2020年基本实现全省村庄规划编制全覆盖。实施农村公共空间整治工程，集中清理乱堆乱放、乱搭乱建。以城乡建设用地增减挂钩和土地综合整治为抓手，积极推进农村"空心房"整治，落实"一户一宅"和"建新拆旧"政策。突出乡土风情、民族特色和地域特点，加强乡村建筑风貌引导。加快自然村（组）道路建设，2019年前全面完成3.3万个25户及100人以上的自然村（组）通水泥（沥青）路建设任务。

四 建议和思考

（一）要形成治理合力

农业面源污染防治和农村人居环境整治是一项具综合性、系统性工作，涉及地域范围广，生产、生活链条长，需要对多个环节进行严格管控和治理，全省各级各部门要密切协作配合，统一思想，统筹推进，按照规划部署，各司其职，同时加强信息共享，定期会商，真正做到齐抓共管、上下联动的工作态势，形成工作合力。

（二）要加大投入力度

湖南省虽是一个农业大省，但离农业强省还有一定的差距，农业基础薄弱，生产集约化、规模化水平不高，加上一直以来有"有色金属之乡"的包袱，各级各部门要加大财政投入，建立稳定的农业农村污染治理和人居环境整治经费渠道，采取以奖代补、先建后补、以工代赈等多种方式，充分发挥政府投资撬动作用，加大资金投入规模，提高资金使用效率。

（三）要加大宣传力度

各地各部门要广泛开展农业农村污染治理宣传和教育，宣讲政策要求，推广绿色生产方式，引导农民保护自然环境，科学使用农药、肥料、农膜等农业投入品，合理处置畜禽粪污等农业废弃物。同时，要将农业农村环境保护纳入村规民约，建立农民参与生活垃圾分类、农业废弃物资源化利用的直接受益机制，开展卫生家庭等评选活动，形成人人参与、户户关心农村生态环境保护的良好氛围。

咬定青山不放松，立根原在破岩中。2019 年，全省上下将紧密团结在以习近平同志为核心的党中央周围，深入学习贯彻习近平新时代中国特色社会主义思想，牢固树立"绿水青山就是金山银山"的理念，强化"共抓大保护、不搞大开发"的行动自觉，按照中央、农业农村部及省委、省政府决策部署，坚持把农业农村绿色发展、农业农村环境治理作为推动乡村振兴、共促繁荣的重要抓手，攻坚克难，久久为功，建立一条生态优先、绿色兴农的新路子，绘好美丽宜居、文明绚丽的新农村这张新蓝图。

B.12
推动林业转型图强　助力生态强省建设

湖南省林业局

2018年，湖南林业深入学习贯彻习近平新时代中国特色社会主义思想和党的十九大精神，全面落实湖南省委、省政府工作部署，紧紧围绕生态强省建设的目标，突出"森林调优、湿地提质、城乡添绿、产业增效、管服做精"的工作主题，林业现代化发展迈上新台阶。截至2018年底，全省完成营造林1683.3万亩，林地面积稳定在1.9亿亩以上；森林覆盖率达59.82%，较上年提高0.14个百分点；森林蓄积量达5.72亿立方米，较上年增加2400万立方米；湿地保护率达75.73%，较上年提高0.29个百分点；全省林业产业总产值达4600亿元，较上年增长8.1%；森林火灾受害率为0.06‰，林业有害生物成灾率为3.39‰，均低于国家控制标准。绿色已成为湖南的一张靓丽名片，为全省两型社会和生态文明建设提供了有力支撑。

一　两型社会与生态文明建设成效

（一）经难事，工作重点实现战略性转移

全行业突出生态保护、生态修复、生态惠民，经受了三大攻坚战、中央和省委环保督察等各方考验并赢得肯定、融入大局。

1. 突出生态保护

严抓林地和自然保护地保护。全面自查全省现有8类各级502处自然保护地保护管理情况，主动开展涉林风电建设、采石挖砂取土清理整顿，狠抓

保护地采石取土场整治，有力遏制了林地和自然保护地的生态破坏行为。主抓森林资源保护。全面实行采伐限额制度，连续三年对全省7986.3万亩森林实行禁伐、63个县实行减伐，累计减少采伐量1500万立方米。开展了首次森林督查，天然林、公益林、古树名木及林木种质资源保护切实加强。全省没有发生重特大森林火灾，松材线虫病、松毛虫等病虫害蔓延趋势得到遏制。重抓野生动植物保护。举办了洞庭湖国际观鸟节、世界野生动植物日等系列活动。省政府发布了全省禁止猎捕陆生野生动物通告。全省森林公安机关开展了"春雷2018"专项打击行动，共收缴木材3658.8立方米、野生动物13万余头（只），涉案金额达1.5亿元；成功侦破"4.26"特大案件，20多家主流媒体作了深度报道。

2. 突出生态修复

以湿地提质推进洞庭湖全流域修复。常德、岳阳、益阳三市清理洞庭湖4个自然保护区杨树10.38万亩，为专项整治年度计划的166.67%；恢复核心区湿地面积10.04万亩。科学保留大、小西湖等14个生态矮围，候鸟、麋鹿保护赢得各方肯定。在"四水"流域完成退耕还林还湿试点2.63万亩，积极探索出了一条洞庭湖全流域治理的生态系统修复之路。以森林调优推进森林生态修复。全省完成人工造林283.4万亩，封山育林244万亩，修复退化林340.8万亩，森林抚育815.1万亩。建设森林经营省级示范基地84个、义务植树基地900余个、国家储备林6万亩，主要造林树种良种使用率达85%以上。省政府办公厅出台了加快推进生态廊道建设的意见。以城乡添绿推进城乡生态修复。湘西自治州、湘潭市获评国家森林城市，常德市获评首批国际湿地城市，新邵、宁远等33个县（市、区）启动省级森林城市建设，长株潭绿心"裸露山地"造林绿化全面推进。100个秀美村庄建设成效明显，4个行政村获评2018年度"全国生态文化村"。

3. 突出生态惠民

精准扶贫上，在51个贫困县市区倾斜性安排林业项目资金31.4亿元，全省新增5000名生态护林员岗位，三年来在建档立卡贫困人口中累计选聘生态护林员3.6万名。在贫困地区推广乡镇林业站"一站式全程代理服务",开展深度贫困县科技服务进村入户全覆盖活动。产业增效上,制定了油茶、竹木、生态旅游与康养、林下经济四大千亿产业发展规划或行动计划。截至2018年底,全省油茶林总面积达到2111.1万亩,茶油产量达26.2万吨,产值达450亿元。全面启动"湖南茶油"公用品牌建设,成功参展香港美食博览会、中国中部农博会。全省竹木产业产值达1033亿元,新增24家竹木加工类省级林业产业龙头企业;成功承办第十届中国竹文化节。全省森林公园共接待游客5454.13万人次,实现旅游综合收入551.37亿元,分别同比增长8.26%、10.19%。成功举办大围山杜鹃花节,精心参展2018年中国森林旅游节。全省林下经济产值达530亿元,新增省级林下经济示范基地61家。生态补偿上,全省生态公益林、天然商品林补偿达16.64亿元,其中,51个贫困县的建档立卡贫困人口获得公益林补助1.75亿元、天然商品林补助5435万元,补助资金全部通过"一卡通"足额发放到位。

(二)抓要事,发展动能实现长远性转换

全行业制度创新、科技创新、文化创新渐次推进,发展动能立足长远实现深刻转换。

1. 林业改革动能全面激发

集体林权制度改革方面,怀化市、浏阳市入选国家林草局新一轮集体林业综合改革试验区,浏阳市、洪江市积极探索林地"三权分置"和林地股份合作经营机制。出台了家庭林场认定管理办法,全省新型林业经营主体达1.6万家,经营林地面积3300万亩。国有林场改革方面,秀美林场建设扎实推进,资兴市滁口等15个林场被评为"湖南省秀美林场",永州市金洞等3个林场开展森林特色小镇建设试点。国有林场电网、道路等基础设施建设稳步推进,国有林场发展能力得到提升。国家公园体制改革方面,完成了自然资源确权登记;创新了公园管理体制、公益林管护机制、资源监测管理机制、区域联防联控机制;出台了产业准入和退出目录,风电、采矿等不符合国家公园功能定位的项目正逐步退出。

2.科技创新动能逐步强化

突破了一批关键技术。获批国家级、省级科技项目 50 项，油茶全产业链提质增效等一批关键技术获得突破，8 个涉林项目纳入省政府 100 个重大科技创新项目库，10 项林业科技成果获得部省级奖励。建立了一批技术平台。全省获批建设南方木本油料利用重点实验室等 4 家国家级科研平台，"中华油谷"科技创新综合体等科研平台建设稳步推进。转化了一批科研成果。实施中央、省级财政林业科技推广项目，转化林业科研成果 18 项。全省选派林业科技特派员 692 名，提供科技咨询服务 1.6 万人次，推广应用新成果、新技术 120 项。

3.文化创新动能不断增强

举办了改革开放 40 周年林业成就新闻发布会等主题宣传活动，在中国绿色时报、湖南日报等主流媒体发表各类宣传报道 1.62 万条，湖南林业门户网站、微博、微信影响力不断提升。举办了全省首届生态自然文学创作研讨会，开展了"送文艺下乡"等各类活动，创作了微电影《守望青山》等生态文艺作品。

（三）办实事，管服能力取得实质性提升

全行业林业再信息化、林业法治化、管理规范化、队伍专业化进程加速推进，林业管理服务水平有效提升。

1.再信息化行动稳步推进

编制了林业生态大数据体系建设规划，"互联网＋政务服务"一体化平台上线运营，林地审核等 4 个应用系统实现联网受理，公益林信息管理系统初步建立，数字档案室试点顺利通过国家档案局验收。政务公开全面规范，省局门户网站获评全国林业省级第一名和全省省直单位第二名。

2.法治化水平持续提升

立法上，《湖南省森林防火若干规定》通过省人大审议，11 件规范性文件顺利出台，立法工作受到省政府法制办通报表扬。普法上，荣获省直机关"谁执法谁普法"责任制优秀单位，"七五"普法工作受到省委法治办高度

肯定。执法上，修订了林业行政处罚裁量权基准，加强了林业执法人员管理，建立了"双随机、一公开"制度。加大了执法力度，全省共办理林业行政案件7620件，刑事案件1924件。

3. 规范化管理不断完善

预算执行、项目监管严格规范，政府采购管理实施细则等制度不断完善。出台了政务督查暂行办法，79件全年性重点工作和61件省领导批示、两办督办件全面落实。开展了林业站本底调查，在全国基层林业站知识竞赛选拔赛中获得第三名。全系统实现平稳运行，未发生重特大生态灾害及安全事故。

4. 专业化建设深入开展

面向领导干部举办了全省林业系统领导干部素质提升培训班2期；面向全省林业系统干部职工举办各类培训班45期，培训调训干部6368人次；面向林农举办林业专业培训班1708期，培训林农12.8万人次，印发技术资料42.7万份。全行业专业能力、专业精神不断提升。

虽然，林业部门在两型社会和生态文明建设中取得了一定成效，但也存在一些突出问题：一是发展不充分。全省自然生态不缺绿量，但缺绿质，绿色大省亟待向生态强省转型。二是发展不平衡。"三山"等重点林区与石漠化地区、矿区之间，森林生态与湿地生态、城市生态之间，都存在着区域性、系统性的不平衡。三是治理不科学。现代化、国际化、市场化的管理模式还不完善，自然资源保护与管理的信息化水平还需提高。这些问题需要在新时代林业现代化发展中不断解决，以满足人民群众日益增长的生态需求。

二 2019年工作思路及重点

2019年工作的总体思路是：以习近平新时代中国特色社会主义思想特别是习近平生态文明思想为指导，以推进人与自然和谐共生为工作使命，以建设生态强省为工作目标，以实现自然资源保值增值为工作追求，以推进理念转变、重点转移、动能转换、治理转型为工作方向，以生态保护、生态修复、生态惠民为工作重点，以保护优先、创新引领为工作理念，以森林调优、湿地提质、城乡添绿、产业增效、管服做精为工作主题，应变创新，转型图强，攻坚克难，行稳致远，为建设富饶美丽幸福新湖南做出新的贡献。

2019 年工作的预期指标是：实现营造林 1500 万亩以上，森林覆盖率稳定在 59.8% 以上、森林蓄积量增长 2000 万立方米以上、湿地保护率稳定在 72% 以上、林业产业总产值增长 8% 以上，林业有害生物成灾率控制在 4‰以下。主要抓紧以下重点工作：

（一）实行最严格的自然资源保护

1. 强化林地和自然保护地保护

加强征占用林地审核审批管理，严惩违规占用林地实施风电、光伏发电、采矿探矿等经营行为。持续深化自然保护地大检查，进一步摸清资源家底，妥善处置历史遗留问题。指导张家界开展自然保护地整合优化试点，力争为全省乃至全国提供可复制、可推广的经验。完善保护地管理技术规程，合理调整保护地边界范围和功能分区。严格审批保护地开发建设项目，坚决防止发生生态破坏行为。

2. 强化森林资源保护

严格落实天然林、公益林保护政策，实现管理的规范化、科学化、合理化。建立健全古树名木认定、公布和挂牌保护机制，建设一批古树名木公园。严格落实限额采伐制度，科学编制"十四五"森林采伐限额。依职依责做好森林防火相关工作，落实防火巡护、火源管理、防火设施建设等责任。抓实林业有害生物防治，重点突出松材线虫病防控。

3. 强化湿地资源保护

推进湿地分级管理，完善湿地开发利用监管，实施湿地保护修复重点工程，确保湿地面积不减少、功能不减退。推进湿地公园多规合一、功能优化，加强湿地公园机构队伍、法规制度、基础设施、科普宣教、科研监测建设。开展小微湿地试点建设，积极探索湿地保护的新模式新机制。

117

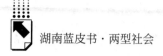

4.强化野生动植物资源保护

继续开展全国第二次野生动植物资源调查，落实《湖南省珍稀濒危野生动植物保护行动计划》。持续推进国家重点保护物种野化放归，加大候鸟保护力度，加强非洲猪瘟等野生动物疫情监测防控。规范野生动植物繁育、经营管理，严厉打击乱捕滥猎、非法经营利用野生动植物的违法行为。

（二）推进大规模生态修复工程

1."点"上推进长株潭生态绿心修复

修订完善《湖南省长株潭城市群生态绿心地区保护条例》，认真履行绿心地区生态保护修复职责。加强综合监管，严格绿心地区林地占用、采砂采土、林木采伐管理，坚决制止毁绿占绿的行为。开展高标准、多渠道的绿心生态提质行动，绿化"裸露山地"4471亩。

2."线"上建设高质量生态廊道

认真贯彻《湖南省人民政府办公厅关于加快推进生态廊道建设的意见》，科学编制建设规划，加快启动省、市、县三级生态廊道建设，着力解决生态系统破碎化、单一化的问题。重点推进163公里长江岸线湖南段造林绿化，打造兼具生态功能和景观效应的"最美长江岸线"。

3."带"上构建"一湖四水"全流域生态涵养带

洞庭湖方面，认真执行洞庭湖生态环境专项整治三年行动计划，稳步推进缓冲区、实验区杨树清理，加快修复杨树清理迹地，逐步恢复洞庭湖湿地功能。"四水"方面，巩固、推广退耕还林还湿试点成果，实施森林质量精准提升试点工程，加强国家储备林建设，着力建设全流域生态涵养带。

4."片"上实施生态脆弱区修复

协同推进石漠化区、矿区、重金属污染区生态修复，控制生态退化，逐步恢复生态脆弱区域生态系统功能。实施中央预算内石漠化综合治理工程，加强国家石漠化公园建设和管理。

（三）推动林业产业高质量发展

1.发展油茶产业

立足共赢做强基地，坚持新造、低改、幼抚并进，完成新造低改油茶林180万亩；创新形成"企业＋基地＋农户"、油茶庄园等多种经营模式，提升原材料供给能力。立足市场做优品牌，加强宣传、推广"湖南茶油"公用品牌，提升"湖南茶油"的知名度、占有度、美誉度。立足科技提升品质，着力研发和推广油茶新品种、新产品、新技术。

2.发展竹木产业

把竹加工技术创新放在突出位置，作为产业发展的先决性工程抓紧抓实。优化产业布局，推进"湘东湘中、湘南、湘北、湘西南、湘西"五大竹木片区建设。做精产业品牌，打造2～4个竹木加工精品产业园区、1个省级竹产业区域公用品牌。丰富产品种类，着力延长产业链，不断提升产品附加值，推动产业效益实现突破性提升。

3.发展生态旅游和康养

依托国有林场、森林公园、风景名胜区、湿地公园等各类自然资源，联合旅游部门建设一批康养步道，打造一批具有湖湘特色的生态旅游目的地和精品路线。探索"互联网＋旅游"模式，着力提供更多精细化、个性化的旅游服务。

4.发展林下经济

对接市场打造林药、林禽林畜、林菌、资源昆虫、林下经济作物、林果等多类型林下经济产业体系，建设一批特色鲜明的林下经济示范基地。深入推进林下经济产品深加工，培育"一县一业""一村一品"林下经济品牌。

（四）深化多层次林业体制改革

1.深化机构改革

按照省委省政府统一部署，积极推进政府机构改革，妥善制定"三定"方案，科学设置内设机构，调整理顺内部职能，加快形成与林业新职责相匹

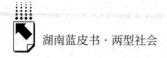

配的组织机构。积极推进事业单位改革,优化、完善职能职责。

2. 深化国有林场改革

督促工作滞后的县(市)全面完成国有林场改革任务,推动贫困林场如期实现脱贫目标。继续开展秀美林场建设,扎实推进国有林场森林经营、道路建设等项目。启动修订国有林场管理办法,积极推进金融债务化解、电网移交改造,加快建设现代化林场。

3. 深化集体林权制度改革

推进怀化市、浏阳市集体林业综合改革国家级试验区建设;总结推广浏阳市、洪江市集体林地"三权分置"省级试点经验,建立集体林地"三权分置"运行机制。建立多元化利益联结机制,培育壮大林业规模经营主体,支持创建一批林业专业合作社、家庭林场。

4. 深化南山国家公园改革试点

按照国家发改委批复的试点实施方案及省委省政府要求,编制完成国家公园试点总体规划,持续推进创新国家公园管理体制、公益林管护机制、资源监测管理机制、区域联防联控机制,引导产业退出。

(五)构建现代化林业治理体系

1. 提升林业治理能力

实施林业再信息化工程,推进"互联网+政务服务""互联网+生态监测""互联网+林业管理",着力加快行政审批、大数据监管、营造林管理进程。推进林业法治化建设,修订《湖南省湿地保护条例》,贯彻落实"谁执法谁普法"责任制,全面加强基层林业执法监督。推进林业专业化建设,优化分类分级干部培训体系,加大林业专业人才引进力度,不断创新督查督办方式。

2. 提升服务基层能力

因地制宜推进多模式林业扶贫,加大对贫困地区特别是深度贫困地区的政策、资金、产业、科技倾斜支持力度,继续做好驻村扶贫和联点督查工作。持续推进简政放权,完善生态护林员选聘、管理、激励机制,优化林权流转交易服务。完善湖南林业行业标准体系，推动林业产业园区持续健康发展，加强基层林业站建设。

3. 提升科技创新能力

开展重大科技攻关，组织林业科研院所和创新型企业，开展保护地管理等 10 项生态保护修复技术、林业种业等 10 项生态惠民技术攻关。打造重大科技平台，加快建设"一谷一联盟两中心多基地"科研平台集群。培育重大科技团队，设立首席专家制，开展院士、杰出青年、科技创新团队培养工作。

4. 提升文化引领能力

创新生态理论，开展习近平生态文明思想研究，形成具有指导意义的行业理论体系。创新生态文化，创作一批生态文艺作品，建设一批生态文明教育基地，制作一批生态文化宣传片。繁荣生态节会展会，高标准筹备 2019 年北京世园会，高规格举办"爱鸟周"、世界野生动植物日等节庆活动。

B.13

坚定信心　攻坚克难
务实推进长株潭试验区改革建设

湖南省长株潭两型试验区工委、管委会

一　2018年长株潭两型试验区改革成效

2018年，是贯彻落实党的十九大精神的开局之年，是深化长株潭两型试验区第三阶段改革的攻坚之年。一年来，按照省委、省政府的部署要求，充分发挥统筹协调指导职能，坚定信心、攻坚克难，务实推进长株潭两型试验区第三阶段改革、长株潭一体化发展、长株潭生态绿心保护等工作，圆满地完成了各项目标任务。中央改革办（《改革情况交流》第39期）、国家发改委专文（发改经体〔2018〕481号）向全国推介长株潭试验区绿色发展经验。中央环保督察绿心地区问题整改任务基本完成。新华社、《人民日报》、中央电视台等中央主流媒体聚焦报道长株潭一体化，在全国引发强烈反响。

（一）纵深推进长株潭试验区改革，试验区绿色发展经验走向全国

一是全面推介试验区经验。全面总结长株潭试验区绿色发展经验并上报国家发改委，国家发改委专文（发改经体〔2018〕481号）向国务院上报了《关于总结推广长株潭综合配套改革试验区绿色发展经验的报告》。国家发改委于2018年10~11月集中在其官网及"两微一端"（政务微博、政务微信和政务App客户端），发布11期文章，全面推介长株潭试验区经验。中央深改委办公室2018年第39期《改革情况交流》刊载《长株潭综合配套改革试验区积极探索绿色发展之路》，向全国推介长株潭试验区改革经

验。《改革内参》刊发专稿《以两型改革引领绿色发展——来自长株潭两型试验区的探索和实践》。推选试验区经验参与中国经济体制改革杂志社开展的"改革开放40年地方改革创新40案例"征集活动，从600余个案例中脱颖而出，成功入选"40年40案例"。

二是深入落实国家和省定改革试验任务。推进两型改革与生态文明改革等对接融合，将湘发〔2016〕31号文件涉及的2018年各省直部门的重点工作，全部纳入年度全省生态文明改革工作要点。将国家发改委2018年国家综改试验区重点任务明确的7项工作落实到各工作部门，各项任务取得重要进展。指导推动试验区各市出台年度重点任务分解的指导文件，各项试点工作进展良好。

三是自主开展专项体制机制创新。印发《关于做好2016～2018年度改革试点项目实施及总结评估工作的通知》。完成了第三批生态文明改革创新案例评选，面向全省发布推广示范类案例6个、突破类案例9个。加强两型标准编制贯标认证。编制了两型社区、绿色物流规范等标准。部署并务实推动了17个清洁低碳技术推广试点示范项目。深化政府两型采购，完成第六批政府采购两型产品的评审、认定、公示、发布等工作。

（二）积极助推长株潭一体化，长株潭"半小时交通圈、经济圈、生活圈"建设迈出新步伐

一是强化体制机制建设。落实省委常委会议精神和家毫书记指示批示精神，加强长株潭一体化体制机制建设，推动落实"各市轮流坐庄，一年开1～2次会议"的具体要求。10月21日长株潭城市群一体化发展首届联席会议召开，长株潭城市群一体化发展市级合作机制正式建立。11月1日，省委常委会议专题研究推进长株潭城市群一体化发展，长株潭一体化建设进入了新的时期。

二是补充完善"实施意见"。积极做好出台《关于加快推进长株潭一体化建设的实施意见》及系列文件的相关准备工作，并对有关内容进行了补充完善。集中开展长株潭一体化调研工作，向省委省政府提交了《关于长

株潭一体化建设有关情况的汇报》《加快推进长株潭更高质量一体化发展调查与建议》《长株潭一体化建设已经到了关键时刻》等高质量调研报告，为省委、省政府决策部署提供重要参考。

三是推进实施重大项目。积极谋划省委提出的长株潭"半小时交通圈、经济圈、生活圈"，主动参与推进"三干两轨四连线"等交通一体化项目建设。主动与省发改委协调，配合"三干两轨"方案及具体工作的推进。协调推进长株潭绿道网规划和绿心绿道网 1 号线建设。牵头组织长株潭三市实施新开发银行贷款长株潭绿心地区生态综合治理项目，建立省市联席会议制度和工作协调机制，项目建设全面进入实质性推进阶段。其中，"水环境治理"项目技术经验获新开行向金砖五国重点推介。

（三）突出抓好中央环保督察整改，生态绿心保护的力度前所未有

一是深入开展中央环保督察绿心问题整改工作。按月组织调度督查督办，及时掌握进度，督促加快推进整改。截至 2018 年 12 月 31 日，"240 个违法违规项目"已全部完成整改。"551 个工业项目"已退出 539 个。绿心地区采矿权清理工作已经完成。湘潭富力城项目已全部整改。绿心地区自查发现的问题中，"75 个违法违规项目"已全部完成整改。"151 个工业项目"已退出 146 个。除 17 个工业项目（督察指出 12 个、自查发现 5 个）因搬迁重建或治理绿心、恢复生态需要时间长，经省政府研究同意延期至 2019 年底前退出外，其余 1000 个项目均已完成整改退出任务。

二是扎实推进绿心总规修改工作。落实省委、省政府要求和家毫书记批示精神，在保持规划连续性、稳定性的基础上，调优调好绿心总规。先后完成基础资料汇编、五大专题研究报告、总规实施评估、总规修改方案两轮和专家评审、部门审查等工作，12 月 28 日，省委常委会审定通过绿心总规修改方案，现已面向社会公示。经过本轮修改后，绿心总面积增加，生态廊道加强，生态品质提升，三区边界优化，空间管控更严。

三是组织开展绿心条例修改调研论证工作。与省政府发展研究中心成立联合调研组，开展专题调研工作。先后组织省直相关部门代表、部分省人大

代表、政协委员及环保志愿者召开座谈会，听取意见建议，征求对绿心条例修改意见建议。在此基础上，形成绿心条例修改调研论证报告并报省司法厅（省政府法制办），省人大已专题研究并采纳。

四是加强绿心地区日常监测管理和制度建设。组织完成了2018年前三季度"天眼"系统监测核查工作并下发了各季度监测报告，报送省政府办公厅及相关省直单位，督促长株潭三市加大对新增违法违规行为的查处力度。同时，结合绿心地区日常监测管理工作实际，制定出台了《长株潭生态绿心地区保护监测管理办法》《长株潭生态绿心地区保护工作职责分工方案》《长株潭生态绿心地区总体规划实施督察制度》。

（四）主动强化督查评价考核，绿色发展的导向作用更加凸显

一是积极开展中央环保督察省级督办工作。迅速落实中央环保督察组督办单要求，全面进驻株洲开展北欧小镇项目违法违规问题整改专项督办工作，传达整改压力，落实主体责任，督促株洲全面完成项目拆除和复绿工作。

二是配合省人大常委会开展绿心条例实施情况执法检查。2018年6月，配合参与省人大常委会执法检查组，深入调查掌握三市政府及省直相关部门贯彻实施《条例》情况。牵头拟定《关于落实省人大常委会检查〈绿心保护条例〉实施情况报告审议意见的责任分工方案》和《关于绿心保护条例执法检查指出问题的整改方案》，均已印发实施。

三是稳步推进绿色发展评价考核。联合省统计局、省环保厅等部门开展了2016年、2017年全省市州生态文明建设年度评价工作。联合发布2016年市州生态文明建设年度评价结果公报，公布了14个市州绿色发展指数和排名情况，并测算了2017年市州生态文明建设初步结果，为全省绿色发展发挥了积极的导向作用。进一步完善两型目标管理考核，积极衔接将两型建设纳入省绩效考评体系。

（五）深入推进两型宣传教育，营造了共注试验区建设的良好氛围

一是推动两型示范创建工作提质升级。严格按照两型标准，对各市推荐

申报的 2018 年省级两型示范单位（项目）进行了现场踏勘评审，最终遴选出 2018 年省级两型示范单位（项目）29 个，涵盖村庄、社区、学校、景区、小城镇等 5 个领域，并发文通报。

二是全方位宣传两型成果。围绕改革开放 40 周年暨长株潭试验区改革方案获批十周年开展主题宣传，央媒刊发湖南两型社会和生态文明改革建设等宣传报道近 40 篇。特别是聚焦长株潭一体化建设，刊发了《"1＋1＋1＞3"湖南长株潭城市群一体化发展启示录》《长株潭城市群一体化建设十年中部崛起新高地》《湖南：三城起舞　协同发展》等十余篇报道，掀起了长株潭一体化的新热潮。"两型湖南"微信公众号开通运维，点击量超过一万五千次。

三是全面完成两型规划展示馆升级改造。按照"以长株潭为核心，以两型社会和生态文明建设为主线，全面展示湖南省经济、社会发展的新形象"的目标定位，高起点规划、高标准建设，依法依规完成升级改造各项工作，现已开馆试运行，全新的展示效果得到社会各界的一致好评。

二　2019年长株潭试验区改革建设重点

2019 年是贯彻落实党的十九大精神的关键之年，也是全面完成试验区改革建设任务的冲刺之年，对标试验区第三阶段目标任务，结合工作实际，重点抓好以下几个方面的工作。

一是圆满完成机构改革任务。在省委、省政府的坚强领导下，圆满完成机构改革任务。

二是全面冲刺国家综合配套改革试验任务。对照国务院批准的试验区改革方案，攻坚克难、查漏补缺、创新探索。推动落实国家综改年度重点任务和湘发 31 号文件年度重点工作，扎实开展湖南省第四批生态文明改革创新案例评选，深入推进清洁低碳技术推广和标准化建设，继续开展试验区绿色发展评价，在全省全面推广试验区绿色发展经验，努力为全省、全国高质量发展和生态文明改革发挥引领示范作用。

　　三是做好长株潭一体化相关工作。落实省委常委会议精神和家毫书记指示精神，在规划、交通、产业、环保、公共服务等重点领域加大推进力度。建立完善利益共享、风险共担的管理机制和投入、运营机制，充分调动长株潭三市的积极性和内生动力，加快推动"三干""两轨"等交通一体化项目建设，着力构建城外联通、城内便捷的长株潭一体化综合交通网络，加速形成长株潭城市群"半小时经济圈""半小时生活圈"。

　　四是加大长株潭生态绿心保护力度。全面完成中央环保督察反馈绿心地区问题整改后续工作，按要求抓好延期项目的整改退出工作。加快推进绿心总规批准实施，加强规划编制与实施管理工作。推进绿心保护工作及制度落地，加紧出台《长株潭生态绿心地区保护建设项目准入管理暂行办法》，不断完善绿心保护制度体系。

　　五是切实加强两型宣传教育。聚焦长株潭开展主题宣传，推动两型示范创建提质升级。持续优化两型规划展示馆展示效果，努力打造成为展示湖南经济社会和生态文明建设的重要窗口和交流平台。

区 域 篇

Regional Reports

B.14
长沙市2018～2019年两型社会
与生态文明建设报告

长沙市人民政府

2018年，在湖南省委、省政府的坚强领导和省两型委的精心指导下，长沙深入学习贯彻习近平新时代中国特色社会主义思想和党的十九大精神，坚持共建两型长沙，共享生态文明，纵深推进两型综合配套改革、稳步推进资源节约集约利用、强力推进生态环境改善、大力推动绿色创新发展，长沙两型社会与生态文明建设的举措更加有力、成效更加凸显、成果更加惠民。

一 2018年两型社会与生态文明建设情况

（一）统筹协调，深入推进，两型改革影响更加突出

纵深协调推进两型社会改革，一大批改革事项、经验成果、惠民举措领

跑全省、影响全国。

一是面上改革成果丰硕。完成43项两型改革年度目标任务，形成了一系列有探索、有成效、有影响的改革经验。宁乡市畜禽养殖污染强制性第三方治理等3个案例获评全省第三批生态文明改革创新案例、土地二级市场转让网上挂牌交易等改革试点成果入选国家相关部委典型案例。

二是两型认证推向全国。持续深化景区、机关、村庄、企业等领域两型标准认证制度改革，率先在全省开展两型小学标准实施与认证。全年共计推动150多个试点单位开展对标贯标，新增70多家单位通过两型认证，是2017年的1.5倍，获国家发改委充分肯定，在《改革内参》《中国改革网》等平台刊发长沙两型认证工作经验材料。

三是油烟治理广受好评。牵头推进全市老旧小区居民家庭餐厨油烟净化治理，全年完成治理8.8万户，其中主城区8万户、长望浏宁各试点2000户。着力完善宣传发动、统筹指导、质量监管、调度通报、废油回收、资金保障等规范长效的工作机制，组织开展现场观摩和经验交流多次，近三年累计完成11.8万户，有效地降低了空气污染、改善了社区环境、破解了建筑外墙立面"油鼻涕"反复污染难题，受到基层和群众的热烈欢迎。

四是生态补偿实效突出。组织开展2017年绿心地区生态补偿资金使用情况督查，确保资金补偿到位。天心区、雨花区、岳麓区制定出台绿心生态补偿实施方案，完成绿心地区2018年度生态评估，市、区两级财政安排生态补偿资金3891万元，对6个乡镇（街道）和20万名群众进行系统补偿，有力地调动了绿心地区基层政府和人民群众爱绿护绿的积极性。

（二）综合施策，精准发力，资源节约效果更加明显

深入改革节地、节能、节水、节材等体制机制，坚持以较低的资源消耗水平推动经济社会绿色、低碳、循环发展。

一是深入推进节约用地。实施建设用地总量与强度"双控"行动，强化土地开发利用强度和效益考核。构建人地挂钩机制，出台《长沙市城镇建设用地增加规模同吸纳农业转移人口落户数量挂钩机制实施方案》，有

效推进新型城镇化健康可持续发展和农村土地资源集约利用。推进增减挂钩和"空心房"整治，全市经批复实施城乡建设用地增减挂钩 13919 亩，与贫困县达成精准扶贫增减挂钩项目协议 32 个，可流转耕地 14230 亩，清理整治"一户多宅""空心房"1.92 万户、306 万平方米。完善建设用地定额标准和土地有偿使用制度，规范开发园区工业项目用地的投资强度、产出效益、容积率、绿地率等准入标准，规范土地交易行为，促进房地产市场健康发展。激活建设用地二级市场，长沙建设用地使用权转让、出租、抵押二级市场试点于 2018 年 9 月顺利通过验收。探索自然资源确权登记工作机制，浏阳市自然资源统一确权登记试点于 2018 年 7 月顺利通过国家部委验收。

二是深入推进节约用能。建立健全节能与低碳能源管理制度，完善"十三五"能耗总量和强度"双控"目标责任评价考核体系。推进新能源发展，拨付市级分布式光伏发电项目补贴资金共计 1290.63 万元，惠及企业及个人项目 1613 个，新增装机规模合计 139.32 兆瓦。加快节能低碳技术和产品的推广普及，打造了一批节能改造、资源循环利用典型案例。实施能效领跑者制度，将固定资产投资项目节能评估、节能审查事项全部归集行政审批处办理。推广合同能源管理，印发《长沙市公共机构合同能源管理暂行办法》，推动合同能源管理工作在全市公共机构开展。

三是深入推进节约用水。加强计划用水管理，对全市 1590 家非居民用水户下达了计划用水指标。地下综合管廊试点通过国家验收，对老旧管网进行提质改造，全市管网漏损率逐年降低，符合节水型城市建设标准。推动海绵城市建设，大力推动望城区海绵城市试点建设，完成 14 个海绵城市建设示范项目。完善引导社会资本参与海绵城市项目建设机制，PPP 项目圭塘河井塘段城市"双修"及海绵城市建设示范公园项目已开工。

四是深入推进节约用材。加强循环经济制度建设，强化建筑节能，全市竣工验收的新建民用节能建筑面积达 2018.28 万平方米，新建建筑设计和施工阶段建筑节能标准执行率为 100%。推广绿色建筑，市区新建建筑中绿色建筑项目总面积为 1151 万平方米，占新建建筑比例达 59.96%。继续推广可再生能源建筑应用，新增可再生能源建筑应用项目60个，建筑应用面积达141万平方米。

（三）保护优先，综合治理，生态环境品质更加优良

坚持以习近平生态文明思想为指导，全面打响蓝天、碧水、净土三大保卫战，还老百姓蓝天白云、清水绿岸、鸟语花香。

一是环境治理扎实有效。坚决打好污染防治攻坚战，积极应对中央环保督察、省级环保督察和中央生态环保督察"回头看"三场大考，狠抓交办问题整改，"蓝天保卫战"首战告捷，实施"六控""十严禁"综合措施，推动城区规模以上施工工地实现扬尘在线监测全覆盖，率先全国推行盾构土环保处置，控尘效果显著；倡导绿色出行，查处高排放机动车3万余辆，新增纯电动公交车957辆；完成餐饮单位油烟净化9650家、家庭餐厨油烟净化8.8万户；平稳有序退出绿心保护区工业企业516家；狠抓黑臭水体整治，全市24处黑臭水体治理通过国家验收，长沙成为全国首批城区黑臭水体治理达标城市；狠抓乡镇污水设施提质改造，新改建乡镇、工业园区污水处理厂15座，整改问题排污口25个，岳麓尾水工程顺利通水。全年空气质量优良天数累计278天，较2017年增加16天，空气质量优良率77.2%（剔除沙尘天气），较2017年提高5.04个百分点；湘江干流长沙段水质优良（达到或优于Ⅲ类）比例达到100%，县级以上集中式饮用水水源地水质达标率100%，浏阳河连续两年实现水质类别提升。

二是生态品质不断提升。全面改善市容市貌，推进生活垃圾强制分类，全市城区生活垃圾减量达到13.37%，加强"数字城管"与网格化管理有机融合，实现主城区清扫保洁全覆盖，拆除违法建筑73万平方米，城区面貌持续改善。开展造绿行动，全市森林覆盖率提升到54.95%，新增城市公园84个，人工造林6.77万亩，退耕还林还湿6285亩。实施乡村振兴战略，深入开展农村环境综合整治和美丽乡村建设，完成全市农村垃圾分类减量50%以上，长沙县农村垃圾分类处置体系全面建立；强力实施农村"五治"工程，完成改厕2.8万座，浏阳市率先全省实现旱厕清零；将16万个小微

水体纳入"河长制"责任体系，打通水环境综合整治最后一公里。

三是绿色交通不断完善。推进公交都市建设，全市现有公交线路213条、轨道交通2条、磁浮交通1条，日均客流量达290余万人次，公共交通站点500米覆盖率达100%，公共交通机动化出行分担率达54%；主城区实现无中巴运营，长沙县实现村村通公交。2018年11月，长沙市成功通过"公交都市建设示范工程"验收并荣获"国家公交都市建设示范城市"称号，基本建成了绿色、低碳、智慧的公交体系。推动低碳绿色交通建设，2018年6月，长沙成为国家首批城市绿色货运配送示范工程创建城市，6家企业成为交通运输部试点单位并通过省部考核，物流业规范化、规模化、集约化水平不断提高。

四是融城发展稳步推进。深入推进长株潭一体化发展，顺利召开长株潭城市群一体化发展联席会，建立常态化、制度化的协调机制。南部片区建设实现亮丽开局，铺排重大项目21个，《长沙南部片区规划纲要》公开发布，人力资源产业园开园。

（四）两型引领、创新驱动，绿色发展动力更加强劲

突出两型引领、创新驱动，不断深化供给侧结构性改革，助力全市经济社会发展更具活力、更有效率、更可持续。

一是园区活力加快释放。湖南湘江新区"三区一高地"格局正加快形成，中国长城等重大项目成功落户，宜家荟聚等项目加快推进，华谊兄弟电影小镇等重点项目建成；开展相对集中行政许可权改革试点，向园区下放市级审批权限28项，基本实现园区事园区办；全年园区规模工业增加值增长10.9%，园区产业蓬勃发展，成为两型社会发展建设的重要支撑。

二是两型产业大力发展。全市现代服务业发展不断加快，规模以上服务业单位达1667家，增长23.8%，全年服务业对经济增长的贡献率达58%，较上年提高1.3个百分点，先进储能材料等产业链产值增幅达到30%以上。全年新签约投资2亿元以上项目178个，蓝思科技黄花基地、健康生态科技产业园、中联智慧产业城等"百亿级"项目加快建设，京东无人车总部、

腾讯、德国大陆、航天科技等一批战略投资项目和企业成功落户。智能制造产业高质量发展，全市国家级智能制造试点示范企业（项目）总数达27个，居全国省会城市第一。

三是创新能力持续提升。始终将科技创新作为两型社会发展建设的核心竞争力，全力推动自主创新、鼓励发展高新技术、高新企业，2018年全市高新技术企业突破2300家，高新技术产业总产值增长9.26%。积极落实国家自主创新示范区相关政策，确保政策覆盖省级以上园区，全年研究与试验发展经费支出占地区生产总值的比重达2.6%，新建院士专家工作站17家。大力创建质量强市示范城市，获批创建国家知识产权强市，万人有效发明专利拥有量29.6件，居中部省会之首，知识产权保护中心率先全国运营，湖南湘江新区专利大数据平台上线运行。

（五）创新载体，多元参与，共建共享氛围更加浓厚

着力健全参与机制、拓展载体平台，构建典型引领带动、公众广泛参与的宣传引导体系，全面提升了两型社会和生态文明建设的影响覆盖面和社会参与度。

一是两型示范创建走在前列。持续推进社区、村庄、学校、机关、企业、家庭等6类两型示范创建，2018年获评省级两型示范单位6家，新培育市级两型示范单位15家、两型创建单位100家，全市省级和市级两型示范创建单位累计达到1000家以上，成为走在前列、可看易学的两型示范样本。

二是两型宣教基地积极拓展。以"有阵地、有作品、有队伍、有活动、有成效"为目标，提质岳麓区恒华两型宣教基地，突出科普性、互动性和体验性，引进蓝天保卫战模拟机、清洁能源模型及VR情境模拟器等，定期举办两型主题活动，向社区居民免费开放；新建雨花区田心桥村、长沙县梨江社区等2家宣教基地，省、市级两型宣教基地达7家，成为百姓家门口的两型示范窗口、公众参与平台。

三是两型社会组织蓬勃发展。完善社会组织参与两型项目申报、遴选、

扶持、管理等工作机制，公开招募两型类社会组织 8 家，合作开展"美丽两型课堂""挎起菜篮子、减塑我先行""垃圾分类进社区"等主题活动 50 多场，充分发挥了引导群众参与两型建设的桥梁和纽带作用。优化两型公益宣讲团队，组织宣讲员以两型社会和蓝天保卫战为主题，深入基层义务开展宣讲 110 场，打通了两型理念传播"最后一公里"。

四是两型宣传教育深入人心。在《长沙晚报》《长沙通讯》开设两型宣传专栏；新设计一批动漫两型公益广告海报，在长沙公共自行车租赁系统站点投放近 500 幅；提升"长沙两型"微信公众号服务质量，全年共向 2 万用户推送两型资讯 200 多条；在中央和省、市媒体（刊物）刊发两型宣传报道 300 多篇，深度推介了一大批长沙两型工作亮点，获评全省两型好新闻宣传策划奖。

二 2019年工作计划

2019 年是中华人民共和国成立 70 周年，是决胜全面建成小康社会的关键之年，也是长株潭两型改革试验区第三阶段工作持续深化之年。全市两型工作的总体要求是：以习近平新时代中国特色社会主义思想为指导，认真贯彻党的十九大精神，坚持以供给侧结构性改革为主线，积极推动经济社会高质量发展，突出改革攻坚、产业发展、两型惠民、公众参与，着力加强环境治理、促进绿色发展，纵深推动两型社会和生态文明建设再上新台阶，全力建设人与自然和谐共生的美丽长沙。

（一）强力推进两型改革纵深突破

加强统筹协调，纵深推进两型综合配套改革，充分发挥两型改革在经济社会发展中的引领、带动、示范作用，加大力度推进重点改革。加快建立健全自然资源资产产权制度、生态保护与生态安全管理制度、生态补偿制度、耕地河湖休养生息制度；进一步完善节能节地机制、绿色建筑推广机制、环境污染第三方治理机制和农村环保自治机制；开展绿色发展评价，实施生态文明建设目标考核；健全两型社会建设和生态文明建设公众参与机制；开展自然资源资产和生态环境保护责任审计；全面推行两型认证制度，认证一批两型示范村庄、社区、小学、企业和旅游景区，建立两型认证配套支持政策。

（二）强力推进资源集约节约利用

继续深化建设用地总量与强度"双控"，强化约束性指标管理；加强土地利用的规划管控、市场调节、标准控制、评价促进和考核监管，推广应用节地技术和节地模式，努力降低经济社会发展的资源消耗；围绕实施乡村振兴战略，全面总结浏阳农村宅基地制度改革、土地征收制度改革、农村集体经营性建设用地入市三项改革试点经验，充分释放农村土地活力和改革红利；总结提炼建设用地使用权转让、出租、抵押二级市场试点工作经验，进一步完善和规范土地二级市场运行机制；继续推进自然资源统一确权登记工作，为统一行使全民所有自然资源资产所有者职责奠定基础；加快工业企业自愿性清洁生产审核，推进工业节能与资源综合利用；制定实施全市节能年度计划，全面推进各行业领域节能降耗；编制公布一批节能技术和低碳产品推荐目录，引导用能单位采用先进节能新工艺、新技术和新设备；推动天然气、水源、地热源、光伏等分布式能源项目建设。落实最严格水资源管理制度，推进高耗水企业节水改造和工业废水处理回用技术应用等工作。推进国家循环经济示范城市建设，加快园区循环化改造和再制造产业发展；加快推进建筑垃圾资源化利用。推进绿色建筑发展，不断提升建筑节能水平，推广可再生能源建筑应用，切实做好建筑垃圾治理试点城市建设。

（三）强力推进两型产业健康发展

以智能制造引领制造业高质量发展，培育竞争力强、绿色发展水平高的两型产业联盟。着力发展新经济、培育新动能，大力发展人工智能、功能材料等高新技术产业，为两型社会建设提供绿色产业支撑。强化产业定位，推进绿色园区建设，强化简政放权，做到应放尽放，进一步释放园区发展活力。

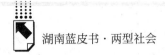

（四）强力推进环境治理全面攻坚

强力推进中央生态环保督察"回头看"和省级环保督察反馈问题整改，坚决打好蓝天、碧水、净土、静音四大保卫战。以"六控十严禁"为抓手，加大科学治霾力度，重点加强扬尘、餐饮油烟、机动车排放等大气污染防治，完成社区家庭餐厨油烟治理 6 万户以上，全年空气质量优良率达到78%以上；以落实"河（湖）长制"为抓手，推动湘江保护与治理"一号重点工程"纵深发展，持续加强"一江六河"综合整治，开展河湖"清四乱"等专项整治行动，加强乡镇黑臭水体治理和乡镇污水处理厂运营管理，扩容提标金霞等 5 个污水处理厂，建成运营苏圫垸等污水处理厂；强化土壤污染管控和修复，加快黑麋峰环保主题公园建设；重点加强交通等噪声治理，积极回应群众诉求。严格绿心地区项目准入，完成剩余工业企业（项目）退出，推进绿心地区生态修复。

（五）强力推进融合发展提速提质

加快推进长株潭一体化，全面落实联席会议制度，办好"三干两轨""一卡通"等 20 项合作实事。围绕建设长株潭融城核心区、城市群生态绿心样板区、全国两型发展示范区，全面推进南部片区建设，推进"2 + 7 + N"的规划体系编制，争取 2019 年 6 月底前完成全部专项规划和专题研究；全面提速项目建设，以牛角塘—中信新城、金屏两个起步区项目建设为重点，统筹推动片区重大基础设施、产业发展、公共服务、生态环境项目见成效、出形象；着力推进招商引资，出台产业招商实施细则，重点推进牛角塘、金屏起步区招商工作，完成 40 家以上投资客商对接；推动设立南部片区建设管理机构和开发载体，出台南部片区管理办法，着力构建架构科学、责任明晰、推进有力的开发建设运行机制。

（六）强力推进两型理念深入人心

着力推动两型宣传参与平台更加坚实、内容更加出彩、影响更加广泛，构筑共建生态文明、共享两型社会的浓厚氛围。持续推进两型示范创建，组织实施社区、村庄、学校、企业、机关、家庭等6类两型示范单位创建，打造特色突出、可看易学的示范典型。支持发展培育各具特色的两型社会组织，完善两型公益宣讲工作运行机制，打造高素质宣讲团队，打造两型公益宣讲精品课程，在社区、村庄、学校、企业、机关等开展宣讲。推进两型宣教基地提质升级，实现各区县市全覆盖。丰富"两型宣传月"活动形式，通过全市统一部署、区县市自主实施的方式，集中组织开展一批两型主题宣传活动。加强两型工作总结推介，开设一批媒体宣传专栏，在中央、省、市主流媒体宣传展示长沙两型社会和生态文明建设工作亮点。

B.15
坚持生态优先绿色发展
厚植株洲高质量发展新优势

——株洲市 2018～2019 年两型社会与生态文明建设报告

毛腾飞*

2018 年，株洲坚持以习近平新时代中国特色社会主义思想为指引，牢固树立和践行"绿水青山就是金山银山"理念，坚持生态优先、绿色发展，不搞大开发、共抓大保护，两型社会综合配套改革试验区建设取得了一些突破性进展、标志性成果，为高质量发展厚植了新优势，为湖南两型建设做出了新贡献。成功创建国家水生态文明城市，土地节约集约利用工作获国务院通报表扬，生态文明体制改革经验全国推广，株洲湘江风光带景区获评国家水利风景区，万丰湖入选全省 30 个美丽河湖。一年来，主要做了以下工作。

一 以"中国动力谷"建设为引领培育新动能，
构建绿色产业体系

建设两型社会最关键的是发展两型产业，建设生态文明最核心的是发展绿色产业。株洲聚焦打造"中国动力谷"，深入开展产业项目建设年活动，大力发展以"3＋5＋2"产业为重点的两型产业、绿色产业，在构建现代经济产业体系中加快产业绿色转型。"中国动力谷"成为中国制造的新名片，十大产业总产值增长 16%，占全市规模工业比重 72%，挺起了产业发展的

---

* 毛腾飞，中共株洲市委书记、市人大常委会主任。

脊梁，成为绿色转型的支柱。

一是突出集聚发展，优先发展优势产业。充分发挥株洲集火车动力、飞机动力、汽车动力于一身的优势，聚焦15个工业新兴优势产业链，建立一个产业链、一个规划、一套政策、一批项目、一套班子等"十个一"机制，实行链长责任制，绘制产业链全景图，明确强链、补链、延链重点环节，重点培育与动力产业高度配套的电子信息、新材料、新能源、节能环保产业，大力发展现代农业、生物医药与食品产业，带动绿色要素高度聚集。2018年，高新技术产业增加值突破500亿元，占规模工业增加值比重超过60%。轨道交通、航空、新能源汽车本地配套率分别达70%、30%和40%以上。

二是突出推陈出新，加快传统产业改造升级。深入推进供给侧结构性改革，一手抓落后产能淘汰，在2017年关闭464家企业的基础上又新关停近200家，烟花爆竹企业从410家减少至230家，钢铁行业实现整体退出，原煤、冶炼等产量同比下降3.8%、13.4%；一手抓优势传统产业改造，引导企业运用新工艺、新技术、新装备技改扩能，加快陶瓷、服饰、烟花等传统优势产业转型发展，推广绿色生产方式，推进清洁生产审核全覆盖，促进生产清洁化、低碳化、高效化。全球首条烟花鞭炮自动化生产线建成投产，株洲硬质合金集团已成为世界行业两强之一，醴陵陶瓷产业年产值逾600亿元，电瓷产量占全球的1/3，服饰产业正向千亿元产业集群挺进，传统产业破茧成蝶，重新焕发新的活力。

三是突出协同创新，提高产业核心竞争力。以国家自主创新示范区、国家创新驱动城市建设为抓手，大力实施创新驱动战略，统筹推进技术创新、人才创新、产品创新，R&D占GDP比重由2017年的2.3%提高到2.6%，成功获批国家创新型城市，城市创新竞争力跻身全国百强、全省第二。建成了一批创新平台，全市省级以上技术创新平台达到200家，其中国家级35家，建成国创轨道、国芯科技等制造业创新中心，全省首家军民融合公共服务平台上线运营。引进了一批创新人才，实施"万民人才计划""科技领军人才计划"，探索"院士＋创新基地＋引导基金＋产业基地"模式，吸引了70多名院士和200多名国家人才计划专家来株创业，在孵高端创新项目达

70 多个。突破了一批核心技术，世界首列中低速磁悬浮列车成功投入运行，全国首列商用磁浮 2.0 版列车、全球首个生物医药多肽库等一批重大科技成果在株洲问世，"复兴号"高铁、AG600 大型水陆两栖飞机、港珠澳大桥等大国重器闪耀着株洲元素。

二 以清水塘老工业区搬迁改造为重点破旧立新，腾出绿色发展空间

以决战决胜的状态，统筹推进清水塘老工业区搬迁转型、土地收储、人员安置、污染治理、新城建设等工作。株冶集团最后一座运行的冶炼炉——基夫赛特炉熄火关停，标志着清水塘老工业区企业全部关停退出，标志着以壮士断腕的意志推进清水塘"凤凰涅槃、浴火重生"实现重大突破，标志着省委、省政府提出的清水塘"一年初见成效、三年大见成效"的目标圆满实现，为绿色发展腾出了新的空间。

一是坚持关停与污染治理相结合，彻底消除污染根源。坚持不要带污、带毒的 GDP，综合运用经济、法律和行政的手段，大刀阔斧关停污染企业，探索出了一条"收储 + 奖补 + 要素支持"的新路子，261 家企业全部关停退出到位。同时，同步推进搬迁企业和区域存量污染治理，完成株化、昊华、海利等大中型企业残渣废液处置，完成了大湖、霞湾港、废渣综合治理等一批项目，基本解决了清水塘老工业区厂区外历史遗留的污染水体、废渣等问题，大力推进 8.48 平方公里非企业场地土壤治理项目。曾经"五颜六色"的污水回归了本清，曾经老远闻到的刺鼻味道一去不复返，湘江霞湾段水质由国家Ⅲ类提升到国家Ⅱ类，成功退出重金属污染重点防控区。

二是坚持搬迁与改造提升相结合，大力推进转移转型。清水塘老工业区的搬迁改造不是简单的一关了之、一停了之，关停退出是为了更好、更高质量的发展。出台优惠政策，通过就近安排进园区、支持搬迁外地、鼓励应用新技术新装备新工艺等方式，引导企业转移转型。一大批企业通过搬迁改造，技术更新了、污染减少了、效益更高了。目前，有 51 家企业在市内相

关园区选址落户，10家企业转移到外地发展，其中54家转移转型企业已建成投产。如株冶关停后，在衡阳水口山建成了"国内第一、世界一流"的铜铅锌绿色冶炼产业示范基地，采用了一系列行业领先技术，实现工业废水零排放、废气二氧化硫为国家排放标准的1/5、废渣实现有价金属回收和尾渣无害化综合利用。旗滨玻璃通过绿色搬迁、工艺改进，削减二氧化硫排放55.7%、氮氧化物排放26.1%，玻璃年产量由5000万重箱上升到1亿重箱，产品全面提升为新型节能玻璃，成为湖南最大的玻璃深加工中心，中部地区品种最全、品质最高、技术最先进的节能环保玻璃生产基地。

三是坚持搬迁与发展替代产业相结合，大力建设生态新城。坚持"有进有出、有退有留"，着力加强产业导入，避免因搬迁改造而出现产业空地、经济空白的现象。在编制好战略规划的基础上，引进了中交三航局等战略合作者，全面铺开"一桥一塘三路"为重点的基础设施建设，大力发展科技创新服务业、工业文化旅游休闲业、口岸经济三大替代产业，合作开发建设生态科技新城，启动了清水塘环湖产业园、清水塘工业遗址公园建设，建成铜塘湾保税物流园区（B型）、铁路口岸物流中心2个具备保税物流功能的项目，湘欧快线株洲始发列车即将开通，带动现代产业加速导入。

三　以"四战两行动"为抓手防污治污，
筑牢绿色发展根基

坚持源头防控抓治理、聚焦重点攻难关、创新机制聚合力，部署推进蓝天保卫战、碧水攻坚战、净土持久战、清水塘老工业区搬迁改造攻坚战和国土绿化行动、农村人居环境整治行动等"四战两行动"，生态环境质量不断改善，绿色发展基础得到夯实。

一是瞄准重点领域，全力打好碧水蓝天净土攻坚战。铁腕治水，全面完成湘江保护和治理第二个三年行动任务，实施水污染防治项目165个，基本完成凿石港、陈埠港等黑臭水体整治，建成10个工业园区污水集中处理设施及配套管网，饮用水水源保护区网箱养鱼全部退出，饮用水水源地水质达

标率100%。精准治气，突出控煤、控气、控车、控尘、控烧，实施脱硫脱硝升级改造项目4个，完成挥发性有机物治理项目8个，全面淘汰木材行业燃煤锅炉，整治工地305个。科学治土，完成种植结构调整29.2万亩，修复治理重金属污染耕地4万亩，休耕16.3万亩，市区污染地块安全利用率和污泥无害化处置率分别达到90%和95%。

二是着眼全域覆盖，大力开展生态修复和城市修补。实施"绿盾2018"和国土绿化行动，新造林17万亩，绿心地区工业企业全面退出；实施水土保持工程，综合治理水土流失面积2400公顷；实施湿地保护工程，大力开展退耕还林还湿试点，建立湿地总量管理、分级管控、占补平衡机制，湿地保护率提高2.9个百分点。大力实施海绵城市建设、城市地下综合管廊建设、绿色建筑推广等工程，建成3条地下综合管廊，新开工绿色建筑面积170万平方米，绿色建筑占新开工民用建筑比例达58%。2018年，市区空气质量优良天数288天，较上年增加16天，湘江株洲段水质保持Ⅱ类标准，绿色发展综合指数居全省第三。

三是坚持问题导向，强力推进环保督察整改。直面督查发现的问题，做到真认账、真反思、真整改，对反映的重大问题实行清单管理，做到"按期交账、定期查账、据实销账"，高标准抓好中央、省环保督察组反馈问题整改和中央环保督察"回头看"交办信访件办理工作，采取果断措施妥善处理了北欧小镇等敏感问题。同时，举一反三，全面开展问题排查整改，开展了第一轮市级环保督察，加大环境执法力度，查处了一批环境污染案件，关停了一批污染企业。

四　以城乡融合为着力点促进区域协调，优化绿色发展布局

落实协调发展理念，坚持规划、交通、产业、环境、民生、信用建设"六个一体化"，统筹长株潭城市群、新型城镇化综合试点和乡村振兴各项政策措施，构建城乡一体的绿色发展布局。

一是主动融入长株潭城市群。与长沙、湘潭共同召开了首届联席会议，建立了一体化合作机制和联席会议制度，加大规划、交通、产业、环保和公共服务等领域合作力度，明确了重点任务，加快推进牵头的 4 项工作，"交通一卡通"在长株潭全面推行，建立了三市大气联防联控机制。

二是纵深推进国家新型城镇化综合试点。渌口区正式挂牌成立，市区面积由 800 多平方公里扩大到近 2000 平方公里，为市区释放发展潜能提供了战略空间，区域协调发展释放了"倍数效应"。"株醴融城"步伐加快，莲易高速公路改扩建工程建成通车、东城大道即将竣工通车，醴娄高速即将开建。加快建设城乡基础设施"五张网"，推进城区"五大行动"，湘江株洲航电枢纽二线船闸通航，建设"四好农村路"285 公里，整修五小水利 228 处，20 个特色镇实现燃气全覆盖，改造新建 55 条支路和小街小巷，完成老旧小区专项整治 13 个。

三是"三位一体"推进乡村振兴、农村人居环境整治、巩固脱贫工作。大力发展现代农业、生态农业、休闲农业和乡村旅游，扎实推进现代农业特色产业集聚区建设，第一产业增加值在一类市州中排名第 1，创建省级美丽乡村示范村 4 个、现代农业特色产业园省级示范园 4 家；大力推进农村人居环境整治三年行动，完成 250 个村的农村环境综合整治，治理规模养殖场污染 18 个，行政村生活垃圾治理率达 90% 以上，创建省级美丽乡村示范村 4 个、市级示范村 25 个。茶陵、炎陵两个国贫县成功脱贫摘帽，全市实现了整体脱贫，并同步全面小康，告别了几千年的绝对贫困。

五　以生态文明体制改革为关键构建长效机制，强化绿色发展保障

把改革作为破解发展掣肘、推进绿色低碳循环发展的关键，扛起改革试验区的责任担当，大力推进体制机制创新，为绿色发展提供坚实的制度保障。

一是完善生态环境治理机制。进一步健全完善大环保格局，落实环境保

护行政执法与刑事司法衔接制度，组建了 7 个河长办检察联络室、14 个生态环境资源员额检察官办案组，实现了市、县两级检察机关生态检察职能配置全覆盖，全年环保立案 164 件，处罚金额达 920 多万元，刑事拘留 19 人。制定出台了《株洲市生态环境损害赔偿制度改革实施方案》，成立了全省首家第三方环境损害司法鉴定机构。

二是健全资源节约集约利用制度。改革工业用地供应方式，大力推行"差别地价"，建立园区节约集约用地评价考核机制，根据考核评价结果分配用地指标，积极盘活闲置土地和低效工业用地，土地节约集约利用水平大幅提升，全市单位 GDP 建设用地面积下降 6.61%。建立最严格水资源管理制度考核体系，实施非居超计划、超定额加价制度，全面推行水价改革和水权制度改革，国家水生态文明城市试点高分通过验收，单位 GDP 用水量同比下降 15.8%。全面启动国家低碳试点城市创建，实行能源消费总量和强度目标双控，大力发展风能发电、光伏发电，非化石能源占一次能源消费比重达 11.5%，提高 1.2 个百分点。

三是构建环保考核和责任追究体系。建立绿色发展评价机制，出台了《生态文明建设目标评价考核办法》，配套制定了绿色发展指标体系和考核目标体系，每年定期发布生态文明评价报告，对各县市区绿色发展情况进行评比公示，根据评价结果开展考核，并将考核结果纳入市绩效考评体系，严格结果运用，从严追究责任。四是全面落实全民参与机制。制作两型公益宣传片，编写两型知识市民读本、生态宣传小手册等，遴选招募两型宣讲员、社会公益组织，开展两型大宣讲，推进两型知识进课堂、进家庭、进头脑，培育生态文明道德。充分利用广播电视、网络平台等媒体，传播高质量发展好声音，讲好绿色发展好故事。深入开展"十进十四"两型创建活动，有 1 个学校、3 个村庄获评省级两型示范单位，认证了 4 个省级两型村庄、2 个省级两型企业。

2019 年是两型社会综合配套改革的决战决胜之年。株洲将全面贯彻习近平总书记考察湖南重要指示精神和长江经济带发展座谈会、全国生态环境保护大会上的重要讲话精神，坚决落实省委、省政府决策部署，大力实施

《关于坚持生态优先绿色发展在落实长江经济带发展战略三年行动计划》，纵深推进两型社会和生态文明建设，在建设生态更优美、交通更顺畅、经济更协调、市场更统一、机制更科学的长江经济带中彰显株洲新作为，在湖南推进绿色转型发展上发挥示范作用。

一是坚定不移打好污染防治攻坚战，全力守护好蓝天碧水净土。注重从生态系统整体性出发，坚持问题导向，深入推进长江经济带"共抓大保护"攻坚行动，启动湘江保护和治理第三个三年行动计划，持续打好蓝天保卫战、碧水攻坚战、净土持久战、清水塘老工业区搬迁改造攻坚战，推进国土绿化行动和农村人居环境整治行动，统筹推进山水林田湖草系统治理，让自然生态美景永驻株洲大地，让绿色成为株洲最鲜明的底色。

二是坚定不移构建绿色产业体系，加快打通绿水青山转化为金山银山的通道。正确把握生态环境和产业发展的关系，围绕建设"株洲·中国动力谷"，加快打造创新发展、开放发展和人才集聚三大高地，深入推进供给侧结构性改革，坚持破、立、降并举，大力发展绿色制造业、现代服务业、生态农业，坚决淘汰落后产能，推进传统产业智能化、清洁化改造，按照产业化规律推动生态建设、提供生态产品，促进生态要素向生产要素、生态财富向物质财富转变，加快推进产业生态化和生态产业化。

三是坚定不移深化生态文明体制改革，以健全的制度机制护航绿色株洲建设。创新生态环境监管体制，充分发挥市场机制作用，推进合同环境服务、环境污染第三方治理、绿色金融等模式，健全自然资源资产产权制度、生态补偿制度、排污权交易制度、资源消耗总量与强度双控制度等资源节约集约利用机制，大力弘扬绿色生态文化，持续开展"十进十四社会单元"两型示范创建活动，完善公众参与机制，加快健全生态文明制度体系。

B.16

践行生态理念　打造绿色名片
高质量推动"美丽湘潭"建设

——湘潭市 2018~2019 年两型社会与生态文明建设报告

曹炯芳[*]

作为长株潭城市群两型社会建设综合配套改革试验区，湘潭坚持把两型社会建设作为一项基础性、长期性的重点工作来抓，走过了十年的"中长跑"，取得了靓丽的"成绩单"，在树牢两型理念、打造两型品牌、培育两型产业、深化两型治理、健全两型机制等方面走得很充实、干得很出彩，湘潭的城市"颜值""气质"明显提升，人民的获得感幸福感稳步增强。

一　两型社会与生态文明建设的主要成效

2018 年，全市上下认真学习贯彻习近平总书记两次在长江经济带发展座谈会上的重要讲话精神，坚定不移走生态优先、绿色发展之路，高标准、严要求、系统化推进两型社会与生态文明建设，"美丽湘潭"建设迈出实质性步伐、取得阶段性成效。

（一）更加自觉地扛起政治责任，在践行绿色发展理念中彰显了湘潭担当

坚决扛起"共抓大保护、不搞大开发"的政治责任，高度重视、高位

---

* 曹炯芳，中共湘潭市委书记、市人大常委会主任。

推动两型工作，共召开市级两型工作专题推进会 30 余次，着力推动"生态优先、绿色发展"理念落实落地。

一是高水平谋划"美丽湘潭"建设。按照省委十一届五次全会决议精神要求，从思想自觉、污染防治、绿色发展、工作保障等四个方面，高水平谋划"美丽湘潭"建设，在全省率先出台《中共湘潭市委关于在深入实施长江经济带发展战略中高质量推动"美丽湘潭"建设的决议》，搭起了"美丽湘潭"建设的总框架，有效推动习近平总书记"守护好一江碧水"重要指示落到实处。

二是高标准抓好环保督察整改。坚持把环保督察整改作为政治任务抓紧抓实，突出问题导向，压实整改责任，全力推进环保督察反馈问题整改。目前，除岳塘区华任建材有限公司作为环保企业延期退出外，54 个违法违规项目已全部申报整改到位，47 个工业项目已全部申报关停退出，得到了中央环保督察组和省两型委的高度肯定。积极落实家毫书记、达哲省长关于"绿心保护与整改"指示精神，对违法违规行动、乱砍滥伐森林资源和擅自超面积修建私家别墅行为进行自查自纠，共查出违法违规项目 24 个、工业退出项目 8 个，除 4 个违法违规项目、1 个工业退出项目申请延期外，其他均已整改到位。

三是高质量推动产业转型升级。扎实开展"产业项目建设年"活动，舍弗勒、湘钢技改等 46 个项目入选省"五个 100"工程，5 个项目进入省"五个 100"优秀项目名单，装备制造业、军民融合产业、汽车产业产值分别达到 800 亿元、420 亿元和 600 亿元，"1+4"特色产业规模工业增加值占比达到 73%，产业转型升级经验受到国务院第五次大督查通报表扬，"三长"联动工作机制在国务院大督查专刊推介。

（二）更加自觉地抓好重点改革，在推动两型社会改革中展现了湘潭作为

始终把改革作为推动两型社会建设的关键一招，以改革破难题，靠改革激活力，着力推动两型社会改革阔步前行。

一是抓改革任务落地。围绕省"一改一化一保护"工作思路和决战三年要求，把全局性、系统性的重点改革列入市委全面深化改革年度工作要点和市政府督查工作重点内容，突出跟踪问效，强化督办落实，43大项改革、79个子项改革稳步推进，河长制改革、城市综合管廊建设机制、城乡环境同治机制等改革均取得了较好的成效。其中，湘潭水府庙跨界流域综合治理改革经验在国家发改委和中国改革网高层推介，全省首创微信巡查举报平台"指尖上的智慧治水"作为创新典型受到省政府通报表扬，湘潭县畜禽粪污资源化利用改革被列为省级改革试点项目。

二是抓体制机制创新。出台《关于健全生态保护补偿机制实施意见》《湘潭市绿心地区生态补偿暂行办法》《湘潭市绿心地区生态环境评估标准（2018）》（潭政办发〔2018〕66号）等政策文件，将绿心区内国家级、省级公益林以外的林地全部界定为市级公益林，市财政每年安排1000万元绿心地区生态补偿专项资金，逐步完善绿心地区生态补偿体系。健全环保信用评价机制，对全市74家省级参评企业和328家市级参评企业开展环保信用评价工作，评定环境合格以上企业271家。

三是抓融城举措对接。按照"新五同"要求，总规实施、项目选址、产业布局、基础设施建设等方面均取得了明显进展。特别是围绕"三干两轨四连线"建设，迅速启动长株潭都市区总体规划和轨道交通网规划编制，着力抓好芙蓉大道、潭州大道快速化改造项目实施，长株潭一体化高效互通的基础设施网络正在加快形成。

（三）更加自觉地打好重大战役，在加快生态文明建设中提升了湘潭形象

深入贯彻落实习近平生态文明思想，注重当前与长远相结合，做到保护和开发相并重，加快推动湘潭生态文明建设。

一是着力推动污染防治攻坚。统筹推进工业污染防治"飓风行动"、扬尘污染治理"亮剑行动"、打击非法挖山采砂采石"利剑行动"，企业排污、工地扬尘、秸秆焚烧、汽车尾气等专项治理成效明显，湘潭空气质量优良率

达到 76.6%，同比提高 3 个百分点，6 个集中式饮用水水源地水质均达到或优于Ⅲ类，水质达标率达到 100%。着力抓好重点区域、重点企业的污染防治，南天化工等土壤污染治理稳步推进，锰矿地质环境治理示范工程基本完成，竹埠港重金属治理项目、牛头化工一期土壤治理项目全面完工。

二是着力推动两型产业提质。出台《湘潭市绿色制造专项行动方案（2018~2020 年)》，组织申报一批国家级、省级绿色园区、绿色工厂，湘电、桑顿新能源成功申报国家级绿色制造系统集成项目，桑顿新能源、泰富重工两家企业成为省级绿色工厂。认真开展两型产品认定工作，对全市 17 家企业申报的 22 个产品进行认定评审，将湖南巨强平板再生节能玻璃等 17 个产品认定为两型产品，12 家企业 98 个产品列入《湖南省政府采购两型产品推荐目录》。

三是着力推动示范创建深化。把示范创建作为两型社会建设的重要动力，深入推动各机关、园区、学校、企业、旅游景区、村庄等单位开展两型示范创建活动，带动一大批绿心保护、清洁低碳技术推广、长株潭一体化项目创新发展，争取省级两型专项引导资金 1373 万元。成功举办首届"两型建设、大美湘潭"摄影大展，评选优秀两型作品 69 件，精选获奖作品在橘子洲头省长株潭两型展览馆向国内外游客展示。

（四）更加自觉地呵护绿心品牌，在筑牢生态安全屏障中做出了湘潭贡献

坚持把"绿心"作为两型品牌、湘潭名片来谋划打造，守牢生态底线，狠抓生态保护，湘潭"绿心"底色日渐浓郁。

一是严把规划编制关。在编制绿心地区易俗河、岳塘区、高新区、经开区、昭山示范区片区总体规划的基础上，结合各地发展实际，充分征求多方建议，编修《湘潭市生态绿心地区总体规划局部修改建议方案》，进一步完善了"绿心"保护的制度框架。

二是严把项目审核关。探索建立污染企业退出机制，严格执行新入项目两型准入制度，对省生态绿心地区总体规划信息监控系统 2018 年反馈的违法违规项目进行认定核实，查处并整改完成 6 宗，G320 湘潭绕城线一期工程

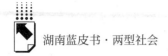

（昭华大桥）、盘龙大观园杜鹃花博物馆、金江泵站扩建二期工程等26个项目重新进行申报准入并补办手续审查，切实从源头上杜绝违规项目上马。

三是严把生态保护关。着力推进生态补偿管理、复绿补绿插绿行动、违法违规行为处理，统筹抓好面源污染防治、水资源保护、小流域综合治理、森林公园建设，绿心地区生态建设、景观保护、国土整理全面加强，生态屏障、生态服务功能得到有效发挥。建立湘潭市绿心保护联合执法监管机制，实行问题整改交办制、台账制、销号制和问责制，依法依规查处破坏绿心地区的违法违规行为或项目，全年共计约谈绿心问题整改项目业主48人次，依法处理违法违规事项28起。

二　存在的主要问题

经过十年来的持续努力，湘潭两型社会建设已经取得了阶段性成效，但仍然存在不少短板和问题，亟待在今后的工作中予以解决。

（一）攻坚克难的劲头还有待强化

两型社会试验区改革建设经过十年"中长跑"，有的单位不同程度出现"疲劳"现象、产生懈怠心理、存在应付行为，对一些重点工作、难点问题、体制障碍存在等待观望、久推不进的现象，一些重点区域的污染治理任务还很艰巨，环境风险隐患依然较多。特别是越接近2020年国家批复的试验区改革三个阶段任务验收期和机构改革完成时限，有的单位存在自然交卷、应付了事的心态，只求完成任务，不求干得出彩。

（二）改革创新的力度还有待加大

在推动落实两型社会改革任务方面，我们做了大量工作、取得了一定成效，但离省委、省政府的要求还有很大提升空间，助推两型社会建设的协同机制、推进机制、保障体制等有待进一步健全完善。比如在加强绿心保护与发展的问题上，视野不开阔，思路不够宽，执行上级文件多，自主创新成果少。在探索两型改革经验方面，工作层面的改进和创新多，涉及体制机制创新的改革少，有质量、有影响的创新案例较往年有所减少。

（三）产业转型的步伐还有待提速

在推动经济结构调整、产业转型升级方面，湘潭从未停歇过、一直在努力，三次产业结构得到持续优化，产业内部结构加快调整，但传统产业转型还不够快，新兴产业培育尚需时日，构建与高质量发展相匹配的现代产业体系还有不少差距。尤其是对重点污染区域进行专项治理后，如何推动片区开发、产业发展等还面临不少困难，如竹埠港片区开发、绿心地区产业培育等后续转型还要加力推进，与绿心存在较大空间相交关系的湘潭县、岳塘区和高新、经开、天易等园区，发展与保护的矛盾依然比较突出。

（四）统筹推进的合力还有待巩固

当前，长株潭城市群一体化发展已经上升到了省委决策、省级战略，首届联席会议召开之后，融城发展的对接机制、基础工作等得到明显加强，但在污染联防联治、产业错位发展、融城道路对接等方面，还存在沟通不畅、进度缓慢、合力不够等问题，如何建立湘江保护、绿心保护、大气污染防治的高效联动机制，还需要共同努力、协同作战、合力攻坚。

三　下一步工作打算

2019年是全面完成两型社会第三阶段改革建设任务的关键一年，我们将坚持以习近平新时代中国特色社会主义思想为指引，立足全省生态文明建设试验区、先导区、示范区定位，凝聚全民共识，加大攻坚力度，着力增强改革创新的主动性、创造性、系统性，努力打造两型社会改革的升级版，确保全年各项改革任务如期完成，为高质量推进美丽湘潭建设提供有力支撑。

（一）坚持绿色发展，着力推动产业转型升级

围绕智造谷，军工城、汽车城、文创城"一谷三城"发展定位，以"1+4"特色产业为重点，集聚资金流、技术流、人才流，完善产业链、价值链、供应链，集中力量打造先进装备制造、汽车及零部件、军民融合三大千亿元级产业集群，着力推动全市产业朝着智能化、融合化、绿色化、两型化方向发展。突出项目推动，以创建国家低碳试点城市为契机，以产业项目建设年活动为抓手，健全完善产业发展引导目录、产业负面清单制度，建立以投入产出、节能减排、用工绩效等为主要内容的项目承诺准入制度，探索发展"绿色金融""绿色税收""绿色财政"等制度，着力推进一批绿色投资、绿色生产、绿色消费的重大产业项目。突出创新驱动，围绕国家自主创新示范区建设，加快完善自主创新、绿色科技、人才引进机制，重点抓好10大自主创新示范工程、10大科技成果转化项目、10大科技创新团队、10大科技创新平台建设，加快推动产业链、资金链、创新链和人才链创新驱动发展，形成一批高层次的创新成果、知识产权和两型产品。突出开放带动，围绕构建全方位对外开放格局，主动对接"一带一路""长江经济带"等重大战略，深入对接"粤港澳""长三角"等重点区域，有效引进境内外资金、技术、人才流入湘潭，大力吸引跨国公司区域总部、营运中心和研发中心落户湘潭，真正以全面开放带动绿色发展、促进产业转型。

（二）坚持标本兼治，着力筑牢生态安全屏障

牢固树立"绿水青山就是金山银山"理念，坚持全局和局部相配套、治本和治标相结合、渐进和突破相衔接，坚持不懈地抓好绿心保护、污染防治、生态修复等重点工作，切实把湘潭生态安全屏障织密织牢。打好污染防治攻坚战役，以"一江两水一库"系统联治为重点，持续加强大气、水、土壤污染防治，重点抓好湘江保护与治理"一号重点工程"、黑臭水体治理、长株潭联合治污、绿心地区保护等重点工作，纵深推进"农村双改"和"厕所革命"，大力推进谭家山煤矿区生态修复工程，加快完成南天化

工、锰矿四期、电化原址、湖铁地下水一期等项目治理，切实解决群众身边的突出环保问题。加大绿心地区保护力度，严格落实"绿心条例"和"若干规定"要求，做好绿心总规局部修改后续工作，加强绿心地区保护与管理，加大绿心地区开展生态环境损害赔偿制度、两型认证试点、生态安全管理制度、生态文明建设目标评价考核办法等改革力度，更好地改善与保护绿心地区生态环境，有效发挥生态绿心地区的生态屏障和生态服务功能。积极配合做好中央环保督察"回头看"，把省人大绿心执法检查需要整改的"13＋5"个项目和绿心地区自查的"24＋8"个违规项目作为整改重点，完善体制机制，严格执法管理，确保绿心保护常态长效。完善生态文明治理体系，加快绿色发展评估和绩效考核体系、生态文明建设信息体系建设，推动标准化管理制度、公众参与机制改革，强化重要的资源生态环境标准制定和实施，深化两型示范创建机制和标准认证机制，完善生态环境信息公开机制和环境影响评价公众参与平台，建立跨区域、跨部门的资源生态环境监控运行机制和资源环境承载能力监测预警机制，支持生态文明建设公益组织发展，着力构建政府引导、市场驱动、社会参与、协同推进的现代化生态文明治理格局。

（三）坚持改革创新，着力完善两型体制机制

围绕生态文明体制改革目标，加大改革创新力度，聚焦重点任务攻坚，探索一批改革经验，树立一批改革典型，力争在两型体制机制建设方面走在全省前列。健全污染治理机制，建立健全"政府牵头、部门联动、市场驱动、居民参与"的城乡环境同治机制，全面实施水污染防治行动计划，加快开展按流域设置环境监管和行政执法机构试点，不断完善"河长＋河长助手＋民间河长"治理体系。加快推动长株潭三市污染防治应急响应体系建设，建立健全长株潭大气污染联防联控机制，着力构建与上下游城市及域内河流环境治理协作机制。创新生态保护机制，探索多元化、综合性的生态保护补偿机制，完善森林、湿地等重点领域和禁止开发区域、重点生态功能区等重要区域生态补偿制度，建立最严格的林地、湿地生态红线管控制度和林地、湿地保护责任追究制度、损害赔偿制度。深化集体林权制度改革，开展组建林地股份农

民合作社试点和集体林地资产股份制改革试点，推进建立林权流转指导价格发布制度。继续深入推进土壤重金属污染修复试点，率先建立耕地河湖休养生息制度。完善市场驱动机制，大力培育环境治理和生态保护市场主体，建立吸引社会资本投入生态环境保护的市场机制，推广"PPP""EPC"等政府和社会资本合作模式，探索在重金属污染治理、城镇污水垃圾处理、工业园区和重点企业污染治理领域推行第三方治理，重点抓好竹埠港环境污染第三方治理国家试点。探索建立节能量、碳排放权、排污权、水权交易制度，全力抓好自然资源及其产品价格改革、土地管理体制机制改革，健全完善生态建设市场化机制。

（四）坚持一体发展，着力加快融城对接步伐

按照"北进西拓、两翼齐飞、多点发力、全市联动"要求，做好顶层设计，主动对接融城，更加积极主动地融入长株潭一体化发展。重点抓好融城规划编制，在完成新版城市总规编制的基础上，迅速启动长株潭都市区总体规划和轨道交通网规划编制，加强与长沙、株洲在经济社会发展规划、城市总体规划、土地利用规划等方面对接，建立三市区域规划、产业发展、社会保障、城际交通、生态保护、要素保障等方面一体化发展对接机制建设。重点抓好基础设施互通，围绕"三干两轨四连线"建设，有序实施芙蓉大道、潭州大道快速化改造，基本完成长沙地铁3号线入潭的前期工作，加快城际干道网、城际铁路网、绿道网、污水垃圾处理设施网建设，着力构建长株潭三市基础设施建设"互惠互利、共建共享"良性格局。重点抓好产业协同发展，围绕长沙"麓谷"、株洲"动力谷"和湘潭"智造谷"发展定位，主动参与长株潭城市群产业技术战略联盟建设，支持本地企业、科研院所等开展跨市兼并重组，探索建立相应的利益协调和补偿机制，采用飞地经济、托管等模式，推动城市群产业链、创新链、资金链延伸，共同打造各具特色、优势互补、错位协同的产业发展新格局。重点抓好要素市场融通，协同推进长株潭金融基础制度建设，探索建立城乡统一的建设用地市场，不断完善三市一体的市场准入标准、市场监管模式、产权登记体系、市场诚信体系，推动长株潭技术、人才、资本等要素聚集流动、深入融合。

B . 17

大雁再出发　倾力打造最美地级市

——衡阳市 2018~2019 年两型社会与生态文明建设报告

衡阳市人民政府

走进生态文明新时代，衡阳坚持以习近平新时代中国特色社会主义思想为指导，按照省委、省政府建设生态强省的部署要求，牢固树立新发展理念，努力建设名副其实的省域副中心城市和最美地级市，争当承接产业转移领头雁，积极探索绿色、低碳、循环发展模式，两型社会建设成效显著，绿色惠民不断变为现实，"生态衡阳"正成为大湘南和全省的靓丽名片。

一　2018年两型社会与生态文明建设总体情况

（一）两型改革深入推进

坚持以体制机制改革为重要抓手，大胆探索重点领域和关键环节的改革，努力把两型社会示范区建设成为最为开放、最具活力的先行先试地区。

一是争创长江经济带污染综合治理试点。多次赴国家发改委汇报衔接，争取将衡阳纳入试点城市，并按照创建要求，编制完成《衡阳市创建国家"长江经济带"生态保护试点城市实施方案》《衡阳市"共抓长江大保护"污染治理综合解决方案》；梳理出全市"十三五"污染治理项目清单，拟实施项目 162 个、总投资约 297 亿元。启动了"三江六岸"水环境综合治理、湘江南岸白沙片区水环境综合治理、蒸水北岸水环境综合治理、衡阳市"天地空"一体化智慧环境监测网络建设等 4 个重点项目前期工作。

二是构建绿色发展评价考核体系。印发《衡阳市生态文明建设目标评价考核办法》，制定《衡阳市绿色发展指标体系》和《衡阳市生态文明建设考核目标体系》，探索将生态文明建设相关工作任务分解落实到县市区。

三是加快畜禽规模养殖污染治理。探索畜禽规模养殖污染防治管理改革，大力实施《衡阳市畜禽规模养殖污染防治办法》，建立了生态养殖和畜禽养殖废弃物资源化利用机制，形成了养殖废弃物综合利用经验模式，全市畜禽养殖废弃物资源化利用率达到68%，全市畜禽规模养殖场污染治理设施装备配套达84.9%。

四是创新改革试点稳步实施。在充分调研论证的基础上，提出了统筹推进全市城镇污水垃圾设施 PPP 项目建设改革试点思路。稳步推进排污权交易试点，开展排污权有偿使用费征收，新增总量工业项目排污权交易执行率100%。不断深化体系，完成省级环境信用评价企业119家、市级企业188家。全面实施河长制，实施最严格的水资源管理，积极推进农业水价综合改革。

（二）生态环境更加优良

围绕省政府一号重点工程"湘江保护与治理"和三大攻坚战，持续优化改善生态环境，绿色共享发展成果惠及全市人民，森林覆盖率达48.2%，城区空气质量优良率达86.1%，"衡阳蓝""湘江绿"成为亮丽名片。

一是大力开展环境整治。全力配合中央环保督察"回头看"，扎实开展"清霾""碧水""静音""净土"保卫战，推进1200余件环保督察交办的问题整改和污染防治攻坚战行动三年行动计划，201项年度任务全面完成。水污染防治，全市11个省级以上工业园区污水全部实现集中处置，完成十大重点行业12个项目整治任务。角山、松木污水处理厂即将投运，蒸水城区段入河排污口全部封堵，中心城区11个黑臭水体完成整治。全面启动全市乡镇集中式污水设施建设，县级以上和乡镇26处集中式饮用水水源保护区划定。湘江干流11个监测断面水质全部达到Ⅱ类标准，13个县级以上集中式生活饮用水水源保护区水质达标率保持在100%。大气污染防治，淘汰高排放公交车388台，钢铁、水泥、火电、有色等行业企业脱硫、脱硝、除尘设施提标改造 35 家，建筑工地扬尘在线实现监测全覆盖，重新划定城区Ⅲ类禁燃区面积为 89 平方公里，淘汰或改烧清洁能源燃煤锅炉 138.6 蒸吨，全市城区规模以上餐饮企业餐厨油烟净化器安装率达 90% 以上。土壤污染防治，核定农用地土壤污染状况详查点 10367 个、筛查重点行业企业用地 371 块；整治工业固体废物堆存场所 3 处，43 个土壤重金属污染场完成修复治理、面积 4587.7 亩，关闭非煤矿山 11 座、中小煤矿 8 处，拆除城区页岩砖厂 49 家，清理湘江流域露天开采非金属矿 17 家。

二是持续改善生态品质。划定生态保护红线总面积 1856.36 平方公里，完成湘江流域退耕还林还湿试点面积 3389.5 亩。围绕"裸露山地"造林和油茶产业发展，人工造林 28.3 万亩，封山育林 32 万亩。积极推动城市"厕所革命"，城区公厕均达到三类以上标准。加快城区造绿，完成武广高铁站、衡阳东站、新园路等 15 处绿地提质，累计改造绿地面积 3 万余平方米。抗战纪念城布景、石鼓书院修缮、南郊公园提质等美化亮化工程扎实推进，东洲岛景区、虎形山公园免费开放。

三是着力提升城乡服务。绿色交通加快发展，比亚迪胶轮有轨电车示范线顺利启动。中心城区提质升级加速，衡阳跻身国家大城市行列，第八次城市总规修编、"三江六岸"风光带"城市双修"和旅游服务设施项目顺利推进。城乡生活垃圾收运体系基本完成，城市智能停车平台、公共立体停车场建设等项目加快推进。完成 305 个行政村综合治理，乡镇、行政村生活垃圾治理覆盖率分别为 100% 和 98.6%。

四是主动推进融城发展。第八次城市总规修编、"三江六岸"滨水区域规划编制有序推进，努力拓展城市发展战略空间。"西南云大"省城镇群产城融合综合试点稳步推进，产业集聚发展效应形成，公共服务均等化水平明显提升，衡山科学城科技创新中心等试点项目进展顺利。

（三）资源节约成效突出

坚持推进产业园区内资源循环利用，实施节能降耗领跑行动，切实提高资源使用效率和重复利用率。

一是推进园区循环化改造。松木经开区顺利通过园区循环化改造示范试点验收，再获中央资金4030万元支持。常宁水口山经开区实施园区循环化改造示范中期评估，启动耒阳经开区、衡山县经开区园区循环化改造前期调研，不断挖掘市园区循环化潜力，提升资源循环化利用水平。

二是深入推进节约用能。建立健全节能与低碳能源管理制度，分解下达各县市区"十三五"期间能耗"双控"指标。顺利通过2017年度能源消耗总量和强度"双控"目标考核。对4家交通运输企业实施柴油车运行能耗状况等专项节能监察执法。实施能效领跑者制度，制定节能审查过渡性规定，纳入"十三五"重点用能单位管理单位38家。开展全市燃煤锅炉淘汰考核，累计淘汰或改烧清洁能源燃煤锅炉138.6蒸吨，涉及企业51家。单位地区生产总值能耗下降4.1%。

三是积极推广节能利用。启动实施中小企业"上云"计划，实现"上云"企业6430家，应用互联网、云计算、大数据、人工智能等现代技术手段，提高生产经营效率。加强固体废弃物处置和利用，提高工业固体废物利用率，规范危险废物管理。积极创建节水节能型企业、社区、公共建筑，促进节水节能型城市建设，推广使用新型智能环保渣土运输车301台。农村秸秆综合利用率达83%。

四是大力实施节约集约。完善节约集约用地考核评价和激励约束机制，对11个开发园区土地集约节约利用进行全面评价工作。创新工业用地供应模式，建立全市工业用地弹性供应制度，全面清理处置批而未供土地、闲置土地、招商引资用地，清理核实市本级空闲土地2835亩，清理开发园区各类存量土地约1200亩。全面启动空闲宅基地腾退，制定3年腾退复垦宅基地6万亩计划。

（四）绿色发展步伐加快

围绕"兴产业、强实体、提品质、增实效"，加快培育"市场主体"，推进供给侧改革，促进产业转型。

一是合力培育产业园区。振兴实体经济"3311"工程计划、原地倍增计划高效实施，8 大千亿元产业集群落子布局。建滔环氧氯丙烷、水口山铜铅锌产业基地 30 万吨锌、富士康 IDX 产业园等项目竣工投产，合江套老工业区搬迁改造列入国家示范创建工程。全市省级以上工业园区规模工业增加值占比达 70% 以上。

二是助力壮大两型产业。领衔获批湘南湘西承接产业转移示范区，新引进"三类 500 强"企业 21 家，东旭集团、顺丰集团、华侨城集团、润泽科技等投资 50 亿元以上项目 10 个，一批围绕打造军民融合、有色金属、新能源汽车、轨道交通、精细化工、纺织服装等千亿元级产业集群项目相继落户，比亚迪智能制造产业园、新能源汽车产业等新智能制造项目进展顺利，130 余家企业开展智能化改造，南岳生物制药获评国家绿色工厂，"衡阳制造"正奋力再次崛起。

三是聚力推进创新驱动。获批建设国家创新型城市，发布实施"人才雁阵"计划，荣获全省唯一的国家"守信激励创新奖"。获国省科技奖励 11 项、每万人有效发明专利拥有量达 2 件。获批国家级孵化器科创智谷即将投运。南岳电控获批国家企业技术中心，新认定高新技术企业 61 家，新增院士工作站 6 家、省重点实验室 2 个、省级众创空间 4 个，高兴技术产业增加值增长 11%。

四是着力发展服务业和现代农业。全域旅游加快推进，衡阳梦东方、汇景衡南·莱茵水畔运动文化养生度假小镇、南岳衡山"盐湖"国家级旅游度假区、南岳天子山火文化公园等一批项目进展顺利。全市接待游客 7016.2 万人次、实现旅游总收入 630.3 亿元，分别增长 13.2%、11.2%。获批国家物流枢纽承载城市，全国首个工惠驿家线下项目在衡落地。37 家现代农业特色产业园获省级认定，新认证"三品一标" 126 个。成功承办全国油茶产业发展现场会，发布全省首个油茶地方标准。

（五）两型引领作用凸显

以深化推进长株潭两型改革试验区第三阶段工作为重点，突出两型示范、两型理念宣传，促进两型惠民，激励公众广泛参与。

一是打造两型典型标杆。建立创建单位申请、县市发改推荐、市本级管理的两型创建机制,储备两型示范项目 30 多个。对 65 个省级两型创建单位实施第三方绩效评价,加强了资金使用、项目实施的监管。茶山坳堰头村、角山乡旭东村、草市镇高田村等获评省级两型单位,认定高新区青峰社区、柏坊镇杨家湾社区、归阳镇衡祁村、洪市镇余雅村等一批市级两型示范单位,成为走在前列、可看可学的典型。

二是培育两型改革试点。着力推进《衡阳市生态文明改革和建设实施方案 (2016～2020)》的项目实施,培育了祁东流泉町养殖区废弃物资源化运用、常宁松塔村生态保护、雁峰东洲岛社区生活垃圾分类和处置等一批两型改革试点,为全市两型改革实施总结经验和形成可推广复制模式。

三是做好两型宣传推介。围绕两型改革十年,集中在《衡阳日报》刊发两型社会与生态文明建设取得的经验和成绩报道 30 多篇,收集典型案例 100 余篇汇编成《两型衡阳故事汇编》。积极向省里推荐参选年度湖南两型好新闻评选,展示衡阳两型好形象。

四是引导公众广泛参与。依托"两型宣传月""国际湿地日""世界环保日"等主题,扎实开展了"走进衡阳山水·摄尽森林美景"全国摄影展、两型文艺汇演等丰富多彩、形式多样的宣传活动 30 多场,发放《两型知识市民读本》等两型知识宣传资料 5000 多份;将衡南宝盖打造成为全市首个两型宣教示范基地,引导更多的市民参与两型,让两型理念深入人心。

二 2019年两型社会与生态文明建设思路

2019 年是建国七十周年,是全面建成小康社会、实施"十三五"规划的关键之年,也是长株潭两型改革试验区第三阶段工作关键之年。全市两型社会与生态文明建设工作总体要求是:以推进供给侧结构性改革为主线,突出改革攻坚、产业转型、两型惠民、公众参与,以最强执行力打好三大攻坚战、促进绿色发展,努力建设人与自然和谐共生的美丽生态衡阳。

（一）持续加力推进两型改革

一是深入落实改革试验任务。以贯彻落实湘发〔2016〕31号文件及推进《衡阳市生态文明改革和建设实施方案（2016～2020年）》（衡办发〔2017〕31号）实施为牵引，重点抓好两型采购、绿色发展考核评价、环保监测监察执法机构垂直管理、领导干部自然资源离任审计、城市管理执法体制、全市城镇污水垃圾设施PPP模式治理试点等改革事项，力求重点领域和重点方向有所突破。宣传推介一批生态文明改革案例经验。

二是深入实施改革试点项目。认真组织实施清洁低碳技术推广，抓好祁东三河村稻田种养结合生态养殖技术示范、龙都新型节能建材技术推广应用等一批试点项目建设。加快推动两型技术产品、生产生活方式、服务设施等两型元素进社区、进村庄、进学校；建立全市两型项目库，储备一批、成熟一批，力争创建3～5家省级两型示范单位。

三是深入推进区域协调发展。继续抓实"西南云大"城镇群产城融合试点工作，促进城镇群与县域产城融合发展。加快农村产业融合发展，创建省级农村三次产业融合发展试点县1个、试点乡镇2个。积极争创国家"长江经济带"污染防治综合试点城市。探索建立健全区域基础设施、产业互补发展、环境协同治理、公共服务融合的体制机制。

四是深入开展两型理念宣传。着力营造两型宣传参与平台更加坚实、内容更加出彩、影响更加广泛，构筑共建生态文明、共享两型社会的浓厚氛围。组织开展"两型宣传月""节能宣传周""环保行""世界环境日"等文化主题活动。全面推进两型宣教基地建设，4个城区因地制宜建设1家基地。持续推进节能节水产品、清洁能源、保温环保建材等十大元素进入家庭、学校、社区、机关、园区等14个社会单元，推动生活方式和消费模式加快向勤俭节约、绿色低碳、文明健康的方向转变。加强两型工作总结推介，继续与衡阳日报社合作开设两型示范、生态文明改革创新案例等专栏，制作一部展示衡阳两型十年成就宣传片，力争在中央、省、市主流媒体宣传展示衡阳两型社会和生态文明建设工作亮点。

（二）心有定力推动转型发展

一是振兴实体推动高质量发展。以振兴实体经济为抓手，加快产业引进培育军民融合、有色金属、新能源汽车、轨道交通、精细化工等8大千亿元级产业集群。加快发展先进制造业，围绕新一代信息技术、新型轨道交通装备、输变电高端装备、生物医药及高性能医疗器械、精密模具等领域，支持白沙绿岛争创国家级军民融合产业示范区，新增规模工业企业100家以上。大力发展智能制造、绿色制造，培育2个以上省级绿色工厂（园区）。

二是着力转型推动新旧动能转换。以供给侧结构性改革为抓手，实施"135"工程升级版，加快推进界牌陶瓷产业园等一批特色产业园建设。加快淘汰落后产能，实施合江套老工业区、珠晖区老工业区等企业绿色搬迁、实现产业转移转型。全面落实"工业十二条"，引导企业运用新工艺、新技术、新装备技改扩能，引导有色金属、盐卤化工、钢管深加工、装备制造等传统产业转型升级。

三是聚焦补短推动产业项目建设。坚持抓重点、补短板、强产业，大力实施"1113"重点项目，推进"产业项目建设年"和"基础设施补短板年"活动。以建设国家创新型城市为抓手，大力推进创新创业，支持高新区打造国家创新型科技园区、衡山科学城与深圳科技园共建一流区域性创新高地。强化科技创新平台建设，力争新增高新技术企业80家以上、国省创新平台5家以上。加快培育互联网与传统制造业、服务业和农业等各领域线上线下融合发展，形成一批跨界融合新模式。高效实施铁路口岸综合物流园、工惠驿家、京东物流园、北极冷链物流中心等项目，完善"通道＋枢纽＋网络"的物流运行体系。

四是精准定位推动承接产业转移。把握获批湘南湘西承接产业转移示范区的机遇，探索建立与产业转出地无缝对接的合作机制，充分激发衡阳老工业基地的历史底蕴，引进国内外战略合作投资者参与产业合作，争当产业发展"领头雁"。聚焦智能制造、物联网、大数据等新兴产业和新技术发展应用，围绕重点产业、重点企业开展建链补链强链招商，力争引进世界500强企业8家以上。

（三）持久恒力推进环境治理

一是深入推进污染防治攻坚战。以《衡阳市污染防治攻坚战三年行动计划（2018～2020年）》为统揽，持续深入推进大气、水、土壤三大领域污染防治。强力做好"六控"，即"控尘""控车""控排""控烧""控煤""控油"，突出对重点行业、燃煤锅炉、交通领域等开展治理，有效应对重污染天气，空气质量优良率达到80%以上。统筹保护和治理"一江四水"，推进水口山、合江套等重点地区及蒸水入湘江口不达标断面综合整治，市城区黑臭水体消除比例达90%，全面实行河长巡河App打卡制。建立土壤与重金属污染防治项目储备库，稳步实施农用地和污染地块治理与修复试点。全面整治历史遗留尾矿库，推进绿色矿山建设，完成关闭矿山生态环境修复。

二是全面落实乡村振兴打造美丽乡村。编制实施全市乡村振兴规划。坚守耕地保护红线，建设高标准基本农田10.43万亩。建设绿色精细高效经济作物示范基地，打造国家级、省级优质农产品优势区各1个。推动实施农业农村污染整治，推广低毒、低残留农药，实现农作物化肥农药使用量零增长。全面开展农村人居环境整治，创建美丽乡村示范村33个，完成环境综合整治行政村500个，改建卫生厕所31万户。推进规模畜禽养殖场（小区）粪污处理配套设施建设，实现污染治理设施装备配套率达90%以上，畜禽粪污资源化利用率、农作物秸秆综合利用率分别达到75%、84%以上。

三是持续完善基础设施建设绿色城市。提质升级中心城区，进一步加快来雁新城、陆家新区、鄩湖高铁新城等片区开发。大力推进"断头路"拉通、城市慢道和自行车道、公共停车场和智能停车系统建设，打通城市路网"微循环"。全面推进"三江六岸"生态绿地建设，力争城市建成区绿化率达到41%。启动松亭污水处理厂扩建及江东污水厂提标改造工程，实现封堵蒸水两岸排污口20个。持续抓好全国文明城市和国家历史文化名城创建工作。

B.18
坚持走绿色生态发展之路

——邵阳市2018~2019年两型社会与生态文明建设报告

龚文密*

一年来,我们坚持以习近平生态文明思想为指导,以湖南南山国家公园体制试点为出发点,抢抓机遇、先行先试,着力打造"生态文明建设示范区、人与自然和谐可持续发展示范区"的邵阳模式,为全市生态文明建设当好"领头雁",为全省两型社会发展提供"样板房",为美丽湖南建设做出新贡献。

一 2018年邵阳市两型社会与生态文明建设成效明显

2018年,我们深入贯彻落实习近平总书记关于推动长江经济带发展重要指示精神,坚定不移走生态优先、绿色发展之路,稳步推动南山国家公园体制试点,加快推进两型社会和生态文明建设。

(一)改革破题、试点先行,国家公园体制试点蹄疾步稳

省委书记杜家毫指出,改革是推进生态文明建设和环境保护事业的根本动力。大力实施湖南南山国家公园体制试点改革,是贯彻习近平生态文明思想的生动实践,是落实省委省政府提出"答好生态文明建设和环境保护这一历史性答卷"的具体行动。2015年,南山国家公园被列为全国10个国家公园体制试点区之一,是全省唯一的国家公园体制试点区。三年多来,特别

---

* 龚文密,中共邵阳市委书记、市人大常委会主任。

164

是党的十九大以后，我们牢固树立"尊重自然、顺应自然、保护自然"的生态文明理念，遵循"先规划后开发，在开发中保护，在保护中开发"原则，积极探索国家公园保护、建设、管理科学模式，致力自然资源科学保护和合理利用，积极打造生态文明建设示范区。

一是坚持以保护模式创新为出发点，蓄积生态文明建设潜力。加大立法保护力度，编制完成了《湖南南山国家公园条例》草案；加快推进规划体系建设，编制了 2018～2025 中长期总体规划；同步启动土地利用、草地修复、奶业发展等专项规划编制，规划体系建设不断推进。全面加强生态安全多维立体监管，加强与广西龙胜、资源等地区域协同，形成共建共管共治格局；加强信息化管理，在试点区部分区域安装了遥感移动在线视频监测系统，启动无人机巡视作业；强化空间用途管制，实施差异化管理，划定了生态红线范围，完成了试点区内严格保护区和生态保育区 7 个乡镇 22 个村968 户 4001 人生态移民摸底、十万古田严格保护区内移民户搬迁。全面加强园区生态环境整治，叫停了试点区所有在建风电项目并全面实施生态修复和环境整治，停止批建试点区内所有水电开发，对白云湖湿地开展综合整治。积极实施封禁管理，对金童山、十万古田、十里平坦等 233 平方公里核心保护区实施全面封禁管理。

二是坚持以建设模式创新为着力点，凝聚生态文明建设动力。建立健全开发强度管控机制，加强产业引导，制订了《湖南南山国家公园产业指导目录》，明确了禁止、限制、退出、鼓励型产业类别。积极推进两江峡谷沿线 3 个小水电、玉女溪和十万古田旅游项目、兰蓉乡水坪硅矿等 12 个矿业退出工作。建立健全特许经营机制，推进"政府主导、管经分离、多方参与"特许经营机制，出台《特许经营办法》，将旅游、畜牧、奶业等纳入特许经营范围；积极调整产业结构，坚持绿色发展导向，启动了森林康养、林下经济、林业碳汇等林业新业态特许经营项目引入发展计划。加大生态补偿和生态公益林管护力度，推动集体林权流转，推动集体林权"三权分置"试点改革，将试点区内 52.6 万亩公益林和 5.9 万亩天保林整体纳入生态公益林或天保工程林范围，实行国有林和集体林由公园统一管理；加快实施购买服务机制，合理设置生态管护公益岗位，实现公益林护林员、森林防火巡山员和林业有害生物测报员"三员合一"，有效提升生态管护效率。加快推进项目建设，整合生态保护基础设施、高山森林沼泽湿地生态系统和水域生态系统保护等项目，加快推进湿地修复维护、生物监测保护站、环保厕所、垃圾转运站、标识标牌系统等工程建设。

三是坚持以管理模式创新为落脚点，激发生态文明建设活力。创新统一管理机制，实行"一个保护地、一块牌子、一个管理机构"，变多头交叉管理为统一高效管理；创新行政授权管理机制，制定《湖南南山国家公园管理局行政管理权力清单》，明晰了306项行政管理权项的履职范围和权责界限；创新地方协同管理机制，对农村控违拆违、候鸟通道保护、综合执法排查、白云湖环境整治、南山景区综合治理实行联合执法、专项整治，累计拆除违建17处2000平方米；白云湖沿岸餐饮等行业全面关停退出，200余艘营运船舶全部上岸退出。建立完善自然资源统一确权登记制度，编制《湖南南山国家公园自然资源统一确权登记技术指南》，绘制"全民所有和集体所有自然资源分布图"等图纸，实现了归属清晰、权责明确。

（二）明确目标，重点发力，两型产业发展出彩出新

坚持把产业发展作为推进两型社会发展的支撑和根基，大力推进产业转型升级，全市工业投资、工业技改投资、高新技术产业投资分别增长45%、50%、35%，三次产业比由上年的19.7∶35.4∶44.9优化为16.1∶34.9∶49.0。

一是产业政策相继落地。邵阳纳入"湘南湘西承接产业转移示范区"成功获批，被省政府正式确立为省域副中心城市、湘中湘西经济文化中心；邵阳保税仓正式投运、邵阳海关被国家正式批准成立。

二是重大产业项目迅速投产。全市211个重点产业项目完成投资289.3亿元，彩虹特种玻璃、家用厨电智能制造、锂电池资源化利用、廉桥医药制造基地、桑德再生资源循环利用、帝立德智能制造6个省定重大产业项目完成投资35.85亿元。彩虹特种玻璃项目点火生产，填补了我国特种玻璃的空白。

三是园区建设深入推进。坚持集聚发展，以邵阳经开区为核、沪昆高速沿线为带、9个县市区湘商产业园为点的"一核一带多点"沪昆高速百里工业走廊初步形成。全市湘商产业园新建标准厂房16.2万平方米、竣工45.5万平方米，新增投产企业150家，新增产值220亿元、税收9亿元。

四是创新驱动提质增效。全社会研发经费投入同比增长141.2%，创历史新高。财政科技支出增长101.1%。净增国家高新技术企业47家，总数达到119家，同比增长65.27%。纳入统计口径的高新企业个数达到813家，比上年净增175家，增长27.43%。新增省重点实验室（工程技术研究中心）2个、获得省科技进步二等奖2项。8家本土企业获得"创客中国"中小微企业创新创业大赛奖励，邵东智能制造技术研究院2个项目获评全国制造业"双创"平台试点示范。

五是节能降耗效果明显。完成宝庆电厂发电机组超低排放改造，关停福源金属材料、宝庆铸钢厂等7家落后产能，对市内2家水泥生产企业、31家造纸企业、4家重点用能产品设备生产企业进行节能检查。全市共推广应用新能源汽车折算标准台数6314台，完成省定目标的1262%。

六是特色产业不断壮大。实施"一县一特"发展战略，隆回金银花、洞口雪峰蜜桔、武冈卤菜、邵阳县油茶、邵东药材、城步奶牛等一批特色产业基地迅速发展壮大。新兴业态不断涌现。休闲农业经营主体发展到2852个，接待游客2429万人次，同比增长15.2%；实现营收28.64亿元，同比增长14.6%。

（三）加大防治，保障民生，绿色发展和生态保护成效明显

牢固树立"生态优先、绿色发展"理念，坚决打好打赢环保突出问题整治攻坚战，为全市人民打造出天蓝地绿山清水秀的优美环境。

一是打好蓝天保卫战。大力开展涉气工矿企业、施工工地、道路扬尘等专项整治，2018年市区空气质量综合指数4.34，同比下降14.4%；全年空气优良天数305天，同比增加26天，空气优良率达到85%，同比提高8.4%；重污染天气5天，比上年的18天减少了13天。

二是打好净水攻坚战。认真抓好饮用水水源地环境整治、工业园区污水处理、地表水污染防治等重点工作。完成一级饮用水水源地保护区隔离设施和11个省级工业园区污水集中处理设施建设，完成了龙须沟、洋溪沟黑臭水体治理。建立"一河一警长"机制，扎实开展打击非法采砂、僵尸船整治、生活污水截流等专项行动。资江、沅江水系邵阳境内41个监测断面水质全部达标且水质类别较上年保持稳定，市区、各县城集中式饮用水水源和市级交界断面水质达标率为100%。

三是打好净土新战役。邵东县铬污染农田土壤综合治理与生态修复全面完成，龙须塘老工业区重金属污染综合治理主体工程完工，双清区化工总厂污染场地治理、洞口县污染土地治理修复等项目动工建设。

四是农村人居环境不断改善。启动农村人居环境整治三年行动，建成垃圾中转站186座，农村生活垃圾84%实现了集中处理，乡镇集中转运率达到65%，县集中处理率达到65%。启动168个美丽乡村示范点建设，推进农村环境综合整治，全面完成2018年度350个村环境综合整治目标任务。

五是大力开展生态创建。将4891平方公里土地纳入生态保护红线区域范围，生态保护红线区域占全市国土面积的23.48%。推动新宁、绥宁、洞口、城步等县开展省级生态县创建工作，创建国家级生态乡镇1个、省级生态乡镇93个、省级生态村100个，新宁县和绥宁县获得国家级生态示范区命名。"四边五年"绿色行动完成造林30.76万亩，市区新增绿地面积80万平方米。

二 当前邵阳市两型社会与生态文明建设亟待解决的实际问题

主要包括：

一是环境质量改善任务依然艰巨。全市空气质量综合指数为4.34，比上年同期有所改善，但形势依然严峻；市区仍有龙须沟、洋溪沟2条河流未全面完成治理任务，治理难度较大；部分工业企业周边土壤和工矿企业废弃地污染治理任务较重。

二是环境基础设施建设存在短板。城市截排污管网有待进一步完善，城镇老城区雨污未分流，部分生活污水没有得到收集处理等问题依然存在；全市乡镇污水处理厂建设还刚刚起步，乡镇生活污水没有得到收集处理，污水收集处理率有待提高；全市尚未建成一座生活垃圾焚烧发电站，部分生活垃圾处理设施超负荷运行，选址和运行的"邻避"矛盾突出，餐厨垃圾没有得到有效收集处理。

三是监管执法能力还需加强。现有的监管执法力量与日益增长的工作任务之间矛盾还比较突出，监管任务十分繁重。全市环保专业技术人员不足的问题比较突出，与当前环保工作的新要求、新形势不相适应。

三　2019年邵阳市两型社会与生态文明建设工作构想

（一）大力推进国家公园体制试点，打造好生态文明建设样板

牢牢抓住国家公园体制试点改革机遇，善作善成、大胆作为，形成可复制、可推广的生态文明建设样板。

一是继续抓好体制机制创新。建立完善生态补偿、特许经营、执法监督、公众参与、社区发展五个方面机制建设，力争年内形成实质性创新成果。生态补偿方面，针对每一类补偿项目制定具体实施意见，实行一事一策。特许经营方面，抓紧修订完善《湖南南山国家公园特许经营办法》，促进公园科学合理开发利用。执法监督方面，加强湖南南山国家公园管理局与地方政府协同合作，推进联合执法，确保执法务实有效。公众参与方面，建立公众参与机制和出台具体办法，引导当地居民、专家学者、企业、社会组织等积极参与南山国家公园建设。

二是进一步提升现代管理能力。积极推进智慧公园建设，进一步完善监测体系，增强资源管理信息化、科技化水平，全力提升生态安全现代管理体系和管理能力；结合科研监测管护，积极开展环境和物种的监测与统计工

作，完善生物多样性监测网络体系。

三是切实抓好生态环境监管。重点加强有关生态保护性基础设施以及防火防灾、公共服务等配套基础设施建设力度，强化生态保护和环境监管基础支撑。加快完成试点区区域防洪、水资源配置、水土保持、拟定试点区自然资源保护目标、资源监测、保护机制并勘察试点区范围边界以及监督管理工作。加强环境保护和治理。严格落实国家生态功能区制度，提高项目准入门槛，严禁不符合国家公园定位项目进入试点区。推动试点区生态修复工作，加强水土流失治理，修复和保护好自然生态。

（二）以实体经济发展为重点，着力构建两型产业体系

依托湘南湘西承接产业转移示范区等重大政策，大力实施产业兴邵，努力构建两型产业体系。

一是加快工业转型升级。精准对接"中国制造2025"战略、制造强省建设"1274"行动和20个工业新兴优势产业链行动计划，积极培育先进装备制造、生物医药、电子信息等战略新兴产业。加快食品、轻工、建材、机械等传统优势产业智能化改造升级。

二是推进乡村振兴产业发展。协同推进三个"百千万"工程，做大做强邵东中药材、新邵富硒农产品、洞口雪峰蜜桔、邵阳县油茶、城步乳业、武冈卤制品、绥宁楠竹等农产品基地建设。以湘窖酒业、李文食品、南山牧业、贵太太茶油等为代表，积极打造一批农业企业品牌。精准对接全省特色产业小镇建设"422"专项，在全市范围内重点打造50个优势互补、各具特色的产业小镇和"明星"镇。

三是推动服务业提升融合。积极推进全域旅游，加快大湘西精品旅游线路建设。大力发展现代商贸及智慧物流产业，加快湘西南粮食仓储中心、邵东星沙物流园等现代商贸物流项目。积极发展健康养老产业，加快金江湖大健康产业园建设。支持智能制造、检验检测、电商等生产性服务平台建设。加快现代金融业发展，有效防范和化解地方债务、金融等领域风险。

四是加快推进城乡建设一体化。大力推进东部城镇群体系建设，积极引

导"四县三区"相向而行，加快推进三区与新邵、隆回、邵东、邵阳县公共交通、主干电网、信息物流、服务平台等基础设施建设，实施产业园区、特色小镇联动发展，全面构建东部城镇体系大框架。大力提升主城区建管品质，加快推进城区路网、资江南岸防洪堤、智能电网等基础设施建设；完善"大城管"执法体系，全面清理闲置土地，妥善解决超期安置问题，全力推进"空心房"拆除和拆违控违。建好城市智能交通管理系统，确保城市交通运行顺畅。大力推进西部生态旅游圈建设。突出生态功能区保护，组织编制西部生态旅游圈建设总体规划，重点发展生态旅游、乡村旅游和休闲康养等绿色经济，将绿水青山转化为"金山银山"。积极推进国家森林城市创建，大力实施重点工程提质、城区绿化和乡村绿化三大攻坚行动，加快补齐绿色通道、绿色水道、生态廊道等绿化短板。

（三）全面贯彻落实绿色发展理念，建设天蓝地绿水清新家园

大力践行习近平生态文明思想，牢固树立生态优先、绿色发展理念，扎实推进生态修复和污染治理，营造天蓝地绿水清新的生态家园。

一是加强大气污染治理。采取限期改造、限排限产、停产关闭等综合措施，推进火电、水泥等重点行业超低排放改造。完善企业原料、废料堆场扬尘防治设施改造，规范冶炼企业废气排放口设置，确保稳定达标排放。加强道路施工和建筑施工扬尘控制，深入开展渣土扬尘污染专项整治行动。严格落实禁限烟花爆竹燃放和禁止秸秆焚烧等有关规定，加快餐饮无烟示范街建设，全力推广高效油烟净化设施。

二是提升水污染治理水平。大力推行"河长制"，加大资江、邵水等重点流域的水污染治理，持续推进水环境质量的改善。大力整改饮用水水源地保护区突出环境问题，保障饮用水安全。积极推进木瓜山水库第二水源地建设，提升饮用水安全保障水平。

三是积极开展土壤污染防治。建立土壤污染治理项目库，开展土壤污染重点行业企业核实、土壤污染问题突出区域梳理、农用地详查基本单元划定和调查点位核实工作。加快实施龙须塘片区古塘路、化工厂等土壤污染治理

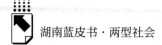

及生态修复工程，促进区域环境质量有效改善。

四是强化农村环境综合整治。完成生态红线划定后续工作，全面启动全市生态红线勘界定标工作，充分发挥生态红线监管信息平台作用，增强环境监管能力，确保生态红线划得准、守得住。全面推进农村饮用水水源保护、农村生活源污染治理、农业源污染防治、农村生态文明建设等，进一步改善农村环境质量。

五是持续推进增绿扩绿工程。持续开展"四边五年"绿色行动，重点抓好天然林保护、生态林工程、水土保持工程，积极推进国家森林城市建设。继续抓好世界自然遗产、国家公园、风景名胜区、森林公园、自然保护区、湿地等重点区域的保护与管理，进一步优化生态环境。

B.19
岳阳市2018~2019年两型社会
与生态文明建设报告

岳阳市人民政府

2018 年，面对复杂多变的宏观经济环境和艰巨繁重的发展改革任务，岳阳市按照习总书记生态优先、绿色发展的新理念，在湖南省委、省政府的坚强领导下，积极践行"一三五"基本思路，稳步推进产业项目建设、生态环境治理、民生福祉提升等工作，两型社会和生态文明建设取得了较好成效。

一 做法和成效

（一）转变经济发展方式，产业结构不断优化

2018 年，岳阳市实现地区生产总值 3411 亿元，同比增长 8.3%，分别高于全国和全省平均水平 1.7 和 0.5 个百分点。其中第一产业增加值为 319.91 亿元，增长 3.3%；第二产业增加值为 1424.34 亿元，增长 7.7%；第三产业增加值为 1666.76 亿元，增长 10.0%，三次产业结构由 9.7∶43.1∶47.2 调整为 9.4∶41.7∶48.9，服务业增加值占 GDP 的比重达 48.9%，比上年提高 1.8 个百分点，对经济增长的贡献率为 51.5%，比第二产业高 6.5 个百分点。在壮大传统产业的同时，节能环保、电子信息、生物医药等战略性新兴产业规模不断扩大，高技术产业增加值占 GDP 比重为 18.94%，比上年增长 4.5%，高加工度工业增加值增长 8.5%；高耗能行业增加值比上年下降 3.8%。产业集聚水平不断提高，经开区、绿色化工产业

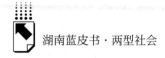

园有望晋升千亿元产业园区。发展方式向绿色生态转型，万元规模工业增加值能耗同比下降8.32%。

（二）加快基础设施建设，提升两型发展水平

多元并举的能源体系逐步健全。华电平江电厂、平江抽水蓄能电站等实现重大推进，新建（改造）110千伏变电站7座，完成154个行政村配电网改造。扎实推进洞庭湖北部地区补水工程、南湖电排站扩容改造、黄盖湖综合治理、梅溪港河治理、黄梅港河修复和蓄洪安全区建设，除险加固病险水库101座，清淤大中型渠道1417公里，建成高效节水灌溉面积2.6万亩，兴建农村饮水安全项目180处，解决了58.3万农村人口饮水不安全问题，水利防汛保安、生态涵养、农田灌溉、安全饮水保障能力全面提高①。严格划定市级重要饮用水水源地，开展省级重要饮用水水源地达标建设，加强河道保洁。实现区域城乡污水处理基本全覆盖。基本实现城乡生活垃圾处理的无害化、减量化、资源化。提升农业水利化、田园化、机械化水平，拓展现代农业功能。保障有力的水利体系正在全面构建。

（三）推动环境综合治理，污染防治取得实效

完成中央环保督查未销号问题年度整改任务，全市201处矮围、网围应拆除的全部拆除。工业污染防治常态化，先后关闭整改超标排污口15个，完成42个排渍口整治，关停退出超标排污企业30多家，累计建成污水处理厂29座，11个省级以上工业园区全部配备工业污水集中处理设施。生态环境修复系统化。统筹抓好砂石码头复绿、黑臭水体治理、畜禽退养等工作，目前洞庭湖原砂石码头侵占堤段全部复绿，东洞庭湖受损湿地全部修复，27处黑臭水体基本完成年度整治任务，畜禽养殖划定禁养区和长江沿岸500米范围内应退畜禽规模养殖场任务全面完成。环保监管执法长效化。坚决执行

---

① 引自《2019年岳阳市人民政府工作报告》，《岳阳日报》2019年1月22日。

环境影响评价"三同时"制度，推行环保公安联合执法，实行区域交叉检查，强力开展"环湖利剑"等行动。

（四）提升资源利用效率，环境质量不断改善

到2018年底森林覆盖率为45.31%，森林蓄积保有量达到2035万立方米，增长4.32%。林地保有量为932万亩，湿地保护率为77.28%。城区环境空气质量达标率为83.6%，细颗粒物（PM2.5）为首要污染物占超标天数75.0%，臭氧（O₃）为首要污染物的天数占20.0%，可吸入颗粒物（PM10）为首要污染物的天数占5.0%。全市水环境质量整体状况较好，以Ⅱ类、Ⅲ类水质为主，Ⅲ类水质以上占比提高到62.8%。单位GDP耗水为117.2立方米/万元，呈现逐年下降趋势。优先保障交通、能源、水利等重大基础设施、重大产业、重大招商引资、重大民生改善项目用地，限制高污染、高能耗等项目用地。把农村"空心房"整治作为乡村振兴战略的"突破口"和"先手棋"，开展农村"空心房"整治工作攻坚战。目前，全市共拆农村"空心房"921万平方米，腾退土地42502亩，正实施复耕20016亩，其中已竣工验收8458亩。52个重点乡镇共拆"空心房"550万平方米，腾退土地28961亩，正实施复耕14605亩，其中已竣工验收5224亩。加快再生资源产业升级，全力打造循环经济升级版，缔造再生资源创新利用示范新高地。

（五）加速地方立法进程，促进生态文明建设

《岳阳市城市规划区山体水体保护条例》已颁布实施，《岳阳市国家级东洞庭湖自然保护区条例》已获得省人大批准，洞庭湖治理等工作逐步走上法制化轨道。按照两型综改区的总体要求，结合岳阳实际，完善法规标准体系。组织出台了《岳阳市全面推行河长制实施方案》《深化公安、环保联动执法指导意见》，起草了《岳阳市东洞庭湖国家级自然保护区2017年度生态效益补偿试点方案》《生态效益补偿试点方案》《岳阳市关于培育环境治理和生态保护市场主体的实施意见》《关于加快绿色发展建设生态强市的

实施意见》，为各项生态文明改革工作的推进提供了遵循。积极推动产业转型，大力引导石化、食品等传统产业改造升级，加快现代物流、电子信息、生物医药等新兴产业发展壮大，严禁长江、洞庭湖沿线区域新上化工项目，强力开展洞庭湖区造纸企业引导退出工作，圆满完成 35 家造纸企业制浆产能引导退出任务，产业结构调整步伐加快。积极推动生态保护，科学划定生态保护红线，上报生态保护红线总面积 3386.58 平方公里，占国土面积的 22.75%，其中洞庭湖区生物多样性维护是重中之重，将为洞庭湖生态环保提供坚实的基础保障。

二　问题和短板

（一）工业结构有待优化

岳阳在经济规模上排在全省第二位，从总量来看非常喜人，但是从产业发展质量来看，还存在一些问题，主要表现为产业结构不够优。在工业结构中石化、食品等传统产业仍旧占据主导地位，一些新兴产业比如生物医药、电子信息、清洁能源等产业发展规模依旧偏小。

（二）资源利用有待加强

2018 年，六大高能耗行业总产值占规模工业总产值 38.34%。经过近几年的努力，岳阳市主要污染物排放总量大幅下降，但排放强度仍然偏高，工业氨氮、化学需氧量排放量均居全省前列。特别是煤炭消耗量大，减排压力大。单位 GDP 耗水为 117.2 立方米/万元，与规划要求还有较大差距。能源消费结构需优化，非化石能源占一次性消费能源的比重排全省后位。

（三）环保设施有待完善

城镇排污管网有待进一步完善，部分县市区污水处理厂超负荷运行。同时，一些地方对环保基础设施重建设轻管理，加之污水和垃圾处理费征缴不到位，造成部分设施不能实现长期稳定运行。部分乡镇和农村污水处理设施管护机制不健全，运行维护经费不落实，运行不正常，环境效益未能充分发挥。

三 对策和措施

2019年岳阳市将从以下几个方面努力，扎实推进两型社会发展和生态文明建设。

（一）优化产业结构，构建两型产业新格局

一是发展循环经济。增加绿色生产供给，加强"化工围江"整治，引导化工企业向绿色化工产业园集聚，加强工业园区绿色化循环化改造，严格年耗能1万吨标煤以上重点企业节能审查监管，加快淘汰落后产能，大力发展绿色循环经济。提高资源利用效率，合理确定建设用地开发强度，清理闲置低效用地，推进"腾笼换鸟"。倡导低碳生活方式，大力推广氢能公交车和新能源汽车，鼓励低碳建筑、环保建材、节能家电等绿色消费，努力建设节约型社会。[1]

二是做强优势产业集群。石油化工产业方面，以长岭炼化、巴陵石化两厂为核心，聚焦绿色产业园区，延伸拓展产业链条，促进石化产业进一步做大做强，打造中南地区的绿色石化产业基地。同时，依托蒙华煤运通道，大力发展煤化工，争取国家布局煤制甲醇、甲醇制烯烃等现代煤化工项目，力争"十三五"产值突破2000亿元。

三是大力发展新兴产业。优先支持先进装备制造、生物医药、电子信息、军民融合、节能环保等战略性新兴产业发展壮大，培育打造一批支柱型产业。

四是谋划未来产业发展。借鉴发达地区发展经验，在航空航天、人工智

---

[1] 引自《2019年岳阳市人民政府工作报告》，《岳阳日报》2019年1月22日。

能、生物技术、生命健康等未来产业领域提前谋划，制定实施产业发展行动计划，大力支持企业引进培育、关键技术攻关和重点项目建设，力争通过3~5年努力，培育形成1~2个产业集群。

（二）注重质量发展，提高资源利用效率

一是提高水资源利用效率。落实水资源开发利用、用水效率和水功能限制纳污等"三条红线"管控措施，推广高效节水技术和产品，鼓励雨水收集和中水回用。鼓励工业企业开展水资源再利用和再循环，实行动态水价分级收费制度。采用先进农业灌水技术，进一步提高农业用水效率。同时推进节水型社区、机关、学校、医院等建设，打造节水型社会。

二是提高建设用地使用效率。按照"控制总量、严控增量、盘活存量"要求，合理确定建设用地开发强度、促进用地功能混合、鼓励地下空间复合利用，推广先进节地技术，建设使用多层标准厂房。优先保障高新技术产业和战略性新兴产业建设用地，限制传统产业用地，禁止高能耗、高排放、低产出的项目用地。盘活存量用地，提高土地使用效率。

三是积极发展清洁能源。积极利用岳阳地理气候水文条件，大力发展水电、生物质能等清洁能源。优化能源利用结构，逐步削减一次能源中煤炭的比重。推动长岭炼化、巴陵石化、华能电厂等企业实施节能改造。推广应用建筑节能技术，推进已建公共建筑、居民住宅建筑节能改造。发展绿色交通，推动清洁能源公交车辆应用，推广天然气出租车、公共自行车等环保交通工具。引导消费者购买高能效家电、新能源机动车等节能环保低碳产品。推进企事业单位、政府机构推行绿色节能办公。

四是提高资源再利用效率。按照减量化、再利用、资源化的原则，加快建立循环型工业、农业、服务业体系。完善再生资源回收体系，实行垃圾分类回收、分类处理，开发利用"城市矿产"。推进秸秆等农林废弃物以及建筑垃圾、餐厨废弃物资源化利用，发展再制造和再生利用产品。深化生产系统和生活系统的循环链接，推动企业余能、余热在生活系统的循环利用，鼓励企业生产设施协同资源化处理城市废弃物。

（三）推进乡村振兴，共享两型发展成果

编制出台岳阳市乡村振兴战略规划，认真实施乡村振兴战略三年行动方案，打响乡村振兴"岳阳品牌"。

加快完善基础配套，抓好中小河流治理、水库除险加固、小型农田水利等十类水利设施建设，完成37个行政村配电网改造，统筹抓好乡镇污水处理设施建设，促进城乡基本公共服务均等化。

加快发展现代农业，实施新型农业经营主体培育工程，大力发展家庭农场、合作社、龙头企业、社会化服务组织和农业产业化联合体，鼓励引导工商资本投入现代农业。狠抓特色产业小镇建设，聚焦食品、浮标、竹器等优势产业，扶持创建一批产业"特而强"、功能"聚而合"、形态"小而美"的特色产业小镇，推动产镇融合发展。

加快建设美丽乡村，深入实施农村人居环境整治三年行动计划，继续抓好规范村民建房，确保竣工集中建房点47个，推动"空心房"整治向大面延伸，抓好农村"厕所革命"。加快推进移风易俗，推动形成"文明乡风、良好家风、淳朴民风"的农村社会新风尚。

（四）引导共建共享，加快构建生态发展新格局

正确处理好经济发展与生态环境保护的关系，统筹山水林田湖草系统治理，打造长江经济带绿色发展示范区。

一是加大环境治理力度。按照"守护好一江碧水"的要求，统筹推进长江、洞庭湖等重点流域治理，严格入河（湖）排污管理，完善污水处理设施建设，提高城镇和园区污水处理能力。全面推进涵养区、源头区等水源地环境整治，严格饮用水水源保护。加强大气污染防治，严格削减煤炭消费总量，大力发展风能、太阳能等新能源，不断提高非化石能源在能源消费结构中的比重。合理控制城市机动车保有量，加强扬尘治理，强化重污染天气应急应对，健全区域大气污染联防联控机制，完善空气环境监测网络。加强土壤污染防治，健全土壤环境监测网络，持续推进重金属污染治理、农村环

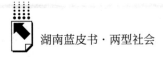

境连片综合治理、农业面源污染防治及畜禽养殖污染防治。

二是加快生态系统建设。统筹考虑人口资源环境承载能力，科学划定"三区三线"。加强对自然保护区、风景名胜区、森林公园、地质公园以及重要湿地和湿地公园的保护，禁止任何形式的干扰和开发利用，作为生物多样性保护底线。加大植树造林和山体植被恢复力度，通过生态隔离、立体交通连接，防止城市建设的无序蔓延，建成以绿色圈层、生态廊道、河渠绿化为依托的绿色生态屏障。加强与周边地区的生态合作，实现共建共享。

三是健全生态制度体系。建立健全自然资源资产产权和用途管制、生态保护红线、生态保护补偿、生态环境损害赔偿和责任追究等制度，形成源头预防、过程控制、损害赔偿、责任追究的生态文明制度体系。建立健全排污权、水权交易等市场化机制。推行合同能源管理、环境污染第三方治理，引入社会资本参与建设环境保护重点工程。

B.20

以绿色发展为引领 推动常德高质量发展

——2018～2019年常德市两型社会与生态文明建设报告

常德市人民政府

一 2018年常德市两型社会与生态文明建设情况

2018年，在湖南省委、省政府的坚强领导下，常德市按照"开放强市、产业立市"战略部署，坚持生态优先、绿色发展，全力推进污染防治攻坚战，两型社会与生态文明建设各方面工作取得明显成效。

（一）兴产业、强实体，发展质量有效提升

全面推进产业立市三年行动，着力振兴实体经济，高质量发展态势正在形成。

1. 产业升级步伐加快

传统产业变速换挡，新兴产业快速成长。工业技改投资增长28%，高新技术产业产值突破1200亿元。21家企业成功入选省小巨人企业，飞沃新能源的"高强度紧固件制造试点示范"项目获批国家智能制造试点示范项目。常德国家农业科技园区顺利通过了科技部验收，规上农产品加工企业31家、"两品一标"认证达到117个，休闲农业经营收入同比增长15%。服务业对经济的拉动作用不断增强，新增121家规模以上服务业企业，社会消费品零售总额达1260亿元、增长10.6%。

2. 产业载体支撑强化

按照国家级、省级园区不超过"三主三特""两主两特"的定位，统筹全市园区产业布局，建设一批特色园区。园区条件得到进一步改善，投入

102 亿元建设园区基础设施，建成 220 万平方米标准化厂房。园区活力得到进一步激发，市级层面向两个国家级园区常德经开区、常德高新区下放管理权限共计 199 项，区县市园区全面启用"2 号公章"，11 个园区与发达地区 17 个园区（商会）成功结对合作，常德经开区被省工信厅认定为湖南省军民融合产业示范基地。

3. 产业品牌影响扩大

进一步实施"常德品牌·中国品质"行动，通过产品品牌品质的提升，带动了产业质量和城市形象的共同提升。通过多次开展优质农产品推介活动，常德优质农产品成功入驻上海、广州、新加坡等国内外市场，合同销售金额超过 147 亿元以上。编印常德工业品名录，成功举办常德工业品推介暨产销对接会，签订本地产品购销合同金额总计 102 亿元。多措并举推介常德旅游形象，唱响桃花源品牌，桃花源、柳叶湖、穿紫河、枫林花海等频频亮相央视等主流媒体，外地团组来常游客增长近 4 倍。

（二）破瓶颈、增活力，两型改革不断深入

坚持向改革要动力，按照湘发〔2016〕31 号文件精神，扎实推进全市两型改革，体制机制进一步理顺。

1. 持续深化排污权交易改革

为稳步推动常德主要污染物排污权交易工作，建立管办分离、资源共享、开放透明的排污权交易市场秩序，出台《常德市主要污染物排污权交易规程》（常环发〔2018〕21 号）。将主要污染物排污权总量指标作为建设项目环评审批的前置条件，全年共完成排污权交易 222 笔，交易总额为 1226 万元，发放屠宰、淀粉、陶瓷等 6 个行业排污许可证 28 张。2018 年全市应缴纳排污权有偿使用费企业共计 828 家，目前已缴费企业 755 家，企业征收率达 93%。

2. 深化土地管理体制机制改革

一是耕地保护到位。连续 18 年实现耕地总量动态平衡和年度耕地占补平衡，牢牢守住 728 万亩耕地保护和 612 万亩永久基本农田红线；出台《关

于加强补充耕地指标的通知》，进一步规范全市补充耕地指标管理；实施农村土地整治项目 138 个，总投资 4.58 亿元，建设规模为 30.45 万亩。二是全面推进农村土地承包经营权确权登记颁证。全市已确权 708.9 万亩、占应确权面积的 100%，共签订承包合同 112.1 万份，发放土地承包经营权证书 20.9 万本；区县市信息平台建设全面完成招投标，被评为全省优秀。全市流转耕地面积达 353.9 万亩，占耕地总面积的 53.8%。

3. 开展生态文明建设目标评价考核

以市委市政府名义出台《生态文明建设目标评价考核办法》，在经济发展考核中增强生态文明考核比重，每年进行一次评价，五年进行一次考核，有效地引导区县市党政领导的产业发展观，产业项目的环保性、节能性成为党政领导发展产业的重要关注点。同时，出台《常德市党政领导干部生态环境损害责任追究实施细则》，对产业建设中严重损害环境的行为进行问责。2018 年上半年，全市共问责领导干部 25 名，其中约谈 2 名、诫勉谈话 3 人、警示谈话 4 人、通报批评 10 人、党内警告 3 人，暂未结案 3 人。

（三）治污染、重保护，生态建设强力推进

切实打好污染防治攻坚战，坚持铁腕整治、一抓到底，较好完成年度工作任务。

1. 污染防治扎实开展

切实抓好污染治理，实施治理项目 498 个。持续实施洞庭湖生态环境专项整治行动，清除欧美黑杨 2.1 万亩，整治砂石码头 206 处，拆除网围矮围 263.6km 和网箱 102.8 万 m^2。攻坚治理 29 条黑臭水体，治理后的珊珀湖水体水质明显改观，重新焕发昔日生机。烟花鞭炮禁燃、秸秆禁烧、农业面源污染治理、餐饮油烟整治、鼎城石板滩石煤矿山治理等扎实推进。

2. 督察整改取得实效

中央生态环保督察"回头看"交办群众信访举报 271 件，已办结 215 件；省生态环保督察交办群众信访举报 503 件，已办结 489 件，办结率居全省前列。238 家黏土砖厂全部关闭，全面完成 44 家石膏矿山整治，年内所

有煤矿可关闭退出。关闭"散、乱、污"企业190家、整改101家，洞庭湖区造纸企业引导退出工作加快推进，省级以上工业园区污水处理设施全部投入运行。

3. 生态环境总体改善

按要求在全域范围落实河（湖）长制，针对重点江河湖库进行经常性管护，23个考核断面95%以上达Ⅲ类以上水质，县级及以上饮用水水源地水质均达标。完成大气污染物排放源清单编制，市城区环境空气质量优良天数达290天，增加15天。土壤污染防治先行区建设成效明显。完成人工造林24万亩，义务植树1134万多株。石门县入选全国森林康养试点县，安乡县成功创建全国渔业健康养殖示范县，澧县涔槐国家湿地公园试点通过国家验收。

（四）强基础、提品质，城乡融合步伐加快

统筹城乡发展，提升功能品质，全市城镇化率达53%。

1. 城镇提质亮点纷呈

成功获评全球首批国际湿地城市、中国美丽山水城市。顺利通过全国卫生城市周期复审。海绵城市建设成果宣传片"赋水善德、筑民福祉"在国家博物馆庆祝改革开放40周年大型展览上播出，是展览会上唯一以视频形式系统介绍海绵城市建设成果的城市。启动新一版"城市总体规划（2020~2035年）修编"。加快建设公共停车场，创新实施"路长制"，城区交通拥堵有效缓解。省政府正式批复津澧新城总体规划，为津澧新城未来发展描绘蓝图。

2. 乡村振兴全面铺开

完成自然村通水泥路建设和农村公路窄改宽3579公里，临澧县获批全省首批城乡客运一体化示范县。建设各类水利工程3.3万处。完成农村危房改造13529户、危桥改造135座、村电网改造366个，实施安防工程1100公里。农村人居环境整治全域启动，美丽乡村建设不断深化，汉寿县、澧县、石门县通过全省农村环境综合整治整县推进验收。推动以文明节约为主

题的移风易俗工作，乡村社会文明程度不断提高。

3. 交通建设加力推进

完成交通投资 80 亿元。黔张常铁路进入全线铺轨阶段，顺利推进常益长高铁征地拆迁、节点性工程设计，常德铁路枢纽站初步设计方案完成，安慈、官新高速公路等项目加快推进。推进"公交都市"创建，截至 2018 年底，市城区共有公共汽车 906 台，折合 965.4 标台，全部为绿色公交车辆（CNG、LNG 车、混合动力车和纯电动车），绿色公共交通车辆比率为100%。

（五）重宣传、造氛围，绿色理念深入人心

采取多种有效方式，广泛开展生态文明、绿色文化宣传教育，在全社会形成尊重自然环境、建设生态文明的浓厚氛围。

1. 主题宣传活动影响空前

世界环境日，持续推进"环保"五进活动，举办首届中小学环保创意大赛，原创舞台剧《守护我们共同的家》被省林业厅调演，市政府主要领导在常德日报头版发表署名文章《共建共享美丽常德》。全国低碳日，在步行街发放《节能有我　绿色共享》宣传手册，普及合理用能、提高能效的节能理念，宣传现场在常德电视台播出。节水宣传周，以"节水即增效，节水促发展"的理念，在湖南恒安纸业公司开展活动启动仪式，引导企业改进工艺、科学用水，增进实效。

2. 新闻媒体报道亮点纷呈

《常德日报》新辟"生态"专版，整版刊登生态环保新闻，刊发稿件500 余件；在常德电视台"生态环保进行时"专栏播发环保新闻 400 余条，特别是在中央生态环保督察"回头看"、省生态环保督察期间，在国家、省级媒体播发稿件 29 条，市级媒体 240 多篇（条）。成功举办"美丽中国长江行·生态篇"网络主题活动，引发全社会广泛关注。微信公众号"常德微环保"入驻新浪看点等多家优质稿件推送平台，粉丝量增长 1.8 倍；新浪微博"常德 V 环保"在人民日报政务微博榜单名列湖南市州第一。

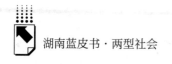
二 2019年常德市两型社会与生态文明建设重点

2019年，是新中国成立70周年，是长株潭两型改革试验区第三阶段的关键之年。全市两型社会与生态文明建设工作，将以习近平生态文明思想为引领，牢牢把握长江经济带、洞庭湖生态经济区等国家战略，以打好打赢污染防治攻坚战为重点，推动常德实现绿色高质量发展。

（一）聚焦产业行动，加快提升发展质量

1. 促进产业升级

持之以恒推进产业立市三年行动，着力壮大实体经济，提高经济发展质效。扎实推进产业项目建设，力争烟厂易地技改、中国中药产业园、中联重科起重机械产业基地等一批项目正式竣工并投产达效。提质改造传统产业，推动烟草、纺织、酿酒、建材等产业"老树发新枝"。积极培育新兴产业，加快发展装备制造、生物医药、健康食品、新能源、新材料等优势产业链。大力发展先进制造业，支持企业加强技术改造和设备更新，培育一批智能制造示范企业、示范车间和绿色园区、绿色工厂。

2. 做强产业园区

坚持园区发展集约化、特色化、人性化理念。下大力气、下硬功夫谋划和推进特色园区，全面落实优化园区产业布局指导意见，出台针对性的政策，支持常德经开区装备制造与军民融合产业园、常德高新区工程机械配套产业园等特色园、园中园建设，引导园区培育一批"镇园之宝"。加快园区基础设施建设，争取投入100亿元以上，新建标准化厂房100万平方米以上。

3. 狠抓品牌建设

将"常德品牌·中国品质"行动在各行业常态化开展，扩大常德品牌的影响力，让世界人民爱上常德制造。引导企业增强品牌意识，加大品牌推介力度，参与制订修订国家、行业标准体系，积极争创中国质量奖、省长质量奖，培育更多"常德工匠"和"百年老店"。加强香米、茶油、茶叶、甲

鱼、米粉等区域公用品牌培育。支持桃花源、城头山 5A 级景区和柳叶湖国家级旅游度假区创建。

（二）打好攻坚战役，努力改善发展环境

1. 加强污染防治

巩固环保整治成果，统筹谋划抓好中央生态环保督察"回头看"和省生态环保督察交办问题的整改工作，切实打好蓝天碧水净土保卫战。加强大气污染联防联控，综合治理污染源，确保市城区环境空气质量优良率达到78%以上。切实抓好"一湖两水"生态环境保护和综合治理，全力落实实施河（湖）长制，全面整治城市黑臭水体、工业和城镇污水，确保国家地表水考核断面水质优良比例达 88% 以上，劣 V 类水体消除；市建成区、县级城市建成区和乡镇黑臭水体消除比例达到 90%。开展耕地修复治理、矿山生态修复，扎实推进土壤污染防治先行区建设，抓好第三次国土调查工作。

2. 严格环境监管

加大部门联合执法力度，切实强化行政执法与司法联动、社会监督与执法监管联动，保持环境监察执法高压态势。优化环境监测网络，健全管理信息平台建设，完善"事故预警和应急处置"工作机制，确保对环境污染快速预判、准确分析和及时报警。制定出台《常德市危险废物污染环境防治管理办法》，利用信息化、大数据等先进手段，分析环境质量监测数据，做好工程项目环保风险评估，防范化解重点领域风险。

3. 注重生态保护

加快创建生态文明建设示范市，出台施行相关规划。严格对标"两个统一"，切实强化国土空间用途管制，启动全市国土空间规划，维护三线划定成果，加快推进山水田林湖草整体保护、系统修复和综合治理，编制环境准入负面清单。坚决落实耕地保护责任，坚守耕地保护红线特别是基本农田保护红线。切实转变矿产资源利用方式，加快推进绿色矿山建设，加强矿山土地复垦和地质环境修复治理。推行环境污染第三方治理，健全环境信用评

价、信息强制性披露、环保黑名单管理等制度，倒逼企业落实污染防治主体责任。

（三）实施乡村振兴，着力夯实发展基石

1. 发展现代农业

全面落实国家粮食安全战略，大力实施"优质粮食工程"，积极推广"稻田＋"、林下经济等生态种养模式，着力增加优质绿色农产品供应。积极培育新型农业经营主体，新增1000个以上家庭农场、200家以上农民合作社。推广与应用现代农业科技，建成现代化农业园区，发展特色产业小镇。推进特色农产品优势区建设，努力创建一批国家级、省级特色农产品优势区，力争农产品加工业销售收入突破1450亿元。加快推进"互联网＋现代农业"，拓宽农产品线上流通渠道。促进农业与文化旅游、生态休闲深度融合。

2. 建设美丽乡村

以垃圾污水治理、厕所革命和村容村貌提升为重点，加快实施农村人居环境整治三年行动。加快推进乡村振兴"4＋9"示范片建设、美丽乡村示范村创建和县乡全域推进试点，完成120个村的农村环境综合整治任务，打造319国道百里生态经济走廊。开展城乡建设用地增减挂钩暨农村"空心房"整治，依托自然村落、集中安置点合理引导农民集中居住。培育文明乡风、良好家风、淳朴民风。

3. 改善基础条件

进一步加强农田水利基础设施建设，巩固提升农村饮水安全，重点抓好澧县安乡西水东调工作。高质量推进"四好农村路"建设，实施农村公路窄改宽500公里，全面完成自然村通水泥路建设。加快新一轮农村电网改造升级，加强乡村通信基站和光缆线路建设。大力发展壮大村级集体经济，增加村级公共服务自给能力。加大基层组织运转经费保障力度，保障好基层干部待遇。充分发挥自治章程、村规民约在乡村治理中的作用，建立健全现代乡村社会治理体制。

（四）推动城市提质，不断完善发展平台

1. 提升城市品质

强化规划引领作用，坚持多规合一，开启新一版城市总体规划的修编工作，加强柳叶湖旅游度假区空间规划管理。全面推进"城市双修"，巩固海绵城市建设成果。加快城市提质、棚户区改造和重点项目建设，推进沅江隧道等城市骨干路网建设。推进"公交都市"建设，将市域内客运班线改造升级为城际公交。加快市城区停车设施规划建设，改善城市交通环境。规范房地产市场秩序，促进房地产市场平稳健康发展。

2. 加强精细管理

推动城市管理拓展延伸，提高科学化、精细化、智能化管理水平。严格落实《常德市城乡生活垃圾管理条例》，加强垃圾分类处置。完善出租车改革后续管理长效机制。提高市政设施、园林绿化管养水平。持续抓好控违拆违。加快拓展"我的常德"城市公共服务平台功能，积极创建国家新型智慧城市示范城市。巩固城市创建成果，提高市民素质和社会文明程度。

B.21
践行绿色发展理念　建设生态美丽张家界

张家界市人民政府

一　张家界市生态环境及旅游资源开发情况概况

张家界气候适宜，物产丰富，生态环境优越。气候水文方面，全市地处北半球中纬度，属亚热带季风湿润气候，光热充足，舒适宜人。2017年、2018年城区空气质量优良率分别达到89.0%、93.2%。全市共有流域面积10平方公里，有长度5公里以上的河流286条、3972公里。自然禀赋方面，全市有木本植物110科、1049种，其中国家一级保护野生植物5种（银杏、红豆杉、伯乐树、珙桐、光叶珙桐），国家二级保护野生植物26种（金钱松、黄杉、白豆杉、楠木、厚朴、香果树等），有野生兽类60余种、野生禽类150余种、野生蛇类27种，其中国家一级保护野生动物有8种，国家二级保护野生动物有43种。目前，全市森林覆盖率为70.99%，核心景区为98%，居湖南省第一位。地形地貌方面，境内山地、丘陵起伏，兼有山间盆地、河谷带状平原。地势西北高、东南低，沿澧水、溇水倾斜。境内山峦重叠，地面起伏很大。境内石灰岩地层分布广泛，岩溶地貌及其洞穴发育完全，堪称全省之冠。世界罕见的石英砂岩峰林地貌，峰柱林立，峡谷幽深。作为湖南省旅游龙头，全市目前已经建成国家等级旅游景区（点）19个，其中5A国家级旅游景区2个，4A国家级旅游景区9个。天门山国家森林公园、天泉山国家森林公园、百里画廊茅岩河、张家界大峡谷风景区、亚洲第一洞九天洞、八大公山国家级自然保护区已进行科学有序旅游开发。

二　张家界市生态文明建设举措、成效及经验

张家界市始终把生态文明建设摆在全市工作的重要位置，以生态文明建设为契机，推动经济、社会健康可持续发展。生态建设取得明显成效，2017年，成功创建国家森林城市、省级园林城市；2018 年，武陵源区获批国家生态文明建设示范市县，张家界市成功创建环境空气质量达标城市。经济高质量发展态势初步显现，2018 年，实现地区生产总值 578.92 亿元，增长7.5%；完成同口径一般公共预算收入 63.76 亿元，增长 14.57%；城乡居民人均可支配收入分别达 24802 元和 9596 元，分别增长 8.1% 和 10.4%；全年接待游客 8521.7 万人次、实现旅游总收入 756.8 亿元，分别增长16.2% 和 21.3%。突出抓了三个方面工作。

（一）突出抓工作机制完善

牢固树立生态优先、绿色发展理念，强化政治担当，高位推动生态建设各项工作落实。

一是坚持政策制度引领。出台了《张家界生态市建设规划（2005～2018 年）》；"十三五"规划中提出融入长江经济带发展战略，构建"两心两廊两区多点"区域生态空间布局，实现生态文明建设走在全省前列，成为国家生态文明建设示范区；市第七次党代会提出坚持走生态优先、绿色发展之路，加快建设国家级生态文明示范市；市委七届三次全会提出实施"对标提质、旅游强市"战略和"11567"总体思路，建设山清水秀、天朗地净的"生态城市"，打造富饶美丽幸福新湖南的"张家界样本"。市委常委会认真学习贯彻习近平总书记 2018 年 4 月在深入推动长江经济带发展座谈会上的重要讲话精神和视察岳阳时的重要指示、习近平总书记和李克强总理在全国生态环境保护大会上的重要讲话精神，全面落实《中共湖南省委关于坚持生态优先绿色发展　深入实施长江经济带发展战略　大力推动湖南高质量发展的决议》，及时研究出台《中共张家界市委关于深入实施长江经

济带发展战略　建设绿色生态张家界　推动高质量发展的决定》和《生态绿色张家界建设"先导工程"三年行动计划（2018～2020年）》。

二是强化工作部署。两年来，市委常委会、专题会11次研究部署生态文明建设，市委市政府多次召开全市性大会进行部署动员；市政府党组会、常务会、专题会14次研究生态环境保护与治理修复工作；着力加强生态专项立法、法律监督和工作监督；加强生态环境保护专题协商，组成武陵山片区澧水流域生态保护课题组，共商澧水流域生态保护。全市上下形成了以高位推动、强化责任、多措并举、严格督查，保障长江经济带发展战略落到实处的生动局面。实施《落实市委"11567"总体思路三年行动计划》，开展城乡环境同治专项行动；抓好"六城同创"，推进规范农民建房、集镇环境整治、旅游干线环境综合治理、环境整治"6＋1"四个专项行动，加强集镇污水处理设施、垃圾处理设施、停车场和农贸市场等"四项集镇环境整治标配"建设；有序推动大气、水、土壤环境治理"三大战役"，连续两年部署开展环境治理战役"夏季攻势"；推行路长制，重点加强公路、景区沿线和城乡接合部环境综合治理；全面加强自然保护区管理和生物多样性保护。

三是落实资金保障。两年来，在污染防治、生态保护与修复方面共争取中央和省级投入1293.47万元、市级投入2805万元。各级财政资金带动了各地和企业投入，两年来全市完成生态环保投资65.01亿元，占全市投资总量的9.89%。

（二）突出抓生态环境治理

治水是张家界市生态文明建设的重要内容。全市以澧水治理为重点，推进水、大气、土壤综合治理，全面推行河长制，促进生态环境保护与治理修复，形成了目标明确、覆盖全市的环保责任体系。

一是坚持问题导向。把坚决整改中央环保督察反馈的问题作为政治任务，逐一明确责任单位、责任人和整改措施、时间节点，集中解决了河道采砂、涉自然保护区水电站等一批群众关心的突出环境问题。目前，中央环保督察交办的 71 件信访件已全部办结，涉大鲵自然保护区的 29 个河道采砂项目全部关停取缔，60 个水电项目正在分类处置。

二是坚持重点突破。以重点工程项目为载体，以重点区域整治带动全市面上治理。建成旅游厕所 151 座，其中，2018 年开工在建 27 座。大峡谷景区周边环境整治拆除违章建筑 95 处、8000 多平方米；完成生态保护红线划定，截至目前，完成网箱退养 25.76 万平方米，实现森林采伐量每年递减 20% 以上目标；雨污分流改造、污水处理设施建设、黑臭水体治理、"僵尸船"清理取得明显成效，规范处置生活垃圾、建筑垃圾 4.67 万吨。

三是坚持系统治理。在治水方面，统筹推进养殖污染、非法采砂、工业污染物、污水垃圾治理，以及饮用水水源地保护、河流岸线保护等工作，全市所有地表水监测断面保持 II 类水质，城市集中式饮用水水源地水质达标率达到 100%。在治气方面，开展扬尘污染整治、机动车排放整治、高污染燃料、餐饮油烟治理等专项行动，完成电力、水泥等重点企业脱硫、脱硝、除尘设施建设与改造，持续推进挥发性有机物污染治理。目前，黄标车全部淘汰，市城区露天烧烤基本整治到位。在治土方面，在全省率先构建国土空间规划体系、率先完成自然保护区内矿业权清理任务。开展农业面源污染防治，建设高标准农田；加快农村环境综合整治，创建了一批省级生态乡镇、美丽乡村示范村。

（三）突出抓产业转型升级

产业转型升级是协同推进经济建设与生态建设的重要抓手。全市正在加快动能新旧转换，加速产业脱旧换新，努力实现大保护下的高质量发展。

一是推动产业升级。实施农业农村三个"百千万"工程，加快"三区一园"错位发展，出台推进产业转型升级、发展旅游农业、扩大旅游消费、加快电子商务会议经济发展等文件，文化旅游、网络消费、健康养老等产业快速成长。电子商务交易总额达到 55 亿元；实现"个转企" 393 户、"小升规" 125 家。

二是淘汰落后过剩产能。加快推进有色、煤炭、烟花爆竹等领域过剩产能市场化退出。两年来，关闭退出煤矿 3 家、非煤矿山 28 家，关闭退出全部 6 家烟花爆竹生产企业，规模工业增加值能耗分别下降 26.91%、23.38%，单位 GDP 能耗分别下降 0.06%、5.73%。

三是推进环保设施建设改造。加强环境监测网络体系建设，设置国控重点污染源监测企业 10 家，地表水环境质量监测断面 14 个、水质自动监测站 1 个、空气质量监测站点 7 个，运用在线监控、无人机、卫星遥感等技术强化监管。

三 生态文明建设存在的主要问题

从张家界市地理位置看，全域均在长江经济带范围内，是长江中下游重要生态屏障，是全省"一湖三山四水"生态安全战略格局的重要组成部分，保护与发展责任重大，任务艰巨，问题不少。

一是环保形势依然严峻。大气污染防治涉及产业结构、能源结构、运输结构调整，涵盖工业、农业、交通、建筑等诸多领域，哪个环节监管不到位、哪个领域措施不落实都将造成一定程度污染，要稳固并持续推进空气环境质量改善的压力很大。全市产业结构不优，规模工业企业轻重产值比为 44∶56，在规模以上工业 30 个大类中占比居前列的仍是以矿物制品等为主的传统行业（以农副食品加工业、非金属矿物制品业、电力、热力生产和供应业等为主的传统产业）。能源结构不优，清洁能源使用率不高。建筑施工扬尘、道路扬尘污染还未得到彻底遏制，核心景区保护、景区周边环境整治仍存在不少薄弱环节，城镇垃圾污水处理、农村面源污染整治、岸线乱占滥用治理、松材线虫病防控等方面压力还很大。涉自然保护区小水电站整改牵扯到经济补偿、债权债务、人员安置和生态恢复等诸多方面，工作压力不小。

二是环保问题仍然比较突出。"绿盾行动"开展两年来，建立疑似问题台账 330 个，经对疑似问题进行核查，仍有 238 个疑似问题需要建立台账进行销号。水资源浪费严重，农业灌溉平均用水定额在 460 立方米/亩以下，灌区渠系水利用系数普遍在 0.542 以上，一系列环境问题仍然突出。

三是环保工作仍然存在薄弱环节。环保责任落实不到位，存在监管不力、执法不严、违法不究等现象。环保考核奖惩机制不健全，考核指挥棒作用发挥不充分。基层监测队伍力量不足，信息化水平较低，监测网络不健全等问题不同程度地存在。

四　2019年生态文明建设思路、重点及措施

习近平生态文明思想是否真正在张家界落地生根，最主要的是看生态优先、绿色发展的理念是否牢固树立，看绿色生产方式和生活方式是否形成，看污染防治攻坚战任务是否完成，看人民群众是否从中得到实惠，关键看是否走出一条高质量发展之路。2019年，张家界将立足生态文明建设，坚持绿色引领，推动高质量发展。

（一）抓结构调整

深入推进供给侧结构性改革，促进产业、能源、交通运输、农业投入结构优化调整，从源头上防治环境污染。

一是调整产业结构。坚决淘汰落后产能，强化监管，压实责任，严防落后产能"死灰复燃"，形成淘汰落后产能的常态化工作机制。大力培育优势产业链，推动创新链、产业链、资金链、人才链融合发展，集中资源要素补链强链延链。加快传统产业绿色改造，创建绿色园区、绿色工厂和两型企业，推广应用先进节能环保技术、工艺和装备，大力推进"散乱污"企业整治，全面推进电力、水泥、有色金属等企业以及燃煤锅炉脱硫、脱硝、除尘设施建设与改造，全面推行清洁生产。

二是调整能源结构。强化能源消费总量和强度"双控"考核，推进"气化张家界"建设，加快实施"以气代煤""以电代煤"工程，大力推广太阳能、生物质能等新能源应用，减少原煤消耗，全市能源消费总量控制在269万吨标准煤以内。

三是调整运输结构。加快建设高效便捷铁路网，提升航空口岸辐射带动

能力，完善方便快捷旅游通道网，鼓励和引导企业选择铁路运输。实行公交优先城市交通发展战略，积极推广使用新能源公交，鼓励绿色出行。四是调整农业投入结构。实施化肥、农药使用量零增长行动，到2020年，全市主要农作物测土配方施肥面积达到330万亩，恢复发展绿肥种植面积15万亩以上；大力发展专业化统防统治和绿色防控，到2020年，统防统治面积达到65万亩，绿色防控面积达到70万亩。

（二）抓环境整治

坚持不懈地执行省委全会明确的"十个严禁"，继续开展好"碧水守护、蓝天保卫、净土攻坚、大地增绿、城乡洁净"五大行动，解决突出环境问题，守住环境质量底线。

一是坚决打好污染防治攻坚战。按照党中央、国务院出台的《关于全面加强生态环境保护坚决打好污染防治攻坚战的意见》要求，落实《张家界市污染防治攻坚战三年行动计划（2018～2020年）》，确保到2020年，市城区、县城环境空气质量优良天数比例分别达到90%和88%以上；全市国控、省控、市控地表水断面水质优良比例保持100%，县级以上城市集中式饮用水水源水质达到Ⅱ类比例保持100%；全市受污染耕地安全利用面积新增26.83万亩，治理修复面积达到6.71万亩，受污染耕地安全利用率达91%左右。基本实现"主要污染物排放总量大幅减少、生态环境质量总体改善、绿色发展水平明显提高"的工作目标。

二是抓紧做好生态环境保护审计发现问题整改。湖南省审计厅指出张家界市生态环境保护存在6大类、31个具体问题，加快整改进度，落实整改措施，按照上级要求高标准完成整改。

三是配合开展第二次全国污染源普查。摸清污染源底数，建立健全重点污染源档案、污染源信息数据库和环境统计平台，为加强污染源监管、改善环境质量、防控环境风险、服务环境与发展综合决策提供依据。

（三）抓生态保护

始终坚持把加强生态保护作为全局性战略性的大事、作为旅游可持续发展的核心来抓，不断推动生态文明建设突破提升。

一是严格落实主体功能区划。建立主体功能区空间开发、产业布局管控机制，实行不同主体功能区差别化产业政策，明确重点生态功能区产业准入负面清单。推动经济社会发展、城乡、土地利用、生态环境保护等规划"多规合一"。优化国土空间开发布局，建立统一的空间规划体系和协调有序的国土开发保护格局。依托各地基础条件和资源禀赋，拉长产业链条，提高资源利用效率，不断把生态优势、资源优势转化为产业优势、经济优势。

二是加快创建生态文明建设示范区。全面落实生态文明建设示范区创建规划和实施方案，着力打造"两心两廊两区多点"生态空间格局。推进生态制度、生态环境、生态空间、生态经济、生态生活、生态文化建设。严守生态保护红线，加大对澧水、沅水、溇水等重点水源涵养区保护和管理，加强世界自然遗产、世界地质公园、自然保护区、风景名胜区、森林公园保护和管理，抓好联合国教科文组织反馈的涉世界自然遗产、涉世界地质公园意见的整改，开展自然保护地"绿盾"攻坚行动。深入推进国家生态文明建设示范市创建，创建一批生态文明示范机关、景区、乡镇、乡村、企业和学校。

三是不断改善水生态环境。制定实施澧水、沅水、溇水治理与保护专项规划和"三年行动计划"，统筹干支流、左右岸、上下游、河溪库塘、岸上岸下等系统保护、协同治污与生态修复，统筹水安全、防洪、发电、交通、景观、水系连通等一体化建设，推进岸线专项整治和生态建设，把澧水岸线变成水清岸绿的美丽风景线。全力抓好河长制、路长制工作，实现"一河一策""一路一策"，推进治水、治路常态长效。全面落实最严格水资源管理制度和水资源"三条红线"，加快建设节水型社会。加强饮用水水源保护，严控地下水超采。

四是加快自然生态系统恢复修复。编制张家界市生态保护红线、环境质量底线、资源利用上线和环境准入负面清单，从发展格局、空间布局、污染物排放、资源开发利用等方面提出区域差异化的环境准入要求，建立覆盖全市的环境管控体系。实施生态涵养带建设工程，到 2020 年基本建立覆盖澧水、沅水张家界段的生态涵养带，流域山水林田湖草生态基底自然原貌基本恢复。大力开展湿地保护，推进"退淤还畅"，有序推进仙人溪、太极溪、黄沙泉等湿地公园建设，年内疏浚河道14.66公里，清淤沟渠286.3公里。大力开展国土绿化行动，巩固国家森林城市创建成果。大力实施生物多样性保护工程，加强珍稀濒危动植物保护。

（四）抓城乡协调

坚持区域协同、城乡并重，从整体上谋划城乡生态布局、功能分区，加快补齐农村生态环境短板。

一是加快建设国际精品旅游城市。以"六城同创"为抓手，加快建设畅达、休闲、生态、智慧、文明"五城一体"的国际精品旅游城市。大力开展生态修复、城市修补，实施城市"双修"十大工程，积极开展海绵城市建设试点示范。加强对已经完成整治的黑臭水体日常监管，实现长治久清。坚持以城带乡、景城一体，统筹推进城区、景区、园区、乡村协调发展。到2020年，城镇建成区绿化覆盖率达到42%，努力创建国家生态文明建设示范市、国家卫生城市。

二是持续推进农村环境综合整治。深入实施农村建房、集镇环境、旅游干线环境、环境整治"6+1"四大专项整治行动，推进乡镇环境整治污水处理设施、垃圾处理设施、停车场和农贸市场"四项标配"建设，大力开展"四清四化四改"，加大农村环境综合整治整县推进力度，到2020年，建制镇和小城镇建设试点示范乡镇生活污水处理率达到80%，90%以上村庄生活垃圾得到有效处理，农村卫生厕所覆盖率达到85%，全面改善农村人居环境。大力推进美丽乡村建设，加强传统古村落和少数民族特色村寨保护，到2021年重点培育44个美丽乡村示范村，辐射带动75%以上行政村基本达到美丽乡村建设标准。

三是强力推进农业农村面源污染治理。建立完善农业面源污染监测防控机制，加快构建覆盖全市的农业环境监测网络。促进养殖业转型升级，建立规模养殖准入制度，科学划定禁养区，推进规模养殖场配套粪污处理设施建设。进一步规范河流、水库等天然水域养殖行为，全面禁止天然水域投肥投饵养殖。

生态文明建设是关系中华民族永续发展的根本大计，也是张家界建成国内外知名旅游胜地的必然选择，全市将毫不动摇地坚持贯彻落实好习近平生态文明思想，着力在节约资源和保护环境的空间格局、产业结构、生产方式、生活方式的转化升级上下功夫，进一步改善生态环境质量，建设更加美丽幸福的张家界。

B.22
益阳市2018～2019年两型社会与生态文明建设报告

益阳市人民政府

一 2018年益阳市两型社会与生态文明建设成就

在省委、省政府的领导下，一年来，益阳市坚持以习近平新时代中国特色社会主义思想为根本遵循，突出高质量发展要求，以"五先五市"为总抓手，稳步推进绿色发展，大力推进生态文明建设，各方面工作取得较好成效。

（一）着力推进绿色产业

1. 新型工业化加速推进

深入开展"产业项目建设年"活动，进入省"五个100"工程的19个重大项目、27个省级重点建设项目、316个市级重点实施项目分别完成投资43.9亿元、60.8亿元、570.5亿元。奥士康第三科学园、佳纳能源等新建设项目顺利开工，顺祥水产公司二期、福德电气二期等项目竣工投产。重点产业不断壮大，全市新增规模工业企业127家，总数达到1132家，规模工业主营业务收入增长11.2%，企业利润增长23.4%，十大新兴优势产业链形成规模。工业用电量同比增长14.2%，增速为全省第一。园区建设大会战积极推进。基础设施完成投资85.9亿元，标准化厂房竣工面积达115.82万平方米，新开工、新投产工业项目分别达到118个、107个。园区规模工业增加率占全市总量的71.3%，完成税收19.2亿元，同比增长15.6%。企业帮扶力度不断加大，切实解决企业在融资、用地、用工等方面的实际困难，严格执行涉企检查收费项目，企业发展环境进一步优化。

2. 现代农业稳步发展

实现农林牧渔业总产值450.8亿元，增长3.5%。重点抓好国家现代农业示范区创建、全省现代农业综合改革试验，扎实推进现代农业"131千亿级产业"工程，全市稻虾等综合种养面积达78万亩，每亩平均增收3000元以上。5个农产品获国家级登记认证。新增"三品一标"认证农产品65个。安化黑茶产业园获评国家现代农业产业园。桃江楠竹产业示范园获评国家级林业产业示范园。南县获批"中国虾稻米之乡"。2018年，全市农民合作社和家庭农场分别增加950家和586家，省级以上星级休闲农庄项目达67家。

3. 现代服务业加快发展

综合推进国家全域旅游示范区、旅游名镇和旅游特色村建设，2018年全市接待游客人数同比增长29.7%，旅游收入同比增长35%。天意木国建设项目被称为"益阳速度"，是益阳市文旅产业发展的新力量。

（二）着力推进生态建设

1. 环保督察问题整改取得实效

抓紧抓好中央、省环保督察反馈问题的整改和总河长令的落实，彻底解决下塞湖矮围问题，整改完成中央环保督察反馈问题11个、信访办结153件。饮用水水源保护、黑臭水体治理、黏土砖厂整治、洞庭湖矮围网围整治、黑杨清理、高排放公交车淘汰、造纸企业引导退出等重点工作全面推进。提前一年实现创建环境空气质量达标城市目标。

2. 重点领域治理扎实推进

坚持以河湖长制为中心、以"一江两湖"、六大片区水环境治理为重点，着力打好碧水、蓝天、净土保卫战，统筹推进洞庭湖生态环境整治、资江流域锑污染防治、大气污染防治、农村环境综合整治等四个三年行动计划。完成1298家农业面源污染防治升级改造任务，建成2座大型病死畜禽无害化处理中心、4个有机肥厂。启动48个乡镇污水处理厂建设，完成市县两级水源地整治任务，疏浚沟渠5049公里，塘坝清淤1642处，14条黑臭水体治理任务基本完成。建设 7100 亩湿地生态修复示范点,自然恢复近40000 亩湿地。核心区欧美黑杨全部砍伐完毕,全市淘汰退出 26 家制浆造纸企业。按照《洞庭湖生态环境专项整治三年行动计划(2018～2020 年)实施方案》要求,基本完成 2018 年度工作任务。主要完成了市级和 5 个县级集中式饮用水水源地环境问题整治;开展工业企业专项执法行动,立案查处 220 件,罚款 1844.52 万元,行政拘留移送案件 46 件;9 大省级工业园区污水处理厂全部建成并基本稳定运行;开展了六大重点片区水环境治理等项工作,大通湖、三仙湖、后江湖、志溪河水质明显好转。

3. 严格执行功能分区规划

科学划定生态保护、永久基本农田、城镇开发边界三条控制线。形成了《益阳市生态保护红线划定方案》,确定了生态保护红线划定的面积为2937.75 平方公里,占国土面积的比例为 23.8%;永久基本农田划定相关成果已通过国家验收;已完成永久基本农田上图入库和保护标志牌设立工作。积极落实城市规划区山体水体保护"一条例一规划一办法",保持山水元素完整性,形成山水交融的生态空间。完成了规划区内山地林地统计;严格建设项目的审批把关,对新世界公共绿地等山体水体实施了严格保护;加强了对矿山地质环境恢复治理和矿业权审批监管;对会龙山、梓山湖等实施生态修复项目 3 个;对城市规划区内部分重点保护水体开展水质检测。

(三)着力推进两型示范建设

1. 东部片区建设取得新突破

基础设施建设稳步推进。东部片区共计完成基础设施建设投资 12 亿元,高新区湘懋项目用地场平、三一摊铺机项目、鱼形山大道提质改造泉鱼Ⅰ Ⅱ杆线迁移、赫山区泉泥线建设、衡龙新区标准厂房二期、东部新区内外环路建设等项目基本完成。招商引资成效明显。东部片区签约项目共 46 个,46个新签约项目中,1 亿元以上项目 29 个,占 63%。其中 20 亿元以上项目 3个,分别为东部新区天意木国项目、赫山区微电子产业园项目和高新区置信智造谷项目。产业项目投资强度提高。东部片区共计完成产业投资 51.88 亿元,实现新开工产业项目 39 个,完成投资 32.6 亿元。实现新投产产业项目 32 个,完成投资 33.1 亿元。产业投入大幅增长,新开工、新投产项目逐步向"高、精、尖"发展。新项目的投资强度不断提高,新开工项目中总投资 1 亿元以上的项目有 25 个,占比约为 64%。新投产项目中总投资 1 亿元以上的项目有 15 个,占比约为 47%。

2. 绿色化生产进程加快

推进光伏发电、生物质能发电等新型能源建设。市本级完成 30 余个、装机总量约为 6 万千瓦光伏发电项目在线告知备案。52 万千瓦装机的地面光伏电站项目正在开展前期工作。新增村级光伏扶贫电站 30 个、集中式光伏扶贫电站 1 个,装机总量为 2.7 万千瓦。争取和下达光伏扶贫省预算内投资计划 300 万元。桃江县武潭生物质热电联供项目投产运行。湖南省安化乳酸厂生物质热电联产项目(一期)正在建设中。调整了生物质发电项目在国家"十三五"规划布局实施方案的布局,新增 3 个项目,共 7.5 万千瓦装机。对全市 6 个省级以上园区循环化改造需求进行了摸底调查。加快推进"气化益阳"工程建设,加快传统产业绿色化升级改造,提升能源资源利用效率,减少污染物排放。已完成全市土法石灰生产企业、水泥立窑生产企业、年产 1.1 万吨以下废纸造纸生产企业、砖瓦窑专项整治工作任务。

3. 绿色创建工程不断深化

实行农村清洁工程,实行村庄美化、净化、绿化、亮化、序化、信息化,积极改进农村人居环境。市、县、乡三级共预算投入财政和项目资金 1.8 亿元。全市共配备保洁员 5660 人,实现保洁队伍全覆盖。垃圾收转运设施全部完成,建设村庄垃圾收集点 1200 个以上。全市共配置中小型清运车 1561 台,配备"两桶制"等垃圾分类设施的行政村有 209 个。碧云峰山水田园综合体、资阳区乡镇污水处理设施建设、国电南自东大光伏发电等 11 个两型标志性工程全年完成投资 26.6 亿元。八大县级两型示范区全年预计完成投资 11.8 亿元。扎实推进两型示范"十百千万"工程创建。全市已获评省级两型示范单位 9 个、省级两型创建单位 91 个,建立了一支 670 名的两型志愿者队伍,培育两型家庭 7200 户。积极推进乡村振兴示范点

（片）和田园综合体建设，全市全年共创建省级、市级、县级"三级同创"美丽乡村示范村 124 个。其中，省级示范村创建 24 个村，完成建设项目 214 个，总投入 34806.6 万元。

4. 两型发展理念深入人心

开展"两型宣传日"主题活动。组织区县市开展形式多样的"两型宣传日"主题活动，共计发放各类宣传资料 1 万余份，发放环保购物袋 5000 多个，直接或间接参与人数逾万人。总结提炼两型创建模式。深入成效突出的省级两型示范（创建）单位，提炼总结经验模式 16 个，涵盖两型村庄、社区、学校、景区等领域。组织开展两型故事集征文活动，征集稿件 35 篇，精选 14 篇有新闻代表性和重大两型价值的稿件在全市推介。组织摄影者协会开展两型主题摄影采风活动，拍摄照片上千幅。开展两型志愿活动。制定年度两型志愿服务方案，设计两型志愿者旗帜、服装、横幅、手册等，结合"学雷锋日""环保日"等纪念日开展志愿活动。

5. 两型改革建设不断深化

继续在全市推进"一区县一特色""一部门一成果"主体改革，重点推进改革项目 8 个，《南县"虾稻共生"新型生态大农业发展助推农业供给侧结构性改革项目》作为全省五大两型改革试点项目稳步推进。挖掘并总结提升 4 个创新案例，其中益阳市绿色金融"财银保"贷款保证保险管理创新被评为全省生态文明创新案例。强化清洁低碳技术推广，成功申报了国电南自公司大通湖水面光伏发电项目省级专项资金，打造了安化芙蓉山、沅江漉湖风力发电、麓山小雨木结构绿色建筑等一批清洁低碳技术推广应用样板工程。全面开展两型综合评价，委托湖南城市学院，形成了《2017 年益阳市两型社会建设综合评价报告》，依据 31 项指标对全市的两型社会建设综合评价总指数进行评估，并对全市 8 个区县市进行了横向和纵向的多指标综合排名。

二 2019年益阳市两型社会与生态文明建设总体思路

2019 年，全市将认真贯彻党中央、国务院及省委、省政府关于生态文明建设的重大决策部署，坚持"五先五市"总抓手，努力建设天蓝、地绿、水净的良好生态环境，凝聚生态竞争力，推进高潜力的生态优势转化为发展优势。

（一）大力推动绿色发展

推动产业结构转型升级，狠抓造纸、化工、矿山等重点污染行业，强化节能减排和污染防治，制浆造纸产能实现全面退出。以节能减排"减法"和环保产业"加法"完善园区环保基础设施和循环经济产业链。以"旅游＋"大力推进全域旅游发展，打造一批旅游精品线路和特色景区，稳步提升"益山益水·益美益阳"的影响力。

（二）大力促进绿色生态

做好大气环境保护和污染治理，狠抓"蓝天保卫战"，实现空气质量突破性的进展。以河长制为突破，以"一江两湖"为重点，狠抓"碧水保卫战"，深入推进洞庭湖生态环境整治和资江流域锑污染防治三年行动计划，全力抓好大通湖流域治理试点、饮用水水源保护、入河口排污整治、湿地修复等重点项目。狠打"净土保卫战"，突出土壤污染治理和修复，实现对未污染土地的严格保护。

（三）大力践行绿色风尚

在规划编制、项目审批、工程建设、人民生活等方方面面落实绿色生态理念，形成绿色低碳发展经济体系、清洁低碳和安全高效能源体系和市场导向绿色技术创新体系。践行绿色生活方式，倡导绿色消费理念，实施"绿色细胞工程"创建行动，推动全市形成崇尚生态文明、践行绿色发展的良好理念。

（四）深化两型社会建设

继续贯彻落实《益阳市全面深化两型社会建设综合改革　加快推进生

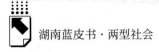
态文明建设行动计划》，重点推进南县"稻虾共生"新型生态大农业发展模式助推农业供给侧结构性改革试点。在全市重点推广重金属污染治理、种养一体化、农林废弃物综合利用、风电和光伏发电、装配式建筑等五大类清洁低碳技术。推进两型示范创建"十百千万"工程。围绕绿色农业、绿色能源、绿色建筑、绿色消费、绿色交通、生态环保技术创新等领域，推进两型标志性工程建设，力争年内完成投资 30 亿元。推进县级两型示范区建设，争取完成年度投资 13 亿元。力争至 2020 年，打造一批两型社会建设成果集中区，形成规模，形成示范，推动两型社会建设由"盆景"变"花园"。

B.23
永州市2018～2019年两型社会
与生态文明建设报告

永州市发展和改革委员会

2018年，永州市两型社会与生态文明建设在市委、市政府的正确领导下，认真落实"四个全面"战略布局和"新发展理念"，坚持科学引领、先行先试，坚持"生态优先"，狠抓两型社会和生态文明建设，全市资源利用效率明显提高，人与自然更加和谐，经济社会可持续发展态势良好。

一 2018年永州市两型社会与生态文明建设情况

（一）规划设计引领建设

在编制永州市国民经济和社会发展规划纲要中，按照"创新、协调、绿色、开放、共享"新发展理念，把绿色发展作为经济社会发展的新途径，将落实区域主体功能、推进资源节约集约利用和保护湘江水源地等方面作为经济发展的重要保障，将大气污染防治、水污染防治纳入年度国民经济和社会发展计划，并将有关项目纳入"十三五"规划纲要和"十三五"规划重大项目库。编制了《永州市"十三五"节能规划》《永州市"十三五"重点流域水环境综合治理实施方案》《关于加快推进〈循环经济促进法〉的实施意见》，配合省发改委编制了《湖南省秸秆综合利用规划（2016～2020年)》，起草了《关于坚持生态优先绿色发展 深入实施长江经济带发展战略 大力推动永州高质量发展的决议》等规划政策文件。制定的《永州市"十三五"重点流域水环境治理实施方案》包括了296个项目，总投资513

亿元，全部实施后每年可削减化学需氧量 145609 吨、削减氨氮 9894 吨。2014 年以来江华、宁远、蓝山县作为湘江源头区域成功列入第一批国家生态文明先行示范区，新田、宁远、双牌、蓝山、东安、江永和江华等 7 县成功纳入国家重点生态功能区。

（二）建立机制保障建设

成立了绿色永州与两型社会建设领导小组，把两型社会与生态文明建设放在更加突出的位置，市、县（区）两级党政班子研究环保工作每月不少于一次，及时研究部署、协调解决环境保护问题。市两型社会建设办公室，负责全市绿色永州与两型社会建设的综合指导协调以及市绿色永州与两型社会建设领导小组办公室的日常工作。每年与各部门、县区签署年度党政领导生态文明建设与环境保护目标责任书，并对责任书落实情况进行考核。永州地处湘江上游，森林覆盖率高，高能耗高污染的企业较小，在全省范围内生态环境保护的作用举足轻重。但从省统计局、省发改委、省环保厅、省委组织部、省长株潭两型试验区管委会首次联合发布《2016 年市州生态文明建设年度评价结果公报》来看，永州绿色发展指数 80.04，仅列全省第 8 位。尤其是资源利用指数（第 11 位）、增长质量指数（第 12 位）和绿色生活指数（第 12 位）等反映进展和变化类指标相对靠后，这与永州的生态地位是不相称的。为改变现状，根据《湖南省生态文明建设目标评价考核办法》，起草了《永州市生态文明建设目标评价考核办法》，以此作为有效抓手来推动生态文明建设质量的提升。

（三）宣传教育引导建设

围绕市委、市政府安排部署，市直各部门和县区广泛开展生态文明宣传教育，凝聚民心、集中民智、汇集民力，充分调动社会力量参与到两型社会与生态文明建设的各项工作中，不断提高全民生态文明意识，牢固树立节约资源、保护环境的理念，大力弘扬生态文化，增强全社会生态意识。利用"6·5"世界环境日、中华环保世纪行等重大宣传活动，开展绿色社区、绿色学校创建和"环境友好型企业""环保市民"评选等活动,努力形成全社会共同关心支持生态文明建设的良好氛围。组建环保志愿服务队伍,开展"湘江探源""绿色出行、低碳生活"等大型环保志愿服务活动,倡导绿色消费理念,以点带面,在全社会逐渐形成节约、健康、文明、科学的生活方式,使珍爱自然、保护环境、节约资源、低碳生活等生态文明观念深入人心,成为人民群众的共同追求。

(四)狠抓产业推动建设

以产业项目建设年为抓手,大力实施"5个10"工程,全市共实施产业项目192个,完成投资410.8亿元。纳入市级管理的57个重大产业项目、33个重大科技创新项目、31个重大产品创新项目超额完成投资计划;500强企业项目计划引进16个,签约引进32个;重大科技创新人才计划引进30人,签约引进45人,"5个10"工程均超额完成全年目标任务。宁远光电智能、恒伟药业、韬讯无人机葛讯3个项目获评全省"5个100"工程优秀项目。举办了全市政银企合作洽谈会和金融支持项目建设对接会,强化资金保障,2018年以来,举办两次全市银企洽谈会,共有229个产业项目获得金融机构贷款金额236.8亿元。对重大产业项目实行"一月一调度、一季一讲评、半年一小结、全年一考核",对先进予以表彰和奖励,对后进予以挂牌督办、通报批评和约谈问责。

(五)改革试点创新建设

全市改革全面发力、多点突破,6大类、25大项、131小项改革任务有力有序推进。其中,委托中国环科院编制的《永州市创建国家生态文明建设示范市规划》通过国家生态环境部委托湖南省生态环境厅组织的评审,永州市成为湖南省第一个以新的指标体系进行生态文明建设示范市创建的城市。永州市"双河长制"创新共建共治共享环境治理机制获湖南省第三批生态文明改革创新案例。"放管服"改革取得实效。2018年再次取消市本级行政权力50项、下放61项,市本级行政权力精简力度排全省第二。

企业登记升级为"50证合一"。实行建设项目"并联审批"改革,项目审批时间比法定时限缩短了70%以上。实施项目建设联动机制改革,有效缓解了资金、用地、施工环境等难题。"互联网＋政务服务"改革试点全力推进。基本实现了省、市、县、乡、村五级电子政务平台互联互通,申请类事项网上可办率达98%,市政务中心政务服务标准化国家示范点建设通过验收。农村综合改革纵深推进。土地承包经营权确权登记颁证全面完成,集体产权制度改革试点有序开展,"两权"抵押全覆盖积极推进。社会信用体系建设加快推进,"信用永州"平台实现了与省级信用平台的互联互通,已成功嵌入全市政务服务大厅,构建了守信联合激励和失信联合惩戒联动机制。

(六)综合施策联动建设

1.抓节能降耗

"十三五"期间,省政府下达永州市单位GDP能耗目标为下降16%,能源消耗总量增量指标为125万吨标准煤。通过层层落实节能目标责任和措施,至2018年底,全市单位GDP能耗下降完成了"十三五"进度目标的100%,2018年全市能源消费总量825.79万吨标准煤,较2015年增加45.79万吨标准煤,超额完成省政府下达的控制目标进度任务。在项目建设审批、核准或备案环节,凡是节能审查或环评不符合国家、省产业政策的项目一律不予审批、核准或备案,从源头上防止高耗能、高污染项目准入。

2.抓大气污染防治

紧紧围绕改善大气环境质量这个核心,以中心城区和祁阳县为重点,突出PM2.5和PM10指标的改善,突出砖厂、扬尘、油烟、煤炭、垃圾和秸秆焚烧等大气污染防治重点,突出特护期污染防控,减少大气污染物排放。完成365辆高排放公交车淘汰工作,实施完成7条新型干法水泥企业生产线特别限值升级改造、50个重点行业VOCs治理等年度重点项目。对建筑工地、扬尘污染、黏土砖、燃煤小锅炉等进行了专项整治,完成了"散乱污"企业整治，全市 261 家黏土砖厂已全部拆除，对 107 家冶炼企业实行了"两断三清"。

3. 抓水污染整治

2018 年，"水十条"国家考核和省环保厅考核全市的 3 个断面全部达到了Ⅱ类水质要求，中心城区曲河、诸葛庙两个饮用水断面均达到或优于Ⅲ类标准，达标率为 100%，达到 2018 年地级城市集中式饮用水水源水质考核要求。强力推进水污染物减排，制定了《永州市 2018 年度水污染物减排计划》，狠抓了减排项目的落实，全市化学需氧量减排削减量为 4840 吨，氨氮减排削减量为 760 吨，超额完成省下达的目标任务。抓好饮用水水源地保护，保障饮水安全，县级以上饮用水水源地完成了界牌标志、警示标志、宣传牌的设置，完成了部分隔离护栏建设，取缔关闭了饮用水水源范围内的违规建设项目 5 个。

4. 抓土壤整治

开展了全市土壤环境质量调查，制定公示了永州市土壤环境重点监管企业名单。突出东安等重金属防控区，针对东安县防控区两流域三断面锑超标，制定了《东安县金江流域锑污染整治实施方案（2018～2025 年）》《紫水河锑污染整治实施方案》；突出冶炼和采矿行业重金属污染治理，11 家尾矿库及其采选、冶炼企业环境污染整治项目全部完成；强化城乡垃圾和工业固体废物污染防治，宁远县福嘉综环科技股份有限公司超期贮存的 2600 余吨危险废物污酸渣转移处置完成；持续开展土壤污染治理与修复，纳入夏季攻势的11 个土壤污染治理与修复项目全部完成验收。

5. 抓农村人居环境改善

制定了《中共永州市委永州市人民政府关于加快推进美丽乡村建设的实施意见》，明确全市所有的行政村都开展农村污水治理，实现全覆盖。按照"体现共性有标准，尊重差异有特色"的总体要求，在 2017 年开展农村污水治理的基础上，2018 年又完成了 1000 个村的农村污水治理任务。抓好农村改水、改厕、垃圾分类、农村面源污染治理，完成 250 个重点村的农村环境综合整治任务。

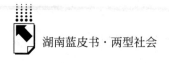

二 存在的困难和问题

（一）经济发展结构性矛盾依然突出

传统工业转型升级步伐不快，建材、冶炼等传统产业仍占较大比例，环保产业及新兴产业所占比例不大，对经济发展的支撑能力偏弱。2018年永州市传统产业占工业总产值70%，高新技术产业占比30%，高新技术产业的引领带动作用不明显。

（二）国家生态文明先行示范区建设推进较缓

由于缺少国家层面的指导和支持，包括制度创新方面的横向交流和纵向指导，以及项目资金方面的实质性支持，地方在试点示范改革创新的过程中推进乏力。

（三）生态建设资金缺口大

环保项目大多数是公益性的环境污染治理和生态保护修复项目，项目资金主要依靠财政投入。尽管有PPP、环境污染第三方治理、环境绩效合同等创新模式，但中央预算内投资规模不断缩减，政府配套资金难度进一步加大，部分项目存在配套资金紧缺和不到位的情况，导致项目进展缓慢。

三 2019年两型社会与生态文明建设思路

2019年永州将以习近平新时代中国特色社会主义思想为指导，按照"绿水青山就是金山银山，既要绿水青山又要金山银山"的发展理念，推动两型社会和生态文明建设上质量上台阶。

（一）加快产业转型升级

以重点项目为抓手，加快冶炼、电力、化工、建材、造纸等高能耗、高污染、低效益的传统产业技改升级，培育发展先进装备制造、新材料新能源、文化创意、生物医药、电子信息等战略性新兴产业，优先发展现代物流、现代金融、电子商务等现代服务业。招商引资将更加注重资源承载能力和环境容量限制，对照项目准入制度严格把关，突出引进高新技术、生态环保、节能降耗、循环经济项目，坚决防止为了短期利益而引进高污染高能耗项目。完善生态环保产业技术支持体系，进一步整合高校、科研院所、重点园区和重点企业的科技资源，推进生态环保产业技术的研发、应用和推广。

（二）努力打造示范区

建立湘南湘西承接产业转移示范区，是国家推进中部崛起战略和长江经济带发展战略的重大布局，是省委、省政府推进实施创新引领开放崛起战略、促进全省区域协调发展的重要举措。对永州而言，更是加快产业转型升级、实现高质量发展的重大机遇。立足新起点，对标示范区建设总体方案，努力干在实处、走在前列，为加快示范区建设贡献更多永州智慧和永州力量。现有企业注重科技创新和产品创新开发项目、寻找项目、实施项目，围绕先进技术的运用，加快技术改造，通过一系列项目的实施实现转型升级。招商项目将围绕加快发展战略性新兴产业抓项目，着力在规模、质量、技术上下功夫，抓好具有一定产业基础和比较优势的生物医药、新能源、新材料、装备制造、大数据等战略性新兴产业项目，推进产业多元、产业升级，加快形成新的增长点。

（三）坚定推进绿色高质量发展

完成三线一单规划编制（生态保护红线、环境质量底线、资源利用上线和环境准入负面清单），严把环境准入关，积极推动淘汰落后产能，倒逼产业结构调整和转型升级。严格落实主体功能区规划，优化国土空间开发格局，推动经济社会发展、土地利用、生态环境保护等规划"多规合一"，形成一个县区一本规划、一张蓝图。推动建立生态补偿机制，加大财政对湘江源头地区的转移支付力度，在县区间尝试开展区内生态补偿机制试点。积极争取省财政逐年增加现有生态保护专项资金额度，重点支持湘江源头地区生态环保、基础设施、民生保障等公共项目，通过项目带动上游地区经济发展。

（四）深化机制体制改革

深入贯彻"共抓大保护、不搞大开发"理念，构建山水林田湖系统保护与综合治理制度体系；实施好《永州市主体功能区规划（2014～2020）》，探索完善自然资源资产产权、环境信用体系建设和排污权交易、资源有偿使用、生态环境损害赔偿等方面制度，构建最严格的环保制度体系；坚持市场主导、政府引导，鼓励外来资金和社会资金以独资、合资、租赁、股份制等形式参与环境治理和环保基础设施建设；健全环境资源保护行政执法与刑事司法无缝衔接机制，运用法律手段规范治理生态环境。

（五）推动建立生态补偿机制

加大财政对湘江源头地区的转移支付力度，在县区间尝试开展区内生态补偿机制试点。积极争取省财政逐年增加现有生态保护专项资金额度，统筹国家、省生态转移支付资金，市财政按一定比例出资，重点支持湘江源头地区生态环保、基础设施、民生保障等公共项目，通过项目带动上游地区经济发展。坚持生态优先、绿色发展，着力补齐生态环境短板，努力实现生态效益和经济效益相互促进、相得益彰。

B.24
走绿色发展之路　建设五省边区生态中心市

——怀化市2018～2019年两型社会与生态文明建设报告

怀化市人民政府

怀化市作为长江中游重要支流流域市，沅水水系流经全境，是全国九大生态良好区域之一和全省四大生态屏障之一。近年来，我们始终坚持以习近平新时代中国特色社会主义思想为指导，牢固树立新发展理念，认真贯彻落实习总书记两次在长江经济带发展座谈会上的重要讲话精神，坚持生态优先、绿色发展，大力实施长江经济带发展战略，自觉扛起"共抓大保护、不搞大开发"的政治责任，全方位推动生态文明建设，两型社会与生态文明建设取得了明显成效。现将有关情况报告如下。

一　2018年怀化市两型社会与生态文明建设情况

2018年，怀化市委、市政府坚持以习近平新时代中国特色社会主义思想为指导，认真贯彻落实省委十一届五次全会精神，深入实施长江经济带发展战略，全域推进五省边区生态中心市建设。

（一）着力构建两型社会与生态文明建设"四大体系"

一是领导推进体系。坚持把生态文明建设摆在突出位置，不断完善由市委书记任顾问、市长任组长、分管副市长任副组长的生态文明建设工作机制。

二是政策保障体系。2018 年 5 月，中共怀化市五届五次全会通过了《关于坚持生态优先绿色发展　贯彻落实长江经济带发展战略　全域推进五省边区生态中心市建设的决议》；10 月，怀化市五届人大常委会第十七次会议通过了《关于加快创建国家生态文明建设示范市的决定》，提出在 2025 年建成国家生态文明建设示范市的总体目标。市人大常委会颁布了怀化市首部地方性法规《怀化市城市市容和环境卫生管理条例》，完成了《怀化市城市公园条例》立法工作，全面启动《怀化市古村落保护条例》立法调研。市人民政府出台了《怀化市生态文明建设目标评价考核办法》《2018 年怀化市污染防治攻坚战工作方案》《城区扬尘污染综合整治实施方案》《怀化市城区环城生态圈建设三年行动方案（2018～2020 年)》。

三是执法保障体系。严把建设项目环保"审批关""验收关"，对污染企业实行关停，并按照环保、农业、工商、林业、水利、城管、交通、卫生等部门的职责分工，进一步加大环境保护执法力度。

四是社会参与体系。按照"谁污染、谁治理"原则，将企业污染治理和节能减排工作纳入年度企业环境信用评价的必备条件，促使企业自觉做好污染治理工作。启动"三城同创"工作（创建全国文明城市、国家卫生城市、国家园林城市)，开展绿色学校、绿色社区、绿色矿山等系列创建活动，开展文明交通劝导、生态文明志愿者等行动，围绕"共创共建共享、利民为民惠民"目标，引导社会公众积极参与，绿色生活方式蔚然成风。

（二）重点推进两型社会与生态文明建设"七大工程"

坚持把"绿色怀化"建设摆在全局工作的重要位置，大力实施七大重点工程。

一是"蓝天"工程。启动大气污染排放源清单、非道路移动源调查、大气监测能力建设等工作，推进各县市区划定高污染燃料禁燃区。全年淘汰 10 蒸吨以下燃煤锅炉 30 余台、公共交通高排放车辆 102 台，完成 301 座加油站油气回收改造、3 家新型干法水泥企业升级改造、4 家有色冶炼企业污染整治、12 家工业企业挥发性有机物治理，排查整治"散乱污"企业 78

家。持续开展扬尘污染集中整治行动，怀化城区全面实施 24 小时道路保洁，道路机械化清扫率达到 75%，整改渣土车辆 1200 台次，封停违规堆放点 70 余个，查处超限超载、遗洒飘散物体等有关交通违法行为 1497 起，117 个建筑工地"6 个 100%"扬尘防治措施逐步落实。对城区周边 17 家预拌混凝土搅拌站进行了督办，完善了车辆冲洗平台、增配了雾炮机喷雾降尘设施。

二是"碧水"工程。制定《怀化市水功能区纳污能力核定和分阶段限排总量控制方案》，科学设置入河排污口，严格落实河长制，各级河长共巡河 19.51 万余次，发现解决问题 3000 多件。全年完成 9 条黑臭水体整治、9 个饮用水水源保护区内入河排污口整治、326 艘"僵尸船"清理、3 家城镇污水处理厂提标改造及 7 个乡镇生活水处理设施建设、356 个村级农村环境综合整治、14 家病死畜禽收集储存运转中心及 1 家无害化处理中心建设、29 家规模养殖场的标准化改造。完成加油站油罐改造 264 座，完成率达 85.71%，油罐改造率居全国前列。全市 15 家省级工业集中区污水处理厂稳定运行。

三是"净土"工程。全面启动农用地土壤污染状况详查、重点行业企业用地基础信息调查、涉重金属行业污染防控工作。建立建设用地管理准入机制，实施并完成了 3 个土壤污染修复治理工程，对 28 家矿山地质环境恢复治理工程进行了验收。按照"增产施肥、经济施肥、环保施肥"原则，重点推广测土配方施肥、有机肥替代化肥、秸秆还田、发展绿肥生产等措施，全市测土配方施肥覆盖率达 85%，化肥施用量同比减少 2.78%。

四是"青山"工程。加强国土绿化，平均每年完成绿化造林 40 万亩以上，其中 2018 年完成 53 万亩。按照"宜封则封、宜造则造、见缝插针"原则，重点实施了以环城高速公路沿线绿化提质为主的环城森林生态圈建设。大力推进"三个千"工程，实施高速高铁沿线 1000 公里走廊绿化提质工程、1000 万亩封山育林工程、1000 个秀美村庄建设工程。

五是"绿地"工程。全力开展"绿城攻坚"行动，编制完成《怀化市城市绿地系统规划》《怀化市绿线系统规划》，并纳入城市总体规划。建设完成城区内公园 1 座，新建街头小游园 5 个，绿化提质城市主干道 3 条，全年城区新增绿地面积近 200 万平方米。全市 14 个单位获得省级园林式单位命名，怀化城区通过省级园林城市创建验收。

六是"静安"工程。对噪声严重扰民的企业实行限期治理或强制关停，严格夜间建筑施工管理，控制建筑噪声污染。继续巩固禁鞭成果，实行 24 小时值班、日常巡查和重点抽查相结合的方式，加大禁放区和限放区随意燃放烟花爆竹的查处力度，控制生活噪声；在主城区主、次干道逐步实行汽车禁鸣，优化交通管理，限行大吨位车辆，严格执行机动车报废制度，控制交通噪声污染，确保中心城区区域环境噪声和交通干线噪声稳定达标。

七是"环境宣传"工程。利用报刊、网络、电台等新闻媒体，开辟生态文明专题专栏，深入宣传怀化市生态文明建设情况。把生态文明建设纳入干部教育培训内容，依托干部网络教育平台以及市委党校，多层面开展学习培训。组织"环保知识"进企业下乡镇、"环保世纪行"记者采访、生态怀化摄影赛和创建绿色学校、绿色社区、绿色矿山等系列宣传教育活动，开展全方位宣传，营造良好的生态文明建设氛围。

与此同时，以省环保督查、中央环保督查"回头看"为契机，深入推进污染防治攻坚战工作，督查期间共收到交办件 522 件，办结率为 100%。

（三）逐步形成生态文明建设与经济发展"双赢"局面

突出生态主体功能，培育可持续发展的内生动力，促进产业发展生态化、生态发展产业化，初步形成了人与自然和谐发展新格局。

一是立足绿色发展新高度，以新理念引领新发展。怀化市委、市政府提出建设"一个中心、四个怀化"（即五省边区生态中心市，绿色怀化、智慧怀化、法治怀化、幸福怀化）的宏伟目标，将建设五省边区生态中心市，作为当前和未来一段时间内首要的政治任务和工作要求。提出了创建国家生态文明建设示范市，进一步确立生态立市的先导战略地位，继续保持生态文明建设在全省的领先势头，初步实现了经济发展与环境保护共赢的目标。2018 年，怀化市实现地区生产总值增长 8%，规模工业增加值增长

7.3%，城乡居民人均可支配收入分别增长8.5%、10.8%。三次产业比由13.9∶35.8∶50.3调整为12.0∶34.0∶54.0，工业经济得到优化。

二是持续改善生态环境质量，从严抓好生态建设和环境保护工作。实行最严格的环境保护制度，建立政府、企业、公众共治的环境治理体系，区域生态环境质量得到提升。2018年，全市13个县市区城市环境空气质量优良天数比例为95.2%，同比上升3.9个百分点；怀化城区环境空气质量优良天数比例为91.5%，同比上升5.2个百分点，空气质量指数排名全省第三。全市37个地表水考核断面达到考核要求，14个县级以上饮用水水源地水质达标率为100%。全市13个城市区域环境噪声和交通噪声状况继续保持稳定达标，生态环境质量处于良好状态。

三是实施"产业生态化、生态产业化"战略，扎实推动经济高质量发展。依托自然资源优势，大力发展绿色低碳循环经济，积极做好"生态+"文章，努力实现环境指数与产业指标同步提升、经济与生态良性互动。

生态农业方面，积极推进农村一二三产业融合和生态农业发展。2018年全市农林牧渔业增加值增长4.5%，省级以上现代农业产业园达73个，靖州县成功创建全省首个国家现代农业产业园，中方县获批全国农村一二三产业融合发展先导区，鹤城区获批省农村一二三产业融合发展示范县。新增"三品一标"农产品55个。"千年贡茶·怀化碣滩"推介活动在人民大会堂成功举办，靖州杨梅获评全省十大农业区域公用品牌。新增市级以上农业产业化龙头企业25家，新增星级农庄18家，创建美丽乡村示范村500余个，新建"秀美村庄"210个。

生态工业方面，狠抓工业企业污染治理工程，扎实推动生态创新融合发展。在提高环评前置率、强化工业项目污染控制的基础上，严格控制高耗能、高污染、高资源消耗型项目上马。大力开展现有工业企业污染治理，促进了产业结构的调整与产业技术升级。扎实推动生态创新融合发展，怀化高新区成功获批国家级高新区，怀化国家农业科技园区通过国家验收。拥有各类科技创新创业平台载体近400个，其中省级以上60个。高新技术企业增至159家、增长115%，增速居全省前列；实现高新技术产业增加值210

亿元。

生态林业方面，积极推进林权制度改革。将重要生态功能区、生态敏感区、脆弱区、禁止开发区划定为重点生态区实行严格保护，建立各类自然保护区、湿地公园、森林公园、地质公园、风景名胜区54个，受保护面积达28%以上。实施森林扩面体质工程，改造低效人工林和天然林，提升森林的生态、经济和社会效益。怀化市集体林业综合改革经验在全国推介，成功入选新一轮国家级试验区。

生态水利方面，严格水资源管理，实施河长制。重点推进城乡饮用水水源保护和河流水环境保护，严格落实水资源"三条红线"，并将实行最严格水资源管理制度纳入政府绩效考核。出台了《重要饮用水水源地安全保障达标建设方案》，在饮用水水源地设立明确的地理界标，对一级保护区进行封闭管理，一、二级保护区设立隔离防护网，2018年全市共建成饮用水水源地安全隔离网近50千米，安全警示标志300余处。遵循生态、环保、因地制宜的理念开展小流域环境综合治理，2018年完成中小河流治理11处。全面建立河长制工作体系，确定各级河长3881名，落实"一河一河长"，逐步实现辖区河流"水净、岸绿、河畅、景美"的目标。

生态城镇方面，实施城市综合提质工程，打造生态宜居城市。以中心城区综合提质改造为统揽，实施城建重点项目31个，铁路编组站迁建、高堰西路等项目进展顺利。鸭嘴岩大桥实现合龙，四方路一期建成投用。应民北路、顺天南路南延段、迎丰公园北路等"断头路"即将通车。新建和改造城区大中型停车场3个，新增停车位1000余个。大湘西天然气长输管道支线项目有序推进。天网工程二期、智慧交通、智慧城管等一批智慧怀化项目建成使用。同时积极推进县城提质改造，溆浦成功创建国家卫生县城，全市国家卫生县城达7个。启动第二批新型城镇化试点，全市城镇化率达48%、增长1.85个百分点。沅陵齐眉界获批国家森林小镇，芷江镇入选湖湘风情文化旅游小镇，洪江市安江镇入列省经济发达镇行政管理体制改革试点镇。

生态旅游方面，全面推进国家全域旅游示范区创建。立足"生态""民族"两大优势，狠抓品牌创建、项目带动、创新创意、整合营销、优化环境等工作，全市旅游产业发展迈上新台阶。积极创建国家全域旅游示范市，通道芋头古侗寨获评4A级旅游景区，黄岩旅游区、九丰农博园和穿岩山景区通过4A级旅游景区景观质量评定。113个村落入选中国传统村落名录，数量居全省首位。全年接待游客5800万人次，实现旅游收入450亿元，分别增长16%、15%。

四是深化改革创新，不断完善生态文明体制机制。深入推进生态文明体制建设，建立资源环境承载能力监测预警体系，完善并严守生态红线法规政策。全面实施领导干部自然资源资产离任审计，建立健全自然资源产权及管理、生态补偿、环境损害赔偿等制度。逐步建立跨行政区域污染联防联控机制。

二 2019年怀化市两型社会与生态文明建设思路

2019年是新中国成立70周年，是打好污染防治攻坚战的关键之年，怀化市将围绕稳中求进的工作总基调，坚持新发展理念，加快推进"一极两带"和"一个中心、四个怀化"建设，实现经济社会高质量发展。在两型社会与生态文明建设方面，重点做好以下工作。

（一）提升生态环境质量，建设宜居城市

一是坚决打好污染防治攻坚战。扎实推进蓝天保卫战，深入开展扬尘综合治理，落实裸露泥土全覆盖、土方开挖湿法作业、渣土运输整治以及大气污染联防联控等措施，确保PM10明显改善，城区空气质量优良率稳定在92%以上。扎实推进碧水保卫战，全面落实河长制，深化太平溪综合治理，确保13条黑臭水体整治达标，积极创建国家水生态文明示范城市；加强饮用水水源保护，确保全市地表水考核断面水质达标率在95%以上，集中式饮用水水源保护区水质达标率保持100%。扎实推进净土保卫战，加强重点区域土壤污染治理与修复，有效管控农用地和城市建设用地土壤环境风险，坚决完成重金属污染专项治理任务。统筹推进山水林田湖草系统生态保护与

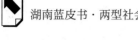

修复，继续实施 1000 公里高速高铁绿化提质工程、1000 个秀美村庄建设工程、1000 万亩封山育林工程，完成人工造林 25 万亩。

二是着力改善人居环境。全力创建全国文明城市、国家卫生城市、国家园林城市和国家森林城市，启动国家生态文明建设示范市创建，不断提升城市环境质量和市民生活品质。推动中心城区扩容提质，以舞水河为纽带，以鹤城区、中方县、怀化高新区、怀化经开区为主体，以洪江市、洪江区、芷江县为拓展，建设鹤中洪芷生态城镇群，辐射带动全市新型城镇化发展。加大中心城区森林公园建设，按照"城在林中、林在景中、景在园中"标准，抓好街道、小区、庭院绿化美化，新增城区绿地面积 327 万平方米。加快推进主城区应急备用水源建设及城区供水管网工程。启动生活垃圾焚烧发电厂建设，新建和改扩建一批城市公厕和垃圾中转站。统筹城乡环保设施建设，推动城镇污水收集管网、垃圾收运体系向城乡接合部延伸。加快建设沅陵官庄、辰溪孝坪、溆浦低庄、麻阳锦和、鹤城黄金坳、通道县溪等一批重点特色镇。持续开展农村人居环境整治，推进农村"厕所革命"，实现农户卫生厕所普及率 50% 以上。完成行政村生活垃圾治理 341 个、生活污水治理 181 个、农村环境综合整治 234 个，创建省级美丽乡村示范村 15 个。

（二）优化产业结构，发展生态经济

一是优化产业结构。大力践行"生态产业化、产业生态化"理念，坚持在保护中发展、在发展中保护。依托资源优势和产业基础，加快发展特色生态农业、战略性新兴产业、现代服务业，改造提升传统产业，化解过剩产能和淘汰落后产能，既做大总量，又提升质量，优化能源结构，推动经济社会发展与生态环境保护共赢。深化供给侧结构性改革，大力破除无效供给，大力培育新动能，积极推进科技创新，实施产业及产业园区提升行动，启动高新区中金润电子信息产业园、沅陵省级电子信息产业园建设，加快经开区电子信息科技园建设，培育壮大奇力新、华晨、优美兴科技、金升阳、合利来电子等企业，力争电子信息产业主营业务收入增长 20%。依托久日新材、四维住工、怀化远大、宇隆电工等重点企业，做大做强新材料产业。依托高新区新能源汽车、力可泰动力电池、新能源环保型产业基地等重点项目，加快发展新能源产业。

以商贸服务型国家物流枢纽承载城市建设为抓手，引导现代物流企业向经开区和重点园区集聚，提升狮子岩物流园智能化、国际化水平，抓好高新区工业物流园、经开区综合口岸枢纽工程、传化智能公路物流港、佳惠·武陵山农产品（冷链）物流产业园、京东怀化数字经济产业园等项目，加快建设西南一流商贸物流基地。推动通道侗文化旅游区、洪江古商城、芷江抗战胜利受降纪念地、黔阳古城创建 5A 级景区，沅陵借母溪创建 4A 级景区，启动共建雪峰山国家山地旅游度假区，力争实现接待游客 6500 万人次、旅游收入 510 亿元，积极创建国家全域旅游示范市。推进高新区医药健康产业园、经开区综合健康养老服务中心、通道北大未名生物科技园等项目建设，全力争创全国医药健康产业示范基地。

加快发展"一县一特"，做大做强茶叶、新晃黄牛、芷江鸭等 10 大区域特色产业。推动全域中药材种植，完成种植面积 48 万亩，实现综合产值 90 亿元。培育新型经营主体，新增龙头企业 15 家、农产品加工企业 100 家以上，实现加工销售收入 500 亿元以上；新增家庭农场 200 个、农民专业合作社 300 个以上，争创省级以上农民专业合作示范社 5 个。加快鹤城九丰、新晃绿丰、沅陵辰龙关等特色产业园建设，推进芷江两岸精致农业示范园建设，创建省级特色产业园 5 个。积极申报麻阳黄桃、溆浦瑶茶、会同竹笋、芷江甜茶等国家地理标志保护产品，新增"三品一标"30 个。

二是全面促进资源节约。推进节能降耗。加强能源消费总量和能耗强度双控制，严格节能标准和节能监管。工业领域，重点推进企业节能降耗技术改造；建筑领域，大力推广应用可再生、绿色建筑材料；交通运输领域，大力倡导和推行公共交通出行，推广节能与新能源汽车；公共机构领域，建立政府绿色采购实施方案。加强水资源节约。增强公民节水意识，全面推进节水型社会建设。对用水大户采取计划用水，并纳入国家水资源监督管理系统进行重点监管。推进工业节水改造，制定农业用水优化措施，实施一批高效节水灌溉项目。推广节水技术、产品，督促三产服务业落实节水措施。节约集约利用土地。严守耕地红线，开展农村土地综合整治。继续抓好城乡建设用地增减挂钩、工矿废弃地复垦利用。严格执行土地使用标准和投资强度要求，推进项目入园和标准化厂房建设。深入开展建设用地专项清理，依法收回闲置土地，保护土地资源，切实提高土地利用率。

（三）优化国土空间开发格局，推动绿色发展

一是优化国土空间管制。按照人口资源环境相协调、经济社会生态效益相统一原则，调整优化空间结构，提高空间利用效率，合理控制开发强度，促进生产空间集约高效、生活空间宜居适度、生态空间山清水秀。推行"多规合一"，加快编制全域国土空间规划，建立统一的空间规划体系和协调有序的国土开发保护格局。

二是严守生态保护红线。生态红线是维护生态安全的铁线，是可持续发展的生命线，是建设美丽怀化必须坚守的底线。确定生态保护红线，实施刚性和约束力的生态红线管控制度，实现山水林田湖草整体保护、系统修复、区域统筹、综合治理。加快生态保护红线勘界定标工作，开展怀化市"三线一单"（生态保护红线、环境质量底线、资源利用上线和环境准入负面清单）编制，构建覆盖全市的分区环境管控体系。

三是建立生态保护屏障。实施土地整理复垦、矿山地质环境恢复治理工程，严格控制建设用地的批转使用，提高土地利用率。优化矿产资源开采方式，积极推进绿色矿山建设。开展大规模造林绿化，加强自然保护区监管，清理整治违规采矿、采砂、采石、开发建设等问题。

（四）增强生态文明意识，丰富生态文明内涵

一是强化宣传力度。以生态文化为切入点和着力点，广泛开展宣传教育，传递生态文明正能量，弘扬生态文明主流价值观。将生态文明思想教育纳入各级领导干部培训体系，强化"绿水青山就是金山银山"的理念，树立正确的生态政绩观和生态效益观。将生态文明教育纳入素质教育的内容，重点加强青少年生态文明基础教育，培养崇尚简朴、回归自然生活理念和绿

色消费方式的生态公民。充分发挥传统媒体和新媒体的宣传教育引领作用，开展生态文明宣传教育进机关、进社区、进农村活动，引导形成"生态文明人人讲、生态伦理人人懂、生态道德人人守、生态环境人人建"的良好社会风尚。

二是推进实践行动。鼓励全社会参与的生态文明实践模式。全面推进绿色办公、绿色采购和绿色行政，积极推广无纸化办公和电子政务系统建设。推行绿色出行计划，开展"绿色回收"活动，推动家庭垃圾分类处理计划，引导绿色消费，结合世界环境日、世界水日、绿色出行日等活动，倡导绿色低碳生活方式，鼓励广大市民成为生态文明的倡导者和践行者。

B.25

娄底市2018～2019年两型社会与生态文明建设报告

娄底市人民政府

一 2018年两型社会与生态文明建设情况

2018年来，娄底市认真落实《中共湖南省委湖南省人民政府关于全面深化长株潭两型试验区改革加快推进生态文明建设的实施意见》（湘发〔2016〕31号）精神，深入推进体制机制创新，强化两型科技支持能力，加快循环经济发展，加强生态环境治理，全市经济社会呈现稳定向好、稳步提质、"稳步上楼"的良好态势。全年地区生产总值增长8%，固定资产投资增长10%，规模工业增加值增长7.5%，社会消费品零售总额增长10.5%，一般公共预算收入增长13.98%，城乡居民人均可支配收入分别增长8.5%、11%，主要经济指标在全省排名靠前，娄底在全省市州重点工作绩效评估中荣获优秀等级。

（一）两型产业步伐加快

围绕建设"钢铁新城"建设，编制《娄底钢铁新城规划》，推进节能降耗降碳、质量提升和品牌建设等三大工程，重点推进12条产业链建设。目前，薄板深加工及汽车零部件千亿元产业链基本完成布局，已规划入园项目4个，华安钢宝利二期竣工投产；新能源动力电池及储能产业链已有电将军第一条生产线等8个项目投产、3个项目在建；军民融合产业链已聚集28家企业，其中15家企业获得军工证；装配式建筑等其他9条产业链加快布局推进。大力发展生态农业，推进农业与第二、第三产业融合，新增规模以上农产品加工企业49家、休闲农业企业492家，建成乡、村电子商务服务站点1829个，农产品加工销售收入、经营收入分别增长16%、17%；新增中国驰名商标3个、国家地理标志登记注册3个、农业产业化国家重点龙头企业1家，3个产品获第十六届中国国际农产品交易会金奖，"月光红"获评中国"茶王"。大力发展现代服务业，娄底旅游成功纳入湖南旅游中部崛起战略，旅游收入和人数分别增长18%、19.3%，万宝移动互联网产业园已吸引陌陌、谷歌等企业70余家，新化县上市小镇已有34家准上市企业入驻。

（二）示范建设扎实推进

建立了市级两型示范创建项目库，2018年成功申报省级两型示范创建项目4个、两型发展项目2个，冷水江市全域推进美丽乡村建设体制机制创新列入湖南省生态文明改革创新案例，娄底市两型办"一改一化一保护"项目、新化县水车镇人民政府垃圾无害化处理中心建设以及新化县水车镇奉家村生态建设列入全省两型重点地区统筹项目。加强对项目单位的督导检查，确保两型专项资金专款专用，完成了省财政厅委托的第三方机构对娄底市2015～2017年三年两型专项资金整体绩效进行的现场评价，总体情况较好。积极探索零碳发展模式，按照"政府主导、市场运作"的原则，由市文旅投联合涟源市文旅投、湖南绿心公司共同成立了湖南首先零碳科技有限公司，率先在全国完成了地级城市区域的碳普查和碳规划，确定了产业结构调整、节能降耗、可再生能源开发利用、绿色城市与绿色生活、实施碳汇工程五条路径，第一期规划种植碳汇草800亩。

（三）污染防治成效明显

大气污染防治方面：出台《2018～2019年度娄底市大气污染防治特护期工作方案》，深入开展火电、钢铁、有色金属、水泥重点行业工业企业大气污染治理、挥发性有机废气治理、扬尘污染整治等，按期完成省里下达的淘汰城区高排放公交车82辆的目标任务，全市空气质量持续向好，中心城区空气优良天数比例为 90%，同比上升 2.4 个百分点；细颗粒物（PM2.5）、可吸入颗粒物（PM10）平均浓度分别为 34 微克/立方米、66 微克/立方米，均达到省里下达的考核目标；环境空气质量综合指数为 4.11，同比下降 7.0%，城市空气环境质量首次达到国家二级标准。水污染防治方面：全力抓好省级及以上工业园区排查问题整改，推进乡镇生活污水处理设施建设和城市黑臭水体整治，加强县级集中式饮用水水源地环境问题排查，13 个省控以上地表水断面水质均达到或优于Ⅲ类标准，3 个"水十条"国家考核断面中资江坪口断面达到Ⅱ类水质，涟水西阳渡口、侧水街埠头断面为Ⅲ类水质。土壤和重金属污染防治方面：建立土壤项目储备库、疑似污染地块和污染地块名录，持续推进土壤污染状况详查，积极开展土壤污染防治先行区建设，在锡矿山区域进行土壤和重金属污染源头预防、风险管控和治理修复等方面的探索。目前，20 个滞后重金属污染防治专项资金项目已全部完成验收，5 个尾矿库及其采选、冶炼企业环境污染整治项目于 8 月底前已全部完成整治，26 个土壤与重金属治理项目有 20个已完成并通过验收、6 个项目建成待验收。

（四）问题整改有效落实

以铁的措施、铁的纪律和钉钉子的精神抓好督察反馈问题整改落实。2017 年，中央环保督察交办的 245 个信访件全部办结，反馈的 9 个问题 5 个办结销号，其余 4 个正在加快整改。2018 年 7 月，省环保督察交办问题 374件，已办结 303 件，责令整改 91 家，立案处罚 67 家，罚款金额为 308.42万元，行政拘留 2 人，刑事拘留 1 人，组织处理 10 人，党纪政纪处分 1 人。9 月 29 日，省环保督察组反馈问题 42 个，迅速出台《娄底市贯彻落实湖南省第五环境保护督察组反馈意见整改方案》，全部按时限要求整改到位。11月，中央环保督察"回头看"督察组交办 307 件信访件，目前已办结 179 件。同时，开展了市级环保领域专项巡察，以各县市区党委政府和相关部门环保工作政治站位情况、环保责任落实情况、环保重点工作开展情况、环保工作履职情况为重点，移交边巡边整问题 185 个，目前各县市区正在积极整改。

（五）专项治理重点攻坚

制定《娄底市锡矿山区域环境综合治理攻坚战三年（2018~2020年）行动计划实施方案》，下达了2018年的工作任务，年度规划实施的42个项目全部有序推进，中央和省级媒体先后6次报道锡矿山区域环境综合治理成效。开展饮用水水源地整治，国家生态环境部交办的4个市级饮用水水源地环境问题已整改到位，列入为民办实事的22个县级饮用水水源地环境问题已全面完成整改并销号，上报省厅的42个问题和部里的15个问题全部整治到位，饮用水水源地的围栏围挡已全部建设完成。开展娄底市长江经济带化工污染专项整治工作，全面排查辖区内22家化工企业，对6家企业下达了责令改正环境违法行为决定书并处罚款，累计罚款240万元，其中2家企业责任人被移送公安实施行政拘留。开展娄底市尾矿库及其采选、冶炼企业环境污染和安全整治工作，全面排查辖区内10家尾矿库及其采选、冶炼企业，发现存在环境问题企业5家，目前，全部整改到位。

（六）城乡环境深刻变化

中心城区创文管卫工作制度化常态化，交通秩序、超限超载、控违拆违等专项整治成效明显。城市"双修"有力推进，完成投资19.2亿元，5个背街小巷片区、9条城市道路（18.5公里）完成提质改造，12条城市道路加快建设，一批群众反映强烈的城市基础设施得到改善，城区品质和形象得到提升。秀美县城、特色小城镇、美丽乡村建设深入推进，"乡村振兴15条"初见成效，娄星区、冷水江市获评"全省美丽乡村建设工作先进县市区"，双峰县三塘铺镇入选"中国最具魅力乡镇"，新化县土坪村获评"中国美丽休闲乡村"。目前，全市森林覆盖率达到50.21%，森林蓄积量为1610万立方米；湿地保护面积达到1.62万公顷，湿地保护率达到89.97%；中心城区绿地面积达到2.625万亩，绿化覆盖率为40.03%，人均公园面积为7.8平方米。

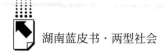

（七）体制机制持续优化

印发《娄底市生态文明建设目标评价考核办法》和《娄底市生态文明建设目标评价考核联席会议制度》，积极筹划构建"资源环境承载能力监测预警机制"，逐渐完善生态文明建设工作机制。持续深化供给侧改革，坚决遏制钢铁、煤炭等行业违规新增产能，抓实"三去一降一补"，关闭退出矿井 22 处，淘汰落后产能 138 万吨；退出烟花爆竹生产企业 38 家，淘汰安全生产许可证过期的危化品生产企业 8 家，关闭融合锑矿技术 5 家。持续深化"放管服"改革，坚持环境准入及环境影响评价红线管控，优化行政审批服务程序，全面推行行政权力网上公开透明运行工作机制，全力提升服务效率和水平。

二　2019 年两型社会与生态文明建设思路

2019 年，娄底将围绕高质量发展，认真落实省委、省政府《关于全面深化长株潭两型试验区改革加快推进生态文明建设的实施意见》，按照《中共娄底市委娄底市人民政府关于印发〈娄底市全面深化两型社会建设综合改革加快推进生态文明建设行动计划〉的通知》要求，坚持转型升级不动摇，坚持改革创新不止步，力争在两型社会与生态文明建设中取得新的突破。

（一）着力发展两型产业

以国家产业转型升级示范区建设为总揽，加快建设"钢铁新城"，深度对接"中国制造 2025""湖南制造强省五年行动计划"，瞄准"湖南工业新兴优势产业链行动计划"，做大做强薄板深加工、新能源新材料、汽车及汽车零部件、生物医药、节能环保、电力安装等重点产业，全力推进薄板深加工产业园、新能源动力电池及储能产业园、光电子产业园、电力科技园、汽车产业配套基地等战略性新兴产业项目建设。加快服务业创新发展，创建一批国家级、省级服务业集聚区，重点培育一批服务业龙头企业，旅游接待人次、旅游总收入两项指标均增长18%以上，社会消费品零售总额增长10.5%以上。大力培育"小巨人""独角兽"企业，做大做强移动互联网产业园，立足区块链、大数据，全力引进人工智能、量子信息、物联网、移动通信项目，加快足球新城、美食文化街建设，大力发展赛事、会展和夜游经济，培育新的经济增长点。

（二）着力加快示范创建

全面推动两型技术产品、两型生产生活方式、两型服务设施、优美生态环境、两型文化等两型要素进社区、进园区、进厂区、进校区、进办公区，着力培育一批两型创建单位和两型示范单位。着力抓好水府示范片区的项目策划与项目招商，扎实推动东部新区建设国家高技术产业基地、万宝新区建设高铁经济带。以娄星工业集中区、锡矿山转型发展示范区、桥头河现代农业综合示范园、双峰经开区不锈钢产业园、市经开区汽车零部件产业基地、万宝新区现代服务业聚集区和新化县上梅古镇为重点，开展两型社会建设综合试点。坚持低碳绿色发展，持续开展零碳区域创建。

（三）着力抓好问题整改

继续把抓好环保督察问题整改工作作为重要政治任务。对中央和省级环保督察交办和反馈问题整改落实情况开展全面的现场复查，确保每个问题都严格落实整改要求，并由县市区政府和市直相关部门主要负责人对整改情况签字背书；发现工作不严不实，导致问题整改不彻底或发生反弹的一律严肃追责问责。同时，严格落实"党政同责、一岗双责"和"管行业必须管环保、管业务必须管环保、管生产经营必须管环保"的要求，全面落实企业主体责任，引导社会公众参与，努力形成党委、政府统领全局，部门各司其职，企业自觉履行主体责任，全社会齐抓共管的"大生态、大环保"工作格局。

（四）着力推进污染防治

继续实施"湘江保护治理第二个三年行动计划""锡矿山区域环境综

合治理三年行动计划"。加强锡矿山地区、水府庙库区、采煤沉陷区、废弃矿山等重点区域集中治理，实施涟钢、冷钢环保达标提质行动，强力推进煤矿废水、煤矸石、采（碎）石场、石灰窑、黏土砖厂及城市规划区烧结砖厂等专项整治，全面完成"清四乱"专项整治任务。统筹山水林田湖草整体保护、系统修复、综合治理，加大黑臭水体治理、建筑垃圾处理力度，完成中心城区第一、第二污水处理厂提标改造（扩建），推进乡镇污水处理厂建设和运营机制改革。进一步强化河长制责任落实，继续抓好农业面源污染防治，开展沿河排污口专项整治，建设孙水、涟水、资水和侧水生态长廊。推动资源综合循环利用，开展重点企业环保示范创建和重点用能企业"百千万"行动，推进国家第三批增量配电业务改革试点，加快"气化娄底"天然气管道建设，全面完成燃煤锅炉及经营性小煤炉淘汰整治任务。

（五）着力改善人居环境

加强城市"双修"，重点抓好中心城区道路通畅工程建设、旧城及老旧小区改造，加快推进供水供电供气管网设施、地下综合管廊建设、农贸市场分类提质改造，高标准推进高铁片区、涟钢片区、水洋片区、老街片区、华星路片区开发建设，打造城市新名片。加快县市城区提质扩容，推进高速公路沿线8个特色小城镇试点建设，培育一批工业强镇、商贸重镇、旅游名镇。大力推进乡村振兴，按照"盯住能人、发动群众、面向市场、科学奖补"的思路，推进"乡村振兴15条"落实落地。实施"农村人居环境整治三年行动计划"，推进农村垃圾分类处置、厕所革命和村容村貌治理，抓好畜禽养殖场标准化改造，完成15个省级美丽乡村示范创建、6个市级美丽乡村建设任务。

（六）着力深化改革创新

持续推进供给侧结构性改革，遵循"巩固、增强、提升、畅通"的方针，进一步淘汰不安全落后产能。深化"放管服"改革，全面推进"双随

机、一公开""多证合一""证照联办"和"证照分离"等改革，加快"互
联网＋政务服务"深度融合。大力推进国有企业、投融资平台、财税管理、
农村集体产权等重点领域、关键环节改革，优化资源配置，增强微观主体活
力。按照上级统一部署，完成环保系统机构改革和监测监察执法垂直管理改
革工作。

B.26
两型扬帆起航　绿色引领发展
描绘美丽新湘西画卷

——湘西自治州2018～2019年两型社会与生态文明建设报告

湘西土家族苗族自治州人民政府

2018年，湘西土家族苗族自治州坚持以习近平新时代中国特色社会主义思想为指导，认真落实省委、省政府关于两型社会与生态文明建设工作的各项决策部署，扎实推进产业转型，打好污染防治攻坚战，树立"绿水青山就是金山银山"的理念，将两型社会建设融入全州经济建设、政治建设、文化建设、社会建设各方面和全过程，推动经济高质量发展。

一　主要做法及成效

2018年，全州生产总值达605.1亿元，增长6%。实现财政总收入120.1亿元，增长11.5%。湘西州成功获批"国家森林城市"称号，创建考核的五大体系40项指标全部达标。全州环境空气平均优良天数比例达到94.4%。地级城市吉首市环境空气平均优良天数比例为93.7%（同比增长4.4个百分点），环境空气质量综合指数3.34，优良天数比例和环境空气质量综合指数均在全省14个市州中排名第1，空气环境质量达到国家二级标准。31个国、省控断面均达Ⅲ类水质标准，达标率为100%，八个县市10个地表饮用水水源地的水质达标率为100%。全州未发生较大及以上环境污染事件。

（一）严格把控，生态环境持续改善

严格落实"共抓大保护、不搞大开发"要求，湘西州出台《关于坚持生态优先推进绿色发展的意见》。以壮士断腕的决心狠抓以花垣为重点的矿业整治，拆除整顿163家浮选企业，完成矿山覆土复绿6500亩。强力推动中央、省环保督察反馈问题整改和省2018年"夏季攻势"，全面整治露天矿山开采加工，解决了一批群众关心的环境问题。大力推进大气、水、土壤环境污染综合整治，完成235个农村环境污染整治项目和24个土壤及重金属污染治理项目。全面推行四级河长制，清除违规网箱养鱼1.5万口，清运河道垃圾10万吨，处置"僵尸船"102艘。生态建设深入推进，严守生态保护和永久基本农田红线，实施千里生态走廊景观建设，植树造林17万亩，落实生态公益林保护718万亩、天然林保护296万亩，通道绿化率达到83%，积极防控松毛虫、松材线虫等林业病害，森林覆盖率稳定在70.24%。

（二）多措并举，推动形成绿色发展方式

一是严格建设项目审批管理。落实绿色发展理念，严守"生态保护红线、环境质量底线、资源利用上线和环境准入负面清单"，严格控制"两高一资"和"产能过剩"项目上马。全年受理文件21个，审批15个，对上报的6个不符合要求的项目做出暂时不予审批决定。

二是建立完善污染物排放许可制。按照要求对造纸、水泥、有色冶炼、化学品原料药制造、屠宰及肉类加工等5个行业发放排污许可证32家，其中：造纸行业企业7家，注销排污许可证1家；水泥行业新型干法水泥厂3家、粉磨站4家；电解锌冶炼有色企业4家；制药企业1家；屠宰厂10家，肉类加工厂3家。

三是促进环保产业发展。完成2017年度全州环保产业统计工作，2017年湘西环保产业统计企事业单位共58家，比2016年增加9家，全州环保产业产值达32.285亿元，比2016年增加21%，实现了年增长20%的省定目

标。其中资源循环利用产品工业销售产值为 22.145 亿元，环境服务业合同总额为 3.02 亿元，环境友好产品销售收入为 7.12 亿元。完成《湘西自治州环保产业发展规划》的编制工作，促进环保产业的有序发展。

四是发展现代绿色农业。全州粮食总产量为 85.1 万吨，增长 2.7%。着力推进特色产业基地建设，初步建成 24 个万亩精品园、316 个千亩标准园，推动茶叶、油茶、猕猴桃、烟草等特色产业提质增效，永顺县进入国家农村一二三产业融合发展先导区创建名单。农产品品牌影响力不断扩大，湘西州荣获"中国黄金茶之乡"，新获"三品一标"证书 51 个。

五是服务业互联网经济快速发展。深入开展旅游市场秩序整治，旅游环境不断优化。全年接待国内外游客 5138.7 万人次，实现旅游收入 441 亿元，分别增长 25.1%、26%。新增 5 个全国电子商务进农村综合示范县，电子商务、网络消费等新兴业态增长 13.5%，邮电业务总量增长 188.9%。

六是加快产业转型发展。深入开展"产业项目推进年"活动，以产业"四区"建设为依托，以 10 大产业为重点，加大企业引进、培育和扶持力度，新增"四上企业"123 家，增长 59.7%，增速居全省前列。新材料、电子信息、特色食品等新兴产业增加值提高 11 个百分点，9 个工业园区全部纳入《中国开发区审核公告目录》，泸溪高新区获批省级双创示范基地。新认定一批智能车间、绿色工厂。

（三）综合施策，全面开展污染防治攻坚

湘西州印发了《湘西州污染防治攻坚战 2018 年工作方案》《湘西州污染防治攻坚战三年行动计划（2018～2020 年）》文件，明确了大气、水、土壤污染防治年度工作目标和任务，对各部门实行层层压实责任要求。定期调度督办通报"水十条""蓝天保卫战"重点减排项目和"夏季攻势"任务整改落实情况，确保按时保质完成省定任务。

大气污染防治方面。对"散乱污"涉气企业开展拉网式排查，按照"关闭淘汰一批、限期治理一批、搬迁入园一批"的原则，列出整治企业清单，分类处置，对已明确列入淘汰类的"散乱污"企业，做到"两断三

清"。全面推进工业挥发性有机物（VOCs）综合治理，全面完成 10 个 VOCs 治理任务、22 个重点行业大气污染防治重点项目，高排放公交车辆淘汰 97 台已全部下线。

水污染防治方面。推进工业园区污染防治。规范工业园区管理，建立水环境档案，实现一园一档。推进工业废水治理，通过开展专项整治，排查问题，建立台账，实现限时整改。目前，全州 9 个省级工业园区内有 3 个依托城镇污水处理厂处理废水，其余 6 个全部建成污水集中处理设施，所有园区污水集中处理设施均已投入运行，并安装了在线监控，与环保部门联网，可实时监测。保障饮用水水源安全。完成全州第一批 47 个乡镇集中式饮用水水源保护区划定。保靖县新增白岩洞、塘口湾 2 个县级饮用水水源地及取消格则湖饮用水水源保护区、吉首市取消万溶江饮用水水源保护区。对划定不合理的花垣县下寨河饮用水水源保护区和永顺县猛洞河饮用水水源保护区的进行调整。全州 8 县市饮用水水源环境状况进行年度评估、矢量信息采集核实。

土壤污染防治方面。开展农用地土壤污染状况调查工作，完成 1920 个表层土壤、95 个水稻样品和 33 个土壤深层样采样、分析。以县级以上集中式饮用水水源地保护区为重点，核实全州 12 个集中式饮用水地的布点和 72 个点位。按照要求组织县市全面开展州域内的重点行业企业用地调查。24 个 2018 年度重金属污染防治项目建设目标任务已全部完成。向社会发布了第一批 17 家土壤重点监管企业名单，强化涉重金属企业的日常监管，严肃查处直排、偷排、漏排及不正常使用污染治理设施的违法行为。开展以解决本区域突出环境问题为重点，择优、统筹建设好"十三五"期间土壤污染防治和重金属项目库建设，全州储备项目近 40 个。

农村环境综合整治方面。组织开展农村环境综合整治工作，完成农村环境综合整治任务村 235 个村建设任务，其中超额完成 35 个。抓好美丽乡村示范创建暨农村污水处理工作，完成 15 套集中式污水处理设施建设，完成 1315 套单户式污水处理设施建设工作任务，其中超额完成 115 套。

饮用水水源地环境问题整改方面。全面排查饮用水水源保护区环境问题。按月调度、按季督查,有力推动问题整治,经过两轮现场检查验收,全面完成县级以上集中式饮用水水源地环境问题整治工作。

城区扬尘污染整治方面。重点整治城区建筑工地施工扬尘,全州新建冲洗设施与设备263套,新增主干道围墙和建筑物楼层降尘喷淋系统189套、移动式降尘雾炮机182台、洒水车71辆,安装扬尘监测系统6套,硬化道路5.9万米,周边围挡8.7万米,浮土、沙石等易扬尘堆料覆盖34.17万平方米,按照绿色建筑施工要求,做到"六个100%"。

推进花垣矿业环境综合整治方面。不定期召开座谈会,研究整改措施计划,督促花垣县环境综合整治工作进展。督促企业抓紧与环评咨询公司对接,完成现场勘察,办理前期手续,提高整治工作效率。制定《花垣县铅锌浮选企业相关工作进展情况一览表》,定期调度新建浮选企业的项目建设和环评手续办理进展情况,加快浮选行业整治。根据《湖南省花垣县铅锌矿区矿产资源整合方案》要求,花垣县已拆除浮选企业162家,1家基本完成整改;98座尾矿库2017年底前闭库34座,2018年底前将完成闭库34座;完成覆土5443亩;全面建成9条重建损坏的村组道路,矿山专用道4条21公里正在施工,1条1.5公里完成施工;开展车辆超限超载治理,全面淘汰矿山老旧运输车辆2594台,积极推动矿山运输公司化;完成11个铅锌矿山采区治理,对采空区面积大的6个采区关闭;血铅抽血检测率达96.94%。

(四)持续发力,大力推动环境监管执法

一是认真落实督察整改。按照中央、省办结标准,51件信访件各县市区人民政府均已上报办结,完成率为100%。中央环保督察组反馈的6个问题已经销号4个,基本完成整改。省环境保护督察组督察交办的176件信访件166件已办结,其中不属实26件,办结率为94.3%。47件省督察组现场交办件,34件已办结,办结率为72%。4件省督察组工作督办件上报办理情况,3件已办结,办结率为75%。其他件正在办理中。

二是聚焦打击环境违法行为。全州共立案143起,实施行政处罚108

件，其中实施查封扣押 6 件、限产停产 31 件、申请法院强制执行 1 件、环保部门移交公安机关 16 件。

三是随机抽查污染源。按照"季摇号、月抽查"的原则，严格开展污染源日常监管随机抽查工作，全州共抽查企业 468 家次，其中州本级共开展摇号 4 次，抽查企业 112 家（次），发现环境违法行为 4 家（次），交与县级办理 3 家（次）。

四是推进排污费改环保税工作。健全环保税征管协作机制，州财政和州地税局联合下发了《关于建立环境保护税征管部门协作工作机制的通知》，开展征税员业务培训和环保税宣传 40 余人次。

二　2019 年工作重点

2019 年是湘西自治州决胜脱贫攻坚、全面建成小康社会关键之年，湘西自治州将坚持以习近平新时代中国特色社会主义思想为指导，全面贯彻党的十九大精神，大力实施创新引领开放崛起战略，坚守"542"发展思路，开展美丽湘西提升"三年活动"，持续推动经济绿色转型发展，加快建设美丽开放幸福新湘西，推动创新提质、特色赶超、在武陵山区率先崛起，为打造国内外知名生态文化公园奠定坚实基础，确保两型社会建设目标如期实现。

（一）凝心聚力打好污染防治攻坚战

一是坚决抓好中央、省环保督察及"回头看"交办反馈问题整改。将整改工作作为一项重要的政治任务，深入推进，切实做到问题不解决不放过、整改不到位不松手、群众不满意不放过、责任落实不到位不放过。把治水与治山、治林、治田相结合，综合施策，统筹推进，全面加强水、大气、土壤污染综合防治，推动环境质量持续改善。加强跟踪督导检查，适时开展"回头看"和不定期抽查。加强环境监管执法，严格环境准入管理，实行源头严控，以改善环境质量为核心，切实加强环境影响评价管理，落实"生态保护红线、环境质量底线、资源利用上线和环境准入负面清单"约束，严格重点区域、流域、行业的环境准入。

二是深入实施蓝天、碧水、净土保卫战。持续保卫蓝天。统筹开展"散乱污"企业综合整治，持续加强扬尘污染治理和生活面源整治，全面推进餐饮油烟达标排放，着力提升环境空气质量优良天数比例。持续保卫碧水。全面落实河长制，完成全州主要河流河道划界管理，推进集中式饮用水水源地标准化、规范化建设，切实保障饮用水水源安全。加快城镇污水处理设施建设与改造，抓好5条城市黑臭水体治理，整体推进建制镇污水处理厂建设。推进农村饮用水水源地保护、生活污水处理、生活垃圾无害化处置和畜禽废弃物综合利用，确保完成国、省地表水考核断面水质优良比例任务。持续保卫净土。全面建立土壤环境管理体系，加大矿山土地复垦和生态修复，加快尾矿库综合治理、工业污染场地和耕地治理与修复。加强环保执法，严格督促企业落实治污责任，确保主要污染物排放稳定达标，工业固体废物处置利用率达到省定目标。

三是深化生态环保体制改革。严格按照上级要求，完成机构改革、环保管理体制改革等工作任务。按照《湘西州生态文明建设目标评价考核办法》，全面开展对县市区的生态文明建设考核评价工作。完善污染治理市场化机制，落实《生态环境赔偿制度改革实施方案》，推进生态环境损害赔偿制度改革试点，完善环境信用评价体系，落实黑名单管理制度。

（二）持之以恒推进产业绿色化

抓好国家承接产业转移示范区建设，大力开展"产业建设年"活动，以10大产业为重点，精准编制规划、对接政策、对接产业、招商引资、配套服务，建立推动承接产业转移的目标体系、政策体系、平台体系等综合要素保障体系，争当承接产业转移的"领头雁"。

一是推进农业高效发展。深入实施农业特色产业提质增效"845"计划。积极推进农业领域政府和社会资本合作试点项目。加强农产品区域公用品牌和特色农产品品牌建设，创建国家特色农产品优势区。加大种苗基地建设，建立特色农产品种苗繁育基地。继续深化农村土地制度改革。推进城乡建设用地指标增减挂钩工作。加快推动农村电商发展。强化农产品质量安全监管，确保舌尖上的安全。

二是推进工业转型升级。将工业园区作为承接产业转移的主阵地，理顺园区管理体制，加快内涵式发展。突出抓好污水处理设施、保障性住房、服务平台等园区基础设施及配套服务体系建设。加大传统产能改造提升力度。

三是推进服务业创新发展。把文化旅游产业作为重要支柱产业，全面推动文化旅游业高质量发展。进一步完善旅游景点、景区及沿线基础设施和配套服务设施，对接国家旅游大政策，发展旅游新业态，开发培育一批旅游新产品。大力发展现代服务业，突出抓好文化创意、现代金融、现代物流、健康养老等产业。

（三）全力以赴建设绿色湘西

遵循城乡发展规律，走具有湘西特色的新型城镇化之路，推动城乡融合、乡村振兴，让城市留下记忆，让人们记住乡愁。

一是深入实施乡村振兴战略。大力开展"美丽湘西提升年"活动，加快实施乡村振兴"十二项工程"，推行农村"五兴"互助基层治理模式，分类梯次、差异化推进乡村振兴。强化乡村振兴人才支撑，培养一支懂农业、爱农村、爱农民的工作队伍。加强农村思想道德建设和公共文化建设，培育文明乡风、良好家风、淳朴民风，提升乡村文明水平。全面推进农村人居环境整治，在具备条件的村庄基本建成集中或分散的生活污水处理设施，力争畜禽粪污资源化利用率达到70%，新建或改造农村厕所9万座以上，创建16个省级美丽乡村示范村、100个州级美丽乡村精品村和300个示范村。深化乡村治理，加强"两违"整治，坚决遏制占田、占道、占河等违规建房行为。

二是加快新型城镇化进程。全面开展第三次国土调查和环境资源承载能力、国土开发适宜性两项评价。积极对接国省国土空间规划和长江经济带国土空间规划方案。突出州府城市建设，优化七个县城内部空间结构。加快吉

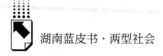

首、凤凰、古丈、永顺、龙山高铁新城建设。进一步加强房地产市场开发建设及销售监管，促进房地产行业健康发展。突出文化旅游和特色产业功能，精心打造一批特色小镇。加快装配式建筑应用，推进建筑绿色化、节能化。

三是着力加强生态文明建设。坚守绿色底色，厚植绿色文化，严守生态红线。深入实施"绿色湘西"工程，统筹推进生态保护和修复，重点抓好国道、高速、铁路、机场、水路生态廊道建设，积极推进主要河流水污染防治、有害生物防控体系、地质遗迹保护利用、石漠化综合治理、农村环境整治等项目建设，大力开展森林禁伐、天然林资源和湿地保护、珍稀濒危野生动植物保护等专项行动，发展以楠木、红豆杉等为代表的珍稀林木，完成重点工程营造林14万亩，打造"常年有绿、四季有花"的森林景观，巩固国家森林城市创建成果。落实国家生态补偿政策，积极争取增加贫困人口转岗生态护林员指标，构建生态保护与绿色发展的良性互动机制。

园 区 篇

Park Reports

B.27

坚决打好污染防治攻坚战
做绿色发展的排头兵

——湖南湘江新区 2018 ~ 2019 年两型社会与生态文明建设报告

湖南湘江新区管理委员会

2018 年，在湖南省委、省政府的坚强领导下，湖南湘江新区紧扣"三区一高地"战略定位，聚焦聚神聚力调结构、守底线，以坚决打赢污染防治攻坚战为突破口，大力推进生态文明建设，加快打造全国两型社会建设引领区，不断在加强环境治理上追求高质量发展，很好地发挥了国家级新区引领示范作用。

一　2018年两型社会与生态文明建设成效

（一）蓝天保卫战初战告捷

一是加强顶层谋划，行动方案高标务实。新区坚持高标准守底线，围绕发展重点目标任务，坚持问题导向，聚焦薄弱环节，瞄准"高质量"，制定"高标准"，研究出台了《湖南湘江新区"强力推进环境大治理　坚决打赢蓝天保卫战"三年行动计划（2018～2020）》《湖南湘江新区施工工地扬尘防治通用标准》《湖南湘江新区建设工程施工围挡专项整治工作方案》《湖南湘江新区建筑工地扬尘污染专项整治工作方案》等一系列制度文件，按照"可量化、可操作、可督办、可考核、可问责"的总体原则，明确了"任务到人、责任到人"，制定了分年度目标，全面推进蓝天、碧水、净土工程。同时，深入贯彻落实国家和省市生态战略，大力践行两型绿色发展理念，以更高标准、更严要求在绿网密度、撒草籽标准及围挡建设规模等方面创新作为、努力实践，走在了湖南省、长沙市前列。

二是突出防尘整治，问题整改及时到位。狠抓建筑工地扬尘整治，开展扬尘整治大会战。进一步夯实工地巡查制度，强化日常监管、重点监管、全面监管，狠抓"8个100％"落实，突出执法问责，加强媒体舆论监督，加强信息公开管理，实行属地管理，扬尘整治工作成效明显。2018年，新区致力于将精细化管理做成标杆，创绿色施工工地典范，助力长沙打赢蓝天保卫战。全年共督促裸土覆盖绿网700万平方米，播撒草籽270.7万平方米，全面提升了新区建筑工地文明施工水平。梅溪湖综合管廊百万平方米"裸露荒野变绿海"，大大改善了施工环境；湘江欢乐城项目将VR、BIM等技术引入施工现场，配合无人机航拍，实时实地全方位、全角度拍摄施工现场，全面强化了现场管控和动态监测，两型示范引领形象不断展现。

三是开展围挡专项整治，提升新区亮丽颜值。施工围挡既是工地重要的安全防护装置，也是工程项目的重要展示窗口。2018年，新区以高质量精细化为导向，于细节处、关键处着眼，在工地围挡管理下足"绣花"功夫，以开展施工围挡专项整治月活动为抓手，全年共整治围挡长度7.05万米，高标准实施的施工围挡已成为建筑工地一道亮丽风景，"新区经验"在长沙市得到推广。其中梅溪湖国际新城金茂湾二期项目新砌筑的灰色实体围挡安全牢固、整洁美观、功能复合，特别是围挡上已安装的喷淋系统，能够有效降低工地扬尘，也便于清洗围挡，形成良好示范；湘府路快速化改造工程

（河西段）新替换的标准钢制、铝制围挡更为厚实，不易变形，防护效果明显提升；麓景路南沿线隧道工程高标准施工围挡高达 4 米，可以起到降噪、遮光、防尘等作用，最大程度降低了对周边居民工作生活的影响。同时，将安装建设标准围挡纳入工程项目动工"准入条件"之一，形成固定工作机制，打造与现代化两型社会建设综合配套改革试验区相匹配的城市景观。

四是创新监控监测举措，智慧管理初见成效。为创新监管手段，弥补新区执法巡查力量薄弱、监管手段单一的短板，提高两型社会与生态文明建设执法监督能力和水平，新区利用现代科学技术创新破解污染监管难题，创新打造了长沙市首个集蓝天、碧水、净土为一体的污染防治监控平台，进一步完善了新区"全方位、全天候、立体化"智能环境监控体系。2018 年全年新区范围空气质量优良天数达 280 天，比 2017 年增加 12 天，优良率为 76.7%，同比上升了 3.3%（中医药大学站点数据）。一是板块涵盖内容丰富。智能环境监控体系平台主要涵盖空气、水质、土壤、无人机、抽查公开、水务和气象等七大板块，基本可监控新区工地扬尘污染、河流水质、污染土壤治理和气象等情况，有效提高了大气、水、土壤污染防治监控效率。二是监测点接入全面。通过物联网技术成功接入 924 个监测点，其中工地扬尘 93 个点、工地视频 759 路，龙王港河道 2 个点、无人机 1 个点、智慧气象空气质量监测 3 个点、气象数据 30 个点、水环境数据 36 个点，基本实现监测范围全覆盖、监测领域全覆盖。三是实时监控和数据可视化。根据生态环境总体情况和工作要求，制定了无人机监测周飞行计划。通过利用无人机进行实时监控，不仅同步显示监控画面、飞行轨迹和各项空气质量数据，还可实时展示项目工地监控摄像头记录的实时画面，并及时动态刷新新区电子地图上监测点的数据及报警信息，为及时反映、掌握总体环境情况和分析处置环境事故提供了更为高效、便捷的技术支撑。四是提供监管和决策依据。目前，平台已实现多种场景和端口自由切换，全面支持 PC、手机 App、随机抽取等灵活多变的监管形式，可运用多种算法及人工智能对采集的数据进行研判、分析，为相关部门提供监管和决策科学依据。

（二）碧水攻坚战成效显著

一是积极作为，黑臭水体实现如期摘帽。黑臭水体治理是新区全面打赢污染防治攻坚战的关键战役之一，不仅关系到城市环境质量，更关系到人民群众的生活质量和身体健康。2018年，新区先后投入近4000万元，仅用38天时间就完成了南园路箱涵排口2万吨/天污水应急处理工程和河道清淤曝气工程，再次刷新生态建设"新区速度"。系统推进龙王港一期工程，实现了南园路箱涵晴天污水全截流、全处理，龙王港黑臭水体整治取得实质进展。同时，以全域黑臭水体治理总体规划为指导，严格落实"河长制""湖长制"，强化系统性布局，突出全域整治、重点整治，推动控源截污措施精准到位，加快构建新区黑臭水体治理长效机制，顺利通过了10月中央黑臭水体专项巡查，目前龙王港流域水质稳步改善。

二是勇于担当，重点源头治理取得实效。为实现龙王港流域河道"长治久清"，新区主动谋划治本工作，积极转变治理理念，进一步理顺工作机制。2018年，新区明确了"流域统筹、系统治理、整体设计、属地负责、分期分区实施"的治理机制，系统推进龙王港流域综合治理，即由新区作为牵头统筹主体，属地长沙高新区、岳麓区政府作为实施责任主体，分年、分区实施，从源头根本上解决龙王港水污染问题。目前，新区牵头完成了对龙王港200平方公里汇水范围（重点是93平方公里建成区）排水管网全面勘测和调查，制定《龙王港流域综合治理一期实施方案（2018~2020)》，共铺排重点工作任务24项，在长沙市率先开展了龙王港流域汇水区排水管线勘测及调查，为后续综合治理打下了坚实基础。

三是创新举措，饮用水水源地整治卓有成效。始终坚持"绿水青山就是金山银山"的发展理念，高度重视饮用水水源地保护工作，在水源地保护的整体规划、监控管理和综合整治等方面采取一系列措施，按时按质完成饮用水水源地规范化整治工作。仅用2个月时间，就成功推动了柏家洲环境整治整体搬迁，实现合法房屋签约清零、所有房屋倒地，提前完成了目标任务，开创了环境整治搬迁项目的先河。推动城区排口旱季污水全收集、全处理并建立长效管理机制，确保城区排口旱季无污水下河。重点水系排口——施家港高排涵截污工程顺利完成，得到了长沙市政府及社会各界的高度肯定。

（三）净土保卫战推进有力

与大气污染、水污染治理相比，土壤污染具有一定隐蔽性和累积性。新区全力克服项目前期遗留问题复杂、技术难度空前、所需资金巨大等不利因素，新区精准施策、科学调度、强力统筹、抢抓工期，加快推进全域土壤污染治理与修复技术应用，净土保卫战初战告捷。目前，原长沙铬盐厂已按照中央、省级环保督察整改时间节点要求完成2018年铬污染治理小试、中试等年度目标任务，得到了中央环保督查组的高度肯定；原蜂巢颜料化工厂污染土壤治理于2018年12月25日前完成了场地重金属土壤治理和竣工验收，达到了省、市考核要求。

（四）项目绿色发展卓有成效

一是在创新引领上下功夫，着力夯实绿色建筑实效。在全省率先推行绿色建筑专项验收测评试点，顺利完成恒伟西雅韵、当代滨江MOMA两个项目的验收测评，2018年新增绿色建筑面积538.2万平方米，累计绿色建筑设计标识数量占全省55%以上。坚持以重点板块为突破，率先打造国家绿色生态示范城区。9月20日，梅溪湖绿色生态示范城区通过了由住建部组织的验收评审，获得了评定等级为优秀的佳绩，为加快产业导入和人口聚集，传递低碳理念，广泛应用绿色节能技术，积极普及绿色建筑，打造低碳环保科技建筑宜居高地提供了样板支撑。

二是在源头把控上下功夫，有序推进装配式建筑发展。坚持两型引领，贯彻落实省市大力发展装配式建筑的指导意见，全面提升房屋建筑的品质、性能，加快推动装配式建筑高质量发展应用，将装配式建筑应用发展要求纳入规划设计条件或土地招拍挂条件之一。目前，新区蓝天保障性住房、华润琨瑜府、梦想新天地等一批装配式技术应用项目正在有序推进中，装配式建筑迈入发展新阶段。

三是在循环发展上下功夫，提高资源再生利用水平。践行绿色循环发展理念，倡导推行建筑固废资源化利用，利用长沙全国首批建筑垃圾治理试点城市契机，重点在梅溪湖国际新城二期推广应用建筑固废再生材料应用。目前看云路、海桐东路、听雨路等道路正在实施建筑固废再生，全力推动建筑固废的资源化利用。融合"绿色、两型、生态、智慧、海绵"五大理念，坚持高起点规划、高品质建设、高效率推进洋湖再生水厂建设，打造"污水厂、中水厂、资源厂、能源厂"四位一体的综合循环两型产业重点工程，目前项目已实现投产，纳污范围45平方公里，服务人口约50万人。

二 2019年改革建设主要思路

青山就是美丽，蓝天也是幸福。2019年，湘江新区将集中优势资源，以更坚定的决心、更务实的举措、更空前的力度，加快构建生态文明体系，全面推动绿色发展。

（一）统筹推进污染防治攻坚战

蓝天保卫战方面，紧扣蓝天保卫战"三年治本"要求，优化完善新区污染防治监控平台，健全无人机巡航信息共享和交办处置机制，尤其要深入抓好特护期大气污染防治，做好裸露黄土覆盖复绿控尘等工作。碧水保卫战方面，通过市场化治理合作模式，按照市河长办下发的实施方案深入推进龙王港流域综合治理，加强水质维护，确保龙王港水质年均值达到地表水Ⅳ类。牵头做好生态流量补给、重要排口污染控制等重点工程的整体设计，切实解决龙王港季节性缺水、排口雨季溢流、老城区面源污染三大突出问题。大力推进雷锋水质净化厂及配套管网建设，确保2019年7月底前投入运营。净土保卫战方面，按总体实施方案分阶段推进原长沙铬盐厂污染治理风险防控部分工程和核心污染区介质修复工作，确保2019年12月底完成垂直防渗墙工程的20%工程量。

（二）强力推进污染防治亮点工程

探索推进流域治理机制创新，以龙王港流域治理为重心，充分利用河长制统筹优势，督促属地政府抓好治理方案实施和落地，同时协同高新区、岳麓区构建联动执法机制，进一步强化全域排水监管。深化推进涉农行政村生态环境建设，加大生态环境治理力度，加大财政专项资金列支，对龙王港、靳江河流域两厢的涉农村进一步开展生态补偿，打造污水处理、农村生活垃圾处理示范引领亮点工程，助力新区美丽乡村建设。以部分区域为试点，从源头分类、规划、建设、运营、监管等多个层面共同发力解决垃圾站难建、难管、难落地问题。开展生活垃圾分类减量工作创新试点，探索服务外包、"社区＋物业公司"等分类运营模式，引入民众参与监督，构建垃圾处置的共建、公治、共享的长效机制。

（三）加快推进项目绿色发展

注重片区海绵城市总体设计与规划，强力统筹推进新区大王山、梅溪湖西片区海绵城市示范片区建设。按照全市及新区海绵城市规划建设要求，结合新区相关技术导则和建设工程实际，着力打造一批海绵城市示范项目。积极推进新区绿色建筑专项验收测评工作，全面总结恒伟西雅韵、当代滨江MOMA 等项目试测评经验，进一步完善工作制度，努力实现更大范围的推广应用。

B.28
株洲经开区（云龙示范区）2018~2019年两型社会与生态文明建设报告

株洲云龙示范区管理委员会

一 2018年两型社会与生态文明建设情况

2017年10月12日，株洲市委、市政府在云龙示范区的基础上，加挂株洲经济开发区的牌子，实现两块牌子、一套人马的管理模式。2018年，是株洲经济开发区挂牌成立后的第一个年头，围绕株洲市委、市政府"建成两型社会示范区，争创国家级经开区"的工作目标，株洲经开区（云龙示范区）一手抓经济发展，一手抓生态文明建设，各项工作保持良好势头。2018年成功获评全省"十大平安园区"，完成一般公共预算收入12.45亿元，增长21.01%；税收收入达10.23亿元，增长26.8%，税收占比为82.12%；固定资产投资达145亿元，增长8.3%；城乡居民人均可支配收入为37378元，增长7.5%；GDP增长8.9%；规模工业增加值增长7.4%；社零总额增长8.9%。有关情况如下。

（一）坚持两型发展理念，优化区域功能布局

根据创建国家级经开区需要，及时将产业发展定位调整为"新型工业和现代服务业并重"。尽管产业定位调整，但两型底色未变。在两型示范引领的总规指导下，深化产城融合，优化区域功能布局，重构"三城五园"八大功能组团，以产促城，以城带产，产城联动。三城，即华夏幸福云龙产业新城、龙母河生态新城、轨道交通城。五园，即职教科技园、大数据产业园、文旅创意园、商贸物流园、金融商务园。华夏幸福云龙产业新城，通过

华夏幸福招商优势，2018年签约工业项目12个，其中4个开工建设、1个竣工投产，并有大研机器人等多个电子信息、智能制造项目拟签约落户，发展来势向好。轨道交通城，以轨道交通配套产业为主导，片区基础设施加速完善，已有3个轨道交通零配件企业落户。大数据产业园，投资10亿元的中国移动（湖南株洲）数据中心一期工程竣工，投资40亿元的湖南"数据湖"产业园签约落地，全力打造为全省的大数据产业集聚区。商贸物流园，新引进绿地全球商品贸易供应链基地项目，正在推进与深国际物流的洽谈。文旅创意园，新引进并启动投资超过200亿元的绿地云龙文化旅游城项目建设，推进云龙海洋公园、奥悦冰雪世界项目，不断丰富文旅业态。龙母河生态新城、职教科技园、金融商务园也不断完善基础配套，洽谈引进片区合作商和龙头产业项目。

（二）坚持高质量发展理念，推动经济后发赶超

坚持高质量发展总要求，深入推进"产业项目建设年"活动，"以产业集聚人才、以人才引领产业"，统筹推进各类人才队伍建设，积极引进科技创新人才，聚力打造创新创业人才高地，为经济社会发展增添强大动力。

一是高品质打造产业研究园。聚焦先进装备制造、电子信息、大数据、生物医药等新兴产业，构建"科技研究—成果转化—产品生产—产业链打造"全过程产业培育体系，策划并打造产业研究园，吸引行业领先专家10余人、科研人员200余人在园区办公，致力建设成为"株洲·中国动力谷"的重要创新试验区。

二是洽谈引进多家科研平台。已实现多肽新药工程技术研究院、中科院产业互联网协同创新研究院、城市规划发展研究院入驻，华录大数据产业研究院正在进行入驻准备工作，国家数控系统工程技术研究中心湖南分中心、传感技术研究院、非金属材料研究中心等研发项目正在深入洽谈合作，全力争取落户云龙。同时，创新创业平台不断丰富，微软创新中心、零创空间、创意90、职教城院校创新创业基地获评为国、省、市双创基地，斯凯航空、霍普科技等一批创新项目在此孵化培育，云龙正积极打造株洲市创新创业的

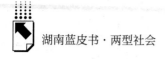

洼地。

三是出台了系列人才吸引政策。2018 年出台了《株洲云龙示范区专家公寓管理暂行办法》《株洲云龙示范区人才公寓管理办法》等系列人才政策文件，设立产业人才服务中心，建成 110 套人才公寓、13 栋专家楼，免费提供给各类专家人才居住，营造良好的人才发展环境。中国工程院院士李德毅在湖南汽车工程职业学院建立工作站，中国工程院院士刘友梅、丁荣军在湖南铁路科技职业技术学院建设工作站，国家"千人计划"专家王珠银博士团队、杨建红博士团队分别在云龙研发创业。

（三）坚持生态环保理念，打造绿色宜居新城

深入打好污染防治攻坚战，扎实推动中央环境保护督察"回头看"问题整改，推动环境质量持续改善。投资 2.53 亿元的云龙污水处理厂一期建成试运行，日处理污水规模 1.5 万吨。建设分散式污水处理站 13 个，解决集中安置区排污问题。严格落实"河长制"，加强日常巡河工作，切实保障龙母河（白石港）水生态环境。全面完成环保问题整改，加快荷叶塘干渠黑臭水体整治，取缔关停非法洗砂场 14 处，绿心地区 7 家工业企业全部关停退出，绿心地区 27 宗违法违规行为整改到位。推进"厕所革命"，高标准建成 10 个"建宁驿站"，改造公共厕所 5 个。开展"散乱污"整治、砖瓦企业整治等专项行动，关闭砖厂 7 家，取缔污染企业 3 家，辖区内工业企业全部实现"煤改电""煤改气"。大力实施美化、亮化、绿化"三化"工程，开展城乡环境同治，推进城乡统筹发展，云龙人居环境明显改善。

二　2019年建设思路

2019 年，株洲经开区（云龙示范区）主要工作思路，可以简称为"3123"。第一个"3"，就是推进"三区"建设，即打造长株潭融城核心区、建成全国两型社会示范区、创建国家级经开区。"1"，就是紧扣一个主题，即紧扣"党建引领，争先进位"这个工作主题。"2"，就是开展两个活动，即开

展"产业项目攻坚年"和"营商环境优化年"活动。第二个"3"，就是主攻三个重点，即主攻产业培育、主攻功能配套、主攻改革创新。

围绕建成全国两型示范区的奋斗目标，2019年株洲经开区（云龙示范区）坚决贯彻习近平生态文明思想，坚决打好污染防治攻坚战，严格落实"河长制"，持续抓好中央、省环保督察反馈问题的整改落实，着力解决群众反映强烈的突出环保问题。并主要在以下方面着力。

（一）提高土地集约利用效率

充分结合云龙地形地貌特征，形成极具特色的空间形态与土地利用方式。云龙绿心地区约25平方公里按照"共抓大保护，不搞大开发"的原则，最大限度保护原生态自然环境，中部、西部丘陵地带采取组团建设模式，保持自然绿楔与城市环境的联系，提高土地资源使用效率。按照"工业向园区集中、人口向城镇集中、居住向社区集中、土地向大户集中"的原则，以产城融合发展模式统筹推进"三城五园"建设，形成城乡居民点布局合理、基础设施配套完善、生活环境良好、产业布局科学的新城城乡空间布局体系。大力倡导"亩产论英雄"，着力扩大土地的有效供给和中高端供给，重点支持战略性新兴产业发展。对亩产效益高的项目，在用地上优先安排、重点倾斜；对不按约动工、长期闲置的项目，及时清理收回土地；对投资强度、建设进度达不到合同约定要求的项目，加强督促并适时终止合同，努力提高项目履约率、资金到位率和投资开工率，推动土地利用集约高效，让每一亩土地都产生效益，实现产值。

（二）强化生态环境建设

将生态建设与城乡建设共同作为重要的规划内容，重点突出以下三个方面的生态建设内容：一是生态水系统与湿地建设，以龙母河为基础，局部拓展水面，形成多级串珠状湖面，实现防洪、节水和景观的多个目标。推进4个主要的湿地建设，发挥生态保育和洪水调蓄功能；二是生态林地建设，保护云龙外围的楔形山体绿楔，建设生态林地和林地保护区，发挥其生态屏障的作用，推进株洲植物景观公园项目前期工作，争取启动项目建设；三是生态农田建设，将农田作为生态本底的重要组成部分，发挥农业用地的生态功能，积极推进盘龙湖生态农业项目、龙母河农业科技示范园项目建设。

（三）优化能源利用结构

促进能源节约，提高能源利用效率，优化能源结构，降低二氧化碳排放，构建安全、高效、低碳、可持续的能源供应系统。一是综合利用新能源技术、绿色建筑技术及绿色交通技术的成果，加强能源梯级利用，从而提高能源使用效率，降低能耗。二是提出发展可再生能源，形成与常规能源相互衔接、相互补充的能源利用模式，推广太阳能热水系统、太阳能光伏发电、生物质能、地热利用等新能源应用。三是建立复合能源系统，新建菖塘变电站，扩容云田变电站，同时结合职教城分布式能源站、新能源建设，形成多处电力供应端的结构。

（四）统筹城乡绿色发展

实施城市美化、绿化、亮化"三化"工程，着力解决有路无灯现象。强化城市管理，营造整洁有序的城区环境。推进绿荫行动，提升公共区域绿化品质。落实乡村振兴战略，投入2000多万元完成乡村道路提质改造，扶持建设一批田园综合体和休闲农庄，打造绿心地区都市农业休闲旅游基地。深入开展农村人居环境整治三年行动，重点打造美泉等一批农村人居环境示范点，扎实推进云田、柏岭美丽乡村建设，以奖代补支持规范建设一批群众文化广场，建设更加美丽宜居的生态家园。

（五）加快推动融城步伐

积极推动落实长株潭首届联席会议精神，主动出击，融城先发，主动融入长株潭一体化发展大局，抢抓长株潭一体化战略机遇，最大限度聚集长株潭城市群资源要素。积极向上争取，着力推动打通对接长沙、湘潭"一线三路"通道。"一线"，即努力争取株洲城铁大丰站—华强路—长沙南站的中低速磁悬浮专线立项，力争早日启动建设。"三路"，即加快推动华强路向北与长沙黄花国际机场联络线对接，实现云龙段开工；加快推动云峰大道西段与湘潭昭云东路对接，力争云龙段开工建设；加快推动田心大道北延与长沙黄兴大道对接，启动云龙段前期工作，全面畅通"四个20分钟"开放大通道，进一步凸显云龙长株潭融城核心的战略地位，彰显云龙担当融城核心区的力量与作为。

B.29
湘潭昭山示范区2018~2019年两型社会与生态文明建设报告

湘潭昭山示范区管理委员会

一 2018年试点示范改革建设情况

2018年，昭山示范区坚持以习近平新时代中国特色社会主义思想为引领，认真贯彻落实党的十九大、十九届二中、三中全会精神和中央、省委、市委各项决策部署，坚持新发展理念，注重发展质量和效率，牢牢把握发展机遇，以推进供给侧结构性改革为主线，重点实施健康产业、文化产业、旅游产业，以国家级文化产业示范园区、国家全域旅游示范区创建和湖南健康产业园核心区建设为抓手，全力推进产业建设、招商引资、生态保护、社会民生等工作，集中精力打好"三大攻坚战"，较好地完成了全年各项目标任务。全年完成固定资产投资122.5亿元，同比增长13.9%，实现地区生产总值59.84亿元，同比增长8.8%，实现财政总收入7.13亿元，税收占比达到78.5%。

（一）发展绿色产业，经济实力显著增强

坚持新发展理念，紧紧围绕主导产业，认真落实"产业项目建设年"要求，突出抓好项目建设、招商引资等工作，引进了国药集团基因检测中心、可孚医疗电商平台总部和健耳听力研发中心、昭山国际知创文化基地、竞速体育运动休闲中心等项目，合同引资117亿元，园区发展动力不断增强。

一是加速健康产业发展。核心区概念性规划及城市设计方案完成专家评

审，牵头成立了湘潭市大健康产业联盟。恒大·养生谷四大园已对外开放，恒和康复医院已开工建设。北大未名（昭山）生物医学创新示范园、湖南惠景生殖与遗传专科医院、三医创新中心、新途病理检验中心等项目建设有序推进，将以数字诊疗系统为主的健康产业关键技术研究与推广项目纳入"100 个"重大科技创新项目，何秋明等 3 人入选"100"个科技创新人才。成功引进了颐和云鲨鱼健康管理、中美干细胞研究中心等项目。

二是加快文旅产业发展。组建了昭山文产公司，出台了《创建国家级文化产业示范园区三年行动计划》《湘潭昭山文化产业园发展奖励办法》，争取市级出台了支持昭山文化产业发展的优惠政策。与北京朝阳国家文化产业创新实验区开展合作共建，成功打造了湖南（昭山）国际创意港和绿心文创谷等众创空间。举办了第二届芒果音乐节、长三角经贸洽谈周—湖南文化产业园推介会、齐白石文化艺术节文创产品大赛等重大活动，昭山影响力显著提升。昭山城市海景水上乐园一期运营良好，累计接待游客 45 万人次；途居昭山国际房车露营地项目投入运营，市场反响良好；山市晴岚文化旅游项目观音寺竣工并对外开放，景区修建性详规获批；华鑫高级中学及相关产业整体入驻项目已基本完成一期主体工程，樱皇农业七星生态休闲农业开发项目按计划推进。全面完善旅游基础设施建设，新建旅游厕所 12 个、游客服务（咨询）中心 1 个，旅游监管服务水平显著提升，入围湖南省精品旅游线路重点县。

三是加强要素保障。与农业银行开展战略合作争取到对昭山文产园授信支持，引入华映资本设立基金为入园企业提供资金保障；在防控金融风险的同时，依法依规开展融资，有效保障了全区资金需求。

（二）提升城市品质，生态环境持续优化

一是城市功能不断完善。全面推进城市基础设施建设，金山路、昭易支路五、昭易五号路、昭阳路二期及湘江风光带已竣工验收并实现通车。金江泵站二期已具备试运行条件。王家晒渠水系改造已完成并投入使用。积极推进双修双改，全面完成全区黑臭水体治理、河东二污配套管网工程建设、高

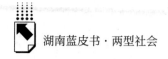

速公路沿线农村风貌改造等项目建设。

二是城市形象显著提升。持续深化全国文明城市建设，扎实开展市容市貌、交通秩序、市场秩序整治，深化城乡环境卫生综合整治，扎实开展拆违控违行动，实现违法建设"零增长"，群众满意度大幅提升。

三是生态建设持续深化。完成植树造林600亩，完成生物防火隔离带抚育10公里。积极探索"禁建区"乡村振兴新路径，坚持以乡村规划为龙头，以农民增收和产业发展为核心，以村镇基础设施建设为重点，以改善农村环境为突破，以加强党的建设为保障，按照"一村一品"的村庄特色规划，重点在七星、玉屏等地建设"处处是景点、户户有产业、人人能增收"的美丽乡村，通过提质村落生态、发展乡村产业、完善全域旅游配套设施等措施，大力发展乡村旅游、特色农产品、经济林业等产业，推动乡村振兴。昭山示范区"美丽风光"变身"美丽经济"的做法在《湖南日报》推介，七星村获得"省级同心美丽乡村"等称号，昭山风景名胜区成功获批省两型景区。

（三）办好民生实事，发展成果不断惠民

坚持把保障和改善民生作为发展的重要工作，牢固树立以人民为中心的发展思想，坚持从解决好人民群众最普遍关心的问题入手，持续加大民生投入，不断织密织牢民生保障网，人民生活水平显著提升，百姓幸福指数显著提高，两型建设成果不断惠民利民。

一是民生工程推进有力。圆满完成22项省市民生实事。加快解决建设领域历史遗留问题，完成昭山老安置区、金山安置区C区权证办理。加快推进安居工程，棚改集中安置区一期交付使用。积极推进农村危房改造，完成全区房屋损坏情况摸排并将符合政策的全部纳入改造计划。

二是社会保障稳步提升。城镇新增就业394人，农村劳动力转移100人，城镇登记失业率控制在3%以内；举办精准扶贫"春风行动"招聘会，提供就业岗位3000多个。特困供养、城乡低保全面提标，优抚、安置政策全面落实。积极推进义务教育优质均衡发展，基本完成华鑫学校建设，教育

工作获园区第一，教科研工作获评优秀单位。医药卫生体制不断完善，公共卫生服务能力显著提升，计生政策全面落实，爱卫工作持续推进，区管委会成功创建省级文明卫生单位。

三是社会大局和谐稳定。健全安全生产责任体系，全面开展"打非治违"专项行动，狠抓安全生产监管和隐患排查，实现烟花爆竹零售店全部清零，全年未发生较大安全事故，是湘潭市唯一未发生工矿商贸领域安全事故的园区。深入开展"四查四防化纠纷，千乡万村创四无"专项调解活动，扎实抓好信访维稳工作，排查化解矛盾纠纷122起，化解信访积案5件，实现进京上访和非访"双下降"。深入开展扫黑除恶专项斗争，摸排问题线索17条，移送湘潭市岳塘公安机关5条，责处打架斗殴等寻衅滋事案件8起。

（四）决战三大攻坚，发展质量逐步提升

污染防治方面，全面完成中央环保督察反馈问题整改，扎实推进涉气污染企业整治、扬尘污染防治、渣土运输管理、散乱污治理、秸秆及烟花鞭炮禁燃、垃圾禁烧等工作；积极推进湖南农药厂东厂区及周边污染土壤治理，全面启动小流域综合治理，基本完成工业企业退出，累计退出工业企业37家，区域环境质量稳步提升。

防范重大风险方面，坚持"控增量、化存量、防断链、防风险、守底线"的原则，制定风险应急预案，出台《防范和化解政府性债务风险十年行动计划》，组建了5亿元的偿债准备金，积极化解存量债务；严控新增债务，按照省、市要求政府性投资核减97%，增加产业投资12亿元；严控各项支出，实行政府债务"零增长"、新投资项目"零上马"、"三公"经费"零支出"、新进人员"零招录"；多途径拓展收入，全区没有发生任何逾期债务，牢牢守住了不发生区域性、系统性金融风险的底线。

精准脱贫方面，抓实基础工作，践行"三落实"要求，重新调整帮扶责任人并明确职责，全区、镇、村干部509人与建档立卡贫困户开展结对帮扶工作，对6个有100人以上贫困人口村派驻帮扶工作队；全面落实各项扶贫政策，通过产业扶贫、就业扶贫、教育扶贫、健康扶贫、兜底扶贫等方式

确保稳定脱贫不返贫,资助贫困家庭子女就学实现全覆盖,建档立卡贫困户100%纳入城乡居民医疗保险,享受家庭医生签约服务,并购买了"扶贫特惠保",贫困群众生产生活不断改善。

二 2019年的工作思路及重点

2019年是实施"十三五"规划承上启下和全面建成小康社会的关键之年,是中华人民共和国成立70周年,是加快高质量发展、全面建成小康社会的决胜之年。做好全年各项工作,意义重大。昭山示范区将深入贯彻习近平新时代中国特色社会主义思想和党的十九大精神,认真落实中央、省委、市委经济工作会议精神,抢抓长株潭一体化发展机遇,紧扣文化、健康、高端商务等主导产业,加快项目建设、招商引资、生态建设、成果转换,全力推进国家级文化产业示范园区、国家全域旅游示范区创建和湖南健康产业园核心区建设,努力构建文化健康产业新格局,持续打好"三大攻坚战",推动园区高质量发展。主要经济指标预期目标:地区生产总值同比增长9%左右;固定资产投资同比增长13%以上;财政总收入同比增长8%;产业投资增速高于全市平均增速2个百分点,产业投资占固定资产投资比重达55%以上;城乡居民人均可支配收入与经济增长同步。

(一)践行绿色发展理念

一是践行生态文明理念,坚持生态保护优先,以打好"污染防治攻坚战"和落实中央环保督察整改工作为契机,统筹制定绿心保护工作规划。严格落实环境保护各项措施,整合资源,将资金集中投入生态保护修复、生态补偿、环境治理、森林公园建设等方面,加快小流域综合治理,完善防洪排涝设施、红易大道大市场段截污干管等公共配套,打造一批生态保护亮点工程,稳打稳扎提升昭山生态品质和环境质量,真正擦亮绿心品牌。

二是加快园区绿色发展,按照西城东乡的格局,在京港澳高速以西全力推进湖南健康产业园核心区建设和国家级文化产业示范园区创建,大力发展健康养生、文化旅游、高端商务产业，以片区开发的思路重点打造好芙蓉大道、晴岚路沿线和仰天湖片区，逐年形成一批成熟产品，展示园区建设形象；在京港澳高速以东全力推进乡村振兴，积极探索和推进农村综合改革，以美丽乡村示范片建设为抓手，打造好玉屏、七星、红旗等重点片区，实施玉屏村、七星村周边 10 公里农村公路"白改黑"，大力推进村庄改造，完善旅游配套设施，加快乡村振兴，推动昭山全域旅游发展，努力打造长株潭城市群的公共客厅和休闲旅游体验区。

（二）抢抓一体化发展机遇

抢抓省委、省政府大力推动长株潭一体化发展的有利契机，把握昭山三市融城核心区地位，加强与长沙南部片区、株洲的对接，推进规划领域的合作，实施芙蓉大道、红易路快速化改造，促成昭山路、滨江路等城际干道互联互通，力争沪昆高速昭山南互通一季度通车。在抓好基础设施对接的基础上，积极推进产业融合，充分利用长株潭国家自主创新示范区、长株潭两型社会改革试验区、湖南健康产业园核心区等平台和机遇，运用好省、市有关专项扶持政策，积极推进与周边地区的产业融合，吸引重大健康、文化产业类项目落户。

（三）加快绿色产业发展

围绕国家级文化产业园区、国家全域旅游示范区创建和湖南健康产业园核心区建设，全力推进园区产业发展，加快发展健康产业、文化旅游和高端商务。

健康产业方面。加快在建项目建设，确保恒大·养生谷项目一期颐养社区及恒和康复医院完工，二期启动建设；确保北大未名（昭山）生物医学创新示范园项目一期、湖南惠景生殖与遗传专科医院等项目建成并投入运营；力争完成国药集团基因检测中心、同济中美干细胞研究中心、可孚医疗电商总部和健耳听力研发中心建设并投入运营。用好用足省、市专项支持政策，加快对接威高集团、中国人寿等500强企业，围绕健康服务全产业链条新引进一批重大项目并启动建设，实现健康产业初具规模。

文化旅游方面。落实创建工作三年行动计划，引进各类文化人才 30 人以上，引进领军文化企业 5 至 7 家，新增小微文化企业 40 家以上，启动昭山国际知创基地、竞速体育休闲中心等重大项目建设，建成并开放金丝楠木博物馆、白石文化生态艺术园，加快推进山市晴岚文化旅游项目，确保首开区 10 月 1 日开放；运营好昭山国际创意港和绿心文创谷两个平台，新增孵化空间面积 5000 平方米以上。引进省内外文化产业股权投资和风险基金、融资担保机构，启动版权交易线上平台建设，申报一批省级以上相关研究课题，开发一批园区自主版权，办好首届中国露营国际大会（湘潭站）、沙滩系列体育赛事、长株潭文化艺术创作季等活动，确保顺利通过文化和旅游部中期评估。

高端商务方面。坚持追求精致、精细和精美发展的理念，大力发展总部经济，确保完成电力总部和三医创新中心建设，积极引进国内外知名企业总部和研发中心，深度对接威高集团区域总部、步步高财务公司总部基地、泛华保险总部基地、圣源祥保险总部基地等项目，争取落户 2 至 3 家总部企业和研发中心，形成可持续的财源，力争年内总部经济实现税收 2 亿元以上。

（四）持续深化三大攻坚

一是做优生态环境。持续推进生态建设，深化中央环保督察"回头看"和省委环保督察整改工作，完成南天农药厂东厂区及周边污染土壤治理，打胜蓝天保卫战。

二是防范重大风险。认真落实防范和化解政府性债务风险年度计划，加强政策研究和对接，在前段时间成功发行 PPN 的基础上继续推进市场化融资，确保全区正常运转。加快平台公司转型升级，做实平台公司资产，积极与第三方平台合作，通过股权划转的方式，力争将平台公司外部评级等次提升至 AA＋。

三是抓实脱贫攻坚。践行"三落实"要求，按"一户一策"要求全面落实好各项扶贫政策，高标准完成市委扶贫领域专项巡察整改任务，确保全区贫困户全面实现"两不愁、三保障"，真正实现脱贫不返贫。

B.30

湘潭天易示范区2018~2019年两型社会与生态文明建设报告

湘潭天易示范区两型办

湘潭天易示范区作为长株潭城市群两型社会建设综合配套改革的五大示范区之一，始终坚持以"天更蓝、地更绿、水更清、发展更好、城市更宜居、人民更幸福"为目标，稳步推进两型社会建设。近年来园区先后获批为湖南省可持续发展实验区、湖南省两型园区，连续两年入选湖南省生态文明改革创新案例，并成为湘潭唯一开展湖南省两型标准实施与认证试点工作的单位。

一 2018年两型社会与生态文明建设情况

（一）一体化对接三市融城

一是围绕产业发展一体化，主动配套，差异发展。主动融入长株潭产业分工体系，承担区域产业分工，既勇为主角，又甘当配角，形成梯度发展、协作配套的产业布局，构建"3+X"产业体系，大力发展食品医药、智能装备制造、新材料三大主导产业。依托天易大道、G107国道、湘莲大道框架，构筑"一轴一带四基地"的产业空间布局。珠江啤酒、北汽大世汽车座椅、博执医药等一批潜力大、前景优的项目纷纷落户园区，2018年，园区新增国雅彩印等15家规模企业，规模工业企业总数达到133家。食品医药、先进装备制造、新材料三大主导产业分别完成产值194.8亿元、163.9亿元、76.4亿元，占全区规模工业企业产值的42.9%、36.1%，16.8%，同比增长 27.5%、7.7%、7.0%，累计占园区规模工业总产值的 95.8%。食药产业增速遥遥领先，槟榔企业不断开发新产品，其中伍子醉的枸杞槟榔自上市以来，市场供不应求，企业产值增幅 20% 以上；五洲通新开发的普乐沙福、兰索拉唑注射液等已全面投产，全年完成产值 10 亿元，增长 132%；新材料企业保持快速增长，信诺颜料、长乐建材、中建建科等受行业拉动明显；海泡石通过召开海泡石科技产业园座谈会，行业影响力不断提高，产品市场扩张迅猛；智能装备企业实现了新的飞跃，电机车、炜达机电等通过科技创新、自主研发，公司产品订单成倍增长。

二是围绕基础设施一体化，积极对接，全面贯通。积极对接区域网络体系，通过建设天易大道、武广大道、湘莲大道、滨江风光带、长株潭外环高速公路等一系列交通设施工程，构建区域交通网络，加快融城步伐，东、南、西、北四向通道进一步畅通，建成城区面积达到 20 平方公里，城市人口约 20 万人。

（二）绿心整改和保护

天易示范区涉及中央环保督察反馈绿心违规地块共 14 宗，其中完善程序类地块 4 宗、整改复原类地块 9 宗、转型退出类地块 1 宗。2018 年一季度绿心信息监测系统发现的违法违规用地 1 宗。以上 14 宗整改销号资料已按要求全部报送到湘潭市环委会和市两型办，并已完成销号。

加强生态绿心保护目标责任分解，将两型生态环境保护工作纳入示范区对乡镇、村组支持服务园区工作考核中。涵盖绿心范开展辖区内生态文明和两型宣传教育活动，提高全社会的生态文明和两型意识，有宣传阵地，做好绿心保护的宣传、保护相关工作，不出现违反绿心保护条例的情况等内容。

秉承"绿水青山就是金山银山"的理念，进一步增强金霞片区绿心保护。一是加强日常巡查。每天安排两名工作人员在白天、晚上对公园进行不间断的巡查，特别在国家法定节假日、重点时段、寺庙活动日等加派人员进行巡查。具体内容包括：巡查森林防火、环境卫生、公共设施被损情况，树木病虫害情况、乱搭乱建乱葬乱磨情况、市民及游客不文明现象和他们反映的问题，对发现的问题及时处理等。2018 年接受工作以来共巡查出破坏公共设施 1 起、制止在公园内吸烟行为 40 余人次、制止乱扔垃圾行为 30 余人次、制止乱砍滥伐行为 1 起、制止乱磨坟 1 起、制止上坟烧香纸钱 10 余人次、发现树木病虫害 40 多处。二是严厉查处破绿损绿行为。清明节期间，在日常巡查中发现贵竹安置区居民在扫墓时故意破坏树木，立即对其违法行为进行制止，并对参与人员进行批评教育，要求写下承诺书，对周边居民进行义务劝导并使其承诺不再对公园内树木进行破坏。三是严格殡葬管理。加强巡查和宣传，严禁在公园内葬坟磨坟，对有权属林地在公园范围内的亡故村民实行异地安葬补助共计 50000 元，控制了在公园内乱葬乱磨行为。四是绷紧森林防火弦。加强日常防火巡查和宣传，在清明节等重点防火时期派专人蹲守坟墓集中区域，全面劝导和制止上坟燃放烟花鞭炮，最大限度防止引发森林火灾。五是防治白蚁危害。技术人员对公园内有白蚁危害防治进行了 5 次集中治理，有效控制白蚁的侵害，确保绿心范围内的树木常青常绿。

（三）两型标准化试点工作

云龙小学起草制定的《湖南省两型小学标准》（DB43/T1330—2017）于 2017 年 11 月 16 日正式由湖南省质量技术监督局发布，于 2018 年 3 月 1 日起正式实施，此标准基于云龙小学两型小学建设的成功经验。该标准的出台为湖南省两型小学的标准化建设提供了科学依据，标志着湖南省两型学校建设步入新台阶。园区编制的《园区工业固废生态管理及评价标准》，得到了省两型管委会和省质监局的充分肯定，该标准已于 2018 年 3 月 13 日正式发布，6 月 13 日正式实施。

（四）开展两型理念宣传、两型创建

根据省两型委有关要求，配合做好改革开放 40 周年宣传活动，中央驻湘媒体和省内主流媒体对园区内源远海泡石、云龙小学等单位的两型创建工作开展采访报道。

2018 年示范区将两型示范创建工作渠道扩展到学校、企业等。组织了

源远海泡石、飞山奇建筑科技分别申报两型示范企业和清洁低碳技术推广项目；组织了康宁达、源远海泡石、盈通供水相关产品进行市级两型产品认证；组织了云龙小学、天易金霞小学进行两型标准试点认证等。

（五）推广清洁低碳技术

积极推进清洁低碳技术推广进园区，兴业太阳能公司在天易示范区投资4.9亿元建设70兆瓦分布式太阳能光伏发电项目，一期20MW分布式光伏电站，年发电量2000万KWH。目前，示范区已有高耐合金1058.4千瓦、风动机械470千瓦、江南钢构48千瓦、泰达机械805千瓦、圣达机械420千瓦、宏信产业园一期4280千瓦完成建设，飞山奇科技公司、珠江啤酒、华夏锌钢、天人合已签协议，伍子醉、国发、柏屹产业园正在洽谈。

大力扶持源远海泡石公司的发展，湘潭乃至全省全国唯一清洁低碳的现代化海泡石提纯活化改性生产线，填补我国海泡石资源综合利用工程化研究开发的空白，该公司根据全省全国对于清洁低碳生产的要求，利用公司自有的海泡石提纯活化改性技术，开发出节能环保的海泡石产品，从技术、工艺到设备等各个环节实现清洁低碳生产。目前已基本完成实验室研发工作，被评定为省级工程技术研究中心，为量产做基础准备工作。

探索园区可实施的产业低碳工程，加快推进低碳园区建设，积极推进太阳能、集中供热和新能源产业发展。生物质集中供热项目（一期工程）已落地建设，2019年1月上旬已完成试点火。项目总投资5650万元，占地面积为13334平方米，建筑面积为14310平方米，新建4台循环流化床锅炉和1台链条炉排炉进行集中供热。项目共两期，第一期建设两台20t/h 循环流化床锅炉＋一台20t/h 链条炉排锅炉，二期建设两台20t/h 循环流化床锅炉。项目建成后，可替代园区内现有的150t/h 燃煤、燃气锅炉并杜绝园区新增小而效率低下的锅炉。在提供相同数量蒸汽的情况下，集中设置并通过热网集中供热的锅炉相比分散设置的小锅炉可以节省大量燃料。

二 存在的问题

（一）生态绿心地区历史遗留问题较多

生态绿心区域内历史遗留问题合计41宗，其中22宗已建成地块，总占地面积为1283.2亩，涉及生态绿心区域面积为1088.6亩，商住用房建筑面积超过85万平方米，涉及人员超过2.5万人。19宗未动工地块，总占地面积为1429.1亩，涉及生态绿心区域面积为1237.1亩。如全部退出，园区将面临支付巨额和财政损失，由此还会造成巨大的社会风险、法律风险和发展风险。

（二）两型示范创建力度有待加强

两型示范创建作为两型社会建设的重要抓手，通过示范创建将两型发展的理念推广到机关、园区、企业、学校、村组（社区）等，可促进两型技术产品的广泛应用，改善生态环境。但由于组织工作、部门联动、考核等工作机制不健全，两型示范创建推广力度不足。

三 2019年两型社会与生态文明建设重点

（一）严把准入关

严格按照国家产业政策、行业准入要求、区域发展规划和专项发展规划、园区总体规划等相关政策法规对项目的准入把关，对"两高一资"、低水平重复建设和产能过剩的项目不予准入。严格落实"生态保护红线、环境质量底线、资源利用上线和环境准入负面清单"的约束，更好地发挥环评制度从源头防范环境污染和生态破坏的作用，同时加强对园区企业的监管督促，加快推进改善环境质量。

（二）推进示范创建，塑造两型样板

完善相关体制机制，推进示范创建提质扩面，按照"一行业一亮点，一社区一品牌"的创建要求，统筹推进各级、各部门、各行业的两型示范创建。按照"两型理念推广平台、两型知识传播中心、两型宣传重点载体、两型参与示范窗口"的要求，倾力打造两型宣教示范基地。

（三）加强绿心保护，促进绿心区健康发展

积极对接省、市，做好绿心总规调整工作；争取经开区绿心地区建设项目更多地纳入省、市统筹，争取国家、省、市资金，积极为绿心区的软硬环境改善提供资金支持；依据《长株潭绿心保护条例》、湘潭市人民政府 2 号令和示范区绿心项目准入制度，严格执行绿心地区项目准入。

（四）做好两型标准化试点工作

开展省级两型标准的宣传、培训和认证，按照《湖南省两型认证管理标准》的要求和流程，全面推动经开区内企业、村庄、学校、机关的两型认证。

（五）推广清洁低碳技术，探索绿色发展新路径

推进清洁低碳技术进园区，建设分布式能源设施，集中连片推进太阳能、风能、生物质能、空气能等可再生能源利用技术，推进区内主干道节能型路灯亮化改造，鼓励企业和家庭建设太阳能光伏屋顶电站，推进绿色建筑、绿色出行。

专 题 篇

Special Topics

B.31

落实总书记"守护好一江碧水"指示
坚决打好打赢碧水保卫战

潘碧灵　彭晓成*

摘　要：　党的十八大以来，全省上下认真贯彻落实习近平生态文明
思想，按照长江经济带"共抓大保护、不搞大开发"的要
求，不断强化组织领导和支撑保障，深入推进重点区域、
重点流域、重点领域综合整治，积极推动高质量发展，加
快解决突出环境问题，有力有序有效推进湘江、资江、沅
江、澧水和洞庭湖整治，为"守护好一江碧水"贡献了湖
南力量。

---

* 潘碧灵，全国政协常委、民进湖南省委主委、湖南省生态环境厅副厅长（正厅级）；彭晓成，
湖南省生态环境厅水生态环境处副处长。

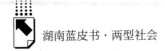
关键词： 习近平生态文明思想　一湖四水　碧水保卫战

　　湖南省水资源丰富，多年平均降雨量达到 1450 毫米，水系发达，河流湖库众多，5 公里以上的河流有 5341 条，常年水面面积 1 平方公里及以上湖泊有 156 个，水情是最大的省情。全省 96% 以上区域属于长江流域，湘、资、沅、澧四水通过洞庭湖汇入长江母亲河，多年平均径流量占长江流域 30% 左右，在维护长江中下游生态环境安全等方面具有极其重要的战略地位。党的十八大以来，全省上下认真贯彻落实习近平生态文明思想，切实增强长江经济带"共抓大保护、不搞大开发"的思想自觉、行动自觉和政治担当，有力有序有效推进了"一湖四水"整治，为"守护好一江碧水"贡献了湖南力量。

一　习近平总书记对长江经济带发展的要求

　　长江是中华民族的母亲河，也是中华民族发展的重要支撑。过去相当长一段时间内，由于过度发展、无序发展、粗放发展，长江经济带生态环境问题突出。习近平总书记指出，"母亲河病了，而且还病得不轻"。为保护长江母亲河，2016 年 1 月 5 日，习近平总书记在重庆召开推动长江经济带发展座谈会，强调"当前和今后相当长一个时期，要把修复长江生态环境摆在压倒性位置，共抓大保护、不搞大开发"。2018 年 4 月 2 日，习近平总书记主持召开中央财经委第一次会议，明确要求打好长江保护修复攻坚战等七场标志性战役，确保三年时间明显见效。2018 年 4 月 26 日，习近平总书记在武汉再次主持召开深入推动长江经济带发展座谈会，又提出了"生态优先、绿色发展"的新要求，同时强调指出，要正确把握整体推进和重点突破、生态环境保护和经济发展、总体谋划和久久为功、破除旧动能和培育新动能、自身发展和协同发展的"五大关系"，以长江经济带发展推动高质量发展。党的十八大以来，习近平总书记围绕推动长江经济带发展做出的系列重要讲话、指示批示精神，为我们打好长江保护修复攻坚战提供了强大的思想指引和根本遵循。

2018 年 4 月 25 日，习近平总书记深入岳阳市君山华龙码头、城陵矶水文站视察，听取湖南省关于洞庭湖生态治理、湘江保护和治理等情况汇报，充分肯定湖南推进"三大攻坚战"等相关工作的成效，嘱咐"守护好一江碧水"。为落实习近平总书记的殷殷嘱托，2018 年 5 月 11 日，中共湖南省委第十一届委员会第五次全体会议通过《关于坚持生态优先绿色发展深入实施长江经济带发展战略大力推动湖南高质量发展的决议》，明确要求筑牢"一湖三山四水"生态屏障，让"一湖四水"的清流汇入长江，努力打造长江经济带"绿色长廊"。2018 年 6 月 13 日，全省生态环境保护大会在长沙召开，会议要求深学笃用习近平生态文明思想，进一步动员全省各方力量，全力以赴打好污染防治攻坚战，奋力开创新时代湖南生态文明建设新局面。

二　湖南推进碧水保卫战的主要工作及成效

（一）坚持高位推动，不断强化组织领导

湖南省委、省政府先后成立高规格的省生态环境保护委员会、突出环境问题整改领导小组等组织领导机构，全省 15 位省级领导分别担任一湖四水及主要支流省级河长，省委书记杜家毫、省长许达哲亲自部署、检查、落实，多次实地调研督导，定期研究部署碧水保卫战。2015 年，湖南省出台《湖南省环境保护工作责任规定》（2018 年进行了修订），进一步明确各级各有关方面的环保职责，实现党委、政府及（纪检）监察、司法机关环保责任全覆盖。2016 年以来，湖南省出台实施《党政领导干部生态环境损害责任追究办法实施细则》《污染防治攻坚战考核暂行办法》等系列文件，启动生态环境损害赔偿制度改革试点，大幅度增加政府绩效考核比重，进一步强化生态环保硬约束，加快形成了党委政府统一领导、部门齐抓共管的大环保工作格局。

（二）做好顶层设计，认真部署落实碧水保卫战

按照国家要求，结合湖南省实际，2015 年以来，先后出台《湖南省贯彻落实〈水污染防治行动计划〉实施方案（2016～2020 年)》《湘江保护和治理第二个"三年行动计划"实施方案（2016～2018 年)》《长江经济带（湖南省）生态环境保护实施方案》等文件，明确了碧水保卫战路线图、任务书和时间表。2018 年 6 月，根据新的形势和国家要求，又出台了《湖南省污染防治攻坚战三年行动计划（2018～2020 年)》和"碧水保卫战"实施方案，明确要求加大推进"一湖四水"整治，确保水环境质量持续改善。同时，从 2017 年开始，湖南省连续两年启动实施环境治理"夏季攻势"，省长向各市州长和省直相关部门负责人交办任务清单，通过项目化、清单化的形式将整治工作层层分解落实，按照"半月一调度、一月一通报、两月一督查、三月一评议"工作机制，推动地方集中资源攻坚克难。

（三）注重源头预防，积极推进绿色发展

坚持"绿水青山就是金山银山"的绿色发展理念，推动地方逐步摆脱传统思维惯性和路径依赖，不断提升发展质量。推进生态保护红线划定，将 20.2% 的面积纳入保护范围，对湘江源头、饮用水水源地等生态环境敏感区实行最严格保护。以"三线一单"（生态保护红线、环境质量底线、资源利用上线和环境准入负面清单）为抓手，强化环境准入管理，明确湘江干流两岸各二十公里范围内不得新建化学制浆、造纸、制革和外排水污染物涉及重金属的项目。结合供给侧结构性改革，近三年来，关闭了 426 处小煤矿和 1000 多家非煤小矿山，淘汰化工、造纸等规模工业企业 5000 多家，加快发展 20 个工业新兴产业链，高技术产业年增速保持在 15% 以上。出台《关于禁止"一刀切"的意见》，严禁环保督察整改、环境执法"一刀切"。落实结构减排、管理减排和工程减排，持续降低主要水污染物排放总量，为新兴产业发展腾出了宝贵环境容量。

（四）集中攻坚克难，加快解决突出环境问题

针对影响人民群众切身利益的突出问题、制约社会经济持续健康发展的重大问题、环境治理基础设施建设的突出短板，近年来，结合污染防治攻坚战推进、环保督察整改等工作，全省上下抢抓时间，攻坚克难，持续发力，综合施策，加快解决了一批长期想解决而未解决的突出问题。

一是推进中央环保督察整改。按照"问题不查清不放过，整改不到位不放过，责任不落实不放过，群众不满意不放过"的原则，2017年4月以来，加快推进中央环保督察交办问题整改。截至2018年底，中央环保督察组指出的76个问题整改完成55个，基本完成5个，达到时序并持续推进13个。洞庭湖非法采砂、欧美黑杨清理、东江饮用水水源保护区违规建设项目退出等重点、难点问题得到有效解决。同时，2018年11月以来，认真抓好中央环保督察"回头看"配合和整改工作，加强现场调查督导，云溪绿色化工产业园、衡阳大义山自然保护区等生态环境问题整改取得有效进展。

二是着力补齐环境治理短板。以问题为导向，以项目为载体，加快补齐工业、农业和生活污染治理短板。坚决关停小造纸厂、小炼油厂等十小企业，深入推进有色金属、化工等十大重点行业企业清洁化改造，全省140个省级及以上工业聚集区全部建成或配套污水集中处理设施。全省县级及以上城镇实现生活污水收集处理设施全覆盖，共建成城镇生活污水处理厂148座，其中85座完成一级A及以上标准提标改造，长沙市完成城区101个入河排污口的改造，基本实现污水全收集、全处理。按照整县推进模式，全省126个县市区（管理区）均已启动实施农村环境连片整治，南县、津市等35个县市区完成现场验收。划定畜禽养殖禁养区、限养区和适养区，禁养区外规模畜禽养殖场粪污处理设施装备配套率已达83.62%，34个县开展畜禽养殖废弃物资源化利用整县推进试点。

三是突出饮用水水源环境整治。将饮用水水源地整治纳入省政府为民办实事工程，下达4号省总河长令进行督办。深入开展长江经济带饮水安全专项整治行动，明确各级政府为整治的主体责任单位，每个县市区明确一名县

级领导为"第一责任人",负责水源地问题排查、整改、验收、销号等工作;建立"包片督查"机制,由原省环保厅、省水利厅、省人民检察院成立7个督查组包片督查,从行政和法律监督两个方面开展督办;建立省、市两级专家组,加强现场检查和技术指导;制定"验收销号备案"程序,规范工作流程,严把整治验收关。通过努力,在2017年投入8.4亿元、完成地市级饮用水水源地80个环境问题整治的基础上,2018年投入资金17.1亿元,提前2个月完成县级饮用水水源地254个重点问题整治,整治进度位居全国前列。

四是加强城镇黑臭水体和不达标水体整治。结合城市双修、海绵城市建设等工作,多渠道加大投入,强化监督检查,按照"控源截污,内源治理,生态修复,活水保质"的要求加快整治地级城市黑臭水体,并从2018年开始,探索启动县城、乡镇黑臭水体整治,逐步改善了城镇人居环境。通过努力,截至2018年底,全省地级城市排查的170处黑臭水体完成整治163处。长沙市圭塘河整治过程中,通过构建"建—融—管—还"可持续的资金解决方案,实现黑臭水体整治"长制久清"。同时,推动浏阳河、捞刀河等11处不达标水体全部制定并加快实施整治方案,汨罗江、衡阳蒸水等水体已达标。

五是加强重金属污染治理。认真落实重金属污染防治规划,加快推进涉重金属产业结构调整、工业污染源整治和历史遗留污染治理,有效遏制了全省重金属污染扩散。突出抓好五大重点区域综合整治,株洲清水塘已于2018年底全部关停、退出或搬迁153家企业;湘潭竹埠港28家重化工企业于2014年全部退出,正在有序推进污染场地修复;衡阳水口山关停淘汰水口山冶化公司等117个涉重金属排放企业或生产线,积极推进了有色金属产业园区循环化改造;郴州三十六湾完成矿山开采秩序整治,重点推进了甘溪河—陶家河流域遗留废渣处置和生态修复;娄底锡矿山强力推进涉锑行业企业整治整合,分类加快推进了遗留废渣的安全处理处置。

(五)突出综合施策,深入推进重点流域整治

认真推进污染防治攻坚战,以环境质量改善为核心,强化转型发展、污

染治理、生态保护三大举措，加强组织领导、政策支持和科技支撑，突出抓好湘江、洞庭湖保护和治理。

持续推进湘江保护和治理"一号重点工程"。2013年以来，省委、省政府将湘江保护和治理列为省"一号重点工程"，按照"堵源头""治与调并举""巩固提升"的阶段目标，明确要求连续实施三个"三年行动计划"来实现"江水清、两岸绿、城乡美"的美好愿景。通过努力，第一个、第二个"三年行动计划"已顺利实施完成。2013年以来，先后投入500多亿元，实施工业、农业和生活污染整治项目3578个，关停涉重企业1182家（流域涉重金属企业比2008年下降50%以上），完成600余个重金属治理项目，确保湘江水环境质量持续好转。根据监测，2018年，湘江流域水质总体为优，干、支流157个考核断面中，I～III类水质断面占98.7%，比2012年提高10.5个百分点，干流39个考核断面水质均达到或优于III类标准。同时，2012年以来，湘江流域的汞、铅、砷、镉与六价铬等重金属年均浓度均有不同程度的下降，且均达到III类标准，其中2018年湘江汞、铅、砷、镉与六价铬年均浓度比2012年分别下降了39.3%、63.6%、30.8%、74.4%和46.8%。

全面打响洞庭湖生态环境综合整治全民保卫战。省委书记杜家毫、省长许达哲多次对洞庭湖水环境问题进行调研，先后召开洞庭湖治理专题会议、省、市、县、乡、村五级干部大会等会议进行安排部署。2016～2017年，省政府组织开展了洞庭湖沟渠塘坝清淤增蓄、畜禽养殖污染整治等"五大专项行动"。2018年以来，启动实施洞庭湖生态环境专项整治三年行动计划，全面推进农业面源、城乡生活污染等十大重点领域和华容河、大通湖等九大重点区域整治。通过努力，2015年以来，洞庭湖水环境恶化趋势得到遏制，除总磷外，其他因子均达到III类标准。同时，湖体总磷浓度由2015年的0.112毫克/升、2016年的0.084毫克/升、2017年的0.073毫克/升，下降到2018年的0.069毫克/升（比2015年下降38%）。

（六）夯实工作基础，不断强化支撑能力

一是强化改革创新。在全国率先出台省级生态文明体制改革方案，部署

改革事项 56 项、具体任务 185 项，目前已完成 146 项。重点推进了排污权交易改革、流域生态补偿等制度落实。

二是加强环境质量监测评价。按规范加强 419 个地表水环境质量监测断面（评价断面 345 个）水质监测，每月向地方通报水环境质量状况。严格落实《湖南省环境质量考评办法》，每月召开环境治理工作会商会，对相关市州及时采取警示、约谈等措施。

三是加强科技支撑。加大先进适用技术装备研发和示范推广力度，积极支持环保产业发展壮大，近年来环保产业产值年均增长 25% 以上。发布《关于执行污染物特别排放限值（第一批）的公告》，在湖南省相关区域、行业执行第一批污染物特别排放限值。

四是多渠道筹集资金。加大财政投入，分别安排湘江保护和治理、洞庭湖生态环境整治省级奖补资金 17.1 亿元和 32 亿元，并积极通过发行专项治理债券、推行合同环境服务等模式吸引社会资金投入。

五是强化法制保障。《湖南省饮用水水源保护条例》《湖南省湘江保护条例》已正式施行，《湖南省洞庭湖保护条例》《湖南省环境保护条例》制订正在顺利推进。

六是深化公众参与。加大环境信息公开力度，鼓励环保志愿者（组织）加强社会监督，开通"新湖南""时刻"客户端环保栏目，建立了环境保护宣传"一会、两报、两网、两微、两端"平台。加大绿色创建力度，积极引导推动社会公众参与。

（七）统筹督企督政，始终保持执法监管高压态势

出台《进一步加强党的建设、打造湖南环保铁军的 30 条措施》，积极推进垂直管理改革，打造生态环保铁军。加强环保与公检法联动，建立健全两法衔接工作制度，印发《湖南省环境保护行政执法与刑事司法衔接工作办法实施细则》，省、市、县三级均已成立公安驻环保工作联络机构，省、市州及大部分县市区成立检察机关驻环保部门联络机构。严格落实新环保法要求，始终保持执法监管高压态势，加大环境违法行为处罚力度。2018 年，

全省共立案查处 4378 起环境违法案件,罚款 3.24 亿元,按日计罚 7 起,查封扣押 377 起,限产停产 197 起,移送拘留 464 起,移送涉嫌污染犯罪 78 起。同时,2018 年,按照"党政同责、一岗双责"和"管发展必须管环保、管生产必须管环保、管行业必须管环保"的要求,对 14 个市州开展了省级环保督察,交办了一批突出环境问题,压实了各级各有关部门的环保职责。

通过努力,近年来,湖南水环境质量总体保持稳中向好趋势,有效保障了全省生产、生活和生态用水安全。根据监测,2018 年,全省地表水水质总体为优,345 个监测评价断面中,Ⅰ~Ⅲ类水质占 94.5%,比上年增加 0.9 个百分点。总体而言,湖南水环境质量在全国排名相对靠前,为保护长江母亲河做出了积极贡献。同时,通过深入贯彻落实习近平生态文明思想,扎实推进污染防治攻坚战,夯实环境治理基础设施,完善体制机制,形成了一些行之有效的策略、方法,有效提升了湖南环境治理现代化水平,为"一湖四水"环境质量持续改善奠定了良好基础。

三 存在的问题和困难

水污染防治涉及方方面面,目前也存在不少问题和困难。

一是部分区域环境质量不容乐观。湘江、资江还有部分支流断面超标。由于江河湖库标准不一致,加上入湖河流总磷浓度高等原因,洞庭湖总磷超标问题短时间难以解决。

二是污染负荷偏大。作为有色金属之乡、农业大省,湖南省产业结构不合理、发展相对粗放,加之近些年正处于加快发展阶段,主要水污染物排放量仍处于高位,减排压力巨大。尤其是农业面源污染已成为总磷、氨氮超标的主要来源。

三是环境治理任务繁重。部分城市,尤其是城乡接合部,雨污分流不彻底、污水未完全收集等问题突出,畜禽(水产)养殖、农村(乡镇)生活污染治理欠账较多。

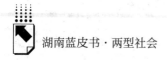

四是风险隐患未完全消除到位。五大重点区域遗留污染较多，短时间难以处理到位。部分企业、园区环境违法行为时有发生。2018 年，长江经济带生态环境警示片曝光了湖南省一些问题，整治任务任重道远。

五是支撑保障能力不足。基层能力偏弱，专业人才少，小马拉大车问题严重，已经成为环境治理的突出短板。先进适用技术研发与示范推广不够，有用可靠的管理经验少，地方本领恐慌问题突出。大部分市州、县市区财力有限，环境治理资金投入普遍不足。

四　下一步的打算

生态环境保护工作既是关系党的使命宗旨的重大政治问题，也是关系百姓生活和健康的重大民生问题，还关系到中华民族的永续发展，功在当代，利在千秋。尽管湖南省推进碧水保卫战取得一定成效，但客观来讲，相关整治工作离中央和省委省政府的要求、人民群众的期盼仍有一定差距，时间紧、任务重、难度大，是一场大仗、硬仗、苦仗。我们必须进一步提高政治站位，树牢"四个意识"，坚定"四个自信"，坚决做到"两个维护"，深刻学习领会习近平总书记重要讲话和指示批示精神，坚决扛起长江保护修复政治责任，以"等不起"的紧迫感、"慢不得"的危机感、"坐不住"的责任感坚决打好打赢碧水保卫战，让人民群众喝上干净水、放心水、安全水。

2019 年 3 月 5 日，习近平总书记在参加十三届全国人大二次会议内蒙古代表团审议时强调，要保持加强生态文明建设的战略定力，不动摇，不松懈，不开口子。2019 年中央财政安排水污染防治方面的资金达 300 亿元，增长 45.3%，为历年增长之最。这充分表明了党中央，国务院推进生态文明建设和生态环保工作的坚强意志和坚定决心。2019 年是建国 70 周年，离2020 年全面建成小康社会也只有两年，碧水保卫战已进入总攻期和决胜期，机遇与挑战并存。我们要坚定信心，强化保障，综合施策，标本兼治，精准发力，纵深推进"一湖四水"整治。

（一）认真学习贯彻习近平生态文明思想

将学习好、宣传好、贯彻好习近平生态文明思想作为当前和今后一个时期的一项重要政治任务，在全省范围内，通过举办领导干部培训班、专题研讨班，深入开展大培训、大讨论、大宣传活动等多种形式，推动习近平生态文明思想在湖南落地生根，开花结果。通过深学笃用习近平生态文明思想，认真落实"共抓大保护、不搞大开发"方针，积极探索以"生态优先、绿色发展"为导向的高质量发展新路子。

（二）坚持正确的策略和方法

推动碧水保卫战，需要突出生态环境质量改善"一个核心"，坚持减排与增容"两手发力"，统筹水资源、水生态、水环境"三水共治"。为确保工作成效，必须坚持如下原则和方法：一是坚持生态优先，统筹兼顾。深入贯彻新发展理念，把生态环境保护工作摆在压倒性位置，着力形成节约资源和保护生态环境的文化理念、产业结构、生产和生活方式，既追求经济效益，又追求经济效益和社会效益。二是坚持系统整治，两端发力。按照"山水林田湖草"是一个命运共同体的要求，推动流域上下游、左右岸联防联控、系统整治。在持续推进污染减排同时，加强生态保护修复力度，提升环境自净能力。三是坚持综合施策，精准发力。既发挥好行政、法制的作用，又要更多地发挥好市场经济和技术手段的作用。针对具体问题，因地制宜，分类指导，精准发力。四是坚持重点突破，梯次推进。根据任务轻重缓急，拉条挂账，科学规划，既全面部署、整体推进，又有所侧重、分轻重缓急，一个重点一个重点抓，一个阶段一个阶段深化，尽力而为，量力而行。

（三）落实落地落细工作职责

细化碧水保卫战各项任务和责任分工，根据《湖南省污染防治攻坚战考核暂行办法》等文件要求，按照约束与激励并举的原则加大考核奖惩力度。纵向上，按照"只能变好，不能变差"的要求，进一步严格落实地方党委政府的主体责任，对水质持续恶化的地方党委政府及时采取警示、约谈、区域限批和督察问责等措施。横向上，按照"管行业必须管环保、管业务必须管环保、管生产经营必须管环保"的要求，强化督促检查，推动各部门积极履责，形成工作合力。

（四）加快解决突出环境问题

以中央环保督察及"回头看"反馈问题、省级环保督察发现问题、国家审计指出的问题为重点，全面排查关联性、衍生性问题，并紧盯严重违法违规问题、群众反映强烈问题，拉条挂账，建立问题台账，逐一制定整改方案，明确具体任务、工作目标、主体责任、监管责任和时限要求，推动有关地方集中力量加快整改，重点通过 2019 年环境治理"夏季攻势"集中力量打好突出问题歼灭战。

（五）全面完成重点整治任务

结合污染防治攻坚战推进，认真落实《长江保护修复攻坚战》方案，以不达标水体和黑臭水体整治、入河排污口排查整治、工业园区规范化整治、畜禽养殖污染治理、长江岸线保护和修复、沿江化工污染整治等为重点，扎实推进碧水保卫战，进一步补齐环境治理短板，减少总磷、氨氮等污染物排放总量。同时，按照减排与增容并举原则，进一步加大生态用地比例，加强重要湖库、主要入湖（河）口等重点区域生态保护和修复力度，提升区域环境自净能力。

（六）不断提升支撑保障能力

结合机构改革，加快推进省级以下监测、监察环保垂直管理，建设好生态环境保护铁军。进一步完善"一湖四水"环境监测体系，增加监测点位，及时预警。加快推进生态文明体制改革，进一步丰富完善环境治理政策、措施。建立财政投入动态增长机制，并积极引导和鼓励社会资本投入，全面推进覆盖"一湖四水"的生态补偿机制，多渠道筹集整治资金。加大先进适用技术及装备推广示范，以科学事实、科研数据、科技成果为支撑，推进精细化管理、精准治污。

（七）强化环保督察和环境执法监管

深入落实省级环保督察，完善交办、巡查、约谈、专项督察机制，重点督察污染防治攻坚战贯彻落实情况。按照生态环境部统一部署，扎实推进六大环保专项行动。坚持铁腕执法，对重点污染源实行全覆盖、拉网式排查，"零容忍"各类环境违法行为。加强信息公开和宣传力度，营造良好舆论氛围，及时曝光环境违法案例，树立一批生态环境保护典型。

B.32
把产业绿色发展作为长江经济带建设的
重中之重

刘怀德[*]

摘　要： 湖南地处长江经济带中游，需处理好生态环境保护和经济发展的关系，应把产业绿色发展摆在重中之重的位置。一要大力推动传统产业绿色化改造升级，加快化工绿色化、造纸清洁化、钢铁短程化、砂业循环化进程；二要更加全面地运用法律武器和法治的力量，完善法律规章，加强监管体系建设，严格执法；三要着力营造产业绿色发展的良好环境，不断加强绿色发展的制度和要素供给，强化空间准入、环境准入、产业准入"三个准入"。

关键词： 长江经济带　洞庭湖　产业　绿色发展

　　2018 年 4 月，习近平总书记主持召开深入推动长江经济带发展座谈会，提出推动长江经济带发展需要正确把握五个关系。湖南省委及时出台《关于坚持生态优先绿色发展　深入实施长江经济带发展战略　大力推动湖南高质量发展的决议》，重点部署了打赢污染防治攻坚战、推动经济高质量发展两大工作。2018 年，笔者参加了湖南省政协的洞庭湖治理协商监督活动，先后到江西鄱阳湖、云南大理和滇池、湖南岳阳调研，并到岳阳市湘阴县现

---
　　* 刘怀德，湖南省长株潭两型试验区工委委员、管委会副主任，博士、教授。

场踏察，结合针对两型试验的系列调研，对长江经济带特别是洞庭湖绿色发展进行了集中思考。

长江经济带横跨我国东中西，覆盖 11 省市、6 亿人口，GDP 占全国 45%，是我国发展的脊梁，其发展状况对全国有着决定性的影响，总体上看，长江从上游到下游，自然资源条件是递减的，而产业能级是递增的。湖南地处长江中游，发展也处在中间水平，与各省市在一条江上赛龙舟，面临下游发达地区对生产要素的集聚效应与上游西部省市赶超的经济、环境压力。同时，湖南人口、土地面积、经济总量均居全国前十（全国只有两个省，另外一个是四川），这是发展相对均衡的格局，表明湖南发展的承载力、经济和人口空间都很大，是应该为国家发展做出更大的贡献的，必须根据国家的要求，协调处理好生态环境保护和经济发展的关系。在各种各样的解决方案、各种各样的行动计划中，产业绿色发展，是打赢污染防治攻坚战与推动经济高质量发展的共同要求，应该摆在重中之重的位置。

一 大力推动传统产业绿色化改造升级

目前，在洞庭湖综合治理战役中，各市、县落实湖南省委、省政府的部署安排，行动是很积极的，措施是很坚定的，但是，面对诸多历史性、阶段性问题，在短期内处理到位很不容易，如黑杨树、采砂退出、投肥养鱼、黑臭水体治理，化工、钢铁、造纸行业等问题，影响民生，要改变现有格局。"没有落后的产业，只有落后的技术"，要看到产业发展的大趋势，既要有改造的耐心，又要有果断的行动，加快运用绿色方法、绿色技术，革命性地改变传统生产方式。

化工要绿色化。连上海市在建设"卓越的全球城市"，在部署打响"四大品牌"时，尚且把绿色化工作为培育的 4 个世界级产业集群之一，相比之下，我们篮子里的东西并不殷实，更不能轻言"消灭"、一退了之，看起来大手笔，实际上简单化。当然，对化工企业特别是化工生产企业、化工园区进行最严格的环境管理和生态化改造是根本前提。岳阳云溪区加快绿色低碳化进

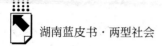

程，将岳阳绿色化工产业园打造为第一批省级绿色园区，值得总结提升推广。

造纸要清洁化。芦苇作为造纸原料，关系苇农生机，而且如果长期不砍伐，又会腐烂而污染水质，必须遵循生态系统性，为芦苇找到资源化的出路，科学处置，正如芬兰用清洁技术奠定了造纸业的辉煌，我们要通过科学攻关，找到经济性强的利用途径。

钢铁要短程化。钢铁并不就是高污染、高排放，就必然要离开大城市，实际上，许多西方发达国家，钢厂通过实行超低排放制造，生产方式上的短流程（以废钢为原料，电炉炼钢），而不是长流程（以铁矿石等为原料，高炉炼铁、转炉炼钢），适应了钢铁一次大规模使用后的形势，也在城市生存下来。湖南省缺少铁矿石资源，短流程更是必由之路。

砂业要循环化。城市化离不开砂子，但是野蛮开采、遍地开花、过度使用是不可持续的，是违背生态文明的。目前砂子已成为国际性稀缺资源，柬埔寨等传统出口国已经开始限制出口，要按照生态承载力的要求，合理有序开采，同时，拓展机制砂、建筑垃圾资源化利用等途径。

要加快建立绿色产品标准、认证、标识等系统性制度，使产品好坏清楚明了，方便消费者选择，抓紧遏制"劣币驱逐良币"的现象。水产养殖中，高密度投饵、大量使用消毒剂杀菌，降低了鱼米之乡的品质，直接威胁整个产业的生存。岳阳华容抓芥菜产业和航空食品，正在努力走出新路。

二　更加全面地运用法律武器和法治的力量

之所以在产业发展、生态环境保护中出现"劣币驱逐良币"的现象，落后的生产方式仍比较多，还是因为法治没有到位，绿色生产方式成本过高而收益不对称。

要进一步完善立法立规。省里制定或完善洞庭湖、湘江保护等法律规章，配合国家制定长江有关法律，各市州也要用好国家赋予的立法权，制定相关条例和规章。

要加强监管体系建设。运用 3S 等技术，织造起全面及时监控污水、垃圾、废气排放和土地开发的天罗地网。违法与守法就是在玩猫捉老鼠的游戏，迟钝的猫就会导致老鼠泛滥，要建立强有力的监控检测体系。要突出发挥公众点多面广的作用，这是关乎百姓切身利益的事，必须让他们有参与的渠道。现在看来，很多偷排、乱建矮围等问题，群众有过举报，但有关部门没有足够重视。这是最有必要，也最有可能打一场人民战争的。

要把严格执法放在首要位置，对偷排、非法开采等行为决不宽容。云南大理洱海对沿湖的餐饮住宿等服务业进行集中停业整治，以保住苍山洱海的未来。省外如滇池的经验、苍山的经验，省内西洞庭的经验，就是集中行政处罚权，解决执法队伍一方面缺人员、缺职能，另一方面力量分散、各自为政的问题。治理需要资金，但是湖南的财政结构无法维持巨额的生态环境资金需要，据湘阴县测算，该县每年用于洞庭湖生态保护和治理的资金将达3亿元以上，洞庭湖区县大都是吃饭财政，财政承受不起，也不能片面理解公共性，把生态环保都交给政府买单。应该落实好"谁污染，谁治理，谁受益，谁治理"的原则，可以借鉴国外"超级基金"制度，建立生态环境损害赔偿制度，用损害者的赔偿资金进行损失赔偿和生态修复。要对现有的项目进行系统盘点，根据其生态环境影响依法分类处置，不能听任破坏生态环境的项目持续下去或者打一枪换一个地方，只要有破坏，哪怕到了天涯海角也要追责到底，是政府的责任政府担，是企业的责任企业负，要舍得花这个钱，留下一些好的案例让今后遵循。

三 着力营造产业绿色发展的良好环境

目的就是不断加强绿色发展的制度和要素供给，重点是强化空间准入、环境准入、产业准入"三个准入"。

划定并严格生态保护红线、长江和洞庭湖岸线管控范围等生态空间，针对水环境、大气环境等重点管控单元，从污染物种类、排放量、强度和浓度上进行精细化管控，提出逐步改善的时间进度要求。借鉴北京市等的做法，编制分区域的产业准入正面、负面清单，健全清单管理的制度支撑体系，包括绩效考核评价、生态补偿、绿色金融、绿色采购等制度。目前湖南省在长株潭试验区这个大平台上，已经有不少先行先试，关键是进一步深化改革，打通一些关节点，使这些举措能够可复制可推广，使国家试验"盆景"变"风景"，率先在湖南省更大的范围推广发力。

　　我们国家正在发生规模宏大的产业和人才大迁移，这是一个巨大的产业版图变化时期，但并不是通常想象的"低端制造从沿海向内地迁移"，不能以为内地凭借土地和劳动力成本优势就自然吸引沿海产业进入，相反正如美国 20 世纪 70 年代开始南部"阳光地带"的发展，中高端制造业从沿海向具有特定工业基础和交通、教育优势的中西部核心城市移动集中，不少内地市、县通过发展新领域、新产业，实现了异军突起。湖南省如临湘发展"浮标"垂钓产业，永州的江华引进电子信息产业，我们只能大力加强营商环境建设，大力提升园区载体、重大功能性平台水准，积极接轨长三角更高质量一体化发展和粤港澳大湾区建设，坚持创新驱动、开放崛起，方可确保湖南在新一轮产业、人才竞争中赢得发展机遇。

B.33

基于生态承载力的湖南省生态农业产业化推进研究[*]

廖小平 杨灿[**]

摘 要: 近年来,湖南经济的飞速发展带动了农业经济的繁荣,湖南省生态农业建设呈现蓬勃发展的势头,但同时也面临着资源与环境的压力、成本与效益的挑战、技术与制度的制约等常态性深层次挑战,尤其受到生态承载力的约束。实现湖南农业的绿色发展,必须走生态农业之路,并大力推进生态农业的产业化进程,要强化生态治理和生态保护,提升土地生态承载力;优化区域农业战略格局,形成具有区域特色的大宗农产品优势产业带;推进农业产业融合,发展"互联网+"生态农业,打造生态农业建设的湖南样板;推进市场化治理机制,强化先进生态农业科技的推广应用,培养新型职业农民。

关键词: 生态农业 产业化 生态承载力 绿色发展 湖南省

农村改革30多年来,湖南农业发展取得了巨大的成就,但同时也付出了相当的代价。随着工业化、城镇化进程的加快,农业已成为环境污染和生

---

[*] 本文是湖南省社会科学成果评审委员会重点课题(编号:XSP18ZDI033)、湖南省哲学社会科学基金项目(编号:17YBA437)成果。

[**] 廖小平,中南林业科技大学校长,教授,博士,博士生导师;杨灿,中南林业科技大学副教授,博士,硕士生导师。

态破坏的主要行业。"以粮为纲"的传统观念和人口资源比例的失衡，以及农业生产非理性行为的不断强化，导致耕地的过度开发和粮食增产的持续压力，农村生态问题，尤其是农业面源污染和粮食安全问题日益突出，是制约农业绿色发展的关键原因。任何区域的经济发展，都需考量生态承载力，因地制宜地规划。在加速推进城镇化、农业产业化等问题上，更需从农业产业生态承载力的角度来合理规划安排。发展农业不能以生态环境的破坏为代价，为缓解当下的环境问题，确保粮食等重要农产品的有效供给，提高湖南农业的竞争力，创造更宜居的空间，享用更安全的生态产品，实现农业的绿色发展，越来越多的有识之士将目光聚焦于生态农业这一领域。

湖南是我国中部农业大省，既是全国高产农区和主要农业商品基地之一，又是人多地少的省份，农业经济发展历来都处于全国前列。近年来，湖南经济的飞速发展带动了农业经济的繁荣，农业的市场化和产业化程度进步明显。尤其是在《湖南省生态农业发展规划纲要》的指导下，形成了特色鲜明的生态农业区，生态农业建设蓬勃发展，粮食、油菜、柑橘、水产品等优势产业发展强劲，休闲农业乡村旅游发展迅猛，生态农业试点示范建设初见成效，农业信息化网络建设初具规模，市场网络体系逐渐形成，农业产业化水平逐步提升。然而，在生态农业建设发展的同时，湖南也面临资源与环境的压力、成本与效益的挑战、技术与制度的制约等常态性深层次挑战。"十三五"时期，湖南要全面实施生态农业战略，完成从传统农业大省到现代农业强省的跨越，任务十分艰巨。

一　实现农业的绿色发展，必须大力推进生态农业的产业化进程

生态农业经济作为 21 世纪农业经济发展的新业态，是绿色发展理念引领下我国农业迈向绿色生态、经济高效、可持续发展的基本要求。农业发展的生态化及其可持续性，是确保农业绿色发展的内在诉求。遵循生态学和经济学原理的生态农业，改变了我国传统农业只专注于本地本

身的大耕作农业的单一经营思想，把发展的思想拓展到关注人与自然和谐共存的背景中，成为我国农业向高精尖、高附加值、深度开发发展的农业现代化主流方向之一。生态农业能够减少化肥农药的用量，消除农膜污染，去除转基因的负面影响，减少废弃物排放，降低农业面源污染，保护生物多样性，提高生态承载力，保证农产品产量与质量双赢的同时保护生态平衡。

生态农业产业化是在生态系统承载力的范围之内，在农业生产与生态良性循环的基础上，生态农业与农业产业化经营的有机结合。生态农业只有形成规模化生产，通过延长产业链来促进农业产业化的水平，才能充分发挥区位、生态优势及产品的比较优势，达到经济效益与环境效益的同步增长。另外，生态农业产业化适应了国际生态环保和食品安全的要求，使生态农产品的质量从生产者到终端消费者这一全过程有了品质保证，有利于打破国际绿色贸易壁垒，增加农产品的技术附加值和比较利益。此外，生态农业产业化过程中，农产品加工业、运输业及相关服务业随之蓬勃发展，增加了农村劳动力的就业机会，有助于帮助更多农民回乡，就地城镇化。

二 湖南省生态承载力水平评价

在应用能值分析和本地生态足迹方法对传统生态足迹模型进行改进的基础上，以湖南省 2000 ~ 2015 年的相关统计数据为依据，对湖南省的生态承载力水平进行测算①，由于篇幅所囿，具体计算方法和过程详见文献，不在此文中详细列出。计算结果如下。

---

① 其中，湖南省的土地资源数据主要来源于《中国统计年鉴》和《湖南省统计年鉴》；能源数据来源于《中国能源统计年鉴》；各种生物产品的产量和种植面积数据来源于《湖南农村统计年鉴》。其余消费项目数据主要来源于《湖南省国民经济和社会发展统计公报》和《湖南省环境状况公报》、湖南省林业信息网等。各类消费项目中产品的能量折算系数主要来自陈阜、骆世明的相关论著以及《农业技术经济手册》，太阳能值转换率的数据主要来源于蓝盛芳、朱玉林的著作及相关文献。

（一）湖南省生态足迹与生态承载力状况

从图 1 显示的生态足迹总量构成来看，研究时段内，各类型生物生产性土地的生态足迹均有不同程度的增长，湖南省生态足迹总量的不断扩大很大程度上是由于耕地、化石能源用地和建筑用地的生态足迹的增加造成的，它们供需的不平衡直接影响到湖南省未来能否持续健康发展。不同的土地类型在生态足迹的贡献率中差异较为明显，其中耕地和化石能源地足迹所占的比例始终较大。这说明湖南省自然生态的压力主要来自耕地和能源消费，此二者是湖南省生态足迹的主导控制因子。

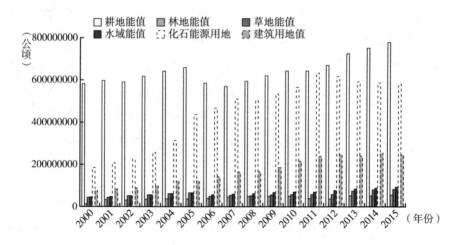

图1　湖南省能值生态足迹构成（2000～2015 年）

从图 2 可知，2000～2015 年，湖南省能值生态足迹呈现逐年直线上升趋势，增长速度逐年增加。除 2002 年之外的其余各年，能值生态足迹都明显领先于能值生态承载力。2000～2015 年湖南省的能值生态承载力在一定范围内始终呈现波动变化的状态，总体呈现长期增长、短期有所回落的轻微动荡趋势，而能值生态足迹呈现持续稳定增长的态势，导致湖南省的生态赤字持续上升，生态赤字呈现与能值生态足迹基本一致的变化趋势。这表明现阶段湖南省生态供给不能满足生态需求，经济的发展给自然资源和环境带来的压力非常大，自然系统的生态承载力水平堪忧。

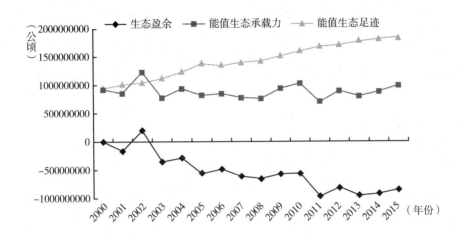

图2　湖南省能值生态足迹、能值生态承载力及
生态赤字变化（2000～2015年）

由表1可知，2015年，湖南省能值生态承载力为9.90E＋08hm²，人均能值生态承载力为13.67hm²/人。2015年湖南省能值生态足迹（1.84E＋09hm²）为能值生态承载力的1.86倍，这意味着需要近2个湖南省，才能满足当下我们对自然生态资源的需要，湖南省目前的人地关系依然紧张。从现实情况来看，工业化与城市化给快速发展中的湖南带来了更大的生态赤字挑战。湖南省虽然已经开始重视生态经济的发展建设，政府做了很大的努力，取得了较为明显的成效。但是，因为历史的原因，加上近年来人口的快速增长，以及某些不合理的建设开发，湖南省的耕地、建筑用地的人均生态承载力持续下降，林地生态足迹逐渐显著增加，农业可利用的资源存量锐减，人均能值生态足迹与人均能值生态承载力呈现背向的恶化发展的趋势，资源环境的压力日渐增大。总的来说，目前湖南省的经济发展与生态建设的矛盾依然存在，区域自然生态系统仍然处于不可持续的发展状态。

表1　湖南省能值生态承载力（2015年）

可更新资源	原始数据/J	太阳能值转化率/（sej/J）	太阳能值/sej
太阳能	9.75E+20	1.00E+00	9.75E+20
风能	1.39E+13	6.63E+02	9.22E+15
雨水化学能	1.65E+18	1.54E+04	2.55E+22
雨水势能	2.79E+16	8.89E+03	2.48E+20
地球旋转能	8.72E+15	2.19E+04	1.91E+20
可更新资源能值(sej)			2.66E+22
区域面积(hm^2)			2.12E+05
区域能值密度(sej/hm^2)			1.26E+17
能值生态承载力(hm^2)			9.90E+08
人均能值生态承载力(hm^2/人)			13.67

（二）湖南省区域生态承载力水平比较

根据地势地形相似性、相邻行政单元的相对完整性，以及地区经济发展程度，将湖南省域划分为长株潭城市群区、环洞庭湖区、湘中南区、大湘西区等四个区域。从表2可知，除大湘西区外，其他三个区域都出现了生态赤字。这表明这三个区域经济社会对自然资源的需求已经超过了自然生态系统自身的供给能力，处于不可持续发展的状态。三个区域中，长株潭城市群区生态承载力最小（1.79E+08hm^2），大湘西区生态承载力最大（4.34E+08hm^2）。湘中南区生态足迹最大（5.65E+08hm^2），大湘西区生态足迹最小（2.62E+08hm^2）。环洞庭湖区生态赤字和人均生态赤字都是最大，大湘西区生态赤字和人均生态赤字都是最小。总的来说，湖南省的生态赤字有着较为明显的东西差异，东部地区的生态足迹相对较大，生态承载力相对较小，生态赤字相对较大。西部地区的情况与之相反。其原因主要取决于湖南省的经济发展水平。

表2　湖南省区域生态赤字（盈余）比较（2015 年）

区域	生态承载力 (hm²)	生态足迹 (hm²)	生态盈余(赤字) (hm²)	人均生态盈余(赤字) (hm²)
长株潭城市群区	1.79E + 08	3.06E + 08	− 1.27E + 08	− 8.92
环洞庭湖区	2.67E + 08	4.36E + 08	− 1.69E + 08	− 10.66
湘中南区	4.25E + 08	5.65E + 08	− 1.40E + 08	− 6.56
大湘西区	4.34E + 08	2.62E + 08	1.72E + 08	10.57

三　湖南生态农业发展面临的问题与挑战

（一）农业生态污染日趋严重，生态承载力堪忧

如前所述，随着经济的发展和人口的增长，农业生产对资源和要素投入的依赖加剧。耕地重金属污染、农村废弃物污染、规模养殖粪便污染，农药使用污染是造成湖南农业面源污染日趋严重的主要原因。耕地资源日渐减少、土地产能逐年下降，农村环境问题越发严峻，严重危及湖南农业可持续发展和农产品质量安全。湖南人多地少，人均只有 8 分地，耕地质量不高，中、低产田占比达 67.7%，且后备资源不足。湖南属于酸雨重灾区，加上受全球气候变化和工农业布局影响，农业生产污染严重。2010 年到 2015 年，全省农药使用量从 118.76 万吨增加到 122.35 万吨；化肥使用量从 824.90 万吨增加到 840.13 万吨。目前湖南农村能源消费结构不尽合理，环保清洁型能源未得到有效开发应用，农村发展对碳的依赖度较高，煤炭、柴油、汽油、电力是主要能源，这加剧了湖南省农业生态环境的污染，减小了湖南省的生态承载力。

（二）市场机制不够健全，生态农业模式创新不多

以市场为导向是农业产业化发展的应有之义。由于"重实业发展、轻资产管理"的认识一定程度上仍然存在，以及受诸多市场因素的影响，湖

南省的生态农业产业化经营面临小规模经营和农业现代化发展之间的矛盾，存在着不同程度的城乡市场差距，造成多地生态产品资源浪费、城乡供需不平衡。缺乏有效规范生态农产品市场行为的政策法规、缺少对农产品市场的财政投入，以及行业和产业的市场界限等因素，使得湖南的生态农业产业化失去了市场导向，形成了市场发展壁垒，导致农业市场的运行效率低下，无法实现资源的优化配置。另外，生态农业建设与第二、第三产业结合不够，由于片面注重传统农、林、牧、渔各子业的有效综合利用，湖南省的生态农业难以真正解决资源短缺和环境污染的问题，同时也影响了生态农业的高效益和产业化推进。

（三）生态农业产业规模不大，产品深加工不够，品牌知名度偏低

近年来，湖南在加快生态农业产业发展上取得了阶段性成效，但还存在规模不大、结构单一、品牌知名度低等问题。至 2016 年底，全省"三品一标"有效认证总数超过了 3500 个，总产值达 700 多亿元，其中农产品地理标志 63 个，总产值为 306.8 亿元。但湖南农业"三品一标"产品所占农产品的总量不足 30%，与农业部所要求的达到 40% 以上的标准有较大差距。生态农产品因生产地域性、季节性和产量不稳定、不易储藏运输等特殊条件的制约，产业链短，常出现丰产不丰收的情况，而湖南省农产品深加工处理总体程度仍较低，规模小，生产集中度不够，附加值程度偏低，在参与国内国际竞争、实现农业产业化方面，仍然存在较大的不足。

（四）农业人力资源不足，农业经营水平不高

农业劳动人口的大规模转移与就业亦是湖南生态农业产业化推进的一大障碍。随着城镇化的推进，农村劳动力转移加快，大批农村中青年劳动力选择进城务工，返乡务农的意愿普遍偏低。2016 年，湖南农民工达到 1667.5 万人，占全部农村人口比重超过 40%，其中仅 0.5% 的人从事第一产业。"十三五"时期，湖南总人口仍将增加，农产品需求刚性增长与农村劳动力人数下降、农业劳动力素质下降的矛盾可能进一步加大，"谁来种田、谁来

养猪"将成为湖南农业现代化发展的关键问题。目前，湖南土地适度规模经营仍处于初级阶段，农业经营的产业化、专业化、规模化、社会化水平较低，80%以上的农户、70%以上的耕地仍属于分散经营模式，农业生产兼业化程度较高，农业社会化服务组织发展相对滞后，影响了农业集约化水平的提高和农业产业化的推进。

四　湖南省生态农业产业化推进对策

生态容量与资源环境的可持续承载，是实现绿色发展的先决条件。产业生态化观点认为，自然资源是有限的，产业发展应模拟自然生态循环来实现产业循环发展，使产业内部资源和能源高效利用，同时实现外部废弃物排放的最小化。因此，要大力推进生态农业的产业化，必须充分重视区域生态承载力状况，将绿色发展理念融入产业发展规划体系中，遵循"生态建设产业化、产业发展生态化"的发展思路，努力形成同传统工业文明大量生产、大量消费、大量废弃、大量占用自然空间截然不同的经济结构、社会结构和发展方式。

（一）强化生态治理和生态保护，提升土地生态承载力

要建设绿色湖南，推进湖南生态农业的产业化发展，在生态环境方面，必须做好两方面的工作：一是加大生态环境的治理力度，全面控制环境污染，减少污染物的排放。二是不断提高土地投资强度和容积率，充分发挥耕地的生态服务功能，增大生态承载力，遏制生态环境的进一步恶化，为建设绿色湖南提供有效的资源保障。

推进生态农业建设，重点在于综合整治农业资源与环境。因此，当务之急是要进行农田的治理和修复。降低土地污染物的排放、以地养地、用养结合是解决土地污染废弃物增量、提升土地可持续利用性的根本途径。要刻不容缓地全面清查农产品产地土壤污染情况，要利用遥感等技术手段，尽快完善全省耕地重金属污染监控网络，尤其要重视对湘江和洞庭湖流域的粮食主

产区重金属污染严重的耕地的监测和治理工作，同时加大对受污染土地上农作物种植结构的调整。要加大对耕地水土流失、盐碱化、沙漠化等生态问题的治理，减轻土地的污染负荷。要提升耕地质量不能仅仅关注土地本身，更需要修复整个农业生态环境。要减少不必要的化肥投入，大力推进水肥一体化、测土配方施肥、农作物病虫害绿色防治，以及秸秆、废弃农膜和禽粪便的资源化利用等技术措施，努力实现到 2020 年农药化肥使用量零增长的目标。要重点推进养殖污染物的无害化处理和资源化利用，严格执行标准化规模养殖。加强包括土壤修复、区域大气污染防治、湖泊流域治理等内容的生态保护和修复工程。要严格控制林木采伐，继续推行"林木采伐指标入村到户工程"，确保湖南省 1.95 亿亩林地不仅数量上不减少，质量上也绝不下降。要加快石漠化区域的生态重建，强力推进"矿山复绿"行动。同时，要合理开发、养护草地资源和渔业资源，实行休牧（渔）、禁牧（渔）和轮牧制度，加强对重点水域的水质环境监测，推进自然保护区和水产种质资源保护区的生态建设，要以"美丽乡村"创建为契机，大力推行农业清洁生产，倡导农产品标准化生产，配套水、电、路、场房以及绿化等基础设施，推动农产品由初级加工向精深创造转变，更好地为绿色湖南建设提供生态产品。

（二）优化区域农业战略格局，形成具有区域特色的大宗农产品优势产业带

如前所述，湖南省的区域生态承载力状况并不均衡，有着较为明显的东西差异。因此必须遵循农业区域发展规律，综合考虑各区域的区位优势、资源禀赋和产业基础，充分发挥市场配置资源的决定性作用，全面合理布局农业生产体系，优化构建特色鲜明、差异化协调发展的现代农业战略格局。做到宜耕则耕、宜牧则牧、宜林则林、宜渔则渔，既保证农产品的整体供应，也有利于修复与保护生态。要对优势生态农产品进行文化包装，打造具有不同地域特色的农产品品牌，增加其附加值，逐步形成具有区域特色的大宗农产品优势产业带。

长株潭城市群区自然资源禀赋相对较差，人均耕地资源少，应将其定位

为城郊都市高端农业圈，努力建设以精细农业为特色的优质农副产品供应基地，以发展中高端生态农产品生产、提高土地产出率为着力点、挖掘农业生态文化内涵，以绿色、休闲、创意、健康为主题，打造绿色高效农业、农产品精深加工业和农产品物流业于一体的生态田园综合体，大力发展城郊结合的观光休闲体验型农业，实现生态农业产业的融合发展。湘北洞庭湖平原区地势平坦，水源充足，土层深厚肥沃，应定位于"以发展多功能农业为抓手，选择以生态环保农业、旅游休闲农业、文化景观农业、再生能源农业、现代创意农业为主体的发展模式"，围绕精致的种植养殖业、精深的加工保鲜业和精美的休闲观光业，调结构，优布局，扩大优势农产品的种植面积，打造规模化生态农业示范区和大宗农产品综合生产基地。湘中南丘陵盆地区地势平缓、光照充足，劳动力资源丰富，应大力发展外向农业，开展烤烟、黄花菜、油茶、花卉苗木、东江鱼、临武鸭等品牌优质农产品的种植和养殖，扩大高效园林作物种植规模，建立种、养一体化的生态农业，实现优质农产品的产业化经营，打造粤港澳优质农产品供应基地。大湘西区山高坡陡，农业发展水平较为落后，但自然资源丰富，动植物种类繁多，自然环境洁净，可利用优良的林牧产品资源，进行林下畜禽养殖和林、果、菌、草、牧、药等的复合种植，着重建设特色农林产品市场和中药药材市场，建立有机茶叶、脐橙、猕猴桃、玉米、茯苓、百合、天麻等绿色高附加值农产品带，以深加工为途径，培育壮大有优势特色的农林产品和生物医药产业链产业，打造特色农业产业脱贫样板区。

（三）推进产业融合，打造"互联网 +"生态农业建设样板

推进生态农业产业化建设，着力点在于推进农业产业的融合，拓展农业多种功能。要在精、深、特、新和提高附加值上做文章，大力提升农产品的品质和增值能力，通过优化种植养殖结构，在小规模土地上产生大效益。要促进各产业的交叉重组和融合渗透，拓展农业的广度和深度，延伸农业产业链，把更多的生态农产品增加值留在农村。要丰富农业农村发展的科技、环保、文化、教育内涵，实现要素跨界流动、产业跨界融合和资源跨界集约配

置，形成农业生产、生活、生态功能结合的新商业、新业态模式。此外，要以湖南省国家农村农业信息化示范省综合服务平台为依托，以农村电商平台为重要载体，大力发展"互联网+"生态农业，加强湖南现代农业特色产业技术集成与示范平台建设，创新发展如精准农业、智慧农业、会展农业、工厂农业、农业众筹、农产品个性化定制服务等新型产业业态，推进互联网、物联网、云计算、大数据与现代农业结合，构建集物流、信息流、资金流为一体的农产品电子商务支撑体系，健全农业信息监测预警体系。要加快生态农业基地和农产品品牌建设，强化资源优势，以绿色、休闲、观光、健康、快乐为主题打造生态农业建设样板，把湖南建设成为全国生态农业示范省。要大力发展生态种植基地、生态养殖基地、观光农业基地等特色基地，创建一批可推广、可复制的生态农业基地，实施"生态品牌"战略，做优存量、弘扬老品牌，做大增量、培育新品牌，壮大生态农产品的"三品一标"，提升农产品品牌价值。

（四）推进市场化治理，强化先进科技应用，培养新型职业农民

市场是生态价值实现的主要载体，要推进湖南省生态农业的产业化发展，必须尽可能利用市场机制使外部性内部化，推动形成既充分考虑供求关系，又充分考虑到环境成本和资源稀缺程度的市场化治理机制。政府除了要守住生态红线和农产品安全底线，还应为农林业的绿色发展提供具有乘数效应的所有农户共享的农村公共品。一方面，要健全完善生态农业的立法，完善生态价值评估与生态补偿制度，通过社会经济类的制度来提高违法成本，推动生态农业的产业化发展；另一方面，政府应拿出专门资金对发展生态农业建设给予一定的财政补贴，大力支持科技含量高、经济效益好、带动力强的龙头企业和生态农业项目，并给予其一定的税赋减免。要应用"绿箱补贴"、生态补偿等环境经济手段，将农业补贴与发展农村经济、保护农业环境挂起钩来；要建立公开、透明的政府采购市场，促进政府优先采购生态农产品和绿色服务，同时以能效合同管理方式鼓励民营企业为社会提供生态产品和服务，为生态农业发展提供良好的政策环境。

同时，要充分利用湖南农业科技在生态恢复技术、农业耕作和栽培技术、农业灾害预测与控制技术等领域领先全国的优势，加快生态农业技术的自主创新和科研攻关，尤其要在与生态农业发展密切相关的标准化生产体系、无公害农产品种养殖技术、清洁食品生产与加工、生态农产品加工技术以及可降解膜、生物农药产业化等方面寻求技术创新。要创新资源开发技术，加强耕地质量保护，减少盐碱化和水土流失，研究开发、推广使用高效低毒的生物质化肥农药，改进施用技术，节约利用耕地、种子、肥料和灌溉水等资源，防治工业"三废"和畜禽粪便造成的农业面源污染治理。要进一步加大农村人力资源的投入力度，着力解决农村劳动力大量转移、素质逐年下降、农民老龄化、农业兼业化，以及农村空心化等突出问题。要加强农业从业人员素质，培养新型职业农民，提升其生态农产品的生产水平和环境管理能力。

五　小结

生态农业产业化的过程就是布局区域化、生产专业化、经营一体化、管理企业化、服务社会化的全过程，是一项庞大而复杂的系统工程。生态农业产业化的推进要基于生态承载力的考量，需要社会各方力量的支持和配合。作为生态资源较为丰富的农业大省，湖南应以生态农业彰显其在长江经济带中的优势，加快推进高技术标准、高资金投入、高收益率的生态农业的产业化进程，这既是深入贯彻落实国家绿色发展的大政方针、实现湖南农业绿色发展的现实需要，也是适应全球需求结构的重大变化、增强湖南经济发展抵御国际市场风险的能力、在后世界经济危机时期的国际竞争中实现后发赶超的必然要求。

参考文献

杨灿、朱玉林：《论供给侧结构性改革背景下的湖南农业绿色发展对策》，《中南林

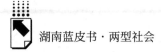

业科技大学学报》（社会科学版）2016 年第 5 期。

张敏、杜天宝：《"绿色发展"理念下生态农业发展问题研究》，《经济纵横》2016年第 9 期。

黄惠英：《中国有机农业及其产业化发展研究》，西南财经大学博士论文，2013 年 6月 30 日。

陈阜：《农业生态学教程》，北京：气象出版社，2004。

骆世明：《农业生态学教程》，长沙：湖南科学技术出版社，1987。

蓝盛芳、钦佩、路宏芳：《生态经济系统能值分析》，北京：化学工业出版社，2002。

朱玉林：《环洞庭湖区农业生态效率研究》，北京：知识产权出版社，2014。

杨灿、朱玉林：《基于能值生态足迹改进模型的湖南省生态赤字研究》，《中国人口资源与环境》2016 年第 26（7）期。

廖小平：《建设"绿色湖南"的优势、问题和进路》，《湖南师范大学社会科学学报》2012 年第 6 期。

杨灿、朱玉林、李明杰：《洞庭湖平原区农业生态系统的能值分析与可持续发展》，《经济地理》2014 年第 3（12）期。

王飞：《转变农业发展方式，建设农业生态文明》，《农民日报》2015 年 3 月 28 日。

刘励敏、刘茂松：《大湖生态经济区多功能农业发展对策讨论》，《湖南社会科学》2014 年第 6 期。

孙翔：《加快供给侧结构性改革 着力提高农业发展质量》，《唯实》2018 年第 4 期。

刘建武：《湖南由农业大省向经济大省跨越》，《中国改革报》2014 年 12 月 24 日。

陈岳堂：《新常态下湖南农业发展新路径》，《湖南日报》2015 年 5 月 7 日。

B.34

《湖南省长株潭城市群生态绿心地区保护条例》实施效果评估报告*

湖南省人民政府发展研究中心调研组**

摘　要:　本文全面评估了《湖南省长株潭城市群生态绿心地区保护条例》的实施情况,认为条例是一部符合生态文明理念的良法,实施成效比较明显,产生的作用巨大,影响深远。依照条例要求实施的绿心保护工作,是湖南省生态文明建设与两型社会建设的特色之举,是"绿水青山就是金山银山"理念的科学实践。分析了条例执行中存在的问题,并提出进一步贯彻实施条例的四条建议:提高政治站位,统一绿心保护思想;高位推动,严格条例执法;加强统筹,理顺管理协调体制机制;聚焦问题,构建长效保护机制。

关键词:　长株潭　生态绿心　保护条例　实施效果

受湖南省长株潭两型试验区工委、管委会委托,2018年3~8月,湖南省政府发展研究中心开展《湖南省长株潭城市群生态绿心地区保护条例》

---

* 本文是2018年度湖南省智库重点委托项目"创新长株潭生态绿心保护机制研究"(编号:18ZWB13)阶段性研究成果。

** 调研组成员:卞鹰,湖南省人大社会建设委员会副主任委员;唐宇文,湖南省政府发展研究中心副主任、研究员;彭蔓玲,湖南省政府发展研究中心宏观处处长、副研究员;戴丹,湖南省政府发展研究中心宏观处主任科员。

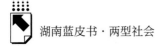

（以下简称《绿心条例》）修改调研论证工作，形成了《绿心条例》实施效果评估报告。主要情况如下。

一　评估工作开展情况

（一）《绿心条例》概况

2012年11月30日，湖南省人大常委会颁布《绿心条例》，《绿心条例》共六章四十六条，包括总则、规划与空间管制、生态保护、保障措施、法律责任和附则等主要内容，自2013年3月1日起施行，为各级各部门和全社会保护长株潭城市群生态绿心地区（以下简称绿心地区）提供了重要的法律依据。

（二）评估工作开展情况

1. 评估的主要内容及方法

评估主要针对用法方（长株潭三市）和法律责任方（涉及的相关职能管理部门）开展。重点了解《绿心条例》的作用效果、职能作用发挥情况、执行中存在的主要问题和冲突点，对《绿心条例》的合理性、有效性、可行性以及修改的必要性的看法等。在此基础上，对《绿心条例》实施情况进行评估，提出政策建议。

2. 工作开展情况

本次评估以习近平生态文明思想为指导，深入贯彻"生态优先、绿色发展"的理念和关于长江经济带"共抓大保护、不搞大开发"的战略思想，按照组织自评、实地调研、问卷调查、代表座谈、评估论证等几个程序进行。调研组首先请长沙、株洲、湘潭三市和省林业厅、省国土厅、省住建厅、省发改委、省环保厅、省财政厅、省水利厅、省农委等八个相关部门进行自评，提交自评报告，然后深入三市绿心地区政府及部门、园区管委会、乡镇街道、村组社区、企业项目工地等，进行实地调研，重点了解《绿心条例》落实情况及存在的问题等。同时，对绿心地区的所有行政村、园区、企业开展问卷调查，共回收有效问卷 136 份，广泛了解绿心地区各方面对《绿心条例》实施的评价和诉求。在此基础上，分别组织召开相关部门座谈会，人大代表、政协委员、专家学者与志愿者代表座谈会，两型工委内部座谈会等，就《绿心条例》本身及实施中存在的问题和难点、《绿心条例》修改建议等进行深入交流探讨。最后，综合各方面情况，认真评估论证，形成本报告。

二 《绿心条例》的作用意义

（一）确立了绿心地区生态屏障、生态服务功能的法定地位

《绿心条例》的出台，将长株潭绿心地区保护上升到法律层面，为长株潭生态绿心生态屏障、生态服务功能保驾护航。在《绿心条例》的指导下，长株潭三市坚持以保护为主、生态优先、一切以绿心生态环境质量为目标，大力推进环境质量改善，主要环境指标较为良好。水环境质量总体保持稳定，饮用水水源水质达标率达 97% 以上；2016 年绿心地区森林覆盖率为 42.89%，林地面积为 24241.4 公顷，在景观美化、调节气候、水源涵养、水土保持、生物多样性保护、生态屏障及缓解长株潭城市热岛效应等多个方面发挥着重要的作用，城市生态屏障、生态服务功能建设成效凸显。

（二）对破坏绿心地区行为起到了关键性的遏制作用

依据《绿心条例》，通过对绿心地区项目建设实施联合审查严把准入关，依法推动工业项目退出，利用"天眼系统"严密监控违法违规用地，及时开展违法违规项目（行为）清理查处，有效遏制了长株潭三市"摊大饼"式发展。2014 年以来，共否决 10 个拟建禁开区的大型项目，一批不符合《长株潭城市群生态绿心地区总体规划（2010～2030）》（以下简称《绿

心总规》）和《绿心条例》的项目被拦在了绿心地区外；绿心地区违法违规行为逐年减少，2017年比2016年下降38宗，下降73.81%；违法违规面积减少3004.98亩，下降84.89%。《绿心条例》对遏制破坏绿心地区的行为起到了关键的作用。

（三）为全国生态文明建设贡献了湖南经验

在"一条例一规划"的保驾护航下，生态绿心逐步深入人心，成为湖南两型社会试验区改革建设的标志性工程、长株潭三市人民的一笔弥足珍贵的巨大财富、绿色湖南的一张闪亮的名片。《绿心条例》的颁布施行，对守住522平方公里绿心地区土地、遏制侵蚀行为起到了关键作用，为绿心地区今后的保护打下了基础，是湖南自主探索生态文明建设及两型社会建设的生动实践，为生态文明建设上升为国家"五位一体"发展战略贡献了湖南经验，为长株潭三市及子孙后代留下了一块影响深远而宝贵的绿色空间和极为重要的战略资源，生态绿心保护将成为湖南长株潭城市群可持续发展的里程碑。

三 《绿心条例》实施成效

（一）初步形成绿心地区保护责任框架

一是进一步细化了绿心地区保护职责。2013年省两型委下发《关于贯彻落实〈湖南省长株潭城市群生态绿心地区保护条例〉的通知》，将《绿心条例》规定的6大方面、30项具体工作，细化到12个相关省直部门和长株潭三市人民政府，初步形成各单位绿心地区保护的责任状、任务书、路线图，将绿心地区保护工作列入相关单位日常工作。

二是突出长株潭三市主体责任。长株潭三市政府都先后制定出台了贯彻落实《绿心条例》的相关规定、管理办法和保护方案，推动绿心地区保护工作落实。三市均明确了绿心地区保护管理的牵头机构，其中长沙市率先成立专门的绿心地区联合执法队伍。三市政府层层签订绿心保护责任状，基本建立了从市到县（市区）、县（市区）到乡镇的绿心保护责任体系。

三是强化省直职能部门责任。省两型委积极落实统筹、组织、协调、督查和服务责任，扎实开展《绿心总规》实施、控规审查、准入审查把关、卫星监控管理、违法违规查处清理；省发改委严把项目审批关，研究起草《长株潭生态绿心地区项目准入目录》；省环保厅严格环境准入，加强日常监管；省林业厅制定生态绿心地区提质行动计划，严格林地资源保护监管；省住建厅制定绿心地区规划管理制度；省国土厅严格绿心地区用地审批，督促矿业权退出；省水利厅严格涉水行政审批和监督执法。相关管理部门的绿心地区保护责任意识逐步增强。

（二）积极建立绿心地区政策保护机制

一是研究出台配套政策措施。省两型委牵头起草了《长株潭生态绿心地区保护工作职责分工方案》《长株潭生态绿心地区保护建设项目准入管理暂行办法》《长株潭生态绿心地区总体规划实施督察制度》三个制度性配套文件，拟报省人民政府以规范性文件印发实施。起草下发了《长株潭生态绿心地区保护监测管理办法（暂行）》，使绿心地区日常监测监管工作常态化、制度化、规范化。省发改委印发了《关于贯彻落实〈湖南省长株潭城市群生态绿心地区保护条例〉的通知》《关于长株潭城市群生态绿心地区建设项目从严审批（核准、备案）有关事项的通知》，规定了生态绿心地区内建设项目立项审批程序，明确了"五个严格"的要求；省住建厅制定了《湖南省长株潭城市群生态绿心地区控制性详细规划及建设项目规划管理暂行办法》《长株潭城市群生态绿心地区规划管理办法》，进一步细化了《绿心条例》规划管理有关要求等。

二是建立公益林生态补偿机制。林业部门将绿心地区的所有林地都纳入公益林保护范围，开展绿心地区公益林生态效益补偿试点，提高长株潭三市绿心地区的森林生态效益补偿补助标准，国家级、省级公益林由 2015 年的

17元/亩提高到了目前每年50~58元/亩，市、县级公益林补偿标准提高为25~33元/亩。

三是加大绿心地区保护资金投入。省两型委从2016年开始，每年在绿心地区投入专项资金3000万元，开展绿心保护、两型示范、村庄规划、改革试验等工作，2018年又单独安排资金552万元，用于奖补中央环保督察整改工业企业退出项目。省环保厅投入3000万元，率先在绿心地区开展农村面源污染治理。2017年，省两型委会同省发改委、省财政厅争取金砖国家开发银行20亿元人民币贷款，用于长株潭绿心区域生态综合治理，这是湖南利用国际金融组织和外国政府贷款金额最大的一个项目，为进一步修复和改善绿心地区生态环境提供了重要支撑。

（三）探索建立绿心地区项目准入退出机制

一是严格绿心地区项目准入。2014年，省两型委制定《长株潭生态绿心地区建设项目准入管理程序（试行）》，试行绿心地区项目准入管理程序及项目准入意见书制度，对绿心地区建设项目严格准入审查把关。省发改委、住建厅等部门对绿心地区项目建设立项、审批实行审查，长株潭三市建立国土、规划、林业、环保等部门联合审查机制，严禁污染、劳动和土地密集型、高耗能产业项目进入生态绿心保护区。2014年以来，共办理公共服务设施、交通基础设施、生态修复和其他符合《绿心条例》的建设项目准入165项，阻拦了一大批不符合《绿心条例》和《绿心总规》的项目。

二是实施绿心地区工业企业清理退出。2017年，中央环保督察组反馈绿心地区需退出的工业企业共计551个，截至2018年6月底，已完成清理退出312个，完成率57%。

（四）强化绿心地区保护监管执法

一是确定功能区界线标志。落实《绿心条例》规定，按照《绿心总规》要求，划定禁开区、限开区、控开区三个空间管制区红线，投入资金近600万元，统一标准式样，埋设界牌、界碑和界桩等保护标志541块，实现在长株潭三市绿心地区禁开区、限开区现场区划识别。

二是加强日常监控监管。从 2015 年开始，省两型委联合省国土规划院，依托地理信息技术，创新研究，建立了生态绿心地区总体规划实施卫星监控系统（天眼系统），每个季度对绿心地区全域进行扫描监测、定位监控、实施核查。2014 年 12 月底到 2018 年 5 月，通过天眼系统，在绿心地区共发现306 宗违法违规项目（行为）（其中长沙 164 宗、株洲 68 宗、湘潭 74 宗）中，225 宗已完成整改，还有 81 宗整改中。该系统的建立实施，对绿心地区违法违规行为产生了极大的威慑作用，违法违规现象得到了有效遏制。开辟绿心地区违法违规行为在线举报公众监督平台，接受社会公众的举报和监督。

三是开展违法违规项目（行为）清理查处。省人大先后 3 次组织开展《绿心条例》执法检查，其中，2018 年 6 月开展的执法检查，由省人大常委会党组书记、副主任刘莲玉挂帅，多位省级领导参与，规格高、力度大、效果好。省两型委除坚持每季度天眼系统及时发现、识别、整改绿心地区违法违规行为外，还开展了 3 次集中清理整治工作，其中，2014 年 2 月查处违法违规行为共 93 宗；2015 年通过天眼系统发现 158 宗违法违规项目，及时整治；2015 年 12 月省住建厅联合省两型委共清理建设项目 198 个。省林业厅在森林公园质量管理检查评估中多次开展自查抽查。省水利厅 2013 年以来开展绿心地区生产建设项目水土保持督察检查 100 余次，开展长株潭地区湘江流域采砂整治联合执法行动 374 次。长沙市推行绿心地区联合执法，自2016 年以来，开展绿心地区日常巡查 200 多次，立案查处 34 起违法行为、刑事拘留 7 人，罚款 200 多万元，有效遏制绿心地区违法违规行为，保护了绿心地区生态环境。

（五）推进绿心地区环境整治、品质提升工作

加强绿心地区农村面源污染防治，按照"户分类、村收集、乡镇中转"模式，推进生活垃圾分类收集、集中处理，实现垃圾清运和集中处理全覆盖，建设小型污水管网项目，实现生活污水达标排放或就地回用。探索绿心

地区民居改造工程，亮化、美化民居环境。贯彻落实湘江保护与治理省政府"一号重点工程"，全面实施绿心地区水资源保护和环境治理，将绿心地区所有水域、滩涂列为湿地保护重点对象加以严格保护，严控水资源开发红线，完成绿心地区养殖污染治理退出工作。通过森林抚育工程、裸露山地造林工程、"三边"绿化工程、林相提质等工程，近年来绿心地区累计造林16090 亩，林相改造 6900 亩，森林抚育 40715 亩，低产林改造 6500 亩，通道绿化 200 多公里。开展绿心地区污染企业退出区域生态修复工作，重点采用分子键合稳定化技术，对重金属污染土壤进行修复。

（六）加强绿心地区规划修编工作

根据《绿心总规》实施的实际情况和三市政府的请求，经省政府领导批示同意，2016 年启动绿心总规局部修改工作。绿心总规局部修改以《绿心条例》为总依据，以省政府确定的"绿心规模不减、三区（禁止开发区、限制开发区、控制建设区）比例不变、各市内部平衡、生态廊道连片、生态品质提升"为总原则，开展现状调研、评估研究、方案论证工作。同时，2016 年开始，省两型委每年投入 200 万元，每年组织 10 个村庄开展绿心村庄规划编制工作。

四 《绿心条例》实施中存在的主要问题

（一）实施过程中存在的主要问题

1. 思想认识有偏差，绿心保护法规意识不牢

一是思想认识不统一。当前，生态绿心保护的共识并未完全形成，一些部门、党政领导、企业负责人，没有从政治的高度、全局和长远的角度来认识把握生态绿心保护。不只是如何保护"绿心"层面，甚至在要不要保护"绿心"层面；不只在基层执行层面，甚至在中高层决策层面。加上政绩考核的因素，基层政府缺乏绿心地区保护的自觉性，有些地方还多次提出调减

绿心地区面积，要绿心保护为开发建设让路。同时，当地村民对生态绿心保护也缺乏足够的认识，认为保护绿心限制了当地经济发展速度，不理解的情绪较为普遍。

二是重发展轻保护。绿心地区地方各级政府算经济账多、算生态账少，强调区域增长多、考虑全局利益少，重项目建设、轻绿心保护。有的对绿水青山转化为金山银山的路径方法探索不深入，认为发展就是要招商引资大搞开发，就是要剃头剥被，一心只想大干快上建设项目。一些违反《绿心条例》《绿心总规》的项目布局绿心地区，如对绿心环境容量冲击大的房地产项目、大体量的商住一体化项目、打捆入园的工业物流项目等，绿心地区被侵蚀、被切割、被掏空的现象时有发生。

三是对条例和总规的权威性、法定性认识不深。部分省直部门、地方政府及企业对条例和总规漠然视之，选择性执行。有的在规划编制、项目审批中，对省两型委的前置审查程序视而不见；有的对违反《绿心条例》和《绿心总规》的行为，强调历史原因、客观观因素多，强调企业贡献、自身困难多，对自身的违法违规行为遮遮掩掩或者有意回避；有的认为其他规划不符合《绿心总规》，要求调整《绿心总规》，《绿心总规》要为其他规划让路。

2. 政策配套滞后，绿心保护机制不完善

一是生态补偿机制不健全。其一，尚未出台省级生态补偿办法。《绿心条例》第二十八条规定"省人民政府应当在本条例实施后及时制定生态绿心地区生态补偿的具体办法"，目前，省里尚未建立绿心地区生态补偿机制，制定生态补偿办法，设立省级生态补偿资金。其二，补偿标准偏低。目前绿心地区生态公益林补偿标准虽然提高到了 50 元每亩每年的水平，但仍然偏低，其他如水源保护、湿地保护、动植物保护、土壤改良等生态保护行为，都没有相应的补偿机制来支持和鼓励。到目前为止，还没有落实固定的针对绿心保护的生态补偿的专项资金。其三，补偿资金来源单一。目前绿心地区补偿资金主要依靠绿心地区市、区财政预算内资金，省级投入偏少，企事业单位投入、优惠贷款、社会捐赠等其他渠道的资金明显缺失。对市、县（区）、乡镇（街道）而言，形成"绿心"划入面积越多，负担越重，责任越大，出路越少。

二是多元化的投入机制尚未形成。长株潭生态绿心地区建设和环境保护方面的公共财政投入不足，省市对绿心保护工作的专项投入不够，各市补偿标准不统一。现行生态建设的相关经济政策如生态效益补偿政策、植被恢复费政策、资源综合利用优惠政策等落实不到位，农民难以通过植绿护绿产生实实在在的经济效益。绿心地区环保设施建设、饮用水水源保护、生活污水和垃圾处理、养殖业污染和工矿污染治理等，都面临投资短缺的问题，没有相应的补偿机制来支持和鼓励，也没有组建或引入其他开放的、多元化的、社会性的投融资平台为生态绿心地区的保护和发展提供金融支持与服务，制约了绿心地区的保护与发展。

三是退出机制不配套。按照《绿心条例》规定，绿心地区所有工业企业需逐步退出绿心范围，但事实上绿心地区一部分需退出的工业企业具有合法手续，尤其是在《绿心条例》批准实施前获批的建设项目。被列入中央环保督察整改退出的绿心地区551家工业企业，省里至今尚未出台工业项目退出补偿政策，工业企业退出需要的资金严重缺乏，退出机制缺失，整治退出压力和任务非常艰巨，退出工作难度很大。

3. 总规执行不力，保护与发展协调不够

一是总规不"管总"。《绿心条例》第七条规定，涉及绿心地区的专项规划和城乡规划、土地利用总规等市域规划，应当与绿心总规相衔接。但政府及相关部门在规划编制、审查、批复等环节，没有严格按照条例要求，与《绿心总规》对接，目前，已出台的涉及绿心地区的13个城乡规划，除株洲市城市总体规划外，其余12个不符合《绿心总规》要求。其中长沙城市总体规划中，中心城区与《绿心总规》有矛盾的用地达6.67平方公里；暮云东、南、西三片控规中布局了大量工业用地，且有2.75平方公里用地与《绿心总规》有矛盾。

二是开发空间不断挤压生态空间。近年来，长株潭三市融城进程日益加快，长沙市提出了297平方公里的南部片区初步构想，规划范围80%以上分布在绿心地区，株洲市、湘潭市也一直在向长沙方向快速发展和靠拢，这种发展趋势客观上不断逼压三市接合部的绿心地区，开发空间侵占生态空间矛盾日趋尖锐。

三是违法违规项目布局绿心地区。《绿心条例》对绿心地区的项目建设有明确规定，但在实际执行过程中，一些地方仍在绿心地区内违规上项目、搞开发。长株潭三市都在绿心地区内布置了一些不符合《绿心条例》和《绿心总规》的大项目，如长沙市的雨花机器人产业园，暮云的地理信息产业园工业项目、佳兆业房地产项目，株洲市的新马工业园、云峰湖、北欧小镇项目，湘潭市的富力城项目、岳塘国际商贸城、湘潭县碧桂园项目等。

四是利益协调难度大。随着长株潭的快速发展，绿心地区内外百姓的收入差距扩大，少数群众的心理落差增加，要求开发的诉求日趋迫切，加之地方政府绿心地区保护态度不坚决，宣传引导不力，保护监管不到位，导致违规砍伐、毁林开垦、采石、采砂、采土等毁绿占绿现象时有发生。

4. 保护管理体制不完善，监管合力未形成

绿心保护线长面广，涉及长株潭三市和省两型委、国土厅、林业厅、环保厅等10多个职能部门，缺乏统一权威高效的绿心保护监管机构，缺乏统一的管理平台，绿心保护共性问题集中研究缺失，信息不能互通，资源不能共享，统一执法不够，没有形成应有的合力，存在各唱各的调，有的部门甚至对执行《绿心条例》存在表里不一的现象，亟待整合力量，形成执法"拳头"。省两型委作为生态绿心保护的牵头部门，《绿心条例》明确了责任，但未赋予相应的职权，缺乏抓手。有些相关部门未完全按《绿心条例》要求履行保护相关职责，生态补偿、工业退出、环境治理等相关配套政策缺失，但又没有问责追责机制，导致绿心保护举步维艰。长株潭三市定期向本级人大常委会报告保护情况的要求没有落实，各地保护措施、保护力度不一。对历史遗留问题的处理，省、市、县三级在配套政策、资金投入、行政执法上协同不够，一些整改项目、生态恢复项目没有如期完成。对违法违规行为监管查处虽然已经开展起来，但停留在事后监管、提前介入不够、对部分整改不到位的违法违规行为，也做不到及时督促跟踪。

5. 《绿心条例》部分条款执行不理想

从调研中发现，《绿心条例》执行存在明显短板，主要梳理如下。见表1。

表1 《绿心条例》执行短板条款

条款	具体内容	落实情况
第七条	生态绿心地区总体规划是依据《长株潭城市群区域规划》制定的生态绿心地区的综合性规划。涉及生态绿心地区的专项规划和城乡规划、土地利用总体规划等市域规划,应当与生态绿心地区总体规划相衔接	目前,长株潭三市涉及生态绿心地区的专项规划和城乡规划、土地利用总体规划等13项规划,有12项规划与《绿心总规》有冲突
第九条	长沙市、株洲市和湘潭市人民政府根据生态绿心地区总体规划的要求和实际需要制定片区规划,经省两型社会建设试验区领导协调工作机构组织省人民政府有关部门审核后,报省人民政府批准,并由省人民政府报省人民代表大会常务委员会备案	株洲市完成部分片区规划编制,长沙、湘潭尚未开展片区规划编制
第十三条	对生态绿心地区控制建设区和生态绿心地区周边一定范围内的土地,省人民政府国土资源主管部门确定土地基准地价和当地人民政府确定土地出让底价时,应当将生态条件作为依据之一。对前款规定范围内的开发建设项目,当地人民政府可以收取生态效益补偿费,具体办法由省人民政府制定	具体办法省级层面未制定,市级层面没有收取生态效益补偿费的依据和标准
第十六条	省两型社会建设试验区领导协调工作机构应当组织协调长沙市、株洲市、湘潭市人民政府和省人民政府有关部门,对生态绿心地区总体规划实施后审批的建设项目进行清理;对不符合生态绿心地区总体规划的建设项目,应当依法处理	2015年12月省住建厅联合省两型委开展的清理整治,后续工作还没有完成
第二十六条	在生态绿心地区葬坟不得破坏林地和生态环境,不得用水泥、石材等修建永久性墓冢	农村普遍存在在门前屋后的自留田地设置墓地的问题,不利于绿心保护工作的后续推进,建议省级尽快出台生态公益墓葬园规划。规范农村公益性墓地,解决群众后顾之忧,更好地保护绿心地区
第二十八条	省人民政府应当组织长沙市、株洲市、湘潭市人民政府建立生态绿心地区生态效益补偿机制。省人民政府应当在本条例实施后及时制定生态绿心地区生态补偿的具体办法	省级层面尚未出台相应的补偿办法
第三十六条	省人民政府应当制定生态绿心地区总体规划实施督察制度,建立生态绿心地区总体规划实施监控信息系统,加强对有关部门和下级人民政府履行生态绿心地区保护职责的监督检查。省两型社会建设试验区领导协调工作机构负责有关具体工作	省级督察制度暂未出台

6. 绿心地区保护未达到预期效果

"绿心"的提出，其初衷是利用山体、植被和水体等自然要素，用绿色屏障阻止城市群空间的无序蔓延，实现长株潭城市组团之间的缓冲与分隔，有效防止城市"摊大饼"，遏制"城市病"，探索出一条既可以促进长株潭城市群健康可持续发展，又有别于其他城市群发展的新路子。因此，按照《绿心条例》和《绿心总规》规定，绿心地区的人口规模和建设用地规模应该是基本保持稳定，逐年下降。但事实上，2016 年绿心地区总人口为 33.89 万人，比 2010 年（26.27 万人）增长了 29%，超出《绿心总规》规划的 2016 年平滑值（26.19 万人）7.70 万人；2016 年建设用地规模 78.51 平方公里，较 2010 年增加 9.69 平方公里，超出《绿心总规》规划的 2016 年平滑值（45.16 平方公里）33.35 平方公里，超出 73.85%。人口增长和一些建设项目对绿心地区局部生态廊道蚕食，造成了绿心部分山体、水系、林地、农田等生态空间也受到一定程度的破坏，未完全达到预期的保护效果。

（二）《绿心条例》本身可完善和提升的方面

1. 《绿心条例》中个别条款与其他法律法规存在不一致

主要有 2 处。见表 2。

表 2　《绿心条例》与其他法律法规不一致条款

《绿心条例》	其他法律法规
第二十二条"生态绿心地区的建设项目应当执行国家水土流失防治一级标准，实行严格的水土保持方案审批和水土保持设施验收制度"	根据《国务院关于取消一批行政许可事项的决定》（国发〔2017〕46 号，2017 年 9 月），取消了各级水行政主管部门实施的生产建设项目水土保持设施验收审批行政许可事项，转为生产建设单位按照有关要求自主开展水土保持设施验收，《湖南省水利管理事权划分规定》中涉及水土保持设施验收的内容要依据《水利部关于加强事中事后监管规范生产建设项目水土保持设施自主验收的通知》（水保〔2017〕365 号）作相应的修改

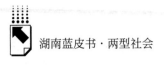

续表

《绿心条例》	其他法律法规
第三十九条"违反本条例规定……对个人处一千元以上三千元以下的罚款,对单位处二万元以上五万元以下的罚款;造成森林火灾的,并责令补种烧毁株数三倍的树木"	根据《湖南省森林防火条例》:"未引起火灾的,对个人处一千元以上三千元以下的罚款,对单位处二万元以上五万元以下的罚款;引起火灾的,对个人处三千元以上五千元以下的罚款,对单位处二万元以上五万元以下的罚款;造成损失的,依法承担民事赔偿责任;涉嫌犯罪的,移交司法机关处理"

2. 个别地方表述较笼统

《绿心条例》第二章对规划编制做出了一定的规定和要求,但仍然不够明朗,操作性稍欠缺。第八条第三款规定"生态绿心地区总体规划颁布实施后,除因重大建设项目等确需修改的外,不得进行修改",表述较笼统,应更加明确,或制定相应实施细则。

3. 缺乏对政府部门不作为的问责追责规定

《绿心条例》对职能部门的法律责任未明确,缺乏对政府部门不作为的处置规定。

4. 新形势下《绿心条例》可以修改和完善的地方

2018年4月,党的十九届三中全会颁布《中共中央关于深化党和国家机构改革的决定》,我国新组建了自然资源部与生态环境部,这是完善政府在生态环境保护方面的职能、优化环保机构设置的重要举措。根据国务院生态环境管理方面的机构改革方案,湖南也将组成新的自然资源管理部门和生态环境管理部门,这对理顺绿心地区管理体制也将产生有益的影响,也会涉及《绿心条例》中各职能机构职责的规定,因此,可以在全省机构改革落定并运行稳妥之后,考虑对《绿心条例》中相关内容进行修改和完善。

五 评估结论

《绿心条例》实施五年来,省人民政府及相关部门、长株潭三市较好地履行了法定职责,积极推进相关工作,注重自然生态保护,为进一步全面实施《绿心条例》打下了基础。大部分接受调研同志认为，《绿心条例》规范科学、总体适应生态绿心保护现状，为保护绿心、改善生态提供了有力支持。如果没有《绿心条例》和《绿心总规》的约束保障，生态绿心将面临更严重的蚕食与破坏，生态绿心保护将面对更严峻的形势。

（一）《绿心条例》是一部符合生态文明理念的良法

一是体现很强的前瞻性和战略性。《绿心条例》于 2012 年出台，当时的大环境还是以经济快速增长为主要发展目标，湖南首开立法保障城市群重要生态功能区先河，前瞻性地决定对绿心地区实施法律护航、严格保护，体现了超前发展理念。《绿心条例》提出的生态优先、保护优先原则，与国家生态文明理念高度切合，其分区管控政策、项目准入制度、生态补偿机制等规定，都是十八大以来生态文明体制改革重点推进的工作。在当时"发展是硬道理"的大背景下，划出 522 平方公里进行生态隔离保护，体现了长远发展的战略性。

二是条款严谨、内容完备。《绿心条例》内容完备，规定了严格的行为模式和法律后果，从生态修复、生态保护、森林资源保护等方面，对 12 种行为做出禁止性规定和法律责任。条款设计符合法律规范，逻辑缜密。

三是得到多方面的肯定。绿心地区问卷调查结果显示，92.7% 的被访者认为《绿心条例》对长株潭生态绿心起到了很好的保护作用，其中 46.4% 的被访者认为作用很大。调研座谈中，相关部门、长株潭三市、人大代表、政协委员、专家学者、绿心地区群众等，大都对《绿心条例》及其在保护绿心中发挥的重要作用给予了充分肯定。如湖南林科大向佐群教授认为："《绿心条例》很精准，不仅能够指导当前，还能够引领未来。"

（二）《绿心条例》实施成效比较明显

《绿心条例》自实施以来，遵循科学规划、生态优先、严格保护的原则，确立了生态绿心保护的责任主体，保护机制初步建立，保护措施逐步加强，监管力度不断加大，环境整治强力推进，绿心地区较好地发挥了生态屏

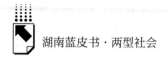

障和生态服务功能，有效遏制和减缓了长株潭"摊大饼"式的发展，为长株潭的都市人群提供了一个生态"绿肺"。

（三）《绿心条例》作用巨大、影响深远

《绿心条例》使绿心地区保护工作有章可循、有法可依，对绿心保护起到了关键性的作用，依照《绿心条例》要求实施的绿心保护工作，是湖南省生态文明建设与两型社会建设的特色之举，是绿水青山就是金山银山理念的科学实践，意义重大，影响深远。

（四）《绿心条例》执行中也存在一些亟待解决的问题

绿心保护存在的问题主要在于《绿心条例》执行层面，思想认识不统一，对保护和发展的认识存在误区；配套政策滞后，体制机制待完善；执行力度不够，绿心保护效果与预期有一定差距。进一步推进绿心保护，应在统一思想、高位推动、理顺统筹监管机制、完善配套政策、严格执法等方面下功夫。

（五）适时对《绿心条例》进行修改完善

建议在全省机构改革落定并运行稳妥之后，考虑对《绿心条例》中相关内容进行修改和完善。

六 进一步贯彻实施《绿心条例》的建议

（一）提高政治站位，统一绿心保护思想

各级各部门要高度统一思想，增强生态意识、法规意识和政治意识，旗帜鲜明保护"绿心"，牢固树立和践行"绿水青山就是金山银山"的思想，在绿心地区齐抓大保护，不搞大开发。要抓住"关键少数"，牢固树立新发展理念，推进生态文明建设，始终坚持保护优先的理念和原则，不忘习总书记的嘱托，为长株潭区域协调发展走出一条不同于其他城市群发展的新路。

（二）高位推动，严格《绿心条例》执法

绿心地区保护工作复杂，协调难度大，要坚持高位推动，上升为"一把手"工程，严格依法依规，保护优先。严格按照《绿心条例》要求，落实绿心建设项目准入，从源头上遏制住违法违规建设；突出绿心地区保护重点，绿心地区禁止开发区要划入生态红线，限制开发区要严格项目进入，重点控制高强度大体量的商住一体化项目、工业物流项目、大容量的交通项目布局绿心地区；对于违法违规行为，要依照《绿心条例》严格执法、坚决整改、严肃追责，绝不手软。

（三）加强统筹，理顺管理协调体制机制

明确长株潭三市，绿心地区县（市、区）及园区、乡镇（街道），省直有关部门绿心保护工作职责，确保绿心保护工作任务责任明晰、落实到位。加强统筹协调，充实省两型委作为绿心保护牵头部门的职能，强化长株潭三市政府主体责任，整合各方力量，统一监督，统一执法，形成执法的"拳头"。建立绿心地区综合执法机制，加强督促协调，联合市区有关部门、街道，健全充实相应的执法队伍，加强巡查，及时查处打击绿心内违法违规行为，切实保护好绿心良好的生态环境。条件成熟时，将绿心地区单独区划管理和保护。

（四）聚焦问题，构建长效保护机制

一是推动绿心地区"多规合一"。突破行政区划分隔，在绿心地区开展"多规合一"试点，以《绿心总规》为基础，融合三市土地利用规划、城乡规划以及产业发展等规划，使其真正成为指导绿心地区保护与发展的纲领性文件。

二是完善配套政策制度。尽快出台绿心地区相关规划衔接联合审查制度、绿心地区生态补偿办法、总体规划实施督察制度、绿心地区保护项目准入管理办法、产业扶持政策和退出政策等相关配套政策制度。

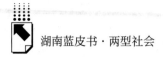

三是完善投入机制。积极争取国家资金支持，加大对绿心地区基础设施建设、民生保障项目的支持补助力度，科学整合绿心地区的各类资金，集中投入绿心地区的生态保护与修复、环境治理等。创新投融资模式，探索建立绿心保护与发展基金，鼓励社会资本投入绿心地区生态保护，逐步形成立体多元的投入保障机制，既确保投入力度，又确保投资效益。

参考文献

湖南省人民代表大会常务委员会：《湖南省长株潭城市群生态绿心地区保护条例》，2012 年 11 月 30 日。

湖南省长株潭两型社会建设改革试验区领导协调委员会办公室：《长株潭城市群生态绿心地区总体规划（2010~2030 年)》，2011 年 8 月 8 日。

国务院：《国务院关于取消一批行政许可事项的决定》，2017 年 9 月 22 日。

水利部：《水利部关于加强事中事后监管规范生产建设项目水土保持设施自主验收的通知》，2017 年 11 月 16 日。

B.35
关于完善湖南全流域横向生态补偿机制的思考

"湖南全流域横向生态补偿研究"课题组 *

摘　要： 流域生态补偿是国内外进行生态环境保护治理的通行做法。湖南江河纵横交错，湖泊星罗棋布，完善全流域横向生态补偿意义重大。根据国内外的实践进展，结合湖南实际情况，建议从健全机构运行机制、完善资金管理机制、探索奖励补偿机制等方面发力。

关键词： 湖南　全流域　横向生态补偿

　　流域生态补偿是生态保护治理的重要组成部分，流域生态补偿制度是生态补偿的关键性制度，一直以来备受国内外关注。湖南水系发达，"一湖四水"网布全省。如何进一步推动湖南全流域生态补偿工作，促进长江经济带更高质量发展，为《生态补偿条例》国家立法和全流域生态补偿实践提供典型经验。由湖南省财政厅、省社科联、省生态环境厅、省水利厅、省审计厅、湖南商学院和长沙民政职业技术学院有关专家组成了专题调研组，通过查阅分析资料、召开专题座谈会、现场考察，并结合近年来湘江流域生态补偿试点工作的成功经验，形成研究报告。

---

　　* 课题组组长：汤建军，湖南省社科联党组成员、第七届委员会副主席，研究员、博士；曹建辉，湖南省财政厅经建二处处长。课题组成员：肖念涛、王星力、陈刚、钱湛、李风琦、刘海运、张曦、李炜炜、许诗诗、彭培根、黄思思、陈贝贝。

生态补偿是指生态环境服务功能受益者对生态环境服务功能提供者付费的过程。从补偿性质上来看，生态补偿具有公共物品特性，须坚持污染者付费、使用者付费、受益者付费和破坏者付费的原则；从责任主体来看，应包括政府、企业、社会和个人；从补偿方式来看，有政策、资金、实物、项目等；从运行机制来看，包括政府补偿机制、市场补偿机制和社会补偿机制。本文所指的横向生态补偿机制主要是指湖南"一湖四水"流域，包括省内各市州之间、湖南与邻省之间各类生态补偿机制，其中，建立基于生态补偿的财政转移支付制度是重点。

一 湖南实施全流域横向生态补偿机制的重大意义

（一）学习贯彻习近平生态文明思想的重要途径

党的十九大报告强调，要"建立市场化、多元化生态补偿机制"。习近平总书记多次提出，要"实行资源有偿使用制度和生态补偿制度"。《中共湖南省委关于坚持生态优先绿色发展 深入实施长江经济带发展战略 大力推动湖南高质量发展的决议》提出，要"建立生态补偿与保护长效机制，探索涵盖'一湖四水'的全流域横向生态补偿机制，与相邻省份开展跨省流域生态补偿机制合作，激发生态环境保护内生积极性"。因此，建立健全涵盖湖南全流域横向生态补偿机制，有利于深入贯彻落实党的十九大精神和习近平生态文明思想，有利于坚决把中央和省委的决策部署落实到位。

（二）湖南深入实施长江经济带发展战略的重要抓手

推动长江经济带发展是国家战略。2016年1月、2018年4月，习近平总书记分别在重庆、武汉主持召开推动长江经济带发展座谈会。湖南是长江经济带流域的重要组成部分，"一湖四水"经岳阳城陵矶汇入长江，全省96%的区域都在长江经济带范围内。因此，加强湖南全流域横向生态补偿机制建设，有助于更好履行"共抓大保护、不搞大开发"的政治责任，有助于更好地把保护和修复长江生态环境摆在压倒性位置，有助于更好地打赢以长江生态保护修复为重点的污染防治攻坚战，守护好一江碧水，推动长江经济带科学、有序和高质量发展。[①]

（三）实现生态一体化治理的重要举措

生态文明建设具有系统性和整体性，一刻也离不开一体化治理。近年来，湖南生态文明建设取得明显成绩，但与新时代新实践新要求相比，还存在一些薄弱环节和不足，其根本原因在于生态保护、修复和治理条块分割、九龙治水。在规范先行方面，各项生态环境专项规划缺乏有机衔接，各种规划之间上下左右不协调，有的规划朝令夕改、"一个领导一张图"的现象时有发生；在管理体制方面，仅洞庭湖水资源利用本身，就涉及 10 多个厅局、4 市 19 县市区、4 个保护区管委会、70 多项事权，各方之间存在着普遍和明显的职能重叠、职能交叉与职能空白，导致政出多门、各行其是；在立法方面，把江、湖、河、流人为切割，把流域本该一体的水、渔、野生动植物、水域岸线、湿地等环境要素分散立法，既违背流域完整生态系统的自然规律，也违背国家治理体系和治理能力现代化遵循的科学规律。因此，通过统筹各个部门、各个地区，实现全流域横向生态补偿这一制度设计和有效供给，对加快构建起全省"一张蓝图干到底"生态管理机制、实施机制和协调机制意义重大。

二 湖南"一湖四水"流域的基本情况

（一）流域状况

湖南因水而得名，水多面广。湖南全省有河长 5 公里以上河流 5341 条，

---

① 引用《中共湖南省委关于坚持生态优先绿色发展 深入实施长江经济带发展战略 大力推动湖南高质量发展的决议》。

其中流域面积 50 平方公里以上的河流有 1301 条；湘、资、沅、澧"四水"纵贯三湘大地，"四水"干支流呈叶脉状流入洞庭湖。全省常年水面面积 1 平方公里及以上湖泊有 156 个，水面总面积达 3370.8 平方公里。洞庭湖是我国第二大淡水湖，蓄纳"四水"、吞吐长江，总集水面积为 26.3 万平方公里，湖泊面积为 2625 平方公里，多年平均入湖水量为 2800 亿立方米。

（二）经济状况

2018 年湖南地区生产总值为 3.64 万亿元，比上年增长 7.8%；一般公共预算收入增长 6.1%；税收占比提高 4.7 个百分点；城乡居民人均可支配收入分别增长 8.1% 和 8.9%；城镇调查失业率保持在 5% 以内。同时，全年实现 131 万名农村贫困人口脱贫、2491 个贫困村脱贫出列、18 个贫困县脱贫摘帽，贫困发生率由 3.86% 下降到 1.49%。[①] 湖南是典型的"财政穷省"，花钱地方多，能用于生态文明建设的财政资金不多不充裕。

（三）水资源状况

湖南地处亚热带季风湿润气候区，水资源具有"四多四少"的显著特点。一是总量多，人均少。全省水资源总量为 1689 亿立方米，位居全国第 6 位。人均水资源量为 2500 立方米，位居全国第 12 位，人均水资源量低于国际轻度缺水地区标准 3000 立方米。二是春夏多，秋冬少。汛期（4~9月）降雨占全年 70% 以上。三是山地多，平丘少。空间分布上，东、南部山地水资源较丰，中部、北部丘陵平原相对贫乏。四是差异多，利用少。一方面，水资源地区差异较大。受降雨和人口数量影响，全省地区间人均水资源量差距较大。比如，张家界市人均水资源量达到 5526 立方米，而湘潭市人均水资源量 1345 立方米，相差 4.1 倍；全省最低的邵东县人均不到 1000

---

① 引用中共湖南省委副书记、省长许达哲 2019 年 1 月 26 日在湖南省第十三届人民代表大会第二次会议上所做的《政府工作报告》。

立方米,最高的城步县人均达到 9900 立方米,差距近 10 倍。另一方面,水资源开发利用不平衡。全省水资源开发利用率为 19.7%,湘、资、沅、澧四条大河分别为 25.1%、17.2%、10%、11.5%。总体而言,下游地区水资源开发程度高于上游,平原、丘陵区的开发程度高于山区,经济发达、人口密集地区开发利用程度较高,湘潭、长沙等局部地区已超过或接近 40% 水资源利用程度警示线。因此,湖南既得水资源丰富之利,又有水多之患、水少之忧。

(四)水生态状况

根据《2017 年湖南省环境质量概要》,"一湖四水"水质总体为优,但仍部分存在Ⅳ类、Ⅴ类水质。2017 年具体现状如下。

洞庭湖水质总体为轻度污染,营养状态为中营养。湖体断面为 11 个。Ⅳ类水质断面为 11 个,占 100%,污染指标主要为总磷。与 2016 年相比,洞庭湖水质呈改善趋势。其中,总磷的年均浓度下降 13.1%,Ⅳ类水质断面比例上升 9.1%,Ⅴ类水质断面比例下降 9.1%。

湘江流域水质总体为优。157 个断面中,有Ⅰ～Ⅲ类水质断面 154 个、Ⅳ类水质断面 2 个、Ⅴ类水质断面 1 个。水质优良(Ⅰ～Ⅲ类)断面比例为 98.1%。其中,干流 39 个断面水质均达到或优于Ⅲ类标准;支流 118 个断面中,115 个断面水质达到或优于Ⅲ类标准,占 97.5%。

资江流域水质总体为优。40 个断面中,有Ⅰ～Ⅲ类水质断面 39 个、Ⅳ类水质断面 1 个。水质优良(Ⅰ～Ⅲ类)断面比例为 97.5%。其中,干流Ⅰ～Ⅲ类水质断面比例保持 100%,支流志溪河断面氨氮和总磷超标,断面水质为Ⅳ类。

沅江流域水质总体为优。77 个断面中,有Ⅰ～Ⅲ类水质断面 76 个、Ⅳ类水质断面 1 个。水质优良(Ⅰ～Ⅲ类)断面比例为 98.7%。其中,干流Ⅰ～Ⅲ类水质断面比例保持 100%,支流武水张排汇合口万溶江段断面氨氮超标,断面水质为Ⅳ类。

澧水流域水质总体为优。21 个断面均达到或优于Ⅲ类水质标准。

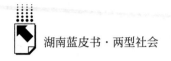

三 湖南"一湖四水"流域水生态面临的压力

（一）水环境质量亟待改善

虽然"一湖四水"水质优良率较高，但全流域水生态未全面达到优良水平。一方面，江河水系部分支流流域水污染形势依然严重，支流水体超标现象时有发生，部分城区黑臭水体明显增多，如浏阳河黑石渡断面和三角洲断面、春陵水的马家坪电站断面等。另一方面，洞庭湖水环境质量不容乐观。20世纪90年代中后期以来，湖体总氮、总磷呈整体逐年上升之势，持续超标。长江三峡水电站2003年运行以来，洞庭湖来水来沙减少，水位逐年降低，枯水期季节延长，水环境容量降低，自净能力降低。根据监测，2011~2014年，洞庭湖及出湖口11个断面以Ⅳ类水质为主，总体为轻度污染；2015年以Ⅴ类水质为主，总体为中度污染；2016年水质有所改善。但洞庭湖综合营养状态指数亦呈逐年增加趋势，东洞庭湖自然保护区核心区大小西湖等局部区域夏、秋季富营养化突出，2013年东洞庭湖局部水域发生水华。过去10年间，洞庭湖自然湿地面积减少24万亩，草洲斑块个数增加了10倍；近20年来，水鸟由20万只以上减少至11~13万只，越冬珍稀鸟类及其种群数量呈下降趋势；鱼类资源衰退严重，鱼类小型化、低龄化，洄游性鱼类已罕见。湖区地下水水源普遍存在铁、锰等因子超标问题，加剧水资源的短缺，造成水质性缺水，安全饮水保障难度增大。

（二）生活和农业污染污水治理更趋复杂

因气候变化、江湖关系的改变以及人类活动等因素的影响，工业污染源减排与环境质量改善的对应关系弱化，生活和农业面源对环境的影响日显突出。污水处理基础设施建设缺口仍然较大，城镇雨污分流截流管网的滞后，影响了污水处理厂的实际减排效益，对环境的改善作用不大。全省农村环境污染加剧的趋势尚未改变，农村环境"脏、乱、差"的问题严重，已成为制约全省农村环境保护的主要瓶颈。特别是随着农业的快速发展，种植养殖业污染物逐年增加，化肥农药施用量居高不下，加之城市工业污染逐渐向农村转移，广大农村地区已经呈现点源污染与面源污染共存、生活污染与工业污染叠加、各种新旧污染互相交织的混合型污染局面，严重威胁着农村经济社会的可持续发展，个别地区甚至危及广大农民的生产、生活和健康。

（三）工业污染防范和管控难度较大

多年来粗放式的开放利用有色金属资源，致使省内某些区域受到重金属污染。大部分的重化工、有色冶金工厂、产业临江靠湖，总体布局不合理。港口、物流业的快速发展带来了更大的水环境隐患。这些现象均在一定程度上威胁到饮用水水源保护区、重要生态功能区等环境敏感区的安全。

（四）监督管理机制缺位失位

有的地区的发展理念还没有更新过来，生态优先、绿色发展的理念没有得到体现。有些地区知法犯法、有法不依、执法不严，企业、个人的违法成本较低，没有形成威慑力和震慑力。基层生态环保装备落后，监测手段单一，监管能力不高，队伍力量薄弱等问题突出，环境监管与专业能力亟须加强。流域水生态保护涉及多部门、多方面防治的工作内容，而流域缺乏"区别而又有共同责任"的机制，为流域实行统筹调度、综合协调和目标管理，应尽快推进各流域生态补偿制度，强化行政区之间的监督管理，并制定相关管理办法，使之得到有效长期执行。

四　国内外流域横向生态补偿模式及湘江的实践探索

（一）国外流域生态补偿实践进展

20 世纪 70 年代末，德国实施 Engriffsregelung 政策，生态补偿机制被引入流域管理流域。国外流域生态补偿主要分为市场补偿模式和政府补偿模式。但是，随着理论的探索和实践的深入，社会补偿模式进入政府、市场和社会的视野。目前，市场补偿模式主要有三种。第一种是以哥斯达黎加的流域生态保护市场补偿、澳大利亚的流域水分蒸发蒸腾信贷为代表的市场贸易模式。第二种是以法国"毕雷矿泉水"付费机制、美国纽约与上游 Catskills 流域的清洁供水交易为代表的一对一补偿模式。第三种是以美国有机认证、瑞典绿色标签为代表的生态标记模式。政府补偿模式较之市场补偿模式更为普遍，巴西巴拉那州生态补偿基金、澳大利亚植被恢复计划、哥伦比亚生态服务税等实践是其中的代表和典型。

（二）国内典型地区实践探索

2004 年后，国内经济社会发达地区开始探索流域生态补偿。从跨省来看，江西—广东东江流域率先试水跨省生态补偿。从 2004 年开始，江西省就先后编制了东江源建设规划、生态环境补偿实施方案。2006 年起，广东粤海集团每年补偿给东江源区安远、定南和寻乌三县 1.5 亿元。2016 年 4 月，该流域生态补偿进入国务院《关于健全生态保护补偿机制的意见》的试点。2016 年 10 月，江西和广东共同签署了《东江流域上下游横向生态补偿协议》，明确两省按照"成本共担、效益共享、合作共治"的原则，建立起东江流域上下游横向补偿机制。从单一省域来看，江苏起步较早，太湖、通榆河以及多流域的生态补偿成效较为显著。太湖流域生态补偿模式运行阶段从 2007 年开始，2009 年起正式实施，江苏成为全国第一批进行流域生态补偿试点的省份。淮河流域通榆河地区生态补偿模式运行阶段从 2010 年开始，2012 年由环保、财政等厅局牵头出台《江苏省通榆河水环境资源区域补偿资金使用管理办法（试行）》，由省财政部门收缴、分配各地生态补偿金，成效显著。多流域生态补偿模式运行阶段从 2014 年至今，在江苏省全流域按水质与流向情况核算正向超标补偿资金和反向达标补偿资金。

（三）湘江生态补偿试点试行

湘江是湖南的母亲河。为了解决湘江流域水资源短缺、水污染严重、生态环境恶化等突出问题，2013 年湖南将湘江的保护与治理列为"一号重点工程"。《湖南省湘江保护条例》《湖南省湘江保护条例实施方案》《湘江流域生态补偿（水质水量奖罚）暂行办法》等系列政策举措出台，为湘江保护与治理明确了路线图、时间表和任务书。2015 年底，湖南省财政厅下达了 2014 年度湘江流域水质水量生态补偿奖罚资金，兑现湖南首个流域生态补偿资金。但是，与其他地区相比，补偿方式单一且缺乏长效性，补偿模式以政府为主导但市场化程度低，成本高而补偿标准低等问题突出，特别是补偿资金来源渠道少缺口大，平均到每个县的补偿金额不足 155 万元，与江西的 2091 万元差距较大。

五　建立完善湖南全流域横向生态补偿机制的若干思考

（一）健全机构运行机制

有机构管事，并能有效运转，才能解决谁来管理的问题。

1. 建立政府协调和部门协作机制

建议在省委、省政府的统一领导下，统筹管理湖南水环境保护生态补偿的工作。成立由省领导牵头，各部门参与的联席会议机制，促进各部门间的相互沟通和全力合作，实现部门联系、上下联动。建议加强省财政、生态环保、国土资源、农业农村等行政主管部门之间的协调工作。省生态环境保护主管部门负责生态补偿考核断面的水质监测，并负责水环境生态补偿考核断面的水质监测数据质量保证及管理工作；省水利主管部门负责生态补偿考核断面的水量监测，并负责水环境生态补偿考核断面水量监测数据质量保证及管理工作；省财政主管部门负责生态补偿金扣缴及资金转移支付工作。

2. 完善责任目标考核机制

建议省政府与各市州签订《环境保护目标责任书》，确保全省各市州主要污染物削减目标责任书水质目标按期完成。

3. 健全最严厉的问责机制

建议以水质水量监测、水域岸线管理、河湖生态环境保护等为主要考核指标，把"一湖四水"纳入最严格水资源管理制度考核和水污染防治行动计划实施情况考核，考核内容纳入省政府对市州科学发展综合考核评价体系和生态补偿考核机制。将承担生态补偿工作重点任务的省直单位相关工作内容纳入年度绩效考核，市州参照省级做法对本级有重点工作任务的有关单位开展相关考核。将属地河湖政府主要领导履职情况作为领导干部年度考核述职的重要内容。实行生态环境损害责任终身追究制，对因失职、渎职导致河湖环境遭到严重破坏的，依法依规追究责任单位和责任人的责任。

4. 建设大数据信息监测平台

建议充分利用现有水利信息化资源，采用虚拟化和云计算技术，建设一个省级云基础数据中心及省、市、县三级应用平台，包含 PC 端和手机端的集约化信息化综合管理系统。以全省的电子化地图为基础，综合展现涉河湖基础信息、实时断面水质、河湖保护管理突出问题等信息。打造工作管理信息系统，集工作即时通信、河长工作平台、巡河信息管理、责任落实督办、投诉处理追查、监督考核评价等功能。

（二）完善资金管理机制

资金的收集、补偿和运用必须有科学管用的制度保障。

1. 明确资金管理方式

建议将扣缴的生态补偿金设计为专项资金，同时吸纳社会资金，由省财政对专项资金进行专户统一管理，统一分配。在生态补偿专项资金中再分为扣缴资金、社会融资资金两个专项，对扣缴资金和社会融资资金分别进行管理，制定不同的管理办法。对于扣缴资金，按照补偿办法中的使用方向来制定其管理办法；对于社会融资资金，按照资金提供方的要求与意愿来制定其管理办法。

2. 建立奖补资金使用监督机制

建议由省财政部门为奖补资金建立专户储存，实行专款专用制度。省政府制定管理计划，省财政部门按管理计划程序加强监督，将使用方向、使用额度等信息进行公开，接受其他责任关联单位、各市州政府部门和社会公众的监督。同时，为保障奖资金运行安全，防止资金在使用过程中出现被侵吞、挪用、截留等违规现象，要求各被奖补单位再相关经费到账后，按季度或年度将经费落实情况进行公开，接受上级政府、相关单位、社会公众的监督，以确保"一湖四水"生态流域财政奖补工作在公开透明、有效监督的机制下运行。

3. 健全补偿金扣缴通报机制

建议对生态补偿金的扣缴情况进行通报，由省环境监测中心站每月统计生态补偿金的扣缴额度，省生态环境厅和省财政厅联合，每月向市州人民政府及其财政局、生态环境局通报扣缴情况。省环境监测中心站每季度统计生态补偿金的扣缴额度，省生态环境厅每季度在新闻发布会上公布。

（三）探索生态补偿奖补机制

生态补偿既要靠政府引导和监管，又要靠市场的力量，还需社会力量支持，协调三者之间最融洽的还是一系列科学的奖补制度。

1. 建立财政补偿机制

建议构建以省财政资金为主，各市州财政配套出资的方法设立湖南省"一湖四水"生态流域横向水生态保护补偿引导基金。要求各市州按照其年度地方财政收入的一定比例设定水生态保护补偿金基数，以保障"一湖四水"流域财政奖补工作的持续发展。同时，在条件许可的情况下同，鼓励市州内相关企业根据用水量和水污染物排放量注入一定资金到水生态保护补偿引导基金内，进一步推动此项工作的开展。

2. 探索市场参加机制

建议在市场化生态补偿方面，可鼓励保险公司实施政策性生态横向补偿保险机制。重点是设立权利人、义务人和保证人共同参与的生态补偿信任保险。在生态横向补偿政策性保险合同中生态利益提供者是权利人，生态横向补偿义务人是保证人，生态横向补偿合同的担保者是保证人，在保险合同中

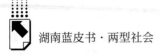

称保险人，标的是义务人的信任风险。在具体实施中，省财政可给予保险公司适度的财政补贴，比如可用原有的用于直接支付生态补偿的预算中部分用于补助商业保险公司理赔，以调动商业保险公司承保的积极性，从而确保政策性生态补偿信任保险顺利实施。

3. 鼓励社会参与机制

建议在财政奖补为主要补偿方式的模式下，充分发挥财政奖补的杠杆作用，适当引入社会和公众参与其中，探索社会化的水流域生态奖补机制，弥补财政奖补方式单一的不足。除此之外，还可以探索政策补偿、实物补偿、技术补偿、产业补偿等，实现补偿作用的最大化。

B.36
更加体系化地推进湖南生态文明建设[*]

刘解龙　张敏纯 等^{**}

摘　要： 体系化是事物发展的成熟形态与强大力量。湖南的生态文明
建设已经到了需要进行体系化推进的新阶段。更加体系化地
推进湖南生态文明建设，是时代之需，是发展之要，是建设
生态强省之基。要坚持以习近平生态文明思想为指导，不仅
要建设好生态文化体系、生态经济体系、目标责任体系、生
态文明制度体系、生态安全体系等五大体系，还要从湖南实
际的体系化角度出发，重视横向与纵向的空间体系、水生态
文明体系、主体体系等方面的体系化力量，在供给侧结构性
改革与精准脱贫之中确立生态文明建设的参照，从而汇聚体
系化的力量，在整体上推进湖南生态文明建设步入高质量
轨道。

关键词： 体系化　生态文明　生态强省　高质量发展

　　虽然由工业文明向生态文明发展是人类社会发展的客观规律，但其也是
一个艰难而漫长的过程，在这进程中，要将工业文明的体系化力量进一步传
承好、发挥好。自党的十九大明确提出我国经济由高速增长向高质量发展阶

---
　*　本文系湖南省绿色经济研究基地2019年度资助项目。
　**　主持人：刘解龙，长沙理工大学教授；成员：张敏纯，长沙理工大学副教授、法学博士；马
　　莉、冯筱曼、夏钰珊、马翠临均为长沙理工大学研究生。

段转变，加快建设现代化经济体系等重大论断以来，我国各项事业的发展，都更加注重体系化，体系化越来越突出地成为我国经济社会发展中的新理念、新方式和新要求。转换发展新动能，提高发展动能的体系化水平是一个重要方面。甚至可以说，在我国，无论是改革还是发展，都进入一个更加注重体系化的时代。因此，对于湖南的生态文明建设来说，必须适应时代发展，更加有效地提高体系化发展能力与水平，将生态文明建设、生态强省建设全面融入绿色发展高质量发展的时代洪流。

一 以体系化的要求全面深入地学习理解把握和运用习近平生态文明思想

习近平总书记在全国生态环境大会上的讲话中说，生态文明建设是关系中华民族永续发展的根本大计。中华民族向来尊重自然、热爱自然，绵延5000多年的中华文明孕育着丰富的生态文化。生态兴则文明兴，生态衰则文明衰。党的十八大以来，我们开展一系列根本性、开创性、长远性工作，加快推进生态文明顶层设计和制度体系建设，加强法治建设，建立并实施中央环境保护督察制度，大力推动绿色发展，深入实施大气、水、土壤污染防治三大行动计划，率先发布《中国落实 2030 年可持续发展议程国别方案》，实施《国家应对气候变化规划（2014～2020 年)》，推动生态环境保护发生历史性、转折性、全局性变化。由此可见，我国生态文明建设的广泛成效与强劲态势，显示出生态文明建设进入了一个新的阶段，即生态文明建设的体系化。体系化地推进生态文明建设，已经日益明显地成为这个阶段的新要求、新方式与新特点。

时代是思想之母，实践是理论之源，从人类发展史，特别是工业化发展的角度看，我国生态文明建设创造的是近乎奇迹的巨大成就，这是习近平生态文明思想的立论前提与实践依据。这一思想源于对历史与规律的认识与尊重，源于客观现实发生的重大变化、巨大和长期的实践成效，等等，所有这些，证明和检验了习近平生态文明思想的科学性、正确性、重要性与有效性，历史逻辑与实践逻辑的统一，共同支撑起习近平生态文明思想的形成基点与原点。我国在大力推进生态文明建设的广泛实践与大胆创新的伟大进程中，其重大成果就是形成了习近平生态文明思想。

无论是全国还是湖南，推进生态文明建设取得更多更好的成就，必须首先全面深入地学习理解和把握好习近平生态文明思想。对于习近平生态文明思想的学习，首先要坚持"读原著、学原文、悟原理"，将习近平总书记关于生态文明建设的广泛论述读全读通，决不可断章取义和浅尝辄止，要将学习建立在坚实可靠的基础之中。其次应当注重体系化要求，主要是以习近平一系列关于生态文明的论述为核心，并结合我国为贯彻落实习近平生态文明思想而制定的一系列制度、规划、政策等内容而进行。

为了进一步体现这种体系化要求，有几个方面需要特别重视，这样才能将习近平生态文明思想学习得更加深入，理解得更加全面，把握得更加准确，坚持得更加坚定，落实得更加有效。一是习近平生态文明思想是新时代中国特色社会主义思想的重要组成部分，要从这个总体思想体系来理解把握。二是习近平生态文明思想是我国生态文明建设长期实践探索的成功经验的科学总结，是经过实践检验和证明了的科学理论。三是习近平生态文明思想是对马克思主义关于人与自然关系思想的继承与创新，具有马克思主义的性质与使命。四是习近平生态文明思想形成了非常丰富的论述和非常完整的体系，足以形成思想体系。五是习近平生态文明思想是关于人类社会发展历程的深度思考与发展方向的高明判断。六是习近平生态文明思想在世界上产生了广泛而良好的影响，赢得了世界声誉。因此，习近平生态文明思想既高度概括出当今人类社会发展的新内涵、新特点，又深刻揭示出人类社会的发展规律，为我国建设人与自然和谐共生的现代化、为维护世界生态安全与人类命运共同体的构建提供了根本遵循与行动指南。

二　我国生态文明建设的体系化水平越来越高

在我国改革发展进程中，以马克思主义为指导，在实际工作中注重体系化的思维思想战略与规划，避免孤立改革与单项深入，一直是一个重要特点，也是一个经验与一种优势。统筹推进"五位一体"总体布局，协同推进"四个全面"战略布局，体现的就是一种体系化的思维与行动，而且，这种体系化的思维与行动越来越广泛地体现在改革发展之中，体系化已经成为中国特色社会主义进入新时代的重要特点，也是世界面临百年未有之大变局的新特点。因此，注重并形成体系化的生态文明建设格局和态势，是我国生态文明建设的重要特点，也是取得如此明显成效的重要原因。

一般而言，事物发展都是在竞争中进行的，具有生命力的事物发展都有个从小到大、从弱到强的方向与过程，因此，体系化是事物发展的方向与标志，也是事物发展的结构与动力。所谓体系化，主要是指事物发展到了相对完整的形态，不仅具备了相关的要素与组织结构，而且相关的机制机理也较为健全，与外部世界也建立起日益广泛密切的联系，在复杂变化的社会大系统中形成了较为稳定而准确的定位，从而形成较为坚实的发展基础和较为充分的发展力量，能够在竞争发展中拥有足够可靠的抵御风险能力。在这个体系中，事物能够有效地体现自身的性质和实现自身的目标。党的十八大以来，我国生态文明建设总体上进入加速发展阶段。这些年来，生态文明建设呈现出三个层次上的体系化格局与态势。这三个层次也是推进生态文明建设的三个基本阶段。

一是领域性的体系化。直观地看，生态文明建设源于在经济社会发展中，特别是在工业化进程中面临越来越突出的生态环保问题，无论是建设社会主义现代化国家，还是解决发展中面临的基本问题，都得将生态环保领域的问题解决好。因此，生态文明建设应首先集中于与生态环保相关的领域。现阶段必须打好打赢的污染防治攻坚战，不仅是因为各种污染问题广泛而严重，更是因为导致污染问题的原因复杂而深刻，许多方面并不只是思想与行为上的问题，而是事物发展进程中的规律性与客观性问题。说其规律性，因为事物的发展方式与进程难以轻易改变，说其客观性，因为这些问题实实在在，谁也无法回避与掩饰。称其为攻坚战，名副其实。尽管现在叫攻坚战，但具体内容则是十八大以前就提出来，并努力解决的。只是由于成效欠佳，才要以攻坚战的方式并要求坚决而全面地解决好这个问题。

二是整体上的体系化，这是在前一基础上的扩展与深化，将污染防治提升到转变发展方式生活方式的层次上来，并确定了相应的重点领域与总体方向。十八大以来，十八届三中全会提出的全面深化改革的决定中，对于生态文明建设提出了系统部署。2015年，党中央国务院发布了《关于加快推进生态文明建设的意见》，紧接着又发布了《生态文明体制改革总体方案》，明确提出具体目标及其相应的内容，即，"到2020年，构建起由自然资源资产产权制度、国土空间开发保护制度、空间规划体系、资源总量管理和全面节约制度、资源有偿使用和生态补偿制度、环境治理体系、环境治理和生态保护市场体系、生态文明绩效评价考核和责任追究制度等八项制度构成的产权清晰、多元参与、激励约束并重、系统完整的生态文明制度体系，推进生态文明领域国家治理体系和治理能力现代化，努力走向社会主义生态文明新时代。"在此基础上，该意见和该方案提出的主要内容，又进一步成为推进生态文明建设专门化与具体化的规划性、政策性与制度性措施，构成了推进生态文明建设体系化态势中的制度性内容，形成了日益完整完善的"四梁八柱"的生态文明建设制度体系、规划体系、行动体系和标准体系。

三是融入经济社会发展的大系统之中。统筹推进"五位一体"总体布局，明确要求将生态文明建设贯穿于经济建设、政治建设、文化建设和社会建设的各领域与全过程，也就是说，生态文明建设不仅与其他四大方面具有平等地位与使命，而且在深刻地融入四大方面之中。这样，生态文明建设就具有了领域或空间全覆盖与过程或时间全覆盖的性质、任务与特点，从而也就表现出更加广泛深入的体系化，生态文明建设的社会性，生态文明社会的必然性也就表现得日益充分与明显。特别是十九大之后，我国生态文明建设的体系化水平又上升到更高阶段，特别是2018年5月全国生态环境大会上，习近平总书记发表了重要讲话，将他长期以来关于推进生态文明建设的重要论述重要观点进一步系统化提升，形成了科学完整的习近平生态文明思想，使我国的生态文明建设拥有了更加明确的指导思想与行动纲领，进而推进我国社会在工业化进程中更加注重创新发展理念和发展方式，不仅成为全球生态文明建设的重要参与者、贡献者、引领者，而且成为新的人类命运共同体的推动者与引领者。特别是明确提出了生态文明建设的战略阶段和战略目标：要通过加快构建生态文明体系，确保到2035年，生态环境质量实现根本好转，美丽中国目标基本实现。到21世纪中叶，物质文明、政治文明、精神文明、社会文明、生态文明全面协同提升，绿色发展方式和生活方式全面形成，人与自然和谐共生，生态环境领域国家治理体系和治理能力现代化全面实现，建成美丽中国。

这样三个层次是依次递进的，这不仅说明我国的生态文明建设深度符合人类社会与客观事物的发展规律，而且体现了马克思主义的科学性和中国共产党人的远见卓识。现在，我国生态文明建设正处于压力叠加、负重前行的关键期，已进入提供更多优质生态产品以满足人民日益增长的优美生态环境需要的攻坚期，也到了有条件有能力解决生态环境突出问题的窗口期。我国经济已由高速增长阶段转向高质量发展阶段，需要跨越一些常规性和非常规性关口。在这样的阶段，唯有培育和依靠体系化的力量，才能攻克难题和跨越关口。所以生态文明建设同建设社会主义一样，也必须坚持实事求是，根据世情国情，走自己的路。走自己的路，不是为了与众不同，而是为了更加尊崇规律，更加符合实际和创造更好成效。这样，我国的生态文明建设，不仅有了广泛丰富的实践，有了四梁八柱的制度体系，有了系统的战略规划与部署，而且有了科学系统的理论体系与思想体系，保障我国社会主义现代化建设朝着由工业文明向生态文明的大方向总趋势上明确而稳定地迈进。

三　突出五大体系建设提高湖南生态文明建设的体系化水平

现阶段推进湖南生态文明建设体系化水平提升的基本方向与重点领域，就是按照习近平总书记2018年5月在全国生态环境大会上讲话中提出的五大体系内容来深入理解、科学规划与扎实推进。

以生态价值观念为准则的生态文化体系。在"四个自信"中，文化自信是最深层、最持久的自信，文化是润物细无声的因素，具有潜移默化、熏陶滋润、教化感召等作用，生态文明建设的体系化，要将生态文化体系生态价值体系建设作为核心与灵魂来定位和培育，真正使得生态文化成为生态文明体系的精神与灵魂。生态文化体系包括一系列内容，比如，倡导生态利益最大化的生态理性，学会算大账、算总体账、算长远账，培育人与自然和谐共生的生态价值观，真正敬畏自然、充分尊重自然、全面顺应自然、有效保护自然的生态伦理观。不仅要加强生态文明价值体系文化体系建设，而且要将这些内容融入整体中华民族文化总体文化建设和文化复兴的体系之中，进一步丰富其内容，彰显其特点，提升其品质，因此，有三点特别重要。一是要在全社会广泛持久和多样化地进行生态文明建设的学习与宣传，在社会主义核心价值观中，要将生态文明价值观如同"五位一体"总体布局的要求一样，贯穿融入于各领域与全过程，而不是在价值观体系中增加一个与其他方面并列的生态文明方面的内容，比如生态伦理观，也就是说，要提倡融入观，而不是并列观。二是坚定生态文明的发展观，也是强化政治意识和坚定政治信念的重要内容。如果说，马克思主义的历史唯物主义从历史发展的角度揭示了人类社会必然发展到共产主义社会这一规律，那么，习近平生态文明思想则根据历史启示与时代发展趋势，从人与自然关系的角度深刻揭示了人类社会必然向生态文明社会发展的客观规律。人类社会的未来向着更加美好的社会发展，必然向着人与人之间的关系更加美好、人与自然的关系也更加美好的方向发展，这才是更加完整的美好社会的发展方向与发展目标。三是在各级各类教育中，融入生态文明建设内容。一方面，要独立开设生态文明建设的相关内容，另一方面，要在相关教育课程与项目中，融入生态文明建设的思想和内容，根据生态文明建设与绿色发展的性质与要求，对原来的内容进行改革创新，使之及时更新。

以产业生态化和生态产业化为主体的生态经济体系。在人类发展中形成的人与大自然的矛盾，首先出现在经济领域，也主要集中在经济领域，因此，在经济活动领域促进经济生态化和生态经济化，就成为生态文明建设体系化发展的基础与关键所在。生态经济内涵丰富，具体来说，是环保经济、低碳经济、绿色经济、循环经济，节约经济，随着生态经济发展，可实现经济发展与生态环境的良性循环，达到人类追求财富与保护生态环境的统一。在这一进程中，绿色发展尤其重要，是构建高质量经济体系的必然要求，是从源头解决污染问题的根本之策。要深刻把握绿色、循环、低碳的原则与要求，推动产业结构转型升级、产品结构提升增效，要将这些理念与原则贯穿到全部经济活动之中，特别是具有开放竞争力与发展带动力的主导产业和战略产业的发展之中。比如：壮大节能环保产业、清洁生产产业、清洁能源产业和低碳环保产业；发展绿色生态农业，推进农业向有机农业发展，倡导绿色理念与生态设计，大力发展生态产业，壮大生态经济的发展基础与比重。总之，要努力形成绿色发展的产业体系、产品体系与创新体系，赢得绿色发展时代的竞争优势，厚植生态文明建设体系化的经济基础与物质力量，形成科学稳定的节约资源和保护环境的空间格局、产业结构、生产方式、生活方式。

以改善生态环境质量为核心的目标责任体系。生态环境质量是共同努力的产物，具体明确的目标责任体系既是生态文明体系的工作内容分工，也是主体激励约束机制，因此，科学的系统的目标责任体系可引导相关责任主体的工作规划与具体安排，促进资源科学配置，确保生态文明建设在明确工作内容约束下有序有效地推进。为此，一是要建立健全以改善生态环境质量为核心的责任体系，特别要立足于打好打赢污染防治攻坚战的各项工作，在各类主体之间进行科学分工，制订具体明确的责任清单，进一步明确工作内容，落实责任主体。二是要建立阶段合理，可行有效，持续完善的环境质量评价的考核体系，特别要突出相关约束性指标，如资源消耗、环境损害、生态恢复修复、生态效益等指标纳入评价考核体系，并建立严格的信息公开和责任追究制度，依法依规追究责任。三是要加快各级地方政府的生态文明法规配套建设，真正做到最严格的制度与最严厉的法治有机结合，协同作用，加大法律的宣传与执行力度，使落实目标责任成为实招和硬招，成为常识和常态，让生态文明建设更好地适应法治社会的发展。

以治理体系和治理能力现代化为保障的生态文明制度体系。生态文明建设必须全方位地适应和融入国家改革发展的目标体系之中，有效提升生态文明建设的治理体系与治理能力的现代化水平。就现阶段而言，需要综合运用行政、市场、法治、科技等多种手段。一是要建立自然资源产权制度，并提高这一制度在现阶段的可靠性，使所有权人权益得到落实和有效实现，用市场机制管自然资源。二是要健全自然资源资产用途管制制度，合理引导、规范和约束各类开发利用保护行为，严格评价机制。三是要健全自然资源资产管理体制，科学编制自然资源资产负债表，用于领导干部的离任审计，严格主体责任。四是要建立排污许可证制度，对污染源和污染物进行有效控制，防止甚至杜绝污染排放的非法行为。五是要建立排污总量控制制度，确保逐年减少，有效降低环境压力，提高大自然的自我恢复修复能力。六是要建立流域和区域联防联动机制，全民共防，提升环境治理的协同性与整体水平。七是要建立常规化的环保督察制度，有效保障中央决策部署落实，防止地方或企业的各种表面应付与虚假整改现象。目前的生态文明体制改革与创新，推进生态补偿制度建设非常重要，将与湖南生态文明建设高度相关的流域生态补偿机制、森林生态补偿机制等建立起来，弥补好生态文明制度体系建设中的最大弱项与短板。

以生态系统良性循环和环境风险有效防控为重点的生态安全体系。从最根本的角度来说，生态文明建设就是要从最根本上解决人类的可持续发展的安全性问题，对于人类来说，生态安全是最高层次上的安全。但生态安全体系是极其复杂的系统，一方面，需要自然环境、社会主体、制度体系、评价机制等方面的系统作用与共同保障，将生态红线、环境底线与资源上线结合起来，建立健全生态环境的预警体系，提高生态环境风险敏感度，增强有效防控意识与能力；另一方面，必须在科学分析与评价的基础上，确立相应的原则，如节约优先、保护优先、自然恢复为主，实施山水林田湖草系统保护修复工程，如根据不同区域的生态环境特点及其损伤特点，实施相应恢复、修复等工程，有针对性地提升自然生态系统的承载力和稳定性，不断增强大自然的生态服务功能与保障功能。

建设生态文明，实现绿色发展，建设美丽中国，是由工业文明到生态文明的发展方式转型和文明形态转型，五大体系构成了生态文明建设的完整体系，是生态文明建设体系化推进的主体任务，意义重大而深远，任务繁重而艰难。而且，只要这五大领域的体系化建设真正发挥好作用了，就能够带动整个社会的生态文明建设基础更加坚实、力量更加强劲。作为拥有良好自然条件与发展基础的湖南，要在五大体系中结合高质量发展阶段的要求，更好形成推进生态文明建设的体系化力量。

四　全方位提升湖南生态文明建设的体系化水平

从我省自身情况来看，生态文明建设具有几个方面的独特优势，一是自然资源方面的优势，山清水秀，森林覆盖率高，等等，这是大自然留给我们的宝贵财富，是推进生态文明建设和绿色发展的得天独厚的基础与优势。二是我省长株潭城市群作为国家两型社会建设试验区，经过十余年的探索实践，不仅取得了众多成效，积累了丰富经验，而且两型社会的思想观念深入人心，形成了我省在新时代将生态文明建设推向更高层次的物质基础、制度基础与思想基础。在高质量发展阶段，如何用体系化的思维思路汇聚与融合好这些基础与优势，是我省生态文明建设中亟待深入思考与有效解决的紧迫问题。我们要牢固树立"绿水青山就是金山银山"的观念，在我省，一个非常重要而有特色的方面，就是将这两个方面的独特优势以体系化的思维、规划、政策与行动处理好，形成新时代生态文明建设的强大力量。但结合时代发展特点，要在重视五大体系建设的同时，将以下内容纳入更加体系化地推进生态文明建设的思路与举措之中。

首先要在发展思路上明确与坚定体系化发展思想，然后对于什么是体系化发展的相关问题进行深入系统的研究，解决好思想认识上的科学性、系统性与时代性问题，确保思想认识及时跟上时代发展，科学准确地把握生态文明建设这个新生事物的发展形态、发展阶段与发展规律，从而更加积极主动地根据时代发展与实际情况加快生态文明建设步伐，丰富生态文明建设内容，提高生态文明建设质量，真正让生态文明建设的实际成效在人类社会向生态文明时代转型发展的进程中，赢得主动，赢得先机，发挥好生态文明建设的引领与带动作用。体系化意识不强与能力不足，也许还不能说是当前影响生态文明建设的重要因素，但从发展的角度与事物的规律来看，能否自觉、主动、积极地推进生态文明的体系化发展，则成为影响生态文明建设发展阶段布局、重点领域选择与和具体任务落实的重要影响因素。在人类社会向生态文明阶段迈进的进程中，充满了机遇与挑战。我们不能等到生态文明建设明确提出了体系化发展要求，或者面临严峻的体系化不足的阻碍时，再来思考体系化发展问题。能够洞悉事物发展规律是智者所为，能够将事物发展规律把握好运用好才是强者。

将提升生态文明建设体系化水平纳入供给侧结构性改革的总体框架与长远战略之中。为此对于深化供给侧结构性改革的认识要进一步扩展与提升，既要着眼于我国经济改革发展中的具体的和重大的现实问题，更要着眼于世界迎来新一轮科技革命、产业革命，出现百年未有之大变局的深刻背景与特殊态势。因此，推进供给侧改革深化，需要将生态文明建设与绿色发展的客观规律与主要内容融入其中，促进供给侧结构性改革更加符合生态文明建设绿色发展的形势与规律。特别是，可以以巩固、增强、提升、畅通指导生态文明建设的体系化机制建设与系统构造。众所周知，这个八字方针是党中央在经济转向高质量发展阶段、供给侧结构性改革持续深化阶段提出的工作方针，不仅影响大，而且极富远见。这一方面有利于将生态文明建设更好地引入与对接经济高质量发展的总体形势和大系统之中，提高彼此之间的吻合性与协同度。另一方面有利于运用这个八字方针促进生态文明建设更好地提高体系化建设水平。

无论脱贫攻坚，还是产业结构升级，都要确定生态文明建设的体系化要求，任何时候、任何情况下，都要防范用牺牲生态环境而换取一时的经济增长这一问题。特别是具有良好生态环境基础而经济落后地区的发展，更要重视这个问题。所以，要将精准扶贫、精准脱贫，以及贫困地区的可持续发展纳入生态文明建设的总体体系之中，形成生态扶贫生态脱贫的完整模式与健全机制。特别是在生态补偿机制建设中，要对贫困地区的生态资源进行更加广泛真实与公平的评估，在制度上予以保障。在湘南湘西承接产业转移示范区总体方案等各类战略的实施进程中，突出生态文明建设的总体要求与协同机制设计，确保湖南地区的各类重大战略都融入生态文明建设的内容与任务，从而确保这些战略能够成为工业文明时代向生态文明时代发展的协同力量。而且，在产业转移示范区建设中，要确立全方位全过程的生态文明建设的跟踪监督评价机制。

在体系化机制与力量的培育中，要特别重视水生态体系的建设，形成点线面体的结构体系。在大生态系统中，水生态的网络性体系性更加明显，作为水资源大省，建设好水生态文明，以水生态文明建设彰显和支撑湖南的整体生态文明建设，既是客观要求，也是优化选择。湖南围绕"一湖四水"为主战场的污染攻坚战，从体系化力量培育和积蓄的角度来看，就是要将体系化进程中的那些关隘打通，将积弊清除，这一点，传统文化或中医理论中的"通则不痛，痛则不通"思想，能够生动形象地给我们启示与引导。在"点"上，将洞庭湖生态经济圈的大湖生态文明建设好；在"线"上，还湖南所有河流一江清水；在"面"上，以更加体系化的力量推进湖南的水生态文明建设，更要在"体"上再现山清水秀的大好河山壮丽景色和美好气象，让湖南的生态名片充满生机与活力，提升品质与内涵。

注重全方位的空间对接。从横向空间体系的角度来说，分区域、分重点推进生态文明建设战略的落实和绿色发展竞争力，客观上成为我国新时代发展的重要方略与特点。对内部来说，尤其具有特色与优势的是，作为湖南发展高地与带动力量的长株潭城市群，围绕昭山呈放射状发展，绿心的独特价值将会进一步扩大与彰显。新型的城市群发展，长株潭城市群与岳阳、益阳、衡阳的城市群化发展，生态绿色的理念，共同对接长江经济带的高质量发展与特色发展创新发展，汇聚湖南两型社会建设成果与生态资源优势的竞争力。对外部而言，湖南东西两边的贵州省和江西省，均为国家生态文明建设试点省份。广东的粤港澳大湾区建设规划中，有明确的生态文明建设内容，北面，不仅要与武汉城市圈对接，将两型社会建设的成果进一步扩大和深化，而且要对接长江经济带，而长江经济带实施大保护、不搞大开发，走绿色发展之路，势必要成为我国高质量发展的纵贯东西部的大动脉。这种状况，构成了湖南推进生态文明建设的良好协同的周边环境与整体空间。这种大区域的生态文明建设格局与态势，势必会促进区域内各板块之间的生态文明建设绿色发展的竞争与协同，进而形成大区域的生态优势与绿色发展部分力量。从纵向空间体系的角度来说，主要是要将天上（空气）、地上（土壤）与地下（水）的立体空间体系关系处理好，分别确立各自的生态文明建设任务，理清相互之间的生态系统的影响关系，打好蓝天保卫战与碧水保卫战，下大气力解决土壤污染问题，更好运用体系化的思维和体系化的力量，促进整个大自然系统的优化，真正还自然以宁静、和谐、美丽。

体系化主体是体系化力量的关键因素。由于生态文明建设涉及的领域十分广泛，就主体体系而言，应当说具有全民性，也真正只有体现全民性，才能更好体现生态文明建设的本质与目标。但就其重要性来说，有的主体应当更加明显地承担起推进生态文明建设的责任。比如，从政治的角度来说，各位党员干部应当成为第一责任主体，真正将推进生态文明建设作为重大政治责任和时代使命，将习近平生态文明思想学习好、把握好、落实好，把党和政府关于推进生态文明建设的各种制度与政策执行好，真正将生态文明建设在全社会广泛深入地持续推进，进而将与推进生态文明建设所提出的对各级领导干部的制度规定与责任约束机制执行好。从经济的角度来说，企业家们应当成为第一责任主体，生态文明绿色发展的重中之重在经济活动领域，作为经济活动的领导力量的企业家群体，担负着不可推卸的重要责任，扮演着不可替代的重要角色，因此，很有必要将是否具备生态文明建设和绿色发展的素质与能力作为衡量与评价新时代企业家优劣的重要指标，促使企业家自觉成为绿色低碳循环发展方式的践行者与推动者。特别是在我国经济活动的世界影响力越来越广泛的背景下，企业家推进与引领生态文明建设与绿色发展的责任更加直接与明显。从创新的角度来说，各类科研人员应当明确自身的生态文明建设的责任，将生态文明建设所需要的各类创新

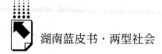
自觉融入科研活动之中，为生态文明建设与绿色发展提供日益强大的科技保障与创新动力。

参考文献

中共中央、国务院：《关于加快推进生态文明建设的意见》，2015 年 5 月。

中共中央、国务院：《生态文明体制改革总体方案》，2015 年 9 月。

习近平：《推动我国生态文明建设迈上新台阶》，《求是》2019 年第 3 期。

中共生态环境部党组：《以习近平生态文明思想为指导　坚决打好打胜污染防治攻坚战》，《求是》2018 年第 12 期。

杜家毫：《奋力开创新时代湖南生态文明建设新局面》，《新湘评论》2018 年第 10 期。

许达哲：《坚决扛起生态文明建设的政治责任》，《湖南日报》2019 年 2 月 22 日。

刘解龙：《深刻认识习近平生态文明思想的重大意义》，《湖南日报》2018 年 8 月 2 日。

B.37

强化提质转型 促进水电与自然和谐共赢

——关于湖南农村水电绿色发展基本考量

陈绍金 吴若飞 向 往*

摘　要： 农村水电是湖南省农村不可或缺的基础设施，是促进山水生态文明的重要措施。在保障民生需求、改善生态环境、助推乡村振兴、助力脱贫攻坚及优化能源结构等方面发挥了重要作用。但部分引水式电站在引发河段减脱水、影响生物多样化等方面影响生态环境。要坚决贯彻习近平新时代中国特色社会主义思想，转变建管思路，稳妥开展清理整改，综合施策，推进农村水电绿色转型。

关键词： 农村水电　转型提质　绿色发展

湖南省年均降雨量为 1450 毫米，年均水资源量为 1669 亿立方米，境内河流众多，河网密布，有河长 5 公里以上河流 5341 条，总长为 9 万公里，全省三面环山，南高北低，地势起伏，层峦叠嶂，形成了丰富优质的农村水能资源。丰沛的农村水能资源开发带动湖南省农村水电（单站 5.0 万千瓦以下装机）迅猛发展，为助推湖南农村经济、社会、生态文明建设提供强大动力。新时代，农村水电更要肩负湖南乡村振兴与生态文明建设新的使命。改造与严控并举，提质转型升级，湖南绿色水电发展正悄然起步。

---

* 陈绍金，湖南省水利厅巡视员；吴若飞，湖南省农村水电及电气化发展局局长；向往，湖南省农村水电及电气化发展局副主任科员。

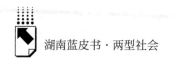

一 准确把握农村水电社会属性和自然属性

湖南省小水电，起步于 20 世纪 50 年代，发展于改革开放之初，繁荣于 21 世纪。大体上分为三个阶段：一是 50～70 年代末的起步阶段。自 1952 年永顺王村水电站伊始，全省共有约 60 个县依托小水电的发展建成地方电网，满足县域城乡照明和企业用电。二是自改革开放至 20 世纪末的发展阶段。1983 年，在小平同志的倡导下，国务院做出了积极发展小水电、建设中国式农村电气化试点县的决定。经过 20 多年的建设，湖南省共建成 44 个电气化县小水电电源工程，有效解决农村缺电少电问题。三是"十五"以来的高速发展阶段。2003 年，为大力发展经济，省政府出台文件鼓励积极开发农村水电；2011 年《中共中央国务院关于加快水利发展的决定》明确提出了在保护生态和农民利益的前提下，加快水能资源开发利用，大力发展农村水电。在系列鼓励政策的刺激下，2001 年至 2015 年，全省农村水电装机增长了 2 倍。

截至 2017 年底，全省建成单站 5 万千瓦及以下农村水电站 4512 座，农村水电装机容量为 628.5 万千瓦，年发电量为 216 亿千瓦·时，分别占全省水电站装机和年发电量的 39%、41%。

湖南省丘陵山区占全省土地面积 67%，人口占全省 56%，而湖南省绝大部分农村水电依山傍水而建，主要分布于湘西、湘南的广大山区和经济欠发达地区，其地理分布与山丘区和老少边穷地区深度融合。农村水电具有供电功能，兼有防洪、灌溉、供水、生态保护等综合功能，农村水电与农村经济社会发展相互促进，互为依托。60 多年的水电发展实践证明：农村小水电是湖南省农村不可或缺的基础设施，是促进湖南省山水生态文明的重要措施，具有鲜明的社会属性和自然属性。

（一）保障民生需求

绝大部分农村水电不仅成为山丘区农村主要电源，而且成为单一电源，甚至作为水资源调节工程，承担着防洪、灌溉、供水等公益性任务，具有拦洪错峰、蓄能滞洪、防洪抗旱减灾作用。遇到洪灾时，全省水电站发电库容通过科学调度，2017 年调蓄超额洪水 150 亿立方米，小流域电站拦洪缓冲，有效扼制山洪灾害、泥石流发生，2013 年遭遇特大旱灾，绝大部分电站水库成为灌溉、解决饮水的单一供水水源。在 2008 年冰冻雨雪灾害中，灾区电力主网不能供电，湖南省充分发挥了水电分散分布式供电优势，为抗冰保电和社会稳定发挥了重要作用。此外，全省大部分公益性水利灌溉工程在水费收取难到位的情况下，均靠以电养水才能基本维持。

（二）改善生态环境

一是促进节能减排。湖南省水电每年可为社会提供 530.4 亿千瓦时的清洁电源，相当于节约 1670.76 万吨标准煤，减少向大气排放 CO_2 气体 4288.84 万吨，为国家实现节能减排目标做出积极贡献。二是促进生态文明。一方面，水电站本身具有蓄水保水功能，既可有效调节水资源，均衡水量时空分布，保证河水四季长流，满足生态用水需求，还能抬高水位、涵养水源，有利生态植被发育，防止水土流失，成就秀美山川。随着电站水域面积的扩大，为静水型两栖动物如蟾蜍、饰纹姬蛙等提供适宜的生活环境，岸边环境的改变对适应这一区域的动物摄食有利，动物物种种类和数量增多，且对鹭科等水禽具有招引作用，其种类和数量也有增加。另一方面，通过合理规划和生态设计，水电站不仅不会对生态环境产生破坏，而且有助于改善周围环境，形成河流山川水青岸绿美丽生态景观，如湖南省的东江、株树桥、水府庙、酒埠江等电站库区均是绿水青山，成为远近闻名的风景区。据统计，湖南省仅依托农村水电站建成的省级水利风景区 20 处，国家级水利风景区 15 处。电站水域面积增加后，热容量增大，年温差减小，无霜期延长，有利于植物特别是阔叶树种的生长和分布扩大，一些水生植物也在河岸库汉增加，耐短期渍水的物种数量增加。同时电站建成后，库区茶叶柑橘等经济林因气候温暖湿润而面积扩大，为老百姓增加了经济效益。此外，通过

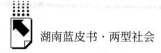

以电代燃和电气化建设，湖南省小水电走上"以林涵水、以水发电、以电养水、以电兴工、以电护林"良性循环发展路子，极大地促进改善生态环境。

（三）助推乡村振兴

一是产生直接经济效益。按平均上网电价计算，湖南省水电每年发电收入达172亿元，年上缴税金15亿元，有力促进了地域经济发展，一批贫困县其水电上缴利税占县域财政收入30%～50%，水电成为当地不可或缺的支柱产业。二是带动产业发展。小水电的大力发展为广大山区县产业发展提供了保障，降低了电价，相应降低了生产成本，有效助推产业发展。三是拉动地方经济。湖南省"十二五"农村水电中央投资24亿元，拉动地方投入124亿元，相关的产业和经营随之活跃。

（四）助力扶贫攻坚

2016年开始，国家发改委、水利部启动了农村小水电扶贫工程建设，湖南省列入实施省份之一。目前，累计投入9.48亿元，其中中央预算内投资2.49亿元，地方投资6.99亿元。已产生扶贫效益1390万元，专项用于脱贫攻坚。一是贫困户直接受益。项目扶持对象每年都能够得到一定数额的直接经济补助，三年来，共扶持建档立卡贫困户14456户、约5万人。二是贫困村基础设施得到改善。目前已帮助106个贫困村完善了村级基础设施建设。如新化县芭蕉园水电站出资260余万元为当地农户新建了一座交通桥，解决了当地村民多年过河不便问题。三是丰富投资创收新方式。以点带面，辐射全局，以水电站建设为契机，丰富投资创收新方式，贫困村"造血"功能得到增强。新化县芭蕉园水电站，当地村民以土地入股930万元，每年可分红至少55万元。

（五）优化能源结构

湖南电力工业中，水电占有重要战略地位，水电装机占全省电力装机的

45%，仅次于火电。因水力发电是由水能转化为动能的全物理过程，自身不消耗水、不污染水，是世界公认的清洁能源，加上我国水电技术先进成熟，而风电、光电等再生能源资源有限，农村水电成为清洁能源的重要来源，为清洁电力供应提供了坚实支撑。

二　客观评价农村水电生态环境问题与短板

为贯彻落实习近平总书记生态文明思想和十九大精神，推进农村水电绿色发展，全面掌握发展现状和建设管理存在的短板，2018 年 1 月，我们对全省农村水电相关情况进行了初步摸底，突出存在以下必须重视的生态环境影响问题。

（一）引水式电站引发生态用水危机

湖南省农村水电站中，有引水式水电站 3500 座，占总座数的 77%，全省农村水电站厂坝区间脱水河段总长度达到 4489 公里，设有生态流量泄放设施的电站有 595 座，占引水式水电站总数的 17%。跨流域或裁弯取直引水发电，因拦河坝没有设置生态流量泄放设施，枯水季节导致电站厂房与大坝区间原有自然河道断流干涸，河床裸露，造成河道生态环境破坏，影响干涸段群众生活、生产用水困难。

（二）部分水电站拦河筑坝影响生物多样化

全省仅有 18 座水电站修建了鱼道。水电站拦河坝直接造成上、下游水文条件的改变，特别是高坝或引水式电站中断了河流生态环境的连续性，阻隔鱼类自由迁徙，尤其对长距离洄游鱼类造成一定不利影响。但是，低坝电站因设置控制泄洪闸门，根据防洪调度需要适时关闭拦蓄水资源的同时，不定期连通鱼类等生物洄游通道，营造了更为广阔的湿地环境，对动植物原有生存繁育环境影响较小。同时小溪流上的小水电站修建后，流水性鱼类减少，但静水性鱼类增加，如鲢、鳙等鱼类。

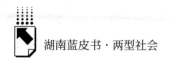

（三）少数电站违规建在各类环境敏感区内

湖南省涉及 23 个国家级、31 个省级自然保护区的农村水电站共有 214 座，其中自然保护区设立之后建设的有 63 座，保护区设立之前建设的有 151 座，位于核心区、缓冲区的有 117 座，针对此类问题，2017 年中央环境保护督察组督察反馈意见中明确指出：张家界大鲵国家级自然保护区管理不到位，设有水电项目 67 座（据核实有 60 座），其中位于核心区、缓冲区 49 座，28 座为保护区设立之前建设。长江经济带环境审计结论也特别强调："在禁止开发区划定后仍违规新建小水电 49 座。"

（四）有些电站截污排放不达标

大多数电站企业及其库区生活废水直排，约 1000 座水电站未设拦污清理装备，河道水面漂浮物堆积滞留腐烂，造成河道水质下降。部分建在自然风景名胜区及城市周边电站水工、房建等人工构筑物与自然环境不协调，背离建设美丽中国的战略布局。

造成农村水电生态环境问题的原因是多方面的，既是历史问题的积累，也有经济社会发展的必然。

1. 思想认识滞后

环境问题是改革发展数十年来积累起来的问题。一是湖南省农村水电发展从 20 世纪 50 年代起步，90 年代至 21 世纪初为发展高峰期，受当时重民生、轻环境，重经济效益、轻生态效益的指导思想影响，主要结合各类水利工程兴建办电，对兴建工程引起的水文情势变化、水生生物影响认识不够，生态文明理念淡化，对生态环境保护的认识程度不高，导致政府的监管和相关职能部门执法的缺位。二是自然保护区信息不透明，职能部门相互沟通不畅。我国自然保护区条例颁布以来，保护区内仍有水电站建设的原因，大多也属于历史遗留问题。自然保护区内的水电站很多都是在保护区设立之前由当地政府部门正式批准建设的，保护区划定后，职能部门没有及时提出明确的退出方案。审批部门对自然保护区的范围不清楚，导致审批时部分水电站是否位于自然保护区内无法明确界定。

2. 执法监管缺位

一是缺少行业法规的约束，执法缺位。《中华人民共和国环境保护法》颁布近40年来，一直缺乏国家层面的水能资源开发利用法规，对水电站建设的监管职责尚无国家法定依据，直到2007年湖南省率先在全国出台第一部水能资源开发利用管理的地方性法规。鱼道工程措施是保持河流纵向连通的技术手段之一，《渔业法》要求对渔业资源有严重影响的水利枢纽建过鱼设施。对湖南省农村水电站现有设施的调研表明，农村水电站基本上没有建设鱼道设施，即使建成的18处运行情况也不理想。二是行业技术规程颁布滞后。农村水电站建设行业技术监管，随着环保意识逐步增强，经历了缓慢递进的过程，《中华人民共和国环境保护法》1989年颁布后，直至1997年1月实施的《小型水电站初步设计报告编制规程》才要求编制"环境影响评价及保护设计"。因而地方在水电环保规程规范的执行过程中也会出现不到位的问题。三是行业生态监管缺位。多年来小水电行业主管的重点是项目建设和安全运行，对小水电生态环保方面的监管存在认识滞后、力度欠缺、措施不足的问题。2013年，全国才开始绿色小水电创建试点工作。2017年，首部有关小水电生态环保的行业标准《SL 752－2017绿色小水电评价标准》才颁布。近两年来，全国小水电绿色创建工作才正式启动。

3. 法规相互掣肘

一是法规保护对象不同，侧重点不同。每个水电工程均具有防洪、灌溉、发电等民生保障功能，受《水法》《防洪法》《电力法》等重点支持保护。《自然保护区条例》的主要保护对象是珍稀动植物，禁止核心区、缓冲区建设包括水利水电、旅游、矿产开发等经营性项目。二是法规颁布的时间有较大差异。《水法》颁布于1988年，《自然保护区域条例》1994年颁布，两部法规之间，必然有大量的人类生产生活活动，其中必然有水电开发活动。三是法律保护对象生存空间存在冲突。由于湖南人口稠密，人多地少，大部分保护区存在区中城、区中村，人与动物保护难以兼顾。依据《水法》

《防洪法》等法律制定的水利流域规划形成较早，而自然保护区大多数设立在后、规划在后，且征求沟通不够，导致规划相互脱节。

4. 民生需求与经济发展必然

一是为解决民生需求配套建设小水电。有人类活动的地方就有对生产生活用水、防洪保安等需求，为此修建了大量具有防洪、灌溉、供水等公益功能的水利工程，为充分利用水能资源，这些水利工程往往配套建设了小水电。一些小水电还是当地唯一电源点，尤其在电网崩溃时可作为"黑启动"应急电源，还可作为战备电源。此外，全省大部分公益性灌溉工程在水费收取难到位的情况下，都只能靠以电养水基本维持。二是为促进地方经济发展建设大量小水电。改革开放以来，地方经济进入高速发展时期，政府为促进地方经济发展、解决能源短缺问题，鼓励大力发展中小水电。小水电成为湖南省许多老少边穷地区的重要财政收入来源，一批贫困县其水电上缴利税占区域财政收入30%～50%，水电成为当地不可或缺的支柱产业。政策刺激下的小水电开发也造成无序过度开发的问题，特别是2000年以后，随着水电建设投融资体制向社会开放，全省掀起农村水电建设高潮，地方政府出台"先上车，后补票"等类似的优惠政策，"四无"水电站大量涌现。2008年湖南省"四无"电站清理整顿中查出的各类行政审批手续不全的电站达2000余座，这些电站环境影响评价等手续大多不全。

5. 相关规划欠科学

一是部分自然保护区划定不合理。部分自然保护区设立时，忽视人类生存的必要空间和客观需求，违背自然规律，脱离地方和生态保护实际，盲目划定保护范围，甚至将集镇、交通要道、水电站划为核心区或缓冲区。自然保护区设立后管理缺位，向当地政府和人民群众宣传保护区的约束要求不力，有的甚至以罚代管，人为造成无序开发小水电的乱象。二是水能资源开发规划滞后。中小河流水能资源开发利用规划直到2012年才开始启动，之前虽有电气化、小水电代燃料等各种规划作为农村水电开发的依据，这些规划仍然缺乏水电开发对生态环境影响的系统考虑。目前，湖南省中小河流水能资源开发利用规划，仍因为按流域进行规划环评经费难落实，工作量巨大而导致农村水电扶贫工程无法立项建设等问题。

三　着力推进农村水电绿色发展措施与对策

人类活动必然带来生态环境影响，如何理顺好农村小水电建设管理与生态环境保护之间的关系。首先要坚决贯彻习近平新时代中国特色社会主义生态文明思想，坚持好生态优先原则，共抓大保护，不搞大开发，严格管控新建水电项目，其次应严格遵循"五位一体"战略布局，坚持"以人民为中心"原则，在开发中保护，在保护中开发，尊重历史，注重现实，讲究生态智慧，实行综合施策，推进已建小水电绿色转型。

（一）坚决转变农村水电建管工作思路

从过去强调水能的充分利用，转变为有限、有序、有责，开发与保护并重，水电与自然协调，科学合理地开发水能资源；从强调发电功能，转变为更加重视发挥水利工程的生态功能等综合效益；从重视新建项目开发，转变为更加注重农村水电站的绿色改造和可持续利用，坚定不移走生态优先、绿色发展之路。

（二）积极稳妥推进农村水电清理整改

正确把握生态环境保护、经济社会发展、社会和谐稳定之间的关系，坚持生态优先、民生兼顾、依法依规、求真务实的原则，严格按照四部委文件，全面开展小水电清理整改工作。在具体问题整改上，应区分轻重缓急，可先易后难、先小后大、有序实施、分步推进。应通过全面开展已建在建项目综合评估，确定需要整改和退出的电站名单，分类施策开展整改。整改类电站，2020年前限期完成生态基流零节制、生活污水零排放、水面垃圾零下泄，建筑外观环境与自然相协调，建设鱼道、生态机组、生态泄流闸等工程措施来进行生态修复；涉及重要民生的退出类电站，妥善处理生态优先和民生优先的矛盾，科学合理制定方案，依法依规实施，切忌单向生态思维和

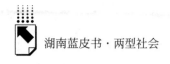

急躁工作思维作祟，谨防简单粗暴一刀切整改，确保退出的电站原则上在2022年前全部拆除，取得长治久安，生态改善，经济实效。

（三）严格控制新建小水电项目准入

优化开发方式，坚持生态底线，统筹用水要求，注重空间均衡，全面开展农村水能资源开发规划修订及规划环评。强调规划刚性约束，严格新建项目审批，严格新建项目生态环保措施的事前、事中和事后监管。

（四）强化农村水电站绿色运营指导

尽快出台《湖南省农村水电站规范管理评级办法》和《湖南省农村水电站安全生产监管办法》，待全省小水电清理整改工作完成后，强制推行湖南省农村水电绿色改造及环保规范运行，只有达到绿色环保运行要求的才能允许上网发电。同时要加强水资源管理和水能开发管理两方面的衔接，对所有农村水电站，以流域梯级为单元重新核定生态流量，完善引水式电站生态流量监测设施，监督所有农村水电站足额下泄生态流量。

（五）争取出台激励绿色水电电价政策

以绿色发展理念推动修订农村水电运行、安全和管理等现行技术标准，在水利部《绿色小水电评价标准》指导下，按照"三零一协调"（"生态基流零节制、生活污水零排放、水面垃圾零下泄、电站建筑与环境自然相协调"）的要求，制定湖南省《绿色小水电预评估办法》，力争在省级层面出台绿色小水电电价政策，组织全面开展绿色农村水电站创建活动，支持和鼓励建设生态环境友好、社会和谐、管理规范、经济合理的绿色水电，维护河流健康生命。

（六）充分利用"互联网＋"技术，建立在线监测网络

湖南省共有农村水电站4512座，依靠人工现场监测生态径流的下泄很不现实，有必要利用"互联网＋"技术和智能监测设备，建立农村小水电在线信息监测系统，并逐步完善全省农村小水电站绿色环保运行监测网络。

参考文献

王露、Van Vu Thi、马智杰：《绿色小水电综合评价研究》，《中国水利水电科学研究院学报》2016 年第 4 期，第 291 ~ 296 页。

欧传奇：《我国绿色小水电发展的实践探索与思考》，《中国水利》2017 年第 8 期。

胡飞明：《湖南省水电资源开发现状及对策研究》，《湖南水利水电》2003 年第 5 期。

李民幸、詹庆丰、戴灵辉：《湖南省小水电资源及其在湖南的战略地位》，《小水电》2005 年第 3 期，第 4 ~ 8 页。

B.38
关于开通中欧（长沙）班列木材专列建设国际铁路港进口木材产业园的调查与建议

唐曙光 *

摘　要： 本文立足俄罗斯森林资源及湖南省木材市场现状，分析了长沙市及湖南省木材市场前景，阐述了开通中欧（长沙）班列木材专列、建设国际铁路港进口木材产业园，培育林业新增产业链的重要性、必要性和可行性，提出了搭建运贸工一体化平台、谋划园区筹建工作、加大政策扶持力度等建议。

关键词： 湖南长沙　木材市场　中欧（长沙）班列木材专列　进口木材产业园建设

　　中欧（长沙）班列是湖南本地自主报关、货物直通国外的一条重要进出口通道。近年来，尽管中欧（长沙）班列货运量显著增加，货柜实现全球租赁，但返程货源不足仍是发展面临的重大挑战，2017年运营线路10条，其中去程8条，回程仅2条。为破解中欧（长沙）班列返程货源难题，我们立足俄罗斯森林资源及湖南木材市场现状，走访木方模板协会、家具协会、木材市场、龙头企业，深入对接金霞经开区、市发改、商务等部门和"湘欧快线"公司，大家一致认为，开通中欧（长沙）班列木材专列、建设国际铁路港进口木材产业园，培育林业新增产业链，既十分必要、现实可行，又效益可观、前景可期。

---

　　* 唐曙光，长沙市林业局党组书记、局长。

一 长沙及湖南木材市场前景广阔需求旺盛

（一）长沙及湖南木材市场销售稳健

长沙及湖南市场木材需求主要是三大类：建筑工程用材、户外园林景观用材、家具家装用材，用量分别占55%、25%、20%。据初步统计，全省年销售木材约1171万立方米，总销售额约233.8亿元，其中长沙卖方市场约964万立方米，总销售额接近200亿元（表1）。

表1 湖南省及长沙市木材市场总况

	湖南省市场		长沙市卖方市场	
	木材体积（万 m³）	销售额（亿元）	木材体积（万 m³）	销售额（亿元）
建筑工程用材	521	93.8	444	80
园林景观用材	300	70	240	56
家装家具用材	350	70	240	56
合 计	1171	233.8	964	192

资料来源：中国、湖南省、长沙市木材协会。

1. 建筑工程用材需求量大

2017年，湖南省新开工商品房建筑施工面积为8235.9万平方米（其中长沙市新开工商品房建筑施工面积为2113.4万平方米），按每平方米需要木材0.04立方米计算（其中木方0.025立方/平方米、模板0.015立方/平方米），全省需求约330万立方米，其中长沙市需求约80万立方米；按木材市价1800元/立方米计算，全省建筑用木材销售额约为59.4亿元，其中长沙建筑用木材销售额达14.4亿元。同时，全省非商品房（农民自建房、企业用房）开工建筑面积约为2000万平方米（15万户×130平方米，住建厅2016年测算公式），需用木材80万立方米，销售额约14.4亿元；桥梁、铁路、隧道等工程建设木材需求约为10亿元；销往周边省份及海外市场约为10亿元，全省工程一年建筑用木材年销售额将近93.8亿元，其中长沙市场约占总销量的80%，销售额接近80亿元。

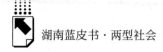

2. 园林景观用材很有潜力

户外景观用材主要是防腐木。目前全省经营防腐木的商家约有 150 家，每家年均销售约 2 万立方米，总计销量逾 300 万立方米，按市价 2400 元/立方米计算，年销售总额达 70 多亿元；长沙卖方市场按 80% 份额计算，销售额约 56 亿元。

3. 家具家装用材市场稳定

2017 年湖南新开工商品房面积 8235.9 万平方米，按平均每套 120 平方米计算，建设住房 70 万套；按每套住房家装家具木材折价 1 万元计算，全省家装家具年销售额达 70 亿元。长沙卖方市场按 80% 份额计算，可实现销售额 56 亿元。

（二）长沙本土木材经营市场比较活跃

目前，长沙市有木材经营实体 868 家、经营户 2000 余户（其中分散经营的有 1300 户），从业人员约为 2 万人。有各类木材交易市场 10 余个，其中主要的 2 个即天心区大托兴威建材市场和木家坳建材市场。大托兴威建材市场占地约 120 亩，有经营实体 130 余家，市场年销售额约为 6 亿元（实际销售额约高达 30 亿元以上）；木家坳建材市场沿三环线南站出口建设，占地约 30 亩，有经营实体 30 余家，市场年销售额约为 1 亿元（实际销售额约高达 10 亿元以上）；其他 600 余家经营实体分散在城郊的各个角落。总体来看，存在正规市场规模不大、路边市场居多、点多面广、经营分散、品种不全、价高质次，以及管理不规范、安全生产压力大、乱占乱放等问题，亟待建立一个现代化的木材市场或园区，以规范经营，扩大规模，提升产业。

（三）长沙及湖南进口木材市场通道顺畅

长沙及湖南省市场年销售各类进口松木约 100 万立方米，主要为花旗松（50%）、辐射松（40%）、樟子松（10%）等，产地为加拿大、新西兰、俄罗斯。进口方式是将原木通过海运到江苏太仓港或江西九江，或从俄罗斯通过火车运到内蒙古满州里，加工成 4 厘米×9 厘米×2（3）米、6 厘米×10 厘米×2（3）米等各种规格木方，再通过汽车运输到湖南各地。

二 开通中欧（长沙）班列木材专列恰逢其时

一是有需求基础。俄罗斯属于高寒地区，木材质地好，重复使用次数多，长沙市及湖南省市场尤其对俄罗斯的樟子松、白松、落叶松、桦木等木材需求较大，落叶松、花旗松等近期年需求约 100 万立方米，远期可达 150 万立方米；樟子松近期年需求约 20 万立方米，远期可达 150 万立方米。三年前，湖南市场通过从内蒙古和东北三省沿边口岸进口俄罗斯樟子松、白松，运输时间达 1 个月左右，木材容易发热变质（木材水分高），因此不得不放弃从俄罗斯进口樟子松、白松，改从江苏太仓、江西九江等地购买大量的加拿大、新西兰花旗松、辐射松和铁杉代替。而中欧班列（回程）途径伊尔库兹克、布拉茨克、列索、乌兰乌德等俄罗斯主要木材产区，如果开通中欧（长沙）班列木材专列，完全可以恢复从俄罗斯进口优质木材。

二是有效率优势。若开通中欧（长沙）班列木材专列，改从俄罗斯进口白松、樟子松，初期通过政府补贴，引导企业抱团进口木材，提高企业参与的积极性，市场培育完善、形成良性循环后，将极大地降低成本、节约时间、提高效益。比如，加拿大主要木材产区不列颠哥伦比亚省、魁北克省、安大略省到温哥华 500～1000 公里，公路运输需 2～3 天；从加拿大主要港口温哥华到江苏太仓的海路有 5000 公里，航海时间为 25 天左右；江苏太仓到长沙有 1100 公里，公路运输需 1 天；总里程为 6600～7100 公里，运程约为 28～29 天（不含通关时间）。从俄罗斯主要木材集散城市伊尔库兹克、欧斯克、叶卡捷琳堡、托木斯克、乌法等到满洲里有 1500～4700 公里，铁路运输需 5～8 天（需要换轨）；满洲里到长沙有 3650 公里，铁路运输需 2～3 天；总里程约为 5150～8350 公里，运程约需 7～11 天（不计通关时间）。而若开通中欧（长沙）班列木材专列，成本接近国内三大港口，缩短运程 18～21 天（见表 2），加上现行政府补贴 1.6 万元/箱（标准集装箱），俄罗斯木方足尺与国内非标准材之间的差价约为 200 元/立方米，经销商可实现零运输成本，还可节约 90 元/立方米的运输成本，将大幅提升长沙木材市场的销售价格优势和品质优势，加速产品和资金周转，更好培育进口木材市场，为湘欧快线取消补贴，完全市场化运作打下坚实基础。

表2　海运与中欧（长沙）班列运输木材成本比较

	起讫点	运输方式	运输里程	运输成本	起讫点	运输方式	运输里程	运输成本	总运输时间	总运输成本	其他附加值	运输补贴	实际运输成本
海运＋公路	加拿大—江苏太仓	海运	5000公里	250元/m³	江苏太仓—长沙	公路	1100公里	150元/m³	28～29天	400元/m³	原木运输	无	400元/m³
中欧（长沙）班列	俄罗斯—满洲里	铁运	1500～4700公里	210元/m³	满洲里—长沙	铁运	3650公里	220元/m³	7～11天	430元/m³	木方足尺进口约高于国内非标准尺价值200元/m³	320元/m³	零成本，并可节约90元/m³

资料来源：中欧班列公司。

　　三是有运力条件。目前，中欧（长沙）班列回程班列一周2趟，其中汉堡至长沙回程班列每周四发车；布达佩斯至长沙回程班列每周一发车。前期，可利用现有的回程班列进行运输，按每车45柜、每柜42立方米（木方按实80%算为52立方米）计算，每个专列可运输1890立方米（原木按实50%计算，每个专列可运输1950立方米）；全年每个专列可运输16.85万立方米。按现有8个专列计算，全年每个专列可运输134.78万立方米。后期，可根据市场需求情况，适时增开木材专列。

　　四是有实体支撑。长沙市木方模板协会，特别是以中外运、湘欧快线等为代表的平台运营企业，以中南神箭公司、湘之景园林景观公司等为代表的木材进口及加工龙头企业，有现行成功地从俄罗斯进口木材的渠道、运营机制，特别是中南神箭俄罗斯合作伙伴已在克拉斯诺亚尔斯克州欺斯克运营了木材加工产业园区，已有完备的进口销售俄罗斯优质木材经验，只要政府搭好平台，不但可立刻解决中欧班列（长沙）返程运输货源问题，而且可在长沙港培育一个现代化的木材产业交易园。

三　建设中部国际铁路港进口木材产业园其势已至

开通中欧班列，金霞经开区事实上已经成为中部重要的国际铁路港，在此基础上建设进口木材产业园，既有助于现有铁路港和金霞港口岸升级，融入"一带一路"倡议辐射湖南乃至中南地区以及东南亚，打造长沙开放型经济新增长点、新亮点，也有助于发展壮大本土木材经营加工产业，促进产业转型升级和规模化、标准化、现代化发展，促进中南地区进口木材集散地建设。

（一）有利于对接"一带一路"，打造开放经济新亮点

中欧班列是长沙对接融入"一带一路"的重要平台。开通中欧（长沙）班列木材专列，建立现代化进口木材交易园，将推动长沙区域经济、对外贸易、商贸物流、建材交易产业及资金流、信息流等服务业融为一体，是一种全新的林业经营模式、林业新产业链的有益探索，从而带动与其相关的建材、家具、仓储、运输、物流、劳务等第三产业快速发展，逐渐提高其在三次产业中的比重，促进长沙经济转型、产业升级。特别是在资源环境保护压力空前、措施前所未有的背景下，落实习近平总书记"保住绿水青山才有金山银山"的绿色发展理念，建立中南木材产业园，利用境外森林资源发展林工产业，可实现经济价值和社会价值"双赢"。

（二）有利于木材产业集聚，打造木材经营贸易加工新产业链

建立现代化的进口木材交易园，可将分散的经营户集聚，整合资源，形成合力。同时，规范市场行为，为市场提供全方位、全产业链服务，逐步形成木材交易的定价机制，促进长沙乃至全省木材贸易健康发展。将吸纳众多木材批发商户、木材加工从业企业入园创业，还可引进一批技术型人才入场开展新产品研发，与高校及科研院所开展产学研合作，不断延伸产业链，打造木材产业新的引擎和产业孵化器，带动进出口业务、林产品加工、新产品

研发、建筑建材、家具家装、户外景观、旅游开发、物流服务等相关产业发展。按照市场需求和建设规模，预计5年内园区产值将达400亿元，带动家具行业600亿元，整个产业链可达1000亿元规模；入园各类经营实体近千家，提供就业岗位约5000个，增加口岸税收约2亿元、本地税收约20亿元。

（三）有利于改善市容市貌，打造城市发展新看点

长沙市现存分散的木材经销商大多为路边市场，货源渠道相对单一，经营方式陈旧、粗放，仓储规模普遍较小，木材堆放极不规范，不仅严重影响市容市貌，而且存在诸多安全隐患；同时，也不便于客户选购和交易。新的集散中心将建成标准化的木材交易市场，建有现代化的标准厂房，构建完善的服务体系，统一治理环境卫生等，有利于取缔木材分散经营，改善城市交通及卫生状况，提升城市的档次和品位。

四　开通中欧（长沙）班列木材专列建设进口
木材产业园的对策建议

鉴于开通中欧（长沙）班列木材专列、建立进口木材交易园的重要作用，且长沙市林业局和金霞经开区等部门，以及湖南湘欧快线物流、中南神箭、湘之景木业、长旺木业等企业已做了大量前期工作，特提如下建议。

（一）成立协调推进机构

建议长沙市委、市政府切实加强组织领导，成立中欧（长沙）班列木材专列协调推进小组，由市人民政府副市长任组长，金霞开发区和市林业、商务、发改、规划、长沙海关（含国检）等部门及"湘欧快线"物流有限公司、金霞保税物流中心等为成员单位，下设办公室，设金霞经开区（前期每单位抽调1名工作人员）。近期主要任务是协调相关职能部门，解决中欧（长沙）班列返程木材及其烘烤、进口、报关、运输等问题，由长沙海

关就木材检疫通关的模式及相关程序探索建立绿色通道，提高报关、通关的效率，加快通关一体化进程。远期规划建设中部国际铁路港进口木材产业园，推动木材物流、贸易、加工等产业链快速发展。

（二）抓紧前期调研筹备

建议从需求侧和供给侧入手，迅速开展两个方面的调研，即在俄罗斯建立进口木材工贸合作区和在金霞经开区建立木材贸易、经营、加工、营销综合产业园的调研。

一是迅速组织筛选省内有经验、有渠道的龙头企业如中南神箭公司、湘之景园林景观公司等，精准寻找在外省、外地的湖南省籍木材经营、加工及贸易的龙头企业，梳理已有的进口木材渠道和物流渠道，并组织相关企业会同林业、商务、海关和金霞经开区等部门到满洲里口岸、成都国际铁路港青白江进口木材贸易产业园、武汉的福汉·中俄（武汉）自贸产业园、赣州进境木材口岸直通南康家具产业园等有成功经验的园区进行学习考察，了解各地的政策扶持、渠道开发和运作模式，就建立进口木材运输、贸易、经营和加工产业园进行调研。

二是组织林业、商务、海关、金霞开发区和平台龙头企业、木材龙头企业，开展中欧（长沙）班列运输木材的调研、论证，赴俄罗斯对湘欧班列途经的站点如汉堡、布达佩斯、明斯克（中白工业园）、欺斯克等地进行考察、调研，摸清这些地方木材的种类、成本、优势、产量、质地等情况，摸清木材原材料、半成品、成品及木材制品的优势，了解当地大木材商的基本情况，组织龙头企业与之进行沟通、洽谈，就在俄罗斯建立木材工贸合作区进行可行性调研、论证，并争取达成初步的合作意向，签订战略合作协议。

（三）搭建运贸工一体化平台

针对进口木材运输难、交易难、资金难和中欧班列返程运力不足和产业支撑功能不够的问题，搭建好两个平台。

一是对现有的中欧班列平台公司进行改建或者重组。目前中欧班列的运营主体湘欧快线公司，注册资本1000万元，为单纯的轻资产公司，主要为物流组织业务，实力相对较弱，业务拓展转化不足，运营综合成本较高。借鉴成都国际铁路港投资发展有限公司（注册资本2.7亿元，2017年固定资产投资100亿元）为客户打造的贸易、物流、金融一体化模式，由省政府口岸办、长沙市人民政府、长沙银行和第三方机构如中外运等共同出资，组建湘欧国际铁路港投资有限公司，对湘欧快线公司进行混合所有制股权改造，搭建运贸一体化平台。由广铁集团负责物流运输环节，下设贸易平台负责贸易代理及配套服务，长沙银行负责物权质押、金融服务等，延伸综合业务，降低运营成本，提升竞争力。

二是按照做大做强通道产业的思路，"商贸+市场"的融合理念，搭建木材经营、加工及展示平台，做强木材贸易、仓储的产业支撑，筛选有合作意向的木材经营加工企业、家具制造企业、景观园林企业进行洽谈和沟通，在金霞经开区探索建立"园中园"。

（四）谋划园区筹建工作

以解决中欧（长沙）班列返程货源为契机，按照功能分区、产业链融合的思路，功能布局坚持"分散与集中"相结合，产业链坚持"仓储与市场"相结合，打破传统的"围墙壁垒"思维，以金霞经开区全域为载体，以铁路港为中心进行辐射，引导仓储、加工、展示、交易企业合理布局，即利用好现有的各类仓储，谋划建立"立足湖南、集散中南（湖南）、辐射华南（东南亚、亚洲或欧洲）"的现代木材原材料、成品、半成品等产业园；利用好佳海工业园标准厂房，根据需要新建加工厂房，整合浏阳国家家具城的资源，布局木材、木制品精深加工企业；利用好高岭商贸城，整合红星美凯龙等家具龙头企业，布局家具、木艺品展示销售企业。同时，探索"一核三线多点"集货网络，即以金霞国际铁路港为核，湘欧快线三条出口线路到俄罗斯，开通到省内其他市州等节点城市及中西部重点城市的双向铁路货运班列，构建互联互通的铁路货运网络。

（五）加大政策扶持力度

学习借鉴成都国际铁路港投资发展有限公司的贸易、物流、金融一体化定制服务模式，武汉福汉木业公司、汉欧国际物流有限公司等联合打造的涵盖高中低档原材料、半成品、木制品及家具的森工产业集群等成功经验，为鼓励和推进进口木材交易园项目建设，打造中南乃至华南地区具有影响力的进口木材产业集群，实现五年内项目产值突破 400 亿元的目标，建议湖南省、长沙市出台进口木材交易园奖励扶持政策，研究制定对进口木材交易园平台建设运营单位的支持政策、对入驻平台的企业给予扶持的专项政策。一是对改进或者重组后的平台运营公司给予财政补贴、金融贷款等政策支持。建议对平台建设运营单位可给予平台建设专项资金（如土地资金返还、建设税收返还等扶持）。二是对入驻平台的企业给予扶持，可给予购房租房补贴、新办企业入驻奖、对外贸易促进奖、通关费用补贴、招商推介补贴、人才贡献奖、人才培训奖等专项扶持政策。鼓励和引导企业在稳定进出口业务的同时，积极深挖进口木材、木材加工、家具制造等上下游产业链，拓展业务范围和业务深度，推动内外贸融合，做大做强园区经济规模。

B.39
湖南农村水环境污染调研与防治对策

傅晓华　王平　傅泽鼎*

摘　要： 湖南是农业大省，快速城镇化进程中滋生了农村生态环境破坏与污染的问题，尤为水资源环境污染严重。通过对湖南农村水环境污染现场调研和数据分析，得出湖南农村水环境污染主要是源自生活粪污和种植养殖农业，其次为采掘业不规范和企业排放，且近年来城市企业向农村转移趋势明显。因此，政府既不能缺位也不能错位，在清理农村"历史欠账"的基础上，加强农村综合治理，提供技术支持和出台相关政策引导农村生活规范化、农业现代化、企业规模化。

关键词： 湖南农村　水环境　污染　防治对策

　　21世纪以来，湖南作为"国家中部崛起"战略的主力军，经济发展态势良好，人民生活水平逐步提升。湖南快速城镇化进程强力拉动农村迅速发展和改善民生。同时，也滋生了农村生态环境污染问题，农村水体污染尤为严重，不少区域的饮用水水源也遭到威胁。2015年湖南省政府办公厅印发《湖南省开展农村环境综合整治全省域覆盖工作方案》和《湖南省贯彻落实〈水污染防治行动计划〉实施方案（2016～2020年)》，明确了农村水资源

---

* 傅晓华，中南林业科技大学环境科学与工程学院教授、硕士生导师，生态文化与环境政策研究所负责人；王平，中南林业科技大学环境科学与工程学院院长、二级教授、博士生导师；傅泽鼎，长沙理工大学水利工程学院硕士研究生。

污染防治目标；2016 年湖南省环境保护厅、湖南省财政厅《关于湖南省农村环境综合整治工作验收办法》出台指导意见，对农村水环境整治也提出了具体要求。我们基于湖南农村水体污染现状及其成因的调研基础上，拟提出具体对策措施和决策建议。

一 湖南农村水环境污染状况

经过近 10 年来的大力整治，湖南水环境总体情况有所好转，除洞庭湖区的形势不容乐观，整体上还处于轻度和中度污染为主外，湘资沅澧的干流水质都已稳定达标，东江水库、水府庙水库等大中型水库也得到进一步改善，但农村河流及村庄小溪流的水体污染还很严重且近几年都没有好转迹象。

我们调研郴州春陵水马家坪电站大坝、衡阳龙荫港的红星村、益阳志溪河和怀化太平溪林化桥 4 个比较典型的农村支流断面和长沙市郊区的浏阳河黑石渡和三角洲 2 个断面的近三年水质数据比较分析可知，湖南大部分农村地区水质有下降或者没有实质性改善的态势（见表 1），主要污染物是水体氮、磷超标，富营养化甚至黑臭，重金属超标等，这与湖南农村种植过程中农药化肥的过量使用、畜禽养殖粪污排放、生活垃圾习惯性地随意抛弃等密切相关。

表 1 湖南农村（郊区）近四年水质状况

所在河流	所在区域	断面名称	近三年水质状况						
			2019 1月	2018 7月	2018 1月	2017 7月	2017 1月	2016 7月	2016 1月
春陵水	郴州嘉禾县	马家坪电站大坝	V	IV	劣V	IV	劣V	IV	IV
龙荫港	衡阳南岳区	红星村	劣V	V	V	IV	劣V	IV	IV
浏阳河	长沙开福区	三角洲	V	IV	劣V	劣V	劣V	IV	劣V
浏阳河	长沙开福区	黑石渡	劣V	V	劣V	IV	V	IV	劣V
志溪河	益阳赫山区	志溪河	劣V	劣V	V	IV	IV	IV	V
太平溪	怀化鹤城区	林化桥	V	IV	劣V	IV	劣V	IV	IV

资料来源：（1）现场调研抽样检测数据；（2）地方环保部门数据；（3）湖南省环境保护厅地表水环境质量状况公报（2016~2018）。

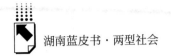

二 湖南农村水环境污染的归因

湖南是农业大省和淡水资源丰富的区域，纵贯湖南境内的湘、资、沅、澧"四水"和"八百里洞庭"的水资源，曾成就了历史上的"湖广熟、天下足"之美誉。如今，农村水污染问题是限制湖南发展和乡村振兴战略的关键因子，要由农业大省升级为农业强省，成功实施乡村振兴战略，农村水环境问题必定要首先解决。2013年和2018年，习近平总书记在湘（湘西和岳阳）调研时也高度关注"一湖四水"问题，叮嘱湖南"守护好一江碧水"。湖南省委、省政府十分重视水环境问题，杜家毫书记（时任省长）提出湘江保护和治理"一号工程"业已启动六年，《2019年湖南省政府工作报告》铿锵有力地表明"清水塘老工业区企业全部关闭。"为何农村水环境仍然没有实质性好转？本着实事求是的原则，课题组对湖南农村水环境污染的成因做了实地调研，大致有以下几个主要原因。

（一）厕所粪污与生活垃圾随意排放

农村居民的生活水平越来越高，越来越讲究干净整洁，以往的茅厕（干厕）革命成卫生间（湿厕），粪污由收集变成直排、由自产自销变为随时排出室外，基本上不经任何处理（调研中只发现极少数有化粪池）。2017年湖南城镇化率为54.62%，城镇化率还包括诸多城郊和小城镇范围，这些地方实际上也是农村生活，如此折算农村污粪范围的人口超过65%，约4600多万人实际生活在农村。根据文献资料保守估算，人均生产粪污0.5千克/天，湖南生活粪污2.3万吨/天。农村基础设施较差，地下管网基本上没有，直排是必然途径。加上农民生活垃圾随意堆放习惯，各种化学品（洗涤剂等）、包装袋、果皮等废弃物也随意倾倒，严重污染了农村的地表水。同时，洗衣机在广大农村的普及，洗衣粉的大量使用也加重了磷负荷的问题。

（二）畜禽养殖业的粪污排放

湖南畜禽养殖主要是养猪业，生猪产业发展对湖南经济起至关重要的作用，产值占全省畜牧业的 75%，占养殖业产值的 65%，占农业总产值的 30%。2017 年生猪出栏量达 6116.3 万头，商品猪外调和出口居全国前列，全省畜牧业产值 2600 亿元，其中生猪产值达 1650 亿元。调研发现，湖南生猪产业的粪污都是以直接排放为主。中国农业科学院实验显示：农村只要 10% 的生猪粪污通过各种途径进入附近水体，就能对区域内水体氮富营养化的贡献率达 10% 以上，磷的贡献率达 10%～20%。该测算还假设其他条件均符合标准为前提的。但现实状况是，生猪养殖不仅生猪粪污处理不当，还普遍存在其他问题，这必然又会进一步加剧农村水环境的污染。在浏阳邵阳调研发现，村庄庭院式的小规模地下室养猪模式是最为普遍的，存栏量规模一般约为 50 头。一头猪每天产生的废水比八个人一天生活产生的废水还要多。猪圈没有排水排污设施、喂养工具简陋，致使粪污长期堆积、污水漫流，臭气散发污染空气，我们实验测试，独立的简陋猪圈 80 米之外都有明显臭味。纵使清理出来的粪便，也没有必要的处理设施，随意堆积，大量的氮、磷直排到溪水中，造成农村水体的严重污染；畜禽宰杀肥水等直接排放，村内粪水横流，目前还没有具体的治理措施。

（三）农业生产化肥和农药污染

湖南是传统的农业大省，占全国耕地面积 3.2%，却生产全国 6.1% 的粮食产量。以往的农民采用的是祖辈留下来的传统种植方式，质量安全但产量低且劳力成本高。如今市场"看不见的手"催生"利润机制"，且耕地趋向规模使用，促使农民大量使用化肥农药。我们各地调研情况归纳如下：湖南水稻大多为两季稻，从种植到收获约需施肥 4 次、喷洒农药 6 次，且农民普遍存在化肥农药"多多益善"心理。根据相关文献资料得出：化肥利用率仅为 30%～40%。这样农业生产的大部分化肥进入河流或地下水，导致农村溪流富营养化；农药仅有 10%～20% 附着在农作物上，80%～90% 流失在土壤和水体中,直接威胁着农村居民的饮用水水源。我们根据文献资料统计,湖南平均每亩地农药用量为4.28千克/年,长株潭和常德等地更高。2016年全省粮食播种面积为7565.83万亩,化肥用量在500万吨以上,农药用量在1.4万吨以上。且多数农民缺乏科学施肥技术,浪费严重。有机农药降解速度慢,对人畜毒性强,严重危害农村水环境安全。农药包装物残留农药量占总量2%~5%,湖南每年废弃的农药包装物超过1亿多个,重量多达2万吨以上。稀释农药时,农户就地取水,农药包装物、农膜及抛秧盘随意废弃,造成水环境的大面积污染。

(四)乡镇企业直排与城市企业转移的叠加效应

20世纪80年代以来,我国乡镇企业数量和规模迅速发展,湖南也不例外。疏散到农村和城郊的乡镇企业,"三废"以直排为主,我们在湖南郴州(永兴、桂阳、嘉禾)调研十家招商引资企业,没有一家配有排污设施,使得农村环境污染日趋严重。而且随着城市环保执法日渐规范严厉,城市高污染企业转移到对环境要求相对较低的农村更有加速之势,农村逐渐成了污染产业的聚集地和污染物的汇集区。这些企业不仅占用了大量农田,且缺乏统一规划、布局混乱、技术落后,加上地方政府与工矿企业在经济利益上存在某些一致性,导致地方政府对此持默许态度,进一步加快污染产业向农村转移的进程。株洲众多企业在农村周围设厂生产,开发区和工业园也开始在农村地区兴起,曾连续多次出现在"全国十大污染城市"之列。企业兴起导致农村包括地表水污染在内的多种污染,湖南省15%以上的耕地已经遭到一定程度破坏。

(五)分散采掘和粗放冶炼的重金属污染

湖南有"有色金属之乡"之美誉,已探明矿物质种类达157种,其中钨、锑等有多种色金属均居全国第一,催生了众多有色金属开采和冶炼行业的"农村小作坊",非规模开采和逐利目标导致这些小作坊普遍存在"采富弃贫、乱采乱挖"行为,且到目前也缺失有效的监督机制,造成大量资源浪费同时导致了十分严重的污染。采出来的"贫矿"通过雨水、土壤等途径进入附近水域，污染生产，"镉大米"事件也是只是冰山一角。湘江水体重金属的主要来源是上游矿山、冶炼企业，污染湘江中下游，其中株洲有160多平方公里的土地镉污染超标5倍以上，重度污染的34.41平方公里，都不能耕作。湘潭、娄底等众多地区也有严重镉污染，已经成为湖南农村水质恶化的重要原因之一，严重威胁到农村居民的饮水安全和食品安全。

三 农村地表水环境污染防治的对策

依据我们调研湖南地表水污染现状和归因，针对湖南省城镇化进度加快、工农业生产迅猛发展等实际情况，我们拟提出如下预防、保护、治理农村水环境的对策措施，以缓解湖南农村水体污染日渐突出的现象，解决"水脏"问题。

（一）加强农村的综合治理

严格执行中央和湖南关于农村综合治理的相关文件，提升广大农村人居环境，这是根本问题。

一是厕所革命，推广使用无害化卫生户厕和公厕。加快完善农村分散厕所粪污处理系统，规划好乡村厕所粪污处理布局、分片建设乡村粪污集中处理工程；逐步引导农村居民改变随意大小便、随意泼洒生活污水的传统的生活方式，加大"脏、乱、差"治理力度。

二是在农村垃圾推行分类处理、袋装化和集中堆放。人口较多的乡村逐步实行"组收集、村集中、乡镇统一处置"的运行机制，解决好农村生活垃圾到处乱倒、随处堆放的陋习，"以奖促治，以奖代补"模式推行农村环境综合整治，即村组修建一个垃圾池，给村民发放两个垃圾桶，一个装可回收垃圾（如塑料、金属等），村民收集后可就地兑钱；一个用于装不可回收垃圾，统一丢弃至垃圾池处理；餐厨垃圾则喂养禽畜、或由村集体组织统一回收利用。

三是开展环境生态文明学习活动。增强生态环境保护和水污染防治的意识，意识到绿水青山才是金山银山。

（二）加强畜禽养殖排泄物的处理能力

畜禽养殖布局要合理规划，科学合理处理畜禽排泄物，实现畜禽排泄物的全部综合利用。规模以上养殖场建沼气池、污水处理站等办法减少污染排放。从国际经验来看，畜禽养殖污染防治的方向是分类管理、激励为主。对于规模以上的养殖场或养殖小区，其排放形式与工业点源相似，借鉴工业污染的管理方式。对于小规模分散养殖，从种养结合、污粪自产自销等方面进行引导。通过政策等手段逐渐减少小规模的庭院式畜禽养殖模式，鼓励规模化产业化的畜禽养殖模式。

（三）改进农业生产方式

一是合理使用农药，降低农药施用强度。大力推广农作物病虫草害的综合防治措施，鼓励应用高效、低毒、低残留生物农药。农药包装对农民来说毫无用处，一旦形成累积的副作用，治理的社会成本极高，应尽快建立农药包装回收制。借鉴啤酒瓶回收的"押金返还"方式，激励农民将农药包装交至回收点，集中处理。

二是因地制宜，实施生态平衡施肥技术和生态防治技术，从根源上控制住化肥和农药总量。推行喷灌、滴灌等节水灌溉技术，提高水肥使用效率。农业用水约占全省用水量的60%，节水型农业既可减少用水量，还可减少化肥和农药随着灌溉水的扩散，化肥和农药对地表水的污染。

三是基层农科工作人员下乡化验和检测土壤和化肥等，引导科学定量施肥。适当增加有机复合肥的使用，使土壤中养分水平保持在既能满足作物生长需求，又能防止或减少化肥损失，提高化肥有效利用率，促使化肥的用量逐年下降。

四是加强农田水利设施建设，防止土壤以及肥料流失。农村应用U形渠，对防止化肥污染有一定成效。

（四）推进农村企业和采掘冶炼的规模化

政府部门要抛开传统的政绩观，绝不能以牺牲当地环境为代价来换取当地经济的发挥。

一是合理安排企业布局，增强农村企业污染治理水平。政府发挥引导作用，统筹规划，严控环保准入门槛，坚决不能让高耗能、高污染生产项目简单转移了事，而是升级转型。加强对乡村高污染企业的监管力度，从根源处扼制企业对环境的污染和危害。

二是农村企业特别是采掘冶炼业要引向规模化，提升金属利用率，延长有色金属开采、冶炼业的产业链，加大科技投入，提高有色金属的附加值。政府严格督促相关企业增设环保设备，不断规范其生产行为，奖罚严明且严厉。新建、扩建、改建的乡镇企业，必须严格执行环境影响评价和"三同时"制度。

（五）政府和社会既不能缺位也不能错位

在工业污染向农村转移、农村环保"三重欠账"和农业公益性的情况下，农村水污染治理不是农民自身能够解决的问题。环保成绩也作为衡量基层政府和乡镇领导工作的重要指标，增强管理部门对农村水污染防治的责任感不能缺位。农村环保投入应当成为"工业反哺农业，城市支持农村"的抓手之一。

财政不能缺位。加大财政转移支付的力度，特别是省财政和中央财政。以政府财政投资为主，吸取其他社会资金，加快污水处理设施和废水处理厂的建设，加快完善农村环境监测网络，对污染处理设施、畜禽粪便资源化设备和工程进行补贴，对养殖户培训等。

执法不能缺位。我国的环境保护法律法规不是很健全，尤其是防止农村水污染方面的法律法规也缺乏可操作性，要完善农户个人行为和污粪排放领域在法律上的空白。要加大农村环保的执法力度，用法制增强农村环境保护的力量。

管理不能错位。政府不能对污染企业和农户一罚了之，罚款往往更难解决问题。应该是制定畜禽养殖业的环境管理规范，加强对规模化畜禽养殖业的环境管理，指导养殖户进行养殖场污水处理设施的规划布局改造。

研发不能错位。增加在环境保护技术方面的研发投入，引导环境污染治理技术的革新，确保先进技术应用到污染治理当中。而不是政府当老板、科研院所打工做技术，这样的技术无法直接对接农户。

（六）利用生物技术等手段清理农村"历史欠账"

农村水环境的"历史欠账"不清理，也就无法界定"新账"的责任。政府要不断激励高校科研院所对本省农业发展的研究热情，出台"专家下乡制度"进行种植养殖培训，通过有关专家亲临生产现场，规范农民的生产技术，培养农民正确的化肥农药使用意识。灵活利用某些植物净化水源的天然特性，因地制宜建立农村水质净化系统（见表2），如找不到主体应该是政府买单。

表2　适合农村的水质净化技术

处理技术	机理	优点
蚯蚓生态滤池系统	通过微生物和蚯蚓的多种自然调控作用,对污水中的污染物进行转化	投资少,运行维护费用低,占地面积少,资源化程度高
厌氧沼气池技术	利用厌氧生物实现污水的资源化,为农村提供廉价优质的燃料	投资少,成本低,容易维护,适合于农民家庭采用
人工湿地处理系统	通过土壤过滤、植物吸收、生物膜净化、填料床体截留对水体净化	投资比较大,占地面积较大,运行费用低,适合规模化
稳定塘处理技术	利用荒废的河道、沼泽地、峡谷、废弃的水库等进行降解、沉淀等处理	易于施工,运转费用低,维护和维修简单,便于操作

振兴乡村，首先要振兴乡村生产力这个根本。保护农村水资源就是保护其生产力，发展其生产力。绿水青山就是金山银山，若为短暂和目前的一点地方收入（税收）而置生态环境于不顾，如同"竭泽而渔"，蓝天保卫战也是一句空话。农村水环境问题尽管处于农村，但其解决需要集全社会之力。

必须推动相关政策"落地生根",各级政府再不能以文件落实文件,要以生态道德和社会公德觉悟,把治理农村水环境问题上升到政治高度,引领民众树立生态文明意识,推进全社会两型革命,还农村碧水蓝天。

参考文献

叶渊、常桂林:《非规模畜禽养殖密集村的粪污治理》,《中国畜牧业》2018 年第 5 期,第 60 ~ 61 页。

潘涛、周震、聂磊等:《美国空气质量管理经验对我国调整总量控制政策的启示》,《环境保护》2015 年第 21 期,第 35 ~ 37 页。

环境保护部、农业部:《全国畜禽养殖污染防治"十三五"规划》,2017 - 12。

耿维、胡林、崔建宇等:《中国区域畜禽粪污能源潜力及总量控制研究》,《农业工程学报》2013 年第 1 期,第 171 ~ 180 页。

杨玉蓉、张青山、邹君:《基于村级尺度的湖南农村水贫困比较研究》,《长江流域资源与环境》2014 年第 7 期,第 1207 ~ 1034 页。

张卓尔:《湖南常德农村饮水供给问题研究》,中南大学,2014。

杨玉蓉、谭勇、皮灿、邹君:《湖南农村水贫困时空分异及其驱动机制》,《地域研究与开发》2014 年第 1 期,第 23 ~ 27 页。

胡建:《资源与环境约束下的湖南两型农业发展研究》,湖南农业大学,2011。

湖南省生态环境厅:《牢记党的嘱托　强化政治担当　全力打好水污染防治攻坚战》,《中国环境报》2019 年 1 月 29 日。

高荣伟:《我国水资源污染现状及对策分析》,《资源与人居环境》2018 年第 11 期,第 44 ~ 51 页。

B.40
湖南农村生活污水治理问题与对策研究

孙 蕾*

摘 要： 本文首次系统调研分析了湖南农村生活污水处理设施规模和处理工艺分布、排水去向，重点分析存在的主要问题及制约湖南农村生活污水处理的因素，即市场化程度不高，融资渠道单一；体制不畅，投资与运营模式亟待解决；技术遴选机制尚未建立，缺乏严格准入；工艺与设施维护管理方面缺乏有效的技术规范引导。从经济、实用、可行的角度推荐湖南农村污水处理主要组合技术。提出湖南农村生活污水处理思路及对策，即做好顶层设计，注重规划先行；探索建立多元化资金筹措机制；加强技术遴选和评估，科学选取农村生活污水治理技术与运营模式；加强农村生活污水治理建设工程管理；大力推进"互联网＋"传统农村污水处理技术；加强农村环境教育，将环境文化融入乡村振兴文化建设。

关键词： 农村生活污水 处理设施 治理技术 湖南

湖南具有"一湖三山四水"的地貌特征，构成了以湖泊、山脉、水系为骨干，以洞庭湖为中心、以湘资沅澧为脉络，以罗霄—幕阜、武陵—雪峰、南岭山脉为自然屏障的自然生态体系。全省有 122 个县（市、区）、1536 个乡镇和 393 个街道，2.4 万个行政村、14 万个自然村，2017 年末农

---

* 孙蕾，长沙环保职业技术学院副院长、研究员。

户总数约为 1542.8 万户。

随着我国环境保护工作进入攻坚阶段,蓝天碧水成为人民的基本诉求,对环境保护提出了更高要求。长期以来,由于农村环境保护制度体系缺失、管理不力,生活污水未经处理就地排放,生活垃圾随意堆放,农村环境散乱差问题日益凸显,水环境污染日益严重。按 2016 年农村人口统计,全国农村生活污水排放量约为 2300 万 t/d,生化需氧量 BOD_5 排放量为 530 万 t/d,化学需氧量 COD 排放量为 860 万 t/d,总氮为 96 万 t/d,总磷为 14 万 t/d。全国 90% 以上的村庄没有污水收集和处理系统。《2016 年城乡统计年鉴》数据显示,截至 2016 年底,全国对生活污水进行处理的建制镇比例约为 28.02%,对生活污水进行处理的乡比例仅为 9.04%。而按照《全国农村环境综合整治"十三五"规划》计划目标,到 2020 年,新增完成环境综合整治的建制村 13 万个,农村污水处理率达到 60%,现状与目标尚有较大差距。

一 湖南农村污水治理现状

(一)农村污水处理设施分布及规模

2017 年统计显示,全省农村人口 4839.39 万人,占全省总人口数的 66.33%,根据本次课题调研数据,按农村人均生活污水产生量 100L/d 计,全省农村生活污水产生量为 17.66 亿 t/a;COD_{Cr} 按 300mg/L 计,其产生量为 52.98 万 t/a;氨氮按 50mg/L 计,其产生量为 8.83t/a;总磷按 6mg/L 计,其产生量为 1.06 万 t/a。全省共有农村生活污水处理设施 1410 家,设计规模为 6.495 万 m^3/d,各市州污水厂规模分布见表 1。从规模看,10~500m^3/d 处理规模的农村污水处理设施中,10~20m^3/d 处理规模占比最大,为 28.71%;其次是 30~50m^3/d 规模的占 23.63%,20~30m^3/d 规模占 9.73%;50~100m^3/d 规模的占 12.71%;100~500m^3/d 规模的占 15.21%。农村污水处理设施数量排前三位的城市分别为郴州,占比 41.81%;怀化,占比 14.51%;长沙,占比 13.81%。大部分地市以小型农村污水处理设施

（处理水量为 $0 \sim 5m^3/d$）为主，占 $60.0\% \sim 88.9\%$；$10m^3/d$ 以上处理规模的农村污水处理设施中，长沙市 $30 \sim 50m^3/d$ 处理规模的污水设施占比最大，为 27.68；郴州、永州和衡阳市 $10 \sim 20m^3/d$ 处理规模占比最大，分别为 37.87%、45.63% 和 38.03%。在所有农村污水处理设施中，各市州具有相同的特点，即处理规模集中在 $0 \sim 5m^3/d$、$5 \sim 50m^3/d$、$50 \sim 500m^3/d$。根据调研结果，湖南省农村生活污水处理系统可分为 3 类：

第 I 类：单户与小型分散处理系统，水量 $<5m^3/d$，服务人口小于 50人，不大于 10 户居民。

第 II 类：分散处理系统，$5m^3/d \leqslant$ 水量 $<50m^3/d$，服务人口为 $50 \sim 500$人，服务居民 $10 \sim 100$ 户。

第 III 类：集中处理系统，$50m^3/d \leqslant$ 水量 $<500m^3/d$，服务人口为 $500 \sim 5000$ 人，服务居民 $100 \sim 1000$ 户。

表1 湖南省农村污水处理设施处理规模及污水设计处理量

行政市	污水处理设施数量（座）	设计处理规模（m³/d）								设计污水处理量（万m³/d）
		规模<5m³/d	5m³/d≤规模<10m³/d	10m³/d≤规模<20m³/d	20m³/d≤规模<30m³/d	30m³/d≤规模<50m³/d	50m³/d≤规模<100m³/d	100m³/d≤规模<200m³/d	200m³/d≤规模<500m³/d	
长沙市	202	12	13	46	29	49	23	12	18	1.09
株洲市	9	3		0	0	0	2	3	1	0.08
湘潭市	19	1		2	2	4	4	3	3	0.17
衡阳市	79	3	5	27	16	16	10	2	0	0.175
邵阳市	40	7		5	10	2	0	14	2	0.3
岳阳市	42	4		0	6	9	12	9	2	0.269
常德市	53	9		1	1	8	10	14	10	0.599
张家界市	2			0	0	0	0	1	1	0.04
益阳市	33	1		1	1	3	12	9	6	0.379
郴州市	590	33	21	203	133	128	32	27	13	1.808
永州市	106	3		47	22	19	9	6	0	0.264
怀化市	193	7		33	33	56	34	23	7	1.01
娄底市	14	3	1		0	5	0	3	2	0.155
湘西自治州	28	2		3	0	4	15	3	1	0.156
合 计	1410	88	40	368	253	303	163	129	66	6.495

（二）农村污水处理设施排水去向类型分析

全省 10m³/d 以下处理规模的农村污水处理设施 90% 以上采用就地消纳的方式，即农田灌溉、排入附近的池塘、地渗；处理规模在 10m³/d 以上的农村污水处理设施排水去向见表 2。从排水去向看，直接进入江、河、湖、库等环境水体的占排水去向的 51.95%；其次为灌溉农田，占比 29.8%。

表 2　农村生活污水处理设施排水去向

排水去向类型分布	直接排入江、河、湖、库、塘等水环境	进入城市下水道（再入江河、湖、库）	污灌农田	进入地渗或蒸发地	其他	总计
处理厂数（座）	666	48	382	124	62	1282
占比%	51.95	3.74	29.80	9.67	4.84	

（三）农村污水处理设施工艺概况

全省农村生活污水处理工艺主要有人工湿地、稳定塘、厌氧生物处理（含三格净化和四格净化）、物理处理（含沉淀、过滤和上浮）、物理化学处理、A/O 工艺、A²/O 工艺、MBR、SBR、生物接触氧化、生物滤池、生物转盘和氧化沟等 13 类工艺，工艺分布见图 1。主体处理工艺以不耗电的自然处理为主，不同主体工艺应用占比从大至小排序为：厌氧生物处理（44.04%）＞人工湿地（22.12%）＞稳定塘（15.25%）＞物理处理（12.27%），前四种工艺占比为 93.68%。

（四）农村生活污水处理存在问题

1. 政策法律滞后，管理能力不足

农村环保工作起步晚、基础弱，针对农村环境污染问题的法律法规基本没有建立，现行法律中的相关规定针对性不强，立法过于原则、执法机制不健全；县级环保部门工作基础薄弱、资源不足，乡镇没有专门的环境保护机

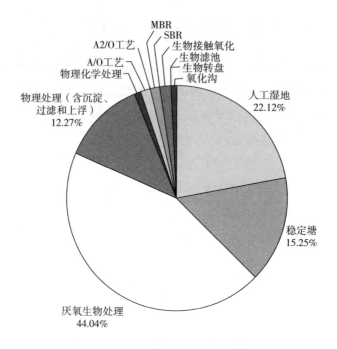

图1　湖南省农村生活污水处理设施处理工艺分布

构和编制，缺乏治理设施运维管理的专业队伍，造成农村环境管理监管能力
严重不足。长期以来，湖南农村环境管理的机构、人员、资金、技术问题一
直没有得到有效解决，致使在污水处理设施设计、施工、验收、监管等方面
存在诸多困难，管理上缺乏污水处理设施长效维护机制，污水处理系统成效
难以得到有效保障。

2. 投资主体不明，有效运行模式尚未建立

从目前农村生活污水治理看，建设经费主要靠国家补贴和"以奖代补"
政策支持，运营经费没有资金来源，而湖南省县区财力普遍较弱，用于农村
人居环境整治方面的财政资金有限，社会融资能力弱，由于缺乏稳定资金筹
措机制，农村生活污水处理靠政府财政投入，社会资本参与的积极性不高。
同时，农村污水排放的分散性、小型化和数量大特征，专业的维护管理企业
涉足的意愿不足，也给农村生活污水治理的管理带来了很大问题，"重建轻

管""建而不转"问题突出，导致目前通过政策补贴已建的大量处理设施成为"晒太阳"工程，造成严重的资源浪费和对环境的二次污染并且直接影响后续环境保护投入的信心。

3. 农村污水排放标准缺失导致标准导向的治理技术与管理滞后

目前，湖南省村镇生活污水排放标准执行的是《污水综合排放标准》和《城镇污水处理厂污染物排放标准》，这两项标准对于农村生活污水排放来说，强制性和针对性不够，执行起来问题较多。因此，严格意义上，我国农村生活污水监管处于灰色地带。同时，由于标准的缺失，标准导向作用没有得到发挥，村镇地区的污水处理技术、运行管理水平及监测手段等都严重落后于城市。小型化处理技术五花八门，准入门槛低，各类技术的处理效果和适用性评估尚未规范，一体化设备生产企业众多，其处理装备的效果检测规范性、权威性不够，处理工艺选择前期调研把关不严，后期验收不细不实，使污水处理设施难以达到预期处理效果，甚至无法正常运行。

4. 建设的技术标准滞后，设施建设不规范，验收把关不严

村镇农村生活污水处理设施的建设出现仅仅为了完成任务而建的现象，对项目的必要性和价值认识不足，很多工程在规划、设计、施工中规范性不够，甚至没有设计施工图，施工过程的监理缺位，导致土建、设备及材料质量不过关，例如污水收集管网铺设不规范，检查井设置不足，因检查井井盖标高过低而使周边雨水汇入；处理系统中的农户化粪池建设不规范，三格式化粪池不做池底、接口破损等导致管道内接不到污水；填料安装不当、池容不足等工程建设的细节没有得到监管；验收的关键指标不明确，验收流于形式，影响后期的运行管理。

5. 治理设施产权不明确，谁投资和谁运营等一系列问题尚未解决

农村生活污水治理设施的建设和监管涉及多个部门，农村环境综合整治建设项目的牵头单位为生态环境部门，"美丽乡村"建设项目、"农村双改三年行动计划""农村人居环境整治三年行动实施方案"牵头单位是省住房城乡建设厅，而从调研现状看，湖南农村生活污水处理设施建设主体是明确

的，但处理设施的产权所有者和责任主体不明确，农村生活污水处理有效的运营模式还没建立，造成后期的运行管理责任不明。

6. 农村生活污水处理设施建设重厂轻网，总体效能低

农村污水处理设施建设资金主要来源于政策性财政补贴，地市配套投入不足，在有限的资金投入下，各地更加重视污水处理设施的建设，建设规模普遍偏大，而配套的污水管网建设普遍滞后，厂网配套严重不足，导致污水收集率低，进水水质浓度低，有的设施进水 COD 浓度仅为 10～60mg/L，实际处理规模远低于设计规模，有的仅达到设计规模的 50%～70%，甚至更低。

7. 农村环境宣传教育缺失，村民环境意识淡薄

湖南农村环境保护工作严重滞后于城市，同样，农村环境教育也几乎呈空白状态，村民的环境意识薄弱，环境素养不高。多数村民对生活污水治理的主体意识不强，仍坚守传统的农村生活方式，厨房污水和洗涤污水直排现象突出，人工湿地或处理池边被随意堆放垃圾，认为污水治理是政府的事，生活污水治理的主观需求不高，参与整治的自觉性和主动性不够。

二 湖南农村污水治理的瓶颈

资金筹措机制、投资与运营模式和污水排放标准与技术体系缺失仍然是湖南农村生活污水治理的三大制约因素。国家和省先后出台了农村环境整治的文件，但对于上述三个问题尚没有明确的解决方案，需要在实践中不断探索。

（一）市场化程度不高，融资渠道单一

农村生活污水治理的关键问题之一是资金投入与来源。污水处理设施数量小而多，建设资金需求量大，村镇污水处理市场化程度不高，缺乏多元化融资机制，设施建设一般为政府部门通过专项经费解决，投资结构单一。由于农村经济条件不同、村民居住环境禀赋各异、村庄人口聚集程度、污水产

生规模、排放去向和人居环境改善需求差异较大，农村生活污水具有量少、分散、远离排污管网、治理技术标准引导不够、技术路线不清晰、管理模式差异大、管理水平低等特点，污水处理收费难以落地，导致社会资本参与积极性不高。

（二）体制不畅，投资与运营模式亟待解决

调查显示，湖南农村生活污水处理设施的建设主体涉及乡镇、住建、环保、水利等政府部门，由于责任主体的多样化，在建设中，工艺随着建设主体不同差异较大，随意性强且施工质量参差不齐，监督管理责任不清，验收标准不严，设施的产权不明，同时由于处理技术差异大，运行维护的要求不同，管理模式不同，管理水平参差不齐，建设成本也千差万别。在设施的运行方面主要有三类运管模式：村委会（村民）自管；乡镇政府或县相关部门运管；市场化运管。其中以乡镇政府自管为主，以市场化运管效果最佳。三种模式的运营费来源主要有县（乡、镇）财政资金、生态补偿转移资金、村自筹等。

（三）技术遴选机制尚未建立，缺乏严格准入，工艺与设施维护管理方面缺乏有效的技术规范引导

当前湖南农村生活污水处理的工艺多样，这些工艺何种情况下适应于不同区域、不同条件，尚没有系统的技术标准，如何根据污水水质水量不同，排放要求不同，当地经济水平、地理地貌特点以及运行管理能力，筛选合适的污水处理技术和运管模式，是亟待系统研究和规范的问题。

三　湖南农村污水治理对策建议

（一）做好顶层设计，注重规划先行

全省应结合乡村振兴计划，做好农村环境保护的制度设计，深化农村环

境保护体制改革和机制建设，促进农村基础设施建设深入推进。在农村生活污水治理方面需要明确湖南省农村污水治理技术路线，探索投资运行管理模式，尽快出台系列标准，规范设施建设各个环节的工程实施，明确验收目标和内容。

（二）探索建立多元化资金筹措机制，推行 BOT 及衍生运营模式

采取政府购买服务、与社会资本合作等方式缓解政府财政资金压力，发挥政府投资撬动作用，引导和鼓励社会资本参与。制定农村生活污水收费标准，探索收费模式，提高资金使用效率。分析总结桑德国际中标长沙县 18 个乡镇污水处理集约化、区域联治模式成功经验以及运行管理中存在的问题，加以推广。首创股份与余姚城投集团签署合作协议，打包运营全市 22 个乡镇街道、166 个行政村、14.7 万户农户的生活污水治理经验也可以借鉴。区域打包之外，在一些核心建设环节，鼓励厂网一体化，统一招标，统一以县域打包的形式推进农村生活污水治理，这样更有利于推进农村污水治理市场的标准化、规模化发展。

（三）进一步明确湖南农村生活污水治理思路

根据农村的地形地貌、环境敏感程度及其达标要求、村庄人口数量、经济发展程度、污水产生规模，选择集中与分散建设模式和处理工艺。积极推广低成本、低能耗、易维护、高效率的污水处理技术。加强生活污水源头减量和尾水资源化利用。充分利用现有的沼气池等粪污处理设施，强化改厕与农村生活污水治理的有效衔接，严禁未经处理的厕所粪污直排环境。

（四）因地制宜，选取农村生活污水治理技术

分两个方面考虑，在山区和丘陵地区且居住分散，采用分散式以户为基础的生活污水处理模式，冲厕水即黑水经三格化粪池处理后与其他洗涤废水混合，经氧化塘、湿地、快速渗滤等自然处理技术处理后用于农田灌溉或排

入就近水体。人口密集并建有完善排水体制的乡、村，采用连片收集处理，冲水厕所水仍采用三格化粪池处理后与其他洗涤废水混合经活性污泥法（包括氧化沟、SBR）、生物膜法等处理技术处理后排入水体或回用。

（五）加强技术遴选和评估

有关部门要针对目前这一市场技术装备参差不齐、管理一定程度上失控的状态，加强农村生活污水处理技术优选和设备产品标准制定与产品检验。农村生活污水治理现状表明，面对量大、面广的农村生活污水治理市场，不能完全依靠市场竞争解决技术选择问题，还要借助政府的严格标准和遴选加以引导和规范。

（六）规范施工，严格督查，加强农村生活污水治理设施建设工程管理

进一步规范工程招投标行为；进一步规范施工图纸的设计，加强工程质量管理，实施全程跟踪，每一个环节都严格按图纸施工；加大施工节点的督查力度，在隐蔽工程、关键环节的施工时，必须加强现场督查；预留部分工程款作为保证金；及时发现质量不合格、偷工减料的工程并责令返工，追究责任。

（七）大力推进"互联网+"传统农村污水处理技术

利用大数据、物联网、云平台等技术收集、整合和展示区域内农村环境治理设施运维管理的各环节数据，包含远程监控、运维监督、故障统计、治理报表、统计分析、考核填报、监察巡检、信息公开等，实现智能手机客户端的管理监控，以解决行业痛点，节约运维成本。

（八）规范农村生活污水处理的达标工艺

一级标准推荐达标工艺：预处理＋有脱氮除磷功能的生物法＋生态法＋消毒；二级标准推荐达标工艺：预处理＋有脱氮除磷功能的生物法＋生态

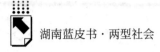

法；三级标准推荐达标工艺——农村生活污水经化粪池（或沼气池）预处理后，采用生物法或生态法。

（九）在新农村建设中，环境教育不可缺位

留住乡音、乡愁、乡情、乡景是构建我们精神家园的核心内容。加强村镇的环境伦理教育，保护我们乡村的一山一水一草一木，将环境文化、生态文化融入乡村振兴文化建设。充分利用现代技术，创新丰富多彩、形式多样的宣传教育模式，使环境保护意识进村入户、入脑入心。

参考文献

湖南省统计局：《湖南省统计年鉴》，中国统计出版社，2018。

武璐：《浙江省农村生活污水处理设施水污染物排放标准研究》，浙江工业大学生物与环境工程学院硕士学位论文，2015。

钟春节：《上海郊区农村生活污水处理系统的成效评估及适应性管理研究》，华东师范大学硕士学位论文，2011。

武璐等：《浙江省农村生活污水处理设施运行管理长效机制研究》，《环境科学与管理》2015年第10期。

孙蕾：《湖南农村环境问题与防治对策建议》，卞鹰主编《2018年湖南两型社会与生态文明建设报告》，社会科学文献出版社，2018。

谷林：《农村污水治理市场的四个发展趋势》，《世界环境》2018年第4期。

打造城市的"良心工程"

——长沙市城市污水管理体制改革的调研

"长沙市城市污水管理体制改革"调研组*

摘　要： 城市污水管理既是一个环境保护问题，也是一项民生工程，加强城市污水管理关键要构建科学完善的城市污水管理体制。以长沙城市污水管理体制为例，通过对城镇污水量、污水处理能力、基础配套设施、综合处理回用、污水管理体制改革等城市污水管理现状的调查研究，对城市污水管理体制职能职责、运行机制、资金投入、运营管理等方面存在的突出问题进行深入分析，为完善长沙市城市污水管理体制提供了科学的、可操作性路径。下一步应以新一轮机构改革为契机，明确污水管理职能职责、调整污水设施建设模式、保障污水设施建设管理资金、完善污水设施管理运营体系、加强污水全过程监管、加强中水资源化利用、强化组织保障，从根本上理顺污水管理体制，全面提升城市污水管理水平。

关键词： 城市环境　污水管理　体制改革　长沙

　　城市污水管理与人民群众的生活息息相关，是城市看不见的"良心工程"和生命线工程。城市污水处理系统已成为现代城市文明和谐程度的重

＊ 课题组成员：王德志、马琤、袁金明、易海威、李柏松、邹金成、左文。

要标志。理顺城市污水管理体制，实现城市污水治理与城市建设、与全市经济社会协调发展，具有十分重要的意义。

一 长沙市城市污水管理基本现状

（一）城镇污水量迅猛增长

随着城镇化、工业化进程的加速推进，居民生活及工业用水快速增长，城市污水排放总量不断增加。其中日均污水排放量由 2007 年的 87.6 万吨/日增加到 2017 年的 213.6 万吨/日，增长 143.8%；2017 年人均生活污水排放量达到 0.26 吨/（人·日）；单位工业增加值污水排放为 0.99 万吨/亿元（见图 1）。

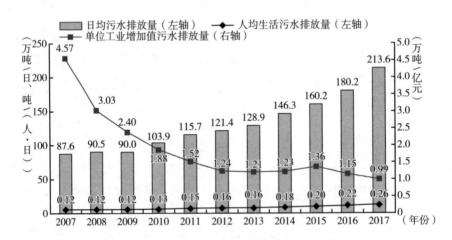

图 1　2007～2017 年长沙城镇污水排放量变化情况

资料来源：长沙市住房和城乡建设委员会。

（二）污水处理能力逐步提升

截至 2018 年 8 月底，长沙城区共建成并投入运营的污水处理厂 12 座，总处理能力为 203 万吨/日，实际污水处理量为 171 万吨/日；其中达到一级

A 及以上排放标准的污水处理厂 11 个,剩下的 1 家(新开铺污水处理厂)正在实施扩建和提标改造。全市建成乡镇污水处理厂 88 家,总处理规模 30 万吨/日。

(三)配套基础设施逐步改善

截至 2018 年 8 月,长沙城区已建成公共排水市政管网约 7056 公里、排水泵站 139 座。城区有污水排口 131 个(见图 2),其中湘江排口有 94 个,其他河流排口有 37 个,全部实现了全截污。

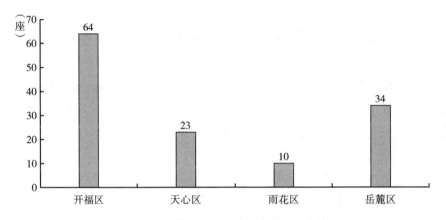

图 2　长沙城区各区范围内污水排口分布情况

资料来源:长沙市住房和城乡建设委员会。

(四)综合处理回用积极探索

目前已有 4 个中水回用项目。其中,坪塘污水处理厂尾水(4 万吨/日)全部排放至洋湖湿地公园作为景观用水;暮云污水处理厂中水(4 万吨/日)通过临时管道全部实现回用;湘湖污水处理厂秋冬季每天约有 14 万吨中水作为跃进湖的生态补水;新开铺污水处理厂每天约有 10 万吨中水补充圭塘河。加快市政污泥处置,长沙市污水处理厂污泥集中处置项目日处理市政污泥 500 吨,处理后能产生清洁能源沼气,最终产物用于垃圾填埋场覆盖用土。

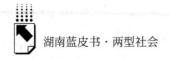

（五）污水管理体制多轮优化

全市污水管理体制近年来历经了三次改革。第一阶段：2011年5月前，全市城市污水、排水系统由市公用事业局（2011年机构改革已撤并）、市城管局和内五区市政管理局（中心）管理；第二阶段，2011年5月至2015年11月，全市排水、污水处理等职能调整至新成立的市水务局；第三阶段，2015年11月至今，由市住建委统一负责全市城区污水、排水设施建设运行管理工作，逐步实现由"九龙治水"向"一家监管"的转变。

二　长沙城市污水管理体制存在的突出问题

我国城市在排水行业改革过程中也暴露出了一系列亟须解决的问题：改革缺乏系统性的战略规划，部门利益分割超越公共责任承担，政府责任缺失损害公众利益，有限市场化特性与泛市场化实践存在矛盾等，具体来说有以下几个方面。

（一）职能职责分割

排水管理体制，无论过往怎样发展，都是一个多门类的、多层次结构相互交差的城市市政网络架构，政府及其公共部门涉及市排水中心、各区排水部门、规划部门、环保部门等数个相关性的市政管理部门。就长沙而言，也存在这样的问题。

一是横向分割。排水建设规划职能在规划部门，部分防渍排涝职能在水务部门，污水检测职能在环保部门，农村污水面源防治职能在农业部门，职能分割现象比较严重。

二是条块分割。各区县市排水管理分别由区住建、市政、城管、水务、农业等部门负责，市住建委调度工作经常需要跨系统协调，沟通对接不畅。同时，污水处理厂建设职能在市本级，污水管网建设职能分别在市、各区县市，造成厂、网建设不同步、不配套。

三是内部分割。市住建委负责污水管理的机构主要有污水处理处、市排水管理处、市排水设施运行中心，相关的内设机构有总工室（前期办）、管线处、市政设施处、质监站、安监站等 5 个处室，污水处理处牵头行业管理，市排水管理处负责行业日常监管，排水设施运行中心负责城区主要泵站设施运行，排水设施建设的前期研究、项目库构建、年度建设计划、建设质量管理等职能分别由其他相关处室负责，经常出现责任主体不明、工作职责交叉、沟通衔接不畅等现象。

（二）运行机制不畅

一是责、权、利不对等。作为主管部门的市住建委主体职能缺项，缺乏污水管理规划审批、考核评比、违规处罚等权限，区县市负责污水管网维护工作的市政局由市城管局进行行业管理。各区县市政府对辖内污水管理负有"属地管理"职责，但对污水违规排放没有执法权。

二是规、建、管不统筹。从规划上看，长沙排水规划没有落实《城镇排水与污水处理条例》要求由市住建委牵头负责，而是由市规划局全权负责，直接导致现有规划不能及时满足污水治理新标准、新要求。从建设上看，目前城区管道、泵站和污水处理设施建设主体较多，统筹乏力，导致同一污水处理设施系统建设时序、标准不统一。从管理上看，排水管网随道路建成后由市城管局验收，市住建委无法过问，造成有的设施没有严格按规划落实、按标准验收、按规定移交等现象。

三是厂、网、站不协调。污水处理厂、污水管网和泵站的建设、管理分属不同部门，难以有效统筹协调。如全市 200 多个泵站中仅有 40 多个归口市住建委管理，其他的分属水务、城管、农业等部门管理，无法实现统一指挥调度。

（三）投入明显不足

一是资金投入不足。污水设施建设投入方面，缺乏统一、稳定的投入机制，污水处理设施建设、维护运营经费不足，特别是随着城市管网的老化，污水设施运营、维护费大幅攀升（见表1），2016年将全市2685.0公里排水管道的4358.94万元运维经费全部纳入财政预算保障范围，分别比2012年增长27.24%、216.7%，即便如此，全市仍有5300多公里有档案可查的排水管网运维经费缺乏保障。

二是设施建设滞后。河西及河东新开发片区在实际建设中并未严格执行雨污分流规划，导致雨污分流不彻底。河东老城区排水系统大都建于20世纪七八十年代，污水排放方式以雨污合流为主，设施标准十分落后，导致城市内涝、污水渗漏及溢流现象严重，城区黑臭水体难以根治。

三是管理人员匮乏。当前长沙市污水管理人员编制仍参照1991年的维护定额标准，而近年来城市建成区面积、排水管网、污水处理吨位均增加300%以上，工作任务量剧增，但人手十分紧缺，负责全市排水行业日常监管的市排水管理处仅有24名在编人员，大部分区县市也只有2至4人负责这一工作，无法按要求履责到位。

表1　2012、2016年内五区排水设施维护经费支出情况

单位：公里、万元、%

	管道长度			支出金额		
	2012年	2016年	增长率	2012年	2016年	增长率
芙蓉区	281.76	316.75	12.38	184.18	536.27	191.17
开福区	523.9	542.3	3.51	342.41	876.71	156.04
天心区	326.4	333.2	2.08	213.3	646.4	203.05
雨花区	363.9	639.2	75.65	238.87	994.4	316.29
岳麓区	614.1	853.5	38.96	397.61	1305.16	228.25
合　计	2110.1	2685.0	27.24	1376.37	4358.94	216.70

资料来源：长沙市财政局。

（四）管理较为滞后

一是系统化管理欠缺。缺乏科学的顶层设计，所制定的规划在实践中落地性不高。尤其是没有打破行政区划、按照水系走向来开展流域治污，导致

系统治理乏力。

二是法治化管理欠缺。长沙至今没有像武汉、南京等省会城市一样，出台排水管理条例等地方性法规，导致污水设施运行维护主体不明、边界不清、移交手续不健全，监管执法缺乏法律依据。

三是智慧化管理欠缺。全市污水处理系统信息化程度低，大部分污水管网信息仍采用手工记录办法，部分设施因建设年代久远、原始图纸缺失而无法全面、准确掌握真实情况。

四是资源化利用欠缺。目前长沙污水循环利用意识淡薄，没有就初期雨水、中水利用出台办法举措，各重大片区开发中缺乏收集、储存、利用初期雨水的相关设施设备，现有污水处理厂缺乏中水回用配套管网，小区中水回用试点推进较慢，无法达到国家规定的省会城市中水回用率为30%的要求。

行业管理滞后导致两方面的后果：一方面，设备及日常运行费用占用大量的社会资源，给国家和地方财政带来巨大压力；另一方面，长期以来背靠政府，行业内缺乏必要的生机和活力。

三 推进全市污水管理体制改革的对策与建议

以新一轮机构改革为契机，对症下药，精准施策，通过全方位、深层次改革，从根本上理顺污水管理体制，全面提升城市污水管理水平，为建设品质宜居城市打下坚实基础。

（一）总体思路

紧紧围绕解决"建什么、谁来建、谁来管、怎么用"等核心问题，按照"部门责权清晰，市、区（县）、镇职能对应，规建管一体，厂网站统筹，全面综合治理"的思路，进一步优化市直部门职能，加强市级污水管理统筹；进一步明确市、区（县）两级政府责任边界，确保对接顺畅责权明确；进一步放宽市场准入，鼓励社会资本进入；实行建管分离，提升营运能力，构建以市住建部门为主导的污水专项规划体制和常态监管体制，以市场运作为主导的污水设施建设运营体制，以环保部门为主导的排口审批管理体制，全面落实"控源、截污、清淤、调水、管理"五大措施，持续提升污水综合治理能力，将长沙打造成为人水和谐、宜居宜业的水生态文明城市。

（二）主要目标

到 2019 年 6 月底前，实现市、区、乡镇污水管理全覆盖，明确市、区、镇（街）污水建设管理的职责边界，管理执法权责基本清晰，协同机制、保障机制基本建立。

到 2020 年底，全市污水规划建设管理体系进一步完善，执法力量进一步强化，管理能力和水平实现精细化、标准化、现代化，全市水环境质量明显改善。

（三）基本原则

一是政府引导、市场运作。政府相关部门承担制定污水基础设施建设管理的总体布局规划、中长期规划、专项规划、控制性详规，完善污水管理体制机制职能，出台相关支持政策，积极引入社会资本，鼓励采取政府购买服务、政府与社会资本合作等方式，促进污水处理基础设施建设、经营的市场化。

二是规划先行、建管并重。按照城乡一体化发展要求和城市总体规划，进一步完善长沙污水基础设施专项规划，提高规划的科学性。严格按照规划进行污水处理设施的建设，加大对污水基础设施规划的执法和监督检查力度，确保"一张蓝图干到底"。继续提升污水处理设施的运行管理水平，保持设施良好的运行状态。

三是权责一致、市区联动。按照一件事情原则上由一个部门牵头负责管理的要求，进一步优化各部门之间和市、区两级污水处理规划、建设、管理职能职责，明确管理权限，落实管理责任，解决"权责不一致"问题。市、区（县、市）两级污水建设管理部门做到上下对口、职能对应，实行统一协调、统一调度。

四是依法推进、平稳有序。坚持于法有据,以法治思维、法治方式推进污水建设管理体制机制改革,妥善做好人员安置、资产处置等工作,避免因改革带来不稳定因素。以全面落实中央及省委、省政府的改革实施意见为目标,强化总体设计、重点突破、分步实施、有序落实,全面理顺城市污水建设管理体制。

(四)重点举措

1. 调整污水管理职能职责

参照中央、省机构改革方案,按照上下对口的原则,适当调整理顺市直部门职能职责(见图3)。将污水设施规划职能由以市规划局为主调整为以市住建委为主,市规划局依据相关规定负责对市住建委编制的污水设施建设专项规划实施"多规合一"合规性审查,联合发布并实施控制性详规,以科学的规划指引城市污水设施建设。污水设施专项规划职能以市住建委为主行使,具体编制工作委托市排水管理处负责,市排水管理处受市住建委委托开展污水设施建设规划的编制、网管接驳的审批、规划执行的监督。在新一轮机构改革"三定"方案中明确由市排水管理处负责城市市政排污设施建设前期研究、详规编制、年度项目初步铺排、详规执行监督,详规编制接受市规划局的业务指导和把关。以委托授权的方式,增强市排水管理处排水设施建设管理统筹职能,强化其排水设施的项目库储备、年度计划铺排、建设标准执行、项目技术审查、建设质量控制、设施功能保障和排水管网接驳、排水许可监管、排水执法巡查等职能。将城市排污口的审批管理由水务部门调整到环保部门,由环保部门负责排污口的审批以及截污、排污巡查和监管,重点加强排污量、水质、截污效果监测,严格开展排水执法,严厉打击违规偷排、乱排、滥排行为。凡涉及穿堤排口的规划、建设审批,前事前征求并充分听取市水务部门的意见。具体排污口管理实行属地责任制管理,由排污口所在区县(市)负责日常管理,重点加强污水收集、处理、排放等管理,生态环境部门负责加强业务指导和统筹管理。

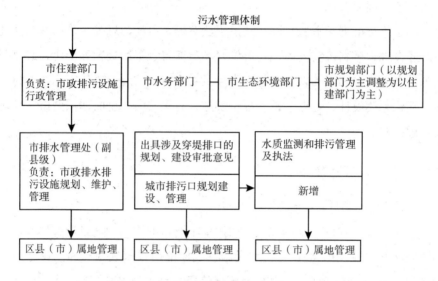

图3 新一轮污水管理体制改革职能调整

2.调整污水设施建设模式

一是强化规划引领和计划编制。提高规划的科学性、实效性，创新规划理念，改进规划方法，强化部门之间的职能联动，确保市政排污规划可操作性，维护规划的权威性、严肃性，坚持"规划一张图，审批一支笔，管理一条龙，建设一盘棋"理念，加大执法监察力度，发挥规划的引领作用，依法对全市污水设施建设活动进行检查、管理和监督，及时查处和纠正各种违反规划的违法行为，杜绝管网错接、乱接，把违法行为消除在萌芽状态。科学编制污水设施建设计划，根据城市建设需要和财力情况，下达年度污水设施建设任务，严格按照计划开展相关建设工作。

二是调整污水设施建设分工。中心城区污水处理厂、污水转输干管由市住建委统筹建设，各区负责征地拆迁；污水收集支管、截污管、污水泵站由市住建委委托各区代建。具备同步实施条件的道路工程内污水基础设施，由道路工程业主单位按照相关规划及住建行政主管部门的批复，随道路项目同步立项、建设并接受住建部门竣工验收。非中心城区污水设施，由各区县（市）统筹建设。

三是提高新建污水设施设计标准。新建公共污水管网原则上不小于500毫米，其余污水管可按照《室外排水设计规范》的上限进行设计；新建项目，改建、扩建和成片改造的区域，雨水管网设计重现期不小于5年，重要区域（含立交桥、下沉隧道）设计重现期不低于10年，中心城区等重要区域应能有效应对50年一遇暴雨。

3. 保障污水设施建设管理资金

一是明晰市区投入体制。按照主干道管网市区两级分担，次干道和背街小巷管网属地建设的原则，中心城区城市快速路、主干道路以及内涝严重区域的雨水设施，按照现行财政资金来源渠道及市、区县分担比例解决；次干道、背街小巷管网按照属地原则由各区县财政安排建设、管理资金。

二是支持社会资本投入。进一步降低准入门槛，采取PPP、政府购买服务等方式，吸引优质专业化的污水处理企业依法平等进入长沙市污水处理市场，参与污水处理厂的建设、运营，进一步拓展污水处理设施建设和运营融资渠道。

三是落实排水户投入机制。排水户自用排水设施和出户管，由排水户自行负责建设、管理，建立完善全市重点排水户名录、重点工业排污企业名录，并定期更新信息。

四是加大日常维护投入。已纳入日常维护的主次干道污水管网维护由市财政拨款，未纳入日常维护的污水管网按照属地原则由各区县（市）负责。

4. 完善污水设施管理运营体系

一是强化污水设施移交管理。由市住建委牵头，制定《长沙市排水设施移交管理办法》，全面规范污水设施移交管理的条件、流程、主体和责任等。非各区、市水业集团或道路专属单位建设的公共污水设施，以及无法确定权属单位的公共污水设施，符合移交管理的，按照"自愿原则"在建成投入运行后6个月内实施设施的资产和管养移交工作，达不到移交管理条件的，由业主单位和建设单位限期整改；限期整改达不到要求的，启动问责机制。

二是推行厂网站一体化管理。针对全市排水管网、污水处理厂、泵站建设权属多元、管理多头的状况，分两步走：第一步，通过兼并、重组的方式，将市住建、市政、水业集团、区县的管网以及水务、城管、农委的排水泵站予以整合，借鉴北京的经验，在条件成熟的情况下探索成立市排水公司，作为排水管网、泵站的建设、管理、维护统筹主体，在2020年前实现厂网站一体化管理（见图4）；第二步，建立排水管网、泵站与污水处理厂的常态化运营调度机制，促进排水管网、泵站、处理厂运营过程的统一、协调、高效。

三是夯实污水处理基础工作。进一步完善全市排水设施管理制度体系，修订巡查办法、考核办法、维修养护标准和定额，各区县政府参照制定属地排水设施管理制度，确保设施管理专人负责，管养经费专款专用。对城市已建成或在建污水管网、排污口等进行全面普查，用规范的编码对各个管网进行编号、确定坐标等，进一步确定污水管网类别及城市排污口等重要信息并建立好信息档案。加快推进城市污水管理智能化信息平台建设，进一步提升市排水指挥中心信息化水平，利用大数据、在线监测等信息化手段对城市污水系统进行监管。

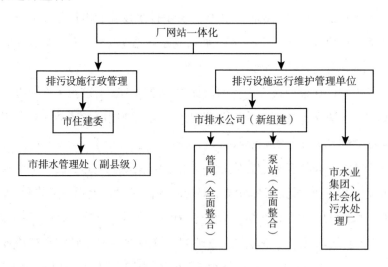

图4 厂网站一体化架构

5. 加强污水全过程监管

一是加快实现排水户监管全覆盖。由市住建委牵头，制定《长沙市排水户分类管理办法》，实现监管全覆盖、无死角，同时针对不同的排水户，实行差异化管理，重点加强对工业、建筑、餐饮、医疗等重点排水户的接驳核准、审批及证后监管。

二是实行审批权限下放和执法重心下移。加快推进排水许可审批权限、排水条件咨询业务下放工作，由各区县（市）住建部门负责排水户相关业务的审批工作，探索研究引入第三方机构参与接驳核准、技术咨询和检测工作，市住建委组织专题培训。结合深化"放管服"改革，将排水执法重心由市下沉到区县（市），由各区县（市）住建部门具体负责属地排水户违法排水行为的执法查处工作。

三是实施供排水一体化管理。创新"以排定供、以排限供"管理模式，"以排定供"即新增用水户（居民用水户除外）应当按供水部门的要求，在供水开始前按规划完成排水接驳；"以排限供"即对拒不整改的违法排水户，通过实施限制供水或停水，督促其进行整改。

6. 加强中水资源化利用

一是构建收处用循环利用格局。加大城市污水管网建设改造力度，落实属地污水收集责任，减少污水跑、冒、漏，确保城市污水全收集。积极创新污水处理工艺，引进污水处理先进设备，提高污水处理工艺水平；弘扬中水资源化利用理念，制定使用中水相关配套奖励政策，提高中水利用率。

二是开展中水生态化自净工作。积极总结推广洋湖湿地、圭塘河污水生态化治理的经验，优化污水处理厂布局，在距河流较远的地域建设污水处理厂，在河流与污水处理厂之间建设生态滤水带、湿地，以生态自净的方式，改善中水水质。

三是加快中水回用点建设。在集中与分散结合的基础上，综合考虑中水出水口位置、再生水用户的位置和规模、输配水的方式等因素，科学规划城市中水回用点建设，在芙蓉区、岳麓区试点的基础上，拓展试点范围，构建完善的中水回用网络。

7. 强化组织保障

一是加强组织领导。结合"河长制"，形成各级各部门主要领导亲自抓、分管领导具体抓、专人具体抓的污水管理格局。各区县（市）认真落实属地原则，严格落实属地污水管理具体工作，及时解决污水管理过程中实际问题。

二是狠抓责任落实。各级各部门结合自身职能，认真履职尽责，实施工作推进清单化管理，切实细化、量化、具体化目标任务，确保责任到部门、到牵头领导、到具体工作人员。

三是严格督查考核。加大对各区县（市）、各部门、各单位的推进污水管理体制改革情况、污水管理工作情况督查力度，对督查中发现的突出问题及时督促整改，对工作不力、推诿扯皮的相关单位和个人实行问责。

参考文献

傅涛、陈吉宁、常杪：《城市水业改革的十二个问题》，中国建筑工业出版社，2006。

王通：《城市规划视角下的中国城市雨水内涝问题研究》，华中科技大学博士论文，2013 年 10 月。

石建民：《浅议排水行业的改制与转变》，《现代经济信息》，2012 年第 18 期，第 205～206 页。

B.42
中部典型省会城市工业能耗碳排放分析[*]

—— 以长沙市为例

张　旺[**]

摘　要：　本文首先测算了2001～2016年长沙市规模以上工业及其分行业的能源消费碳排放规模和碳排放强度，在此基础上引入STIRPAT驱动力模型，采用岭回归方法估算了工业碳排放规模和强度的五大影响因素，最后运用工业碳排放脱钩模型分析了历年的脱钩状态。研究结果表明：①碳排放规模呈逐年快速上升之势，但碳排放强度不断降低；②能源产业、非金属矿物制品业、石化产业是碳排放量最多的三大行业，装备制造业、造纸与印刷业、冶金产业则是碳排放增量较多的行业；③固定资产投资、能源强度和能源结构均对碳排放的规模和强度产生促进作用，而劳均工业增加值和研发强度却都对碳排放的规模和强度分别产生促进和抑制作用；④2004年、2005年和2013年处于最不利的扩张负脱钩状态，2008年、2012年、2014年、2015年则处于最理想的强脱钩状态，除2016年外，其余7个年份均处于较理想的弱脱钩状态。

关键词：　规上工业　能源消费　碳排放规模　碳排放强度　脱钩弹性

---

* 本文是湖南省"绿色工业与城市低碳发展"研究基地2017年重大课题（编号：CHXYZD201702）成果。

** 张旺，湖南工业大学城市与环境学院新型城镇化研究所所长，副教授，博士。

　　近年来长沙重化工业上升趋势较为明显，2016 年霍夫曼系数高达 1.95。电力、热力的生产和供应业，有色金属冶炼及压延加工业，非金属矿物制品业，化学原料及化学制品制造业，计算机、通信和其他电子设备制造业，专用设备制造业是长沙市的六大传统高耗能行业，2016 年其综合能耗约占全市规上工业综合总能耗的 61.5%。2016 年长沙市工业增加值占湖南省的33.3%，其中规上工业增加值占全省的 29.18%。由此可见长沙工业在全省的地位举足轻重。处于工业化中后期的长沙，缺煤少电、无油无气，属于典型的能源匮乏型和能源输入型城市，能源对外依存度高达 80% 以上，故节能减碳尤为重要。文献梳理表明，目前对工业碳排放的研究多集中在全国、省域和发达城市等空间尺度，仅有黄蕾等人对欠发达城市南昌全部工业碳排放展开了研究，关于中西部城市规上工业能源碳排放研究目前只有邓明君对湘潭的分析。综上所述，学界对省会城市规上工业能源碳排放方面的研究尚未见到。本文立足于长沙市，探索较为精确地估算规模以上（以下简称"规上"）工业能源碳排放的规模，构建 2001～2016 年规上工业碳排放的面板数据库；并基于改进的 STIRPAT 模型，采用岭回归方法分别构建规上工业碳排放规模和碳排放强度两个驱动因子模型，又对碳排放总量与工业增加值进行脱钩分析。通过定量分析长沙规上工业经济碳排放的驱动力和脱钩情况，给出相应的政策建议。

一　研究区域与研究方法

（一）长沙市能耗概况

　　长沙作为省会，是湖南省政治、经济、文化、交通、科技、金融、信息中心，被列入国家中西部地区最具竞争力的城市之一，还是国家"资源节约型、环境友好型"社会建设综合配套改革试验区、国家级两化融合试验区。2016 年长沙市三次产业结构为 4.0∶48.4∶47.6，全部工业增加值占GDP 的比重高达 53.0%，单位 GDP 能耗为 0.488 吨标准煤，规上工业能耗为 574.32 万吨标准煤,约占全部工业能耗的 65% 以上,占全市总能耗的两成以上,故长沙市规上工业能耗碳排放也相应占全部工业碳排放的大部分。

(二)数据处理

基于长沙市能源消费和经济社会数据的可获得性,本文的样本区间选择 2001~2016 年。样本区间内长沙市规上工业企业的工业增加值、主要能源消费量、固定资本投资量、企业科技活动人数等基础数据来源于《长沙统计年鉴(2002~2017)》。为剔除价格因素的影响,对工业增加值根据 2001 年工业品出厂价格指数进行平减,并据此计算能源消费强度、投资规模和劳均工业增加值。能源种类涉及原煤、天然气、汽油、热力、电力等 17 种,工业部门包括了统计年鉴中的 38 个分行业,出于简化将之归并成 10 大门类(见表 1)。另外,本研究工业碳排放量的计算尽量采用我国碳排放因子,17 种能源的折标煤系数来自《中国能源统计年鉴(2017)》,各种能源的潜在排放因子和碳氧化率数据来自《中国温室气体清单研究(2007 年)》。

表 1 38 个工业行业分类归并成 10 大部门

序号	10 大工业部门	38 个工业细分行业
1	采选业	煤炭开采和洗选业,石油和天然气开采业,黑色金属矿采选业,有色金属矿采选业,非金属矿采选业,其他采矿业
2	食品加工和制造业	农副食品加工业,食品制造业,饮料制造业,烟草制品业
3	纺织服装业	纺织业,纺织服装、鞋、帽制造业,皮革、毛皮、羽毛(绒)及其制品业
4	造纸与印刷业	造纸及纸制品业,印刷业和记录媒介的复制,文教体育用品制造业
5	石化产业	石油加工、炼焦及核燃料加工业,化学原料及化学制品制造业,医药制造业,化学纤维制造业,橡胶制品业和塑料制品业
6	非金属矿物制品业	非金属矿物制品业
7	冶金产业	黑色金属冶炼及压延加工业,有色金属冶炼及压延加工业
8	装备制造业	金属制品业,通用设备制造业,专用设备制造业,交通运输设备制造业,电气机械及器材制造业,通信设备、计算机及其他电子设备制造业,仪器仪表及文化、办公用机械制造业
9	能源产业	电力、热力的生产和供应业,燃气生产和供应业,水的生产和供应业
10	其他工业部门	木材加工及木、竹、藤、棕、草制品业,家具制造业,工艺品及其他制造业,废弃资源和废旧材料回收加工业

资料来源:根据《长沙统计年鉴》分类归并得到。

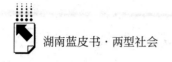
（三）研究方法

1. 工业能源消费碳排放核算方法

本研究运用《2006 年 IPCC 国家温室气体清单指南》第 2 卷第 6 章中的参考方法[11]来测算长沙市的规上工业碳排放。i 部门 CO_2 排放总量可用 j 种能源消耗造成的碳排放量经过计算加总得到。公式如下所示：

$$CE_i = \sum_j CE_{ij} = \sum_j E_{ij} \cdot NCV_j \cdot CC_j \cdot COF_j \times 44/12 \tag{1}$$

式中，CE_i 为 i 部门 CO_2 总排放量，单位为 t；CE_{ij} 是 i 部门第 j 种能源的碳排放量，单位为 t；E_{ij} 为 i 部门第 j 种能源消费的实物量，单位为 t 或 m^3；NCV_j 是通用能源单位 TJ 的转换系数；CC_j 为第 j 种能源的碳含量，单位为 t/TJ；COF_j 是第 j 种能源的碳氧化因子。

2. 驱动力模型

将 STIRPAT 方程作为驱动力模型，即：

$$I = aP^b A^c T^d e \tag{2}$$

式中，a 是模型常数项，b、c、d 分别是各驱动因子的指数，e 是模型误差。此模型为 IPAT 方程的拓展模型，将人口 P、人均消费 A 和技术 T 这 3 个主要驱动因子作为排放量 I 变化的决定因素。该模型既能将各个系数当作参数来进行估计，也能对各驱动因子进行适当的分解（Dietz、Rosa，1994）。基于本文针对规上工业能耗碳排放分析的需要，因而在实证研究中做出相应的改进与调整，即以工业碳排放总量（TC）和碳排放强度（VC）为因变量，以投资规模（F）、劳均工业增加值（Y）、研发强度（R）、能源强度（E）与能源消费结构（S）这五个指标作为自变量。

（1）投资规模（F）。因为本文主要研究的是规上工业层面碳排放，而不宜将人口规模 P 作为解释变量，故借鉴邵帅[5]等人的研究方法，以工业投资规模代替人口规模来作为解释变量纳入此模型。本研究中的投资规模采用规上工业固定资产投资来表征。

（2）劳均工业增加值（Y）。式（2）中的富裕度一般用人均收入来表示，而本文中的被解释变量则是规上工业碳排放总量，因而用工业增加值来代替人均收入。本研究选取的工业增加值却由劳均工业增加值来表征（即规上工业总增加值/规上工业企业劳动力数量）。

（3）研发强度（R）。一般国外研究应用从事研究的科学家、工程师数量或者专利申请量、授权量来度量，本文参考该做法，选用规上工业企业科技活动人数来表征。

（4）能源强度（E）。工业能源强度的算法为工业终端能源消费总量除以工业增加值。工业能源强度对工业碳排放有突出影响，降低工业能源强度能降低工业碳排放的增速。本文采用规上工业能源强度来表征。

（5）能源消费结构（S）。即煤炭在终端能源总量中的消费比重。终端能源消费结构尤其是煤炭在终端能源消费中的比重也是影响碳排放量的重要因子，在长沙规上工业能源消费中，煤炭消费占到能耗总量的近70%。

为克服以上5个自变量之间的多重共线性，本文采用岭回归（Ridge Regression）估计来展开模型拟合。为减小参数的估计量方差，岭回归估计特引入偏误为代价来进行回归分析。当多个自变量系统间存在多重共线性时，岭回归分析就是在自变量标准化矩阵的主对角线元素上，人为地加上一个非负因子k，从而使得回归系数估计稍有偏差，不过估计的稳定性却能得到显著提高，且回归系数标准差也比最小二乘法（OLS）估计的要小。

3. 脱钩模型

脱钩指标能有效测评经济增长与CO_2排放的"脱钩"情形，为定量反映出不同时段经济发展与碳排放之间的关系，提供了一种可靠而适用的工具。本文运用Tapio构建的脱钩指标，计算公式是：

$$\varepsilon = \frac{\Delta C/C}{\Delta G/G} \tag{3}$$

式中，ε为CO_2量与规上工业增加值二者增长的脱钩弹性系数；C是基期的CO_2排放量；ΔC是报告期CO_2排放相对于基期的变化量；G是基期规上工业的增加值；ΔG 是报告期规上工业增加值相对于基期的变化量。

将 ε 值变化范围作为"脱钩"情形的界定，把脱钩指标分为脱钩、负脱钩、连接这 3 种状态，并根据不同 ε 值再进一步细分成弱脱钩（$\Delta C > 0$，$\Delta G > 0$，$0 \leqslant \varepsilon < 0.8$）、强脱钩（$\Delta C < 0$，$\Delta G > 0$，$\varepsilon < 0$）、弱负脱钩（$\Delta C < 0$，$\Delta G < 0$，$0 \leqslant \varepsilon < 0.8$）、强负脱钩（$\Delta C > 0$，$\Delta G < 0$，$\varepsilon < 0$）、扩张负脱钩（$\Delta C > 0$，$\Delta G > 0$，$\varepsilon > 1.2$）、扩张连接（$\Delta C > 0$，$\Delta G > 0$，$0.8 \leqslant \varepsilon \leqslant 1.2$）、衰退脱钩（$\Delta C < 0$，$\Delta G < 0$，$\varepsilon > 1.2$）与衰退连接（$\Delta C < 0$，$\Delta G < 0$，$0.8 \leqslant \varepsilon < 1.2$）8 种类型。

二 结果与分析

（一）碳排放总体趋势特征分析

通过式（1）计算得出长沙市 2001～2016 年规上工业能源消费的碳排放规模（总量），再用每年的碳排放总量除以工业增加值得到碳排放强度，如图 1 所示。

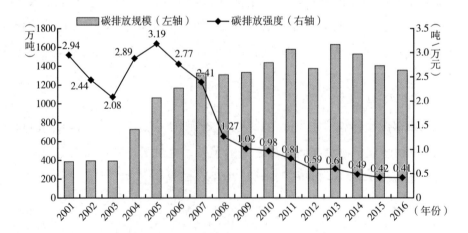

图 1 长沙市 2001～2016 年规上工业企业能源消费的碳排放趋势

资料来源：根据相关年份《长沙统计年鉴》的基础数据整理和计算得到。

从图 1 可看出，碳排放规模随着工业化进程的加快而呈快速上升之势，从 2001 年的 389.73 万吨，迅猛增长到 2016 年的 1357.66 万吨，年均增速为 8.68%。特别是 2003～2013 这 10 年以来年均增速更高达 15.20%，这与此时期长沙市工业增加值年均 20% 的增速密不可分。

而同期碳排放强度在 2005 年达到 3.19 吨/万元的峰值后却不断下降，2006～2012 年碳排放强度从 2.77 吨/万元降到了 0.59 吨/万元，2013 年又小幅上升到 0.61 吨/万元，但 2014～2016 年碳排放强度从 0.45 吨/万元降到了 0.41 吨/万元。如果按照我国 2020 年碳强度减排目标，即单位 GDP 的 CO_2 排放比 2005 年下降 40%～45%，则长沙市 2020 年规上工业的碳排放强度应为 1.75～1.91 吨/万元，现实情况是 2016 年就达约 0.41 吨/万元的低水平状态。

在碳排放总量不断增加的情况下，碳排放强度有如此之大的降幅难能可贵，其主要原因在于"十五"以来长沙市节能减排的成效显著，主要表现在：一是传统高耗能行业和企业的能耗明显下降；二是有着节能优势的高新技术产业快速发展；三是规上工业能源利用效率的进一步提高；四是能源消费结构进一步优化；五是淘汰落后产能的推进工作扎实有效。

（二）分行业的碳排放特征分析

长沙市 2001～2016 年规模以上工业企业分行业综合能源消费的碳排放量数据如表 2 所示。

2001～2016 年，碳排放量大的行业是：能源产业、非金属矿物制品业、石化产业；碳排放量小的行业则是：纺织服装业、采选业、其他工业部门。16 年间增长率最大的行业有造纸与印刷业、能源产业和装备制造业。

2006～2016 年，在数量上碳排放减少较多的行业有：装备制造业、非金属矿物制品业、采选业，特别是装备制造业 2008 年比 2007 年降低了一半以上，这可能是受到国际金融危机的影响所致；碳排放增加较多的行业是：能源产业、造纸与印刷业、食品加工与制造业，特别是 2011 年食品加工与制造业碳排放比 2010 年增加了 60.7%。

自从"十一五"加强节能减排工作以来，碳排放增速出现负增长最快的行业有采选业、纺织服装业、其他工业，这说明此三大产业的节能工作最有成效；而正增长增速最快的行业则是造纸与印刷业、能源产业、装备制造业、冶金产业，能源产业的增量最大、增速第二，说明长沙市除工业外，建筑、交通和生活等其他领域对能源需求在不断加大；造纸与印刷业、冶金产业、食品加工与制造业的增量和增速也较大，则表示这三大行业节能减碳工作的紧迫和艰巨。

表2　长沙市2001～2016年规上工业企业分行业综合能源消费碳排放量

单位：万吨

年份	采选业	食品加工和制造业	纺织服装业	造纸与印刷业	石化产业	非金属矿物制品业	冶金产业	装备制造业	能源产业	其他工业部门
2001	34.57	20.51	13.37	5.89	82.78	139.34	20.02	21.18	40.99	21.69
2002	30.99	20.03	28.72	9.27	57.42	163.84	13.12	22.77	38.74	19.14
2003	35.48	21.93	28.86	13.82	72.42	154.44	6.72	25.11	35.54	9.63
2004	45.08	42.82	29.14	36.96	121.34	260.34	34.70	118.75	47.18	12.90
2005	54.68	63.71	29.42	60.10	170.26	366.24	62.68	212.40	58.82	16.18
2006	52.92	75.11	31.04	67.29	176.51	391.72	85.14	232.19	30.10	18.04
2007	53.41	68.51	22.90	63.46	186.96	498.01	101.83	249.44	58.62	25.76
2008	50.53	43.38	17.03	65.54	121.68	466.61	81.74	117.51	385.17	6.38
2009	31.09	39.24	14.10	70.30	109.09	517.53	85.61	118.49	409.95	8.18
2010	50.89	50.08	14.03	62.02	90.13	676.52	84.65	114.92	461.48	8.42
2011	29.88	80.48	11.57	82.69	105.65	454.85	69.29	114.31	690.38	7.28
2012	15.07	81.41	9.42	118.60	110.27	348.33	76.29	102.05	511.46	6.44
2013	13.70	88.96	7.90	124.69	155.97	342.08	77.86	119.44	700.23	26.12
2014	12.51	90.40	7.69	147.04	173.25	345.88	77.43	148.75	529.95	7.34
2015	5.97	89.18	4.81	152.11	194.31	254.78	73.14	158.37	467.73	5.64
2016	5.08	86.99	4.25	134.72	172.85	192.26	86.10	170.98	499.22	5.21
2001～2016增长率（%）	-85.29	324.25	-68.24	2186.30	108.80	37.99	330.05	707.18	1117.84	-75.99

资料来源：根据相关年份《长沙统计年鉴》的基础数据整理和计算得到。

（三）碳排放总量驱动因素分析

首先采用 SPSS 22.0 软件中的岭回归函数对模型展开拟合分析来确定 K 值，岭回归系数 0 < k < 1，步长是 0.01。代入上述基础数据，对取对数后的（2）式展开岭回归拟合，发现当 k = 0.02 时，岭迹图变化逐渐趋于平稳，自变量的回归系数也趋稳，故文中将 k = 0.02 时的岭回归拟合结果确定为随机模型。具体拟合结果如表 3 所示。

表 3 各自变量对工业碳排放总量（TC）和碳排放强度（VC）的影响系数

	LNα	LNF	LNY	LNR	LNE	LNS	F 值	Sig F	调整后的 R^2
LNTC	1.6011	0.1524	0.9249	0.2945	0.6672	0.4646	57.5144	0.0000	0.9593
LNVC	2.6224	0.0377	−0.0330	−0.1203	0.7840	0.2566	366.2265	0.0000	0.9935

资料来源：根据前文数据采用 SPSS 22.0 软件中的岭回归函数分析得到。

自变量 t 的检验值、岭回归方程中的全部自变量参数、回归方程都通过了显著性检验，因而当 k = 0.02 时，依据表 3 中所列的原始数据，岭回归拟合分析得到 TC 和 VC 的表达式分别是：

$$TC = 1.6011 F^{0.1524} Y^{0.9249} R^{0.2945} E^{0.6672} S^{0.4646}$$

$$VC = 2.6224 F^{0.0377} Y^{-0.0330} R^{-0.1203} E^{0.7840} S^{0.2566}$$

从以上表达式可得出以下结论：

（1）由工业固定资产投资 F 反映的投资规模对 TC 和 VC 均有明显的促进作用。固定资产投资规模每增加 1 个百分点，使得 TC 增加 0.2440%，同时使 VC 增加 0.0989%。固定资产投资规模的增加必然使工业企业的生产规模随之增大，造成其耗费更多的化石能源而增加了碳排放量的绝对规模。这与邵帅等人关于上海市投资规模对碳排放具有抑制作用[5]的研究结论恰恰相反，主要原因在于长沙市仍为工业欠发达城市，TC 比全国水平偏低，故随着工业规模的扩大，长沙市碳排放量有可能还将继续增加。

（2）由劳均工业增加值 Y 反映的富裕度（即人均收入）对 TC 和 VC 却产生了截然相反的影响，分别表现为明显的促进和抑制作用。劳均工业增加值每增加 1 个百分点，就意味着 TC 增加 1.4809%，而 VC 将减少 0.0865%。这就表明在当前长沙市 TC 随着 Y 的增加而增加。在工业经济快速发展阶段，F 的提高必然带来更多的能源要素投入，随之带来 TC 的增加；而在其他生产要素的偏要素投入率保持不变的情况下，劳均工业增加值的相对提高意味着同样产出条件下包括能源在内的其他生产要素投入量的相对提高，而其中能源要素投入的增加必然带来更多的碳排放。但若此生产要素特别是能源生产效率提高所带来的产出水平增幅高于碳排放的增幅，则 F 的提高就可能对 VC 产生抑制作用。因而随着长沙市工业经济的迅速发展，其 TC 将会进一步增加，不过由于能源生产效率提高而带来产出水平的增幅超过 TC 的增幅，VC 此时可能会降低。

（3）因研发强度 R 对 TC 和 VC 分别产生促进和抑制作用。规上工业企业科技活动人数每增加 1%，可使 TC 增加 0.4715%，同时使 VC 降低 0.3155%。主要原因在于当前长沙市的自主创新能力还较为低下，在现有情况下研发强度的提高尚未对 TC 产生抑制作用，反而是促进作用。但研发强度增加引起工业低碳技术水平的提高，随之带来产出水平的增幅大于 TC 的增幅，那么由此对 VC 产生抑制作用。

（4）因能源强度 E 和能源结构 S 对 TC 和 VC 均产生促进作用。工业能源强度每提高 1%，可使 TC 增加 1.0683%，同时使 VC 增加 2.0560%；煤炭在终端能源消费中的比例每提高 1 个百分点，可使 TC 增加 1.0683 个百分点，同时使 VC 增加 2.0560 个百分点，反之亦然。能源强度的增加将引起 VC 的增加，必将导致 TC 的增加，所以降低能源强度成为减少 TC 和降低 VC 的重要途径之一。而能源强度的降低与能源结构的改善有着密切关系，适当降低煤炭在终端能源消费中的比例，同时大幅增加清洁能源在终端能源消费中的比例是降低 VC、减少 TC 的重要路径之一。

（四）碳排放总量脱钩弹性分析

根据式（3）计算出长沙市 2002～2016 年规上工业碳排放总量与其工业增加值的脱钩弹性，如表 4 所示。

表 4　长沙市 2002～2016 年规上工业碳排放总量的脱钩弹性

年　份	△C	△G	ε	脱钩状态
2002	0.01	0.22	0.06	弱脱钩
2003	0.00	0.18	0.01	弱脱钩
2004	0.84	0.32	2.63	扩张负脱钩
2005	0.46	0.32	1.42	扩张负脱钩
2006	0.10	0.27	0.38	弱脱钩
2007	0.13	0.30	0.44	弱脱钩
2008	−0.01	0.88	−0.01	强脱钩
2009	0.02	0.27	0.06	弱脱钩
2010	0.08	0.12	0.64	弱脱钩
2011	0.10	0.32	0.31	弱脱钩
2012	−0.13	0.20	−0.65	强脱钩
2013	0.19	0.15	1.22	扩张负脱钩
2014	−0.06	0.15	−0.42	强脱钩
2015	−0.08	0.08	−0.97	强脱钩
2016	−0.03	−0.02	1.76	衰退脱钩

资料来源：根据相关年份《长沙统计年鉴》的基础数据整理和计算得到。

根据表 4 计算结果，再结合上文 ε 值的分类标准，表明：2004 年、2005 年和 2013 这 3 年为扩张负脱钩状态，这作为一种最不利情形，工业碳排放和增加值均处于扩张状态，但 ε 值均高于 1.2，表明碳排放的增速快于工业增加值的增速在 20% 以上。这是因为经济过热引起高投入、高能耗和高排放的工业粗放式增长结果，也应该是今后长沙市工业低碳发展应尽力避免出现的状态。2008 年、2012 年、2014 年、2015 年这 3 年为强脱钩情形，这是一种最理想状态，说明工业经济在增长，但能源消耗与碳排放在减少，将是长沙市未来工业实现节能降碳的最佳路径。除 2016 年是衰退脱钩阶段外，其余 7 个年度均为弱脱钩情形，是一种较理想状态，说明工业经济在逐渐增长、能效有所提高，虽然能耗与碳排放量也在增加，但增速均低于工业增速；在以上处于弱脱钩情形的年度中，ε 值较大的是 2006 年（0.38）、2007 年（0.44）、2010 年（0.64），这说明此三年工业碳排放总量和增加值都处于增长的状态下，工业碳排放增速却低于工业增加值增速：2006 年、2007 年、2010 年这三年碳排放量较之上年增速分别为 10%、13%、8.0%，但同期工业增加值增速分别是 27%、30%、12%。

三　结论与启示及讨论

（一）结论

通过分析长沙市 2001～2016 年规上工业能源消费碳排放的总量、细分行业、驱动因素及脱钩弹性，得出的主要结论有：

（1）除近三年有所下降外，其余大部分年份碳排放规模却呈逐年快速上升之势，但碳排放强度却不断降低。

（2）在工业行业中，能源产业、非金属矿物制品业、石化产业是碳排放量最多的三大行业，装备制造业、造纸与印刷业、冶金产业则是碳排放增量较多的行业。

（3）固定资产投资、能源强度和能源结构均对碳排放的规模和强度产生促进作用，而劳均工业增加值和研发强度却都对碳排放的规模和强度分别产生促进和抑制作用。

（4）碳排放总量脱钩弹性分析表明，2004 年、2005 年和 2013 年这三年处于最不利的扩张负脱钩状态；2008 年、2012 年、2014 年、2015 年这四年则处于最理想的强脱钩状态，除 2016 年外，其余 7 个年份均处于较理想的弱脱钩状态。

（二）启示

（1）要实现工业低碳发展，长沙市仍要一如既往地抓好工业重点用能单位的节能降碳工作。

（2）市政府应在调整工业内部结构的基础上，制定差异性的工业行业减排政策和措施：一方面重点控制能源产业、非金属矿物制品业、石化产业的碳排放增量，适当限制造纸与印刷业、食品加工与制造业的能耗和碳排放；另一方面鼓励发展低碳节能型的装备制造业。

（3）在能耗刚性需求难以降低的情形下，加大研发力度，提高能源效率、降低煤耗比重、采用低碳技术是工业有效节能降碳的重要路径。

（4）在今后一段时期内，实现工业低碳发展，必须保持能耗碳排放增速低于工业经济增速，走低投入、低能耗、低排放和高效益的集约型工业发展之路。

（三）讨论

基于篇幅所限和数据可获得性，本文一是没能对长沙市规上工业及其分行业的能源碳排放影响因素进行分解，并计算工业分行业的减排潜力；二是未能对工业企业中重点企业的碳排放特征及其趋势展开分析，这些都是后续深入研究的内容。

参考文献

刘红光、刘卫东：《中国工业燃烧能源导致碳排放的因素分解》，《地理科学》2009年第 2 期。

查建平、唐方方、傅浩：《产业视角下的中国工业能源碳排放 Divisia 指数分解及实证分析》，《当代经济科学》2010 年第 5 期。

王强、伍世代、李婷婷：《中国工业经济转型过程中能源消费与碳排放时空特征研究》，《地理科学》2011 年第 1 期。

国涓、刘长信、孙平：《中国工业部门的碳排放：影响因素及减排潜力》，《资源科学》2011 年第 9 期。

邵帅、杨莉莉、曹建华：《工业能源消费碳排放影响因素研究——基于 STIRPAT 模型的上海分行业动态面板数据实证分析》，《财经科学》2010 年第 11 期。

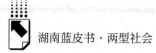

吴晗晗：《江西省工业能源消费碳排放研究》，《老区建设》2013 年第 4 期。

史安娜、李淼：《基于 LMDI 的南京市工业经济能源消费碳排放实证分析》，《资源科学》2011 年第 10 期。

申晓敏、武戈：《基于 LMDI 模型的工业碳排放影响因素研究——以无锡市为例》，《生态经济》2013 年第 2 期。

黄蕾、杨程丽、严寒等：《基于 STIRPAT 和 PLS 模型的工业碳排放影响因素实证研究——以南昌市为代表的二线发展较弱城市为例》，《江西科学》2013 年第 5 期。

邓明君：《湘潭市规上工业企业能源消耗碳排放分析》，《中国人口·资源与环境》2011 年第 1 期。

IPCC. 2006 IPCC Guidelines for National Greenhouse Gas Inventories，vol. 2 Energy. 2 – 11.

Tapio P. Towards a theory of decoupling：Degrees of decoupling in the EU and the case of road traffic in Finland between 1970 and 2001. *Transport Policy*，2005，12（2）.

权威报告·一手数据·特色资源

皮书数据库
ANNUAL REPORT(YEARBOOK)
DATABASE

当代中国经济与社会发展高端智库平台

所获荣誉

- 2016年，入选"'十三五'国家重点电子出版物出版规划骨干工程"
- 2015年，荣获"搜索中国正能量 点赞2015""创新中国科技创新奖"
- 2013年，荣获"中国出版政府奖·网络出版物奖"提名奖
- 连续多年荣获中国数字出版博览会"数字出版·优秀品牌"奖

成为会员

通过网址www.pishu.com.cn访问皮书数据库网站或下载皮书数据库APP，进行手机号码验证或邮箱验证即可成为皮书数据库会员。

会员福利

- 已注册用户购书后可免费获赠100元皮书数据库充值卡。刮开充值卡涂层获取充值密码，登录并进入"会员中心"—"在线充值"—"充值卡充值"，充值成功即可购买和查看数据库内容。
- 会员福利最终解释权归社会科学文献出版社所有。

数据库服务热线：400-008-6695
数据库服务QQ：2475522410
数据库服务邮箱：database@ssap.cn
图书销售热线：010-59367070/7028
图书服务QQ：1265056568
图书服务邮箱：duzhe@ssap.cn

社会科学文献出版社 皮书系列
SOCIAL SCIENCES ACADEMIC PRESS (CHINA)
卡号：513786279412
密码：

S 基本子库
UB DATABASE

中国社会发展数据库（下设 12 个子库）

全面整合国内外中国社会发展研究成果，汇聚独家统计数据、深度分析报告，涉及社会、人口、政治、教育、法律等 12 个领域，为了解中国社会发展动态、跟踪社会核心热点、分析社会发展趋势提供一站式资源搜索和数据分析与挖掘服务。

中国经济发展数据库（下设 12 个子库）

基于"皮书系列"中涉及中国经济发展的研究资料构建，内容涵盖宏观经济、农业经济、工业经济、产业经济等 12 个重点经济领域，为实时掌控经济运行态势、把握经济发展规律、洞察经济形势、进行经济决策提供参考和依据。

中国行业发展数据库（下设 17 个子库）

以中国国民经济行业分类为依据，覆盖金融业、旅游、医疗卫生、交通运输、能源矿产等 100 多个行业，跟踪分析国民经济相关行业市场运行状况和政策导向，汇集行业发展前沿资讯，为投资、从业及各种经济决策提供理论基础和实践指导。

中国区域发展数据库（下设 6 个子库）

对中国特定区域内的经济、社会、文化等领域现状与发展情况进行深度分析和预测，研究层级至县及县以下行政区，涉及地区、区域经济体、城市、农村等不同维度。为地方经济社会宏观态势研究、发展经验研究、案例分析提供数据服务。

中国文化传媒数据库（下设 18 个子库）

汇聚文化传媒领域专家观点、热点资讯，梳理国内外中国文化发展相关学术研究成果、一手统计数据，涵盖文化产业、新闻传播、电影娱乐、文学艺术、群众文化等 18 个重点研究领域。为文化传媒研究提供相关数据、研究报告和综合分析服务。

世界经济与国际关系数据库（下设 6 个子库）

立足"皮书系列"世界经济、国际关系相关学术资源，整合世界经济、国际政治、世界文化与科技、全球性问题、国际组织与国际法、区域研究 6 大领域研究成果，为世界经济与国际关系研究提供全方位数据分析，为决策和形势研判提供参考。

法律声明

　　“皮书系列”（含蓝皮书、绿皮书、黄皮书）之品牌由社会科学文献出版社最早使用并持续至今，现已被中国图书市场所熟知。“皮书系列”的相关商标已在中华人民共和国国家工商行政管理总局商标局注册，如 LOGO（▉）、皮书、Pishu、经济蓝皮书、社会蓝皮书等。“皮书系列”图书的注册商标专用权及封面设计、版式设计的著作权均为社会科学文献出版社所有。未经社会科学文献出版社书面授权许可，任何使用与“皮书系列”图书注册商标、封面设计、版式设计相同或者近似的文字、图形或其组合的行为均系侵权行为。

　　经作者授权，本书的专有出版权及信息网络传播权等为社会科学文献出版社享有。未经社会科学文献出版社书面授权许可，任何就本书内容的复制、发行或以数字形式进行网络传播的行为均系侵权行为。

　　社会科学文献出版社将通过法律途径追究上述侵权行为的法律责任，维护自身合法权益。

　　欢迎社会各界人士对侵犯社会科学文献出版社上述权利的侵权行为进行举报。电话：010-59367121，电子邮箱：fawubu@ssap.cn。

社会科学文献出版社